JN108486

第三版
イラストでわかる
一級建築士用語集

大西正宜 改訂監修

中井多喜雄＋石田芳子（イラスト）著

学芸出版社

第三版へのまえがき

　著者の中井多喜雄氏は、巻末のプロフィールをご覧いただければわかるとおり、建築設備を中心として数多くの書籍を著しておられます。そのいずれの著書も、初学者や初中級技術者にとって正に知りたいことがわかりやすく記述され、拝読すると類似書にはない熱意と思いやりが伝わってきます。

　本書も、同氏の他の著作と同様に熱意を持って著されています。「用語集」と聞けば、単語の意味・内容の説明が羅列されたものを想像しますが、本書は、単元ごとに用語の内容を正確に押さえつつ、一つのストーリーとして語ることで、単元内の用語を相互に関連させながら学び取れるようになっています。また、各単元の右ページには、石田芳子氏の温かいタッチのイラストが配され、本文の雰囲気を伝えるとともに、ポイントを押さえたイラストが本文を補完しています。このような特徴が、本書が長年にわたって多くの読者の支持を得ることができた所以であろうと思います。

　本書の初版が出版されてから、二十年近い歳月が経過しました。この間には、建築技術の革新が進み、また一方で大規模災害を経験し、社会のさまざまな問題が顕在化するなか、建築基準法をはじめとする関係法令の度重なる改正、日本建築学会の各種構造計算規準や建築工事標準仕様書などの改訂が行われています。2016 年には本書についても法改正に適合させるための改訂が行われていますが、その後、防火関係や用途地域関係などの大きな法改正がありました。こうした状況を踏まえ、本書の枠組みと熱意と思いやりの心、つまり良質な部分をできる限り温存しつつ、最新の法令等に基づいて改訂版を再改訂し、出版する運びとなりました。

　本第三版が、初版・改訂版に引き続き、一級建築士を目指す技術者並びに初学者の方々のお役に立てるものとなることを心から願っています。

　2020 年 5 月

大　西　正　宜

2

初版へのまえがき

　経済の発展、国民生活の向上にともなう建設投資は年々増大し、建築技術はより高度化、複雑化し急速な発展を遂げており、首都圏や近畿圏を中心に日本全国各地でビッグプロジェクトが誕生し、次から次へと姿を現し、実に個性的で、高度の機能を備え、かつ、その超高層化は目を見張るものがあります。21世紀に向けて、建築業界への期待は更に大きく、ビッグプロジェクトは勿論でありますが、特に高齢化社会に突入した現在、高齢者や身体障害者にやさしいバリアフリーの建築物・公共施設の実現に一層の努力が求められているわけです。

　このような発展段階にある建築業界の建築技術者の根幹をなしているのが建築士であり、その中枢となるのが、すべての建築物の設計・工事監理が公認される一級建築士であり、それだけに権威があるとともに、社会的責任が極めて大きい資格であります。一級建築士となるには合格率の厳しい国家試験（学科試験および製図試験）にチャレンジし合格しなければなりません。特に先ず合格しなければならない学科試験は、正しい知識をもって臨まなければ合格できず、正しい知識の基礎は正しい建築用語を修得することであります。

　本書は、一級建築士受験に必要不可欠とする用語を厳選し、体系的にまとめ、正確にわかりやすく解説した用語集であり、かつ巻末の索引を利用していただければ、建築用語辞典としても利用できるようにアレンジした次第です。本書を受験参考書として有効的に活用していただき、斯界でのご活躍の栄冠を獲得されるステップとなれば筆者として望外の喜びであります。

　最後になりましたが、素晴らしいイラストを描いて下さった、建築士でもあるイラストレーターの石田芳子先生のご尽力に厚く御礼申し上げます。

　　2002年1月

中井多喜雄

目　次

学科 I：　計画

学科 II：　環境・設備

学科III： 法規

学科IV： 構造

学科Ⅴ：　施工

住宅・集合住宅

1 住宅計画、集合住宅の住棟型式に関する用語

住宅計画の基本原則は、就寝分離、食寝分離、動線の分離、家事作業の能率化、公私空間の明確化などが挙げられます。

LDKについては次の点を理解しましょう。DK（ダイニングキッチン）は、調理・配膳・片付けの動線を短くします。LD（リビングダイニング）は、台所と食事室を分離し、団らんの空間を集約したもので、茶の間・居間はこの類です。LDKを一室にしたものは**リビングキッチン**といい、台所・居間・食堂の面積が集約でき、動線の短縮ができるので小住宅やアパートに適しています。

高齢者室の計画に関しては、段差の解消、1階への配置、就寝と居間のスペース確保、日当たりの確保、便所の近接、低い収納位置が重要です。なお、高齢者、身体障害者のための車いす（**車いす使用者**）に配慮した住宅を**モビリティハウス**といい、各部高さなどを調節できるようにした住宅を**アジャスタブルハウス**といいます。

平面計画の手法に関しては次の用語を理解しましょう。**分割の手法**とは全体のフレームを仕切って所要室を生み出す手法です。**連結の手法**は、所要室を関連の度合によって結び付け、全体をまとめていく方法です。**グリッド・プランニング**は、平面格子をもとに平面計画を行う手法です。**ゾーン・プランニング**は、関連する諸室をグループ化し、それらを連結する平面計画です。

集合住宅の住棟型式については次のように分類されます。①高さによる分類：1～2階建の**低層住宅**、3～5階建の**中層住宅**、6階以上の**高層住宅**。②通路型式による分類：住棟に設けられた階段室から直接各戸へ出入りできる形式の**階段室型**、片側に共用廊下をもち、それに各戸が面している**片廊下型**。真ん中に共用廊下をはさみ、両側に各戸が並ぶ形式の**中廊下型**、中央部に階段室、エレベーターホールを設け、その周囲に多くの住戸を配置する**集中型**、片廊下型の住棟を中庭をはさんで対称的に配置した**ツインコリダー型**があります。

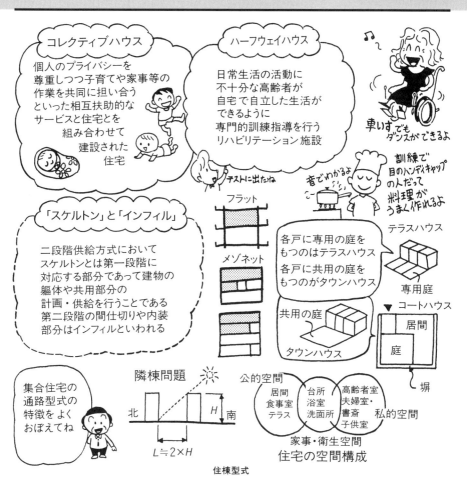

コレクティブハウス

個人のプライバシーを尊重しつつ子育てや家事等の作業を共同に担い合うといった相互扶助的なサービスと住宅とを組み合わせて建設された住宅

ハーフウェイハウス

日常生活の活動に不十分な高齢者が自宅で自立した生活ができるように専門的訓練指導を行うリハビリテーション施設

車いすでもダンスができるよ

訓練で目のハンディキャップの人だって料理がうまく作れるよ

テストに出たね

音でわかるよ

「スケルトン」と「インフィル」

二段階供給方式においてスケルトンとは第一段階に対応する部分であって建物の躯体や共用部分の計画・供給を行うことである第二段階の間仕切りや内装部分はインフィルといわれる

フラット

メゾネット

各戸に専用の庭をもつのはテラスハウス
各戸に共用の庭をもつのがタウンハウス

テラスハウス

専用庭

共用の庭

タウンハウス

コートハウス

居間

庭

塀

集合住宅の通路型式の特徴をよくおぼえてね

隣棟問題

北　南

$L≒2×H$

公的空間

居間
食事室
テラス

台所
浴室
洗面所

高齢者室
夫婦室・
書斎
子供室

私的空間

家事・衛生空間

住宅の空間構成

住棟型式

	型　式	特　長
通路型式	階　段　室　型	共用部分の面積比率が少なく、各住戸の独立性が高い。中層共同住宅に適する
	廊　下　型	廊下に面する部分のプライバシーの確保や採光・通風に劣る 片廊下型は各住戸の居住性が比較的均等である 中廊下型は住戸密度が高くなるが、通風・日照の確保、住戸の独立性に欠ける
	ツインコリダー型	中廊下型の欠点を補うため、片廊下型を中庭をはさんで対向に配した形式
	集中（ホール）型	敷地の利用効率がよく、高層化にも適する。各住戸の日照・通風の条件が不均等になる。大規模団地の景観上の変化をもたせるのに効果がある
住棟断面型式	スキップフロア型	特に高層のものに適し、共同部分の面積率が低く、各住戸の採光・通風・プライバシーなどの条件がよくできる
	各　階　型	各住戸の居住性が均等である。スキップフロア型に比べ、共用部分の面積率が大きくなる
住戸型式	フ ラ ッ ト 型	1住戸が1層で構成された型式で、1住戸の占有面積が少なくても可能である
	メ ゾ ネ ッ ト 型	1住戸が2階以上で構成された型式で、住戸内階段が必要 共用廊下のない階は通風・日照・採光・プライバシーの確保がしやすい 1住戸の占有面積は大きくなり、約50㎡以下の住戸には適さない

住宅・集合住宅

| **2** | **集合住宅の分類・計画に関連する用語** |

集合住宅の住戸構成による分類からは、住戸が一層からなる**フラット型**、二層からなる**メゾネット型**に分けられますが、メゾネット型は住戸内階段を必要とするので大規模住戸向きです。住戸数を確保するため間口を狭くする方法を**フロンテージセーブ**といいます。しかし奥行きが深くなるので、中低層の場合は中央に**光井**（ライトウェルともいう採光用の中庭）を設け、換気と採光に利用します。

リビングアクセス型とは、住棟内のコミュニティ形成を意図して、共用廊下側に居間や食事室を設けた形式です。**コーポラティブハウス**とは、住宅組合方式で建設される集合住宅をいい、入居希望者が組合員となって計画段階から参画するので、個性を反映した間取りを実現しやすくなります。**タウンハウス**とは、コモンスペース・遊歩道などをもつ、つまり戸建住宅の接地性の良さを取り入れた低層連続住宅をいいます。

集合住宅計画の要点は次の3つに分けて検討します。

① **住戸計画の要点**は、a. **住戸専有面積の最低水準**は、2DKで40 m²、3DKでは50 m²。b. 各住戸の界壁・床は遮音性を確保する。c. 通路・階段室に面する出入口は特定防火設備とする。d. **バルコニー**は、プライバシーの向上、日照・日射の調整、避難経路の確保、下階からの延焼防止、落下防止などに有効。

② **共用部分計画の要点**は、a. **エレベーター**は50～100戸に一基とし、各住戸からの歩行距離が短くなるように配置する。複数の場合は一箇所に集中配置する。b. **階段**は、エレベーター付近に一箇所、他は避難しやすい箇所とし、**2方向避難**ができるように設ける。c. **階段**は、直上階の居室の床面積の合計が200 m²を超える地上階では、有効幅120 cm以上、蹴上げ20 cm以下、踏面24 cm以上とする。

③**高層住宅計画の要点**は、a. 土地利用効率を高め、都市の不燃化・職住近接に有効。建設コストが高くなる。b. 災害時の避難の安全確保に十分配慮する。

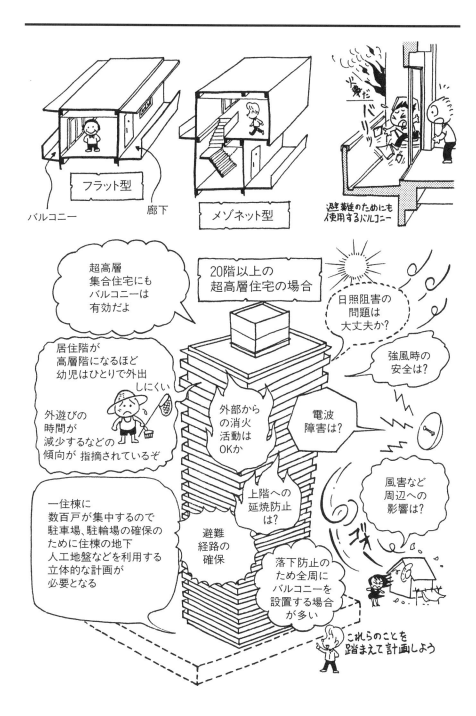

住宅・集合住宅

3　集合住宅地の計画に関する用語

総合設計制度とは、市街地における環境の改善を図るため、一定規模以上の敷地面積を有し、敷地内に一定規模以上の空地を確保した場合、容積率制限、絶対高さ制限及び斜線制限についての一部、または全部を特定行政庁の許可によって緩和することができる制度です（建築基準法59条の2）。

特定街区とは、市街地の整備改善を図るため街区の整備または造成が行われる地区について、その街区において容積率並びに建築物の高さの制限及び壁面の位置の制限を都市計画として定める街区をいいます（建築基準法60条）。

街区とは、周囲を道路で囲まれた1又は複数の敷地からなる土地の区域をいいます。また、特定街区は、1又は複数の街区にわたって指定することができます。

市街地再開発事業とは、市街地の土地の合理的かつ健全な高度利用と都市機能の更新を図るため、都市計画法及び都市再開発法に基づく建築物・建築敷地の整備、公共施設の整備に関する事業をいい、市街地再開発促進区域内のそれは特例が認められます（都市開発法7条の8、建築基準法68条の5）。

近隣住区とは、都市計画における住宅地の計画単位の1つで、原則として1つの小学校をもち、近隣住区人口は8,000〜10,000人で計画され、通過交通の多い幹線道路を周囲の境とし、中心部に通過交通が入り込まないよう配慮します。中心部に小学校、店舗、公園などの公共施設をそろえ、日常生活のための機能をもった住宅地の単位です。なお、**近隣分区**とは、近隣住区の半分を構成する単位で、各近隣分区には幼稚園・保育所が1つ設けられます。

同潤会アパートとは、不良住宅改良事業などを目的に1924年に設立された㈶同潤会により市街地に多く建てられた集合住宅をいい、鉄筋コンクリート造の採用、水洗便所・食堂・医療施設の設置、中央暖房など斬新な集合住宅の建設を行い、住宅建築に多大な貢献をしました。

コミュニティの構成

街区

中学校
近隣住区
近隣分区
小学校
公園
地区センター

従来は
児童公園と
呼ばれていました

街区公園
誘致距離
250mを
標準とする

総合公園
10万人以上の都市の全市民を
対象とし、都市生活に
潤いをもたせるための
各種施設を設けた
大規模な公園

公園といっても
いろいろあるんだ

近隣公園
近隣住民に広く利用される
ように住区住民の日常的な屋外
レクリエーション活動に応じた
施設を中心に十分な休養
スペースを確保した公園で
誘致距離500m

地区公園
近隣公園と
総合公園の
中間的性格をもち
広域なコミュニティの中心と
なるもので、スポーツ施設、
集会場、文化施設を
設けた公園

運動公園
主として
スポーツに使われる公園で
公園面積のうち運動施設を
50%未満とし、その他の部分には
植栽等を施してスポーツを
行わない人にも利用できる

近隣住区内の
街路網において
人と車を分離する
計画の一手法に
ラドバーン方式が
ある

既成市街地では
オランダで導入された
ボンエルフといわれる
歩車融合型共存道路
が日本ではコミュニティ
道路として普及している

事務所および商業建築

4 事務所建築の計画に関する用語

事務所の種類については次の4つに分けられます。①企業などが自己専用とする**専用事務所**。②複数の企業などが共同で管理・運営する**準専用事務所**。③全体または大部分を賃貸し、収益を上げる目的の**貸事務所**。④専用部分と賃貸部門を有する**準貸事務所**。

レンタブル比（有効面積率）とは、貸事務所ビルにおいて延べ面積に対する貸室面積の合計の割合、すなわち$\left[\dfrac{貸室面積の合計}{建物の延べ面積}\right]$をいい、レンタブル比が大きければ収益が上がりますが建物全体のサービスは落ちます。適切なレンタブル比は、基準階では70〜85%、建物全体では70%程度です。

コアとは、便所や給湯室といったサービス部分、階段やエレベーターなどの交通部分といった建物の共用部分を1箇所にまとめた部分をいいます。コアの配置方式を**コアプラン**といい、**センターコア**、**ダブルコア**、**偏心コア**、**分離コア**に大別されます。事務室面積の確保や階段への到達距離を考慮すると、採用できる規模が

限定されます。

事務室の計画の要点は、①基準階の執務空間を有効に機能させるため適切なコアプランをたてる。②1人当たりの床面積は、延べ面積に対しては7〜15 m²/人、純事務室面積では5〜12 m²/人とする。③天井高さは2.6〜2.8 m。④柱割（スパン）は6〜8 m。⑤机上の照度は500〜600 lx とし、照明器具がパソコン画面に映らないようにする。⑥床は自由な電気配線が行える**フリーアクセスフロア**とし、電源容量は30〜45 W/m² を確保する。

事務所ビルのエレベーター計画の基本は、朝の出勤時5分間の利用人数〔専用事務所で20%、貸事務所で15%〕（**5分間輸送能力**）により台数計算することです。①概略、事務室面積2,500〜3,500 m² に1台。②高層事務所ビルのエレベーター運営方式には、中低層用と高層用にバンク分けする**コンベンショナルゾーニング方式**と、超高層ビルで用いる**スカイロビー方式**などがある。

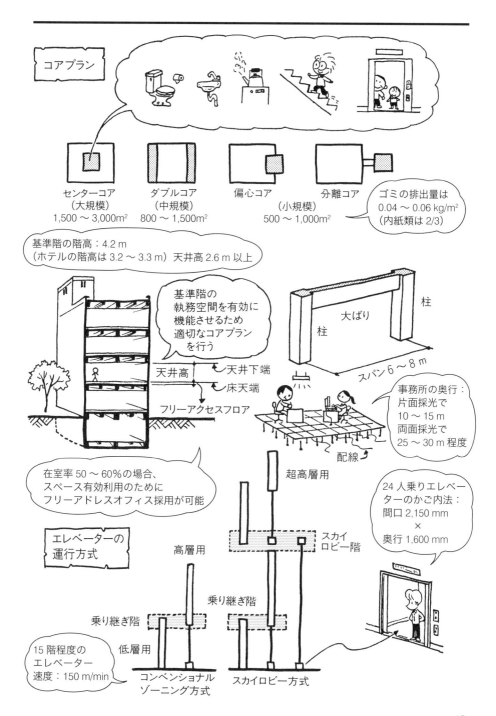

コアプラン

センターコア
（大規模）
1,500 〜 3,000m²

ダブルコア
（中規模）
800 〜 1,500m²

偏心コア
（小規模）
500 〜 1,000m²

分離コア

ゴミの排出量は
0.04 〜 0.06 kg/m²
（内紙類は 2/3）

基準階の階高：4.2 m
（ホテルの階高は 3.2 〜 3.3 m）天井高 2.6 m 以上

基準階の
執務空間を有効に
機能させるため
適切なコアプラン
を行う

天井高　天井下端
　　　床天端
フリーアクセスフロア

柱　大ばり　柱
スパン 6 〜 8 m

事務所の奥行：
片面採光で
10 〜 15 m
両面採光で
25 〜 30 m 程度

配線

在室率 50 〜 60% の場合、
スペース有効利用のために
フリーアドレスオフィス採用が可能

超高層用

スカイ
ロビー階

24 人乗りエレベー
ターのかご内法：
間口 2,150 mm
×
奥行 1,600 mm

エレベーターの
運行方式

高層用

乗り継ぎ階

乗り継ぎ階

低層用

15 階程度の
エレベーター
速度：150 m/min

コンベンショナル
ゾーニング方式

スカイロビー方式

15

事務所および商業建築

5　商業建築の計画に関する用語

商店建築計画の基本的要点は次のとおりです。①敷地は間口が広く、前後に道路があり、角地であればなお良い。②店頭はセンスのあるデザインとし、ショーウインドの配置を工夫して客の動線を長くする。③店内の動線は店員は短く、客は長く、かつ商品が見やすいように計画する。④売場の照度は1,500 lx 程度とする。

大規模小売店舗の計画については次の点を理解しましょう。①大規模小売店舗とは、物品販売を営む店舗で床面積が1,000 m² を超えるもの、つまり百貨店やスーパーマーケットなどをいう。②百貨店の売場面積は、延べ面積の50〜70%。なお、売場面積から階段、EV、便所などを除いた純売場面積は、延べ面積の40〜60%。③食堂やイベント部分が20%、管理部門は15%程度。④売場従業員は売場面積100 m² 当たり3.5〜4人、売場の避難対象人員は、床面積1 m² 当たり0.5人。⑤売場の通路は純売場面積の30〜50%。主要通路は2.7〜3.0 m、一般通路は1.8 m以上を確保。⑥床は段差をつけない。

⑦避難階段の幅などについては、建築基準法施行令124条による。⑦エレベーターは延べ面積2,000〜3,000 m² に対し、15〜20人乗り1基の割合とする。⑧エスカレーターは、エレベーターの10倍以上の輸送力があり、売場の中央部に配置する。⑨客のエレベーターとエスカレーターの使用比率は1：4程度。

駐車場計画の要点は、①一般客、商品搬入車両の動線は分離する。②自走式駐車場は、1,000 m² 当たりの駐車台数を、直角駐車40台、60°駐車35台、45°駐車30台、平行駐車25台程度とする。③機械式駐車場は高密度の駐車が可能だが、出入庫に時間がかかる。

駐車場の基準は、駐車場法により、500 m² 以上の駐車場に次のように適用されます。①車路幅員5.5 m（一方通行は3.5 m）以上。②屈曲部の内法半径は5 m以上。③梁下の高さは車路で2.3 m、駐車部で2.1 m以上。④斜路勾配は17%$\left(約\dfrac{1}{6}\right)$以下。⑤出入口は、幅員6 m 未満の道路、交差点から5 m以内には設けてはならない。

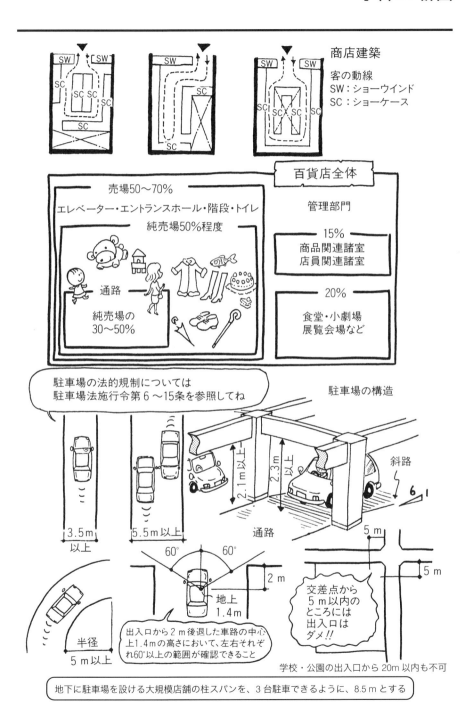

商店建築
客の動線
SW：ショーウインド
SC：ショーケース

百貨店全体

売場50〜70%
エレベーター・エントランスホール・階段・トイレ
純売場50%程度

通路
純売場の
30〜50%

管理部門

15%
商品関連諸室
店員関連諸室

20%
食堂・小劇場
展覧会場など

駐車場の法的規制については
駐車場法施行令第6〜15条を参照してね

駐車場の構造

斜路

3.5m
以上

5.5m以上

2.1m以上

2.3m以上

通路

5m

5m

半径
5m以上

60°　60°

地上
1.4m

2m

出入口から2m後退した車路の中心
上1.4mの高さにおいて、左右それぞ
れ60°以上の範囲が確認できること

交差点から
5m以内の
ところには
出入口は
ダメ!!

学校・公園の出入口から20m以内も不可

地下に駐車場を設ける大規模店舗の柱スパンを、3台駐車できるように、8.5mとする

17

6 ホテル建築に関する用語

ホテルは次の2タイプに大別されます。①**シティホテル**：一般的には宿泊部門は全体の50%程度。レジデンシャルホテルでは、宿泊部門よりも宴会場、レストランなどの共通部門が大きい傾向にある。②**リゾートホテル**：客室はシティホテルよりも大きい傾向にあり、共通部門は大きくない。

ホテルの計画の要点については、次の3つに分けて計画する必要があります。

①**パブリックスペース**（共通部門）：a.下層部でアプローチに直結した部分にまとめる。b.最上階または地階に設ける場合は、外部客の利用が便利で、かつ宿泊関係部門の動線と混ざらないようにする。c.大規模なシティホテルでは、宿泊部門と宴会部門の出入口を分離する。

②**宿泊関係部門**：a.客室面積は一般に、シングル15～20m²、ダブル20～25m²、ツイン25～35m²。なお、旅館業法では、ビジネスホテルのシングルベッドルームは9m²以上とされている。b.上層部にまとめ

る。c.通路形式は中廊下型が効率的で、大規模な場合は歩行距離を短くするためT・Y・十字型とする。d.基準階の客室数は、30～40室を下回ると有効面積率が低下し、管理・サービスの面からも不利となる。

③**管理関係部門**：a.事務部門は玄関ホールに近い位置とし、フロントオフィスを玄関ホール、ロビーに面して設ける。b.従業員や物品運搬専用のサービスエレベーターを設ける。c.宿泊関係部分にはリネン室、従業員の控室兼作業室となる**サービスステーション**を設ける。

ホテルの防災・避難計画の要点は、次のとおりです。①宿泊室から階段までの歩行距離は右表を参照。②**廊下の幅員**は、直上階の宿泊室の合計が200m²を超える場合、片廊下で120cm以上、中廊下で160cm以上とする。③高さが31mを超える高層建築物は、消防活動用の**非常用エレベーター**（専用の昇降ホールが必要）を設置しなければならない。

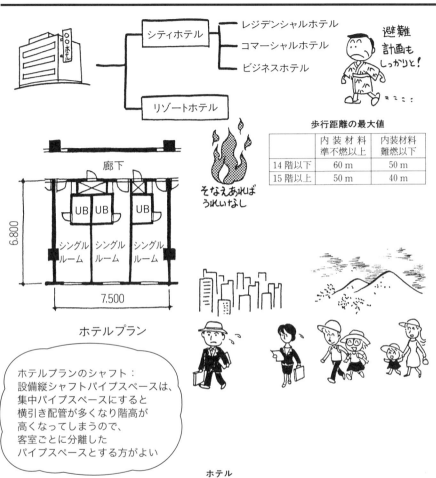

歩行距離の最大値

	内装材料 準不燃以上	内装材料 難燃以下
14 階以下	60 m	50 m
15 階以上	50 m	40 m

避難計画もしっかりと！

そなえあれば
うれいなし

ホテルプラン

ホテルプランのシャフト：
設備縦シャフトパイプスペースは、集中パイプスペースにすると横引き配管が多くなり階高が高くなってしまうので、客室ごとに分離したパイプスペースとする方がよい

ホテル

種　類	シティホテル		リゾートホテル
	コマーシャルホテル	レジデンシャルホテル	
対象客	仕事のための短期宿泊客	仕事、観光のための比較的長期間の宿泊客	観光、レクリエーションのための宿泊客
立地条件	市街地で交通の利便のよい場所	市街地で比較的環境条件がよい場所	観光などで眺望・環境のよい場所
客室構成	シングルルームが主体。ほとんどバス付き、室は比較的狭い	シングルルームは少ない。すべてバス付き、室にゆとりがある	シングルルームはごく少ない。すべてバス付き、室にゆとりがある
パブリックスペース	比較的少ない	多くのスペースをもつ	比較的多い
延べ面積	40〜70 m²/室（ビジネスホテルでは 30 m²/室以下）	60〜90 m²/室	80〜100 m²/室
構成比率 宿泊関係	50〜60 %	30〜45 %	45〜55 %
構成比率 パブリックスペース	30〜20 %	50〜35 %	35〜25 %
構成比率 管理関係	20 %程度（事務関係 8〜9 %、料理関係 5〜6 %、機械その他 5〜7 %）		

19

事務所および商業建築

7 | 劇場・映画館に関する用語

劇場・映画館の計画の要点としては、次に示す点を理解してください。

舞台の型式については、舞台と客席の間の額縁を**プロセニアムアーチ**といい、それがある舞台を**プロセニアムステージ**、ない舞台を**オープンステージ**といい、相方に変更が可能なものを**アダプタブルステージ**といいます。オープンステージは、観客との一体感が得られる形式です。客席から見て舞台の右を**上手**、左を**下手**といいます。**主舞台の幅**はプロセニアムの幅の2倍、奥行はプロセニアムの幅と同じか1.2倍程度とし、高さ方向の寸法は右図のようになり、側舞台・後舞台の天井高はプロセニアム高さと同等以上にします。**プロセニアムアーチ**は、映画館や音楽ホールでは不要です。なお、舞台や客席の下部に空調機械室を設けると騒音の発生源になります。劇場、映画館、音楽ホールなど観客席と舞台、建物をも総称して**オーディトリアム**といいます。

客席に関する要点は、次のとおりです。① **客席面積**は 0.5 〜 0.7 m²/人。② 客席の気積（室容積）は、映画館は 4 〜 5 m³/席程度、劇場では 5 〜 7 m³/席、音楽ホールは 8 〜 12 m³/席程度（右表参照）。③**平均天井高**は気積の数値の約 2 倍。④**舞台が見やすい客席の位置**は、客席から舞台幅への視角が 30°〜 60°の範囲で、最前列中央から舞台両端の角度は 90°以内。⑤**舞台上を見上げる角度**は 30°以内。客席から舞台中心への視線の水平角度は 60°以内。⑥**舞台から最遠席までの距離**は、表情を見る場合は 15 m、一般の劇では 22 m、オペラ・ミュージカルでは 38 m 以内。⑦ **客席の縦通路**は中央には設けない。⑧**スクリーンへの断面映写角**（映画館の）は 20°以内、スクリーン両端までの水平角度は 90°以内。

安全・避難計画の要点は、次のとおりです。①**非常口**は、避難の方向が一方に片寄らないよう分散して配置。② **客席の扉**は外開き（避難方向）とする。③ **客席が避難階以外の階にある場合**は 2 以上の直通階段を設ける。④客席は固定席とする。⑤**縦通路の幅**は 80 cm 以上とする。

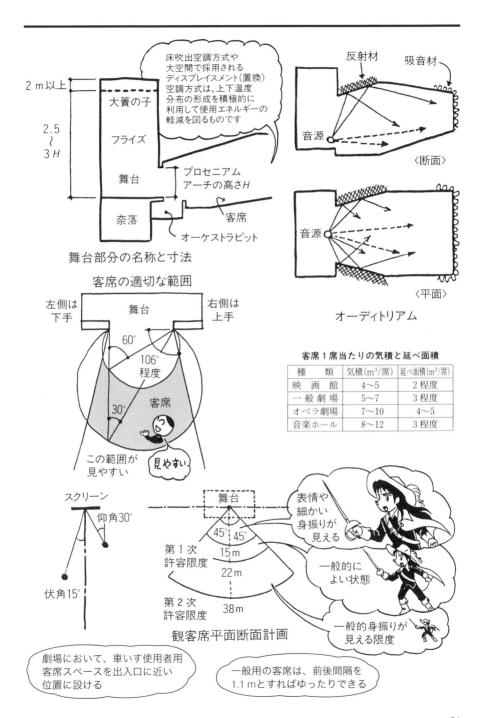

舞台部分の名称と寸法

オーディトリアム

客席の適切な範囲

客席1席当たりの気積と延べ面積

種　類	気積(m³/席)	延べ面積(m²/席)
映　画　館	4〜5	2程度
一　般　劇　場	5〜7	3程度
オペラ劇場	7〜10	4〜5
音楽ホール	8〜12	3程度

観客席平面断面計画

劇場において、車いす使用者用客席スペースを出入口に近い位置に設ける

一般用の客席は、前後間隔を1.1mとすればゆったりできる

学校および幼稚園

8	学校の運営方式に関する用語

学校の運営方式は、次の 5 方式に分類されます。

総合教室型とは、学校生活におけるすべての学習活動を、ホームルーム(学級の教室)で行う方式で、学級数に等しい数の教室があればよく、生徒は授業により教室を移動する必要はありませんが、教室はいろいろな教科に対応できる余裕が必要です。幼稚園、小学校低学年に適します。

特別教室型とは、学習活動のうち普通教科については各学級のホームルームで行い、音楽、理科などの特別教科については特別教室を設け実施する方式です。したがって、特別教科の授業では教室の移動が必要なもので、最も一般的な方式です。

教科教室型とは、すべての教科をそれぞれの専門教室で行う方式で、一般教室がなく、生徒は教室を移動して授業を受けるわけで、このため、ロッカーなどの生活用施設を充実させなければなりません。しかし、教室の利用率が高く、各教科の充実した学習活動が期待できます。この方式は高等学校以上に適用できます。

系列教科教室型とは、教科を芸術系(美術、技術、家庭、音楽)、自然系(数学、理科、保健)、人文系(英語、国語、社会)、体育系の系列に大別し、各系列ごとに学習センター及び適応した教室を配置するシステムで、教室の利用率は教科教室型よりさらに高くなります。

プラトゥーン型とは、全クラスを 2 つのグループに分け、一方のグループが普通教室を使用するときは、他のグループは特別教室を使用し、一定時間ごとに交互に使い分ける方式です。時間割編成に難点がありますが、教室の使用効率が最も高いという利点もあり、中学校、高等学校に適用可能です。

オープンスクール、オープンシステムとは、無学年制を含む多用な学習集団編成、フレキシブルな時間編成、学習集団の大きさに対応できるチームティーチング制やフレキシブルなオープンスペース(空間)をもつ学校をいい、集団・時間・空間に融通性があり、小学校に採用されている例があります。

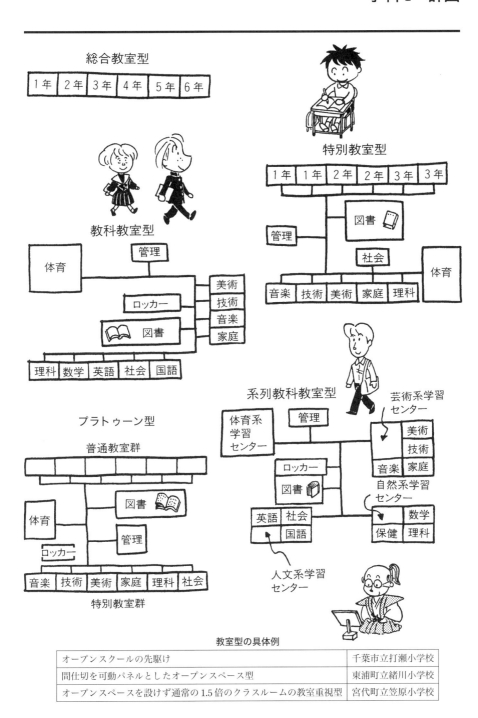

総合教室型

| 1年 | 2年 | 3年 | 4年 | 5年 | 6年 |

特別教室型

教科教室型

プラトゥーン型

系列教科教室型

教室型の具体例

オープンスクールの先駆け	千葉市立打瀬小学校
間仕切を可動パネルとしたオープンスペース型	東浦町立緒川小学校
オープンスペースを設けず通常の1.5倍のクラスルームの教室重視型	宮代町立笠原小学校

23

学校および幼稚園

| **9** | 学校・幼稚園計画に関する用語 |

小・中学校の通学距離・学校規模等に関しては、①**通学距離**：小学校では 0.5 ～ 1 km 以内、中学校で 1 ～ 2 km 以内。②**学校規模**：学級定員は 40 人以下。適正規模は小学校で 18 学級程度、中学校では 12 学級程度（大都市の場合、小学校 24 学級、中学校 18 学級程度）。③**地域人口に対する児童数の比率（児童率）**：一般市街地では 9 ～ 10%、新市街地では 12 ～ 15%、しかし変化が著しい場合もある。

小学校の配置計画の基本的事項に関しては、①全体計画においては、低学年教室と高学年教室を分離し、特別教室は高学年側に配置する、いわゆる**高低分離**とする。②**メディアセンター**（図書視聴覚機能をもったホール）や多目的ホール等は活動的な空間のある中心部に配置する。③**普通教室**については、床面積 60 ～ 65 m² が標準。採光は南面からの自然採光が望ましく、床面積の $\frac{1}{5}$ 以上の有効採光面積が必要。天井高さは 3 m 程度。換気回数は 3 ～ 4 回 / h。色彩計画はマンセル明度で天井 9 以

上、壁 8 程度、床 5 ～ 7 程度。④**特別教室**については、音楽教室は他の教室から離し、音響的に遮断されるようにする。理科教室（中学校）は床面積が 3.0 m²/ 人程度が必要で、必ず準備室を隣接させる。⑤**職員室**は、校内の中心で運動場を含む全体の状況が把握しやすい位置とする。⑥**保健室**は運動場から直接出入りできる型式がよい。⑦**事務室**は職員室の近くに設けるのがよい。

幼稚園の計画は、幼稚園設置基準により、①園舎は 2 階建以下を原則とし、保育室や遊戯室は 1 階に配置する。ただし、園舎が耐火建築物で有効な避難施設がある場合は 2 階に配置してもよい。②保育室と遊戯室、職員室と保健室は兼用できる。③保育室の床面積は 1.5 ～ 2.0 m²/ 人程度（3 歳児室は広め）、便所の扉は高さ 1.0 m 程度。④遊戯室の床面積は 100 m² 以上。

保育所の計画は、①乳児室は 1.65 m²/ 人以上、ほふく室は 3.3 m²/ 人以上。②幼児保育室または遊戯室は 1.98 m²/ 人以上。③運動場は 3.3 m²/ 人以上。

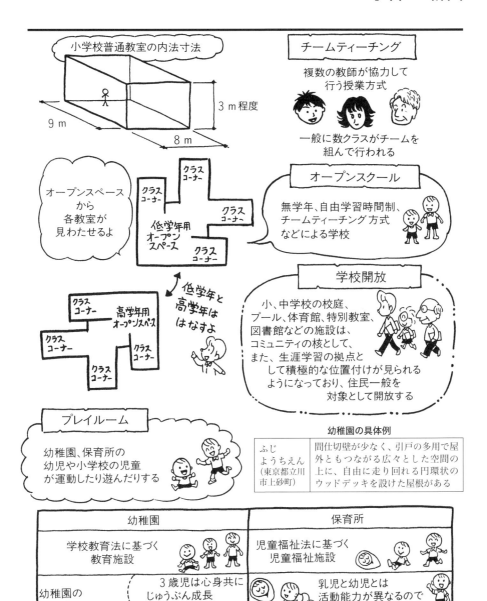

小学校普通教室の内法寸法

3 m程度
9 m
8 m

チームティーチング

複数の教師が協力して
行う授業方式

一般に数クラスがチームを
組んで行われる

オープンスペース
から
各教室が
見わたせるよ

クラス
コーナー
クラス
コーナー
クラス
コーナー
低学年用
オープン
スペース
クラス
コーナー

オープンスクール

無学年、自由学習時間制、
チームティーチング方式
などによる学校

低学年と
高学年は
はなすよ

クラス
コーナー
高学年用
オープンスペース
クラス
コーナー
クラス
コーナー
クラス
コーナー

学校開放

小、中学校の校庭、
プール、体育館、特別教室、
図書館などの施設は、
コミュニティの核として、
また、生涯学習の拠点と
して積極的な位置付けが見られる
ようになっており、住民一般を
対象として開放する

プレイルーム

幼稚園、保育所の
幼児や小学校の児童
が運動したり遊んだりする

幼稚園の具体例

ふじ ようちえん (東京都立川市上砂町)	間仕切壁が少なく、引戸の多用で屋外ともつながる広々とした空間の上に、自由に走り回れる円環状のウッドデッキを設けた屋根がある

幼稚園	保育所
学校教育法に基づく 教育施設	児童福祉法に基づく 児童福祉施設
幼稚園の 保育室は 3歳児の場合 4〜5歳児よりも 広くしなければ ならない 机、椅子のスペース とは別に床遊びの スペースを必要とする	3歳児は心身共に じゅうぶん成長 していない。集団遊びが できなくて、1人1人 先生の保護や 世話が 必要と なる
	乳児と幼児とは 活動能力が異なるので 空間を離す必要あり
	絵画製作室、 図書室は 年齢が異なる 幼児が交流 できる場所として 計画する
	出入口は 引戸に

25

10 病院に関する用語

病院は次の3つに分けられます。

患者を収容しないか、19人以下の患者の入院施設を有する**診療所**、20人以上の患者の入院施設を有する**病院**、100人以上の患者の入院施設を有し、内科、外科、産婦人科、眼科、耳鼻咽喉科などを有し、その他の諸施設を有する**総合病院**です。

病院の全体計画に関しては、病院は病棟、中央診療部、管理部、外来診療部、サービス部の5つの部門により構成され、病棟部は全体の40〜50%、その他は各10〜20%で、**病院の延べ面積**は、1床当たり50〜60㎡です。

病棟部の計画に関しては次の事項を理解してください。①**看護単位（看護ユニット）**とは、看護師長と看護師が看る病床のまとまりをいい、一般病床（外科・内科）では1チームに対し40〜50床、産科・小児科・重症看護等では30床程度が目安。②病院の病室面積は医療法により、1床当たり6.4㎡以上、小児病棟の病室は、個室6.3㎡以上、2床以上の場合は一般の$\frac{2}{3}$以上とする。なお、

病室面積は内法面積で測り、病室の出入口の幅はストレッチャーの出入りを考慮して、1.2m以上とする。③ PPC（pro-gressive patient care）とは、患者を病状に応じて段階的に分け、それぞれの病状の段階に適した設備・施設及び看護水準を確保し、看護の質を高めようとする方式をいう。④ SCU（self care unit）とは、身の回りの世話は自分でできる患者を集めた看護単位をいう（脳卒中専用病室［Stroke Care Unit］を指すこともある）。

病室に面する廊下の幅は、片廊下1.8m以上、中廊下2.1m以上（療養病床2.7m以上）とします。

外来診療部の計画に関しては、次の2点に着目しましょう。①外来患者が利用しやすい1階部分にまとめて配置するのがよい。②動線については、受付→待合→診察→投薬を考慮する。

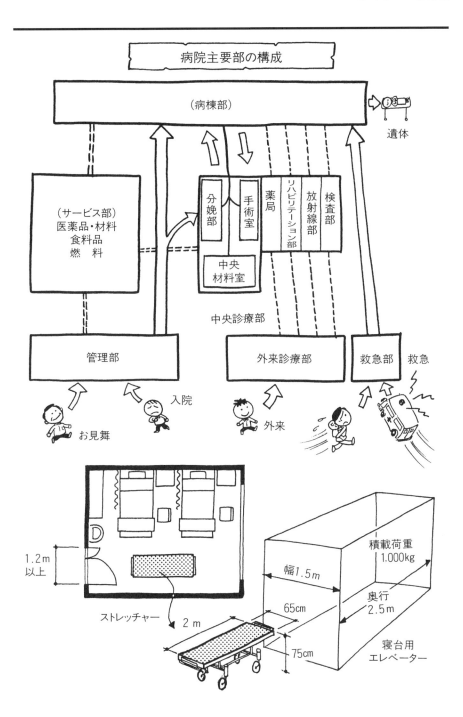

病院主要部の構成

（病棟部）

遺体

（サービス部）
医薬品・材料
食料品
燃　料

分娩部

手術室

薬局

リハビリテーション部

放射線部

検査部

中央材料室

中央診療部

管理部

外来診療部

救急部　救急

お見舞　入院

外来

1.2m
以上

ストレッチャー　2m

積載荷重
1,000kg

幅1.5m

65cm

75cm

奥行
2.5m

寝台用
エレベーター

病院・高齢者施設

11 病院・高齢者施設に関する用語

中央診療部については、高度化した検査・治療機能を集約した部門であることを理解しておきましょう。

サプライセンター(中央材料室)は、病院全体の医療品を消毒・供給する室で、手術部に隣接させます。

手術部(手術室)については次の諸点を理解してください。①手術室の面積は30～40m²程度。②手術室2室を組として、その中間に消毒作業、手洗いを設備した前室を置く。③手術室は60～80床に1室程度設ける。④手術室内は汚染防止上、他室と別の独立した空調系統とする。つまり**無菌空調(バイオクリーン)**とし、かつ、第2種換気方式とする。⑤手術室の照明は1,000 lx程度で、無影灯を取り付け、手術台上の直径30cmの範囲は20,000 lx以上とする。

放射線部は、X線診断と放射線治療を行うので、放射線防護に特に留意が必要です。

MRIは、磁気共鳴を利用した断層診断装置であり、磁気シールドが必要です。

ICU(intensive care unit)とは、大手術後の患者や重症患者など**集中治療の看護単位**(患者1～2人に看護師1人以上)、または**集中治療部**(50～60m²/床)のことです。

高齢者施設の代表的なものは、**介護保険施設**で、介護療養型医療施設、介護老人福祉施設(特別養護老人ホーム)、介護老人保健施設(老人保健施設)に分けられます。**特別養護老人ホーム**はプライバシー重視の観点から個室化が望ましいとされます。

高齢者施設の建築計画の基本的なポイントは次のとおりです。①建築物は低層とし、2階建以上はエレベーター・スロープを設ける。②建物内外は、車椅子利用者が自由に移動できるように計画する。③各居室の快適温度は、一般的な標準より3～4℃高温で計画する。④居室・便所などの扉は、非常の際に外部から開けられるようにする。

なお、**ハーフウェイハウス(中間施設)**とは、病院での治療を終了した高齢者等が、日常生活への復帰に向けて訓練を受ける施設をいい、老人保健施設が該当します。

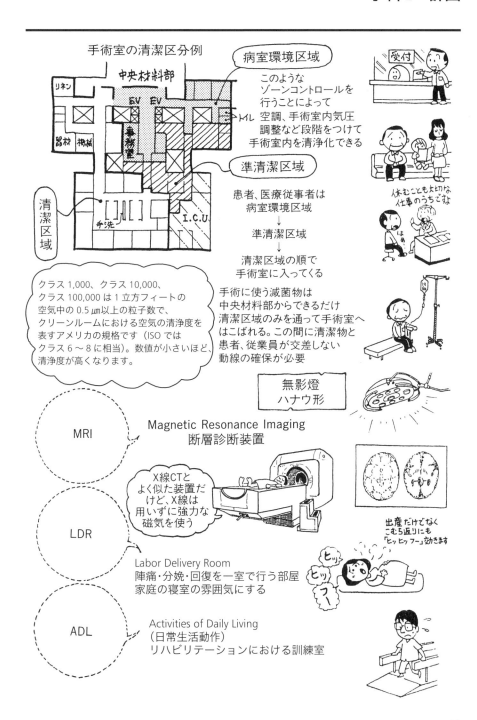

手術室の清潔区分例

中央材料部

リネン

EV EV

器材 機械

手術室

清潔区域

手洗

I.C.U.

病室環境区域

受付

このような
ゾーンコントロールを
行うことによって
空調、手術室内気圧
調整など段階をつけて
手術室内を清浄化できる

休むことも大切な
仕事のうちだな

準清潔区域

患者、医療従事者は
病室環境区域
↓
準清潔区域
↓
清潔区域の順で
手術室に入ってくる

クラス 1,000、クラス 10,000、
クラス 100,000 は 1 立方フィートの
空気中の 0.5 ㎛以上の粒子数で、
クリーンルームにおける空気の清浄度を
表すアメリカの規格です（ISO では
クラス 6 ～ 8 に相当）。数値が小さいほど、
清浄度が高くなります。

手術に使う滅菌物は
中央材料部からできるだけ
清潔区域のみを通って手術室へ
はこばれる。この間に清潔物と
患者、従業員が交差しない
動線の確保が必要

無影燈
ハナウ形

MRI

Magnetic Resonance Imaging
断層診断装置

X線CTと
よく似た装置だ
けど、X線は
用いずに強力な
磁気を使う

出産だけでなく
こむら返りにも
「ヒッヒッフー」効きます

LDR

Labor Delivery Room
陣痛・分娩・回復を一室で行う部屋
家庭の寝室の雰囲気にする

ヒッ
ヒッ
フー

ADL

Activities of Daily Living
（日常生活動作）
リハビリテーションにおける訓練室

図書館・美術館・博物館

12　美術館・博物館に関する用語

　美術館・博物館の巡回形式は規模に応じて、次の３つの形式があります。

　①接室順路型（一筆書き型）は、小規模向きで、隣接する展示室を巡回する形式。

　②ホール接続型（中央ホール型）は、中規模向きで、ホールから各展示室に出入りする形式。

　③廊下接続型は、大規模向きで、各展示室を廊下で接続する形式。

　美術館・博物館の建築計画のポイントの基本は、次のとおりです。

　①展示部分の床面積は、延べ床面積の約 $\frac{1}{2}$ とする。②照明は人工照明（ハロゲン灯、LED、メタルハライド灯等の演色性のよいもの、なお、ナトリウム灯は演色性が悪いので用いられない）を主体とし、自然採光は補助手段として利用し、展示面の明るさは、日本画 150 ～ 300 lx、洋画 300 ～ 500 lx が必要である。③ガラスケースを使用する展示の場合は、グレアを生じさせないために光源の位置を考慮し、ガラス面を前傾させる必要がある。④収蔵室は年間を通じ恒温・恒湿を保つための空調設備が必要である。

　収蔵庫に関しては、次の点を理解しておきましょう。収蔵庫は荷解き、燻蒸、収蔵の動線の中に位置づけ、内装の仕上材には、資料に影響を与える恐れがある、マツ、ヒノキ等、樹脂の多い木材は使用しないことです。そして収蔵庫は温湿度調節のために、外側の躯体とは別に、木造内壁を設けた二重壁構造とし、その中間の空気層を空調します。なお、収蔵庫の消火設備としては、不活性ガス消火設備が適しています。

　パノラマ展示とは、室内で観客に広い視野の実景を観るような感覚を与える展示手法のことで、背景に写真・絵画等が使われることが多いのです。

　ホワイトキューブとは、展示作品を阻害させるような装飾や色を排除した展示空間をいい、ニューヨーク近代美術館（MoMA）で確立された展示方法であり、現代の美術館では一般的になっています。

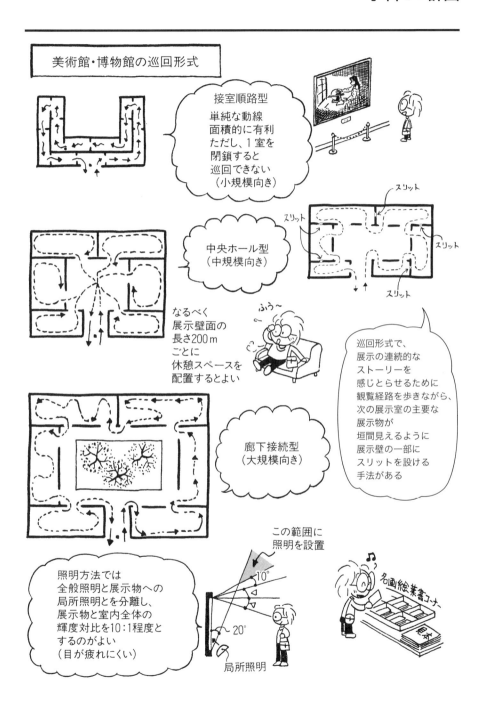

美術館・博物館の巡回形式

接室順路型
単純な動線
面積的に有利
ただし、1室を
閉鎖すると
巡回できない
（小規模向き）

中央ホール型
（中規模向き）

スリット
スリット
スリット
スリット

なるべく
展示壁面の
長さ200mごとに
休憩スペースを
配置するとよい

ふう～

巡回形式で、
展示の連続的な
ストーリーを
感じとらせるために
観覧経路を歩きながら、
次の展示室の主要な
展示物が
垣間見えるように
展示壁の一部に
スリットを設ける
手法がある

廊下接続型
（大規模向き）

この範囲に
照明を設置

10°

20°

局所照明

照明方法では
全般照明と展示物への
局所照明とを分離し、
展示物と室内全体の
輝度対比を10：1程度と
するのがよい
（目が疲れにくい）

名画絵葉書コーナー

図書館・美術館・博物館

13　図書館に関する用語

図書館の出納システムとは、閲覧者が目的とする図書を閲覧するまでの手続方法をいい、次の4方式に大別されます。

自由開架式とは、閲覧者が本を自分で書架から取り出して選び、検閲を受けることなく閲覧し、かつ、書架に返却する方式で、小規模図書館や児童用図書館に主として採用されます。

安全開架式とは、閲覧者が本を自分で書庫に入って選び、館員の検閲を受け、貸し出しの記録を提出する方式です。

半開架式とは、書架をガラス張りまたは金網張りとし、閲覧者が外側から見て希望の書籍を探し、館員に申し出て、出してもらう方式をいいます。

閉架式とは、閲覧者は直接書籍に面することはできず、目録などによって本を選び、館員に書庫から取り出してもらう方式で、大規模図書館や貴重図書の出納に適用されます。

図書館建築の計画の基本的なポイントを示すと次のとおりです。

①閲覧室は南向きがよいが、直射日光が入らないように計画する。②児童閲覧室は、騒がしくなりがちなので1階の出入口近くに設け、一般閲覧室と分離して設ける。③閲覧室の所要面積は、一般人では$1.5 \sim 2.0$ $m^2/$人、児童では$1.2 \sim 1.5\,m^2/$人以上とする。④書庫の収蔵冊数は開架式では$100 \sim 180$ 冊$/m^2$、閉架式では$200 \sim 250$ 冊$/m^2$、可動書架を使用した集密書架式書庫では$500 \sim 600$ 冊$/m^2$を標準とする。⑤地域図書館は館外貸出しを中心とした、自由開架式とし、閲覧席は最小限にする。⑥積層式書庫は書架支柱が上部床荷重を支え、階高を$2.2\,m^2$程度に抑える。

BDS（ブックディテクションシステム）は、図書を磁気テープで管理するもので、開架閲覧室に利用者の私物を自由に持ち込むことができます。

レファレンスルームとは読書相談室のことで、**ブラウジングルーム**は新聞・雑誌などの軽読書室のことです。

図書館の出納システム

自由開架式	安全開架式	半開架式	閉架式
内容を見て選べる		本の背だけ見える	う～む　目録から選ぶ
検閲なし		貸出記録を提出	
本が傷みやすい	館員が少し忙しい	館員が忙しい	
1室10,000冊程度	1室　15,000冊程度		特定の利用者が利用する

ブックモビル
book mobile

図書館を設計するなら
ブックモビルにのって1日の
流れを観察したり、
図書館のカウンターのそばで
人の流れを研究したり
職員の声と利用者の声も
どんどん聞くべきだ

いつも愛読者カード
ありがとうございます
21世紀♡

資料検索のための利用者開放端末（OPAC）は、
来館者の利便性に考慮し、分散させて配置する

ブックトラック
book truck

キャレル
carrel

書架の間隔は、
車いすに配慮して225cm
カウンター高さ70cm

細部計画

14 モデュラーコーディネーションに関する用語

モデュラーコーディネーション（モデュール割り）とは、モデュールに基づいて全体的な寸法調整を行うこと、つまり柱間や窓等の寸法を一定の秩序に基づいて割り付けることをいいます。モデュラーコーディネーションは材料生産、設計施工の全体にわたりその合理化・工業化をはかることができ、建築生産を秩序づけるわけです。

モデュロールとは、ル・コルビュジエによって提案された、人体寸法をもとにして構成された寸法体系であり、JIS で定めたモデュール割りとは異なります。

1人当たりの床面積に関しては右の表の数値をよく記憶してください。計画面積は概略値ですが、法的根拠のあるものはその値をわずかでも下回れば違法となります。

天井高は、法的には居室は 2.1 m 以上です。事務所の天井高は面積が大きいほど高くなり、2.6 ～ 2.8 m 程度です。学校の教室の天井高は、気積を確保するために 3 m 程度にします。体育館の天井高は、バスケットボールで 7 ～ 8 m 以上、テニスで 12 m 以上、バレーボール（公式試合）ではセンター上部で 12.5 m 以上必要です。飛び込み競技場は、飛び込み板が水面から最高 10 m なので、天井高を 16 m 以上とします。

出入口の有効幅員、斜路（スロープ）の勾配、屋根の最小勾配、各部の寸法に関しては、右の表に示す数値を覚えておいてください。

扉の開き勝手に関しては次の点をよく理解してください。①不特定多数の避難用は外開き。②防犯上の扉は内開き。③病院等の便所ブース（便房）は外開き。④事務室は内開き。⑤水仕舞に配慮する場合は、水のあるほうに開くようにする。⑥金庫室・倉庫・書庫等は外開き。⑦積雪地のビルの屋上出入口は、避難経路となっていない場合は内開き。

建具金物としては、箱錠、ドアクローザー、クレセント、ピボットヒンジ、グラビティヒンジ、クレモンボルト、フランス落し等があります。

1人当たりの床面積

用　途	所要室	面積（m²/人）
事　務　所	事務室	5 ～ 12
	会議室	2 ～ 3
レストラン	食事スペース	1 ～ 2
劇　　場	客席	0.5 ～ 0.7
学　　校	普通教室	1.5 程度
	図工・音楽	2 ～ 2.5
	理科（小学）	2.5 程度
	理科（中学）	3 程度
図　書　館	閲覧室（数人掛）	1.3 ～ 2
	閲覧室（1人掛）	2.5 程度
保　育　所	保育室	1.98 以上
	乳児室	1.65 以上
	ほふく室	3.3 以上
病　　院	病室（一般）	6.4 以上
	病室（小児）	p.26 参照
体　育　館 （コート1 面当たりの 広さ）	バスケットボール	20 m × 34m 程度
	バレーボール	18 m × 30m 程度
	インドアテニス	20 m × 40m 程度

出入口の幅員

便所（便房）	55 ～ 60cm
浴室	70 ～ 75cm
居室・事務室	80 ～ 90cm
病室（ストレッチャーの出入り）	100 ～ 120cm
乗用車車庫	250cm 以上
車いすの出入り	80cm 以上
一般出入口の最小幅	60cm

斜路の勾配

自動車用	17%（約 1/6）以下
歩　行　用	1/8 以下
劇場などの 廊下・通路	1/10 以下
車　い　す	1/12 以下（屋内） 1/20 以下（屋外）

その他各部の寸法

バルコニー等の手すり高さ	110cm 以上
作業台・流し台の高さ	80 ～ 85cm
洗面器の縁の高さ（住宅）	70 ～ 74cm
小便器の前縁の高さ	50 ～ 55cm
電灯スイッチの高さ	120 ～ 130cm
階段の手すり高さ	80 ～ 85cm

屋根材料と最小勾配

屋　根　材	勾　配	備　　考
かわら葺	4/10 ～	重量大、地震時に不利
金属板平葺	2.5/10 ～	重量小、断熱に注意
波形鉄板、波形ストレート葺	3/10 ～	
長尺鉄板かわら棒葺	2/10 ～	
アスファルト防水	1/100 ～ 1/50	重量大、断熱に注意

金属板により
屋根を葺く場合、
一文字より
かわら棒葺のほうが
屋根勾配を
緩くすること
ができる

細部計画

15 窓に関する用語

窓の種類については、引き違い窓、外開き窓、はめ殺し窓、縦軸回転窓、横軸回転窓、滑り出し窓などがあり、雨仕舞、気密性、換気、排煙、清掃、デザインなどを考慮して決めます。

引き違い窓は2枚以上の建具を左右にスライドする方式です。突き出し窓は、建具の上框を丁番などで窓の上枠につり、そこを回転軸にして外へ突き出して開く窓で、気密性、水密性がよく、横長の開口部に適しています。そして上框が下がりながら外へ突き出して開くものを滑り出し窓といい、オペレーターやフック棒による遠隔操作が可能で、高所にも使用されます。はめ殺し窓は、主として採光に用いる開閉しない固定した窓で、気密性・水密性に優れますが、室内からのガラス外面の清掃が極めて困難です。両開き窓は、引き違い窓に比べて雨仕舞・気密性・遮音性では有利ですが、ガラス外面の清掃は不便です。縦軸回転窓は、換気に便利で、ガラス面の清掃も容易ですが、ストッパーのしっかりしたものを使用しないと、風にあおら

れる恐れがあります。横軸回転窓は、わずかに開いた状態で固定することができるので、排煙窓として使う場合があります。上げ下げ窓は、縦長の開口部に適しており、通風・換気用とされますが、障子（サッシ）の大きさ・重量・可動の幅に制限があります。ルーバー窓は、ルーバーガラスの開口率を自由に調節できますが、ガラスのすき間が多いので、閉じたときの気密性はやや劣ります。ドレーキップ窓は、レバーハンドルの向きにより、内倒し又は内開きの切り替えができます。

ガラス取付けの要点は、次のとおりです。①ガラスの切断面をグラインダー等により仕上げるクリーンカットを行う。②外部に面する網入りガラスの小口に防錆材を塗布する防錆処理を行う。③ジッパーガスケットとは、サッシあるいはコンクリートに板ガラスを取り付けるための合成ゴム製品。気密性・水密性が確保できる。④クリアランス及びかかりしろは右図を標準とする。

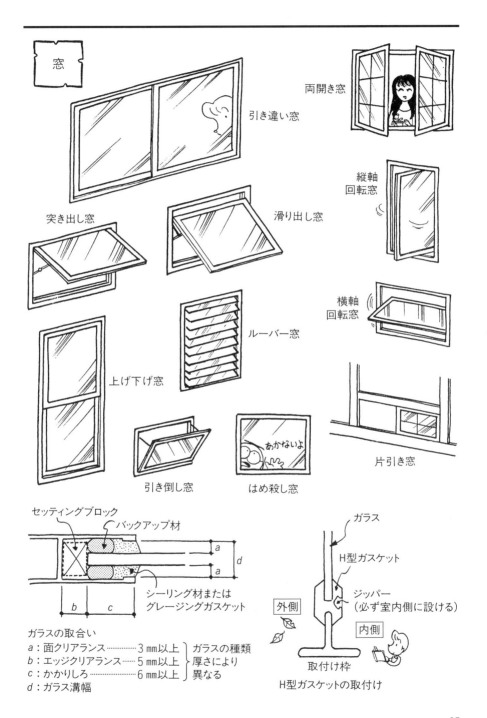

窓

引き違い窓

両開き窓

縦軸回転窓

突き出し窓

滑り出し窓

横軸回転窓

ルーバー窓

上げ下げ窓

あかないよ

片引き窓

引き倒し窓

はめ殺し窓

セッティングブロック
バックアップ材

a
d
a

b　c

シーリング材または
グレージングガスケット

ガラスの取合い
a：面クリアランス……………3 mm以上
b：エッジクリアランス……5 mm以上
c：かかりしろ……………6 mm以上
d：ガラス溝幅

ガラスの種類
厚さにより
異なる

ガラス

H型ガスケット

ジッパー
（必ず室内側に設ける）

外側

内側

取付け枠

H型ガスケットの取付け

細部計画

16　ガラスに関する用語

　ガラスの種類と特色を示すと次のとおりです。①普通板ガラス：ガラスを溶融状態のままで板としたもので、透明板ガラスとすり板ガラスに分けられる。厚みは2mmと3mmがある。②フロートガラス（磨き板ガラス）：溶融金属の上にガラス生地を流したもので、優れた平面性をもち、ゆがみも少ない。厚みは3〜19mm。③型板ガラス：ロールに彫刻された型を刻んで成形するロールアウト法により製造したもので、厚みは2、4、6mmの3種類。④網入板ガラス：一方の面に型模様のある網入型板ガラスと、両面を研磨した網入磨きガラスがあり、火災時に割れても崩れ落ちず、飛散や落下の危険防止に有効。しかし、同厚のフロートガラスに比べ耐風圧性能は劣る。厚みは6.8mmと10mmの2種類。⑤合せガラス：2枚のフロートガラスの間に透明な樹脂の薄膜をはさんだもので、破損時にガラスが飛散しにくい。⑥強化ガラス：フロートガラスを軟化点（650〜750℃）まで加熱後、急冷することにより、表面

に圧縮ひずみ層を形成させたもので、200℃程度までの温度に耐え、破損しても粒大に砕け、鋭利な破片が残らない。厚みは4〜15mm。⑦熱線吸収ガラス：ガラスに微量の金属（ニッケル・コバルト・鉄・セレン等）を加えた着色ガラス。色はブルー、グレー、ブロンズの3種類で、熱線である赤外線を吸収することにより熱を遮断し、冷暖房負荷の軽減に役立つ。厚みは網入は6.8mm、その他は5〜15mm。⑧熱線反射ガラス：フロートガラスの表面に金属酸化物を焼き付け、太陽熱の反射率を増大させるもので、冷暖房負荷の軽減に役立つ。⑨複層ガラス：2枚の板ガラスの間に空気層（6mmと12mm）があるもので、断熱（断熱性は2倍）と結露防止効果が高い。しかし、遮音性は向上しない。⑩低放射ガラス（Low-Eガラス）は、放射率0.1以下（通常0.85）のガラスで、複層ガラスの片面に用いるとき、金属膜面を中空層の室内側にするか室外側にするかにより、前者は高断熱、後者は遮熱高断熱となる。

ガラスの種別と特色

	透視性	拡散性	熱線遮断	断熱防露	防火性	割れにくさ	耐貫通性	割れても安全	防盗性	現場切断可
フロートガラス	優									OK
〃 （線入・網入）	OK				OK		OK		OK	OK
型板ガラス		OK								OK
〃 （線入・網入）		OK			OK		OK		OK	
熱線吸収ガラス	OK		OK							OK
〃 （線入・網入）	OK		OK		OK		OK		OK	
熱線反射ガラス	OK		OK							OK
合せガラス	優						優	優	OK	
〃 （熱線吸収）	OK		OK				優	優	OK	
〃 （線入・網入）	OK				OK		優	優	OK	
複層ガラス	優			OK						
〃 （熱線吸収）	OK	優		OK						
〃 （線入・網入）	OK			OK	OK		OK		OK	
強化ガラス	優					優		OK		
〃 （熱線吸収）	OK		OK			優		OK		

細部計画 / 安全性・バリアフリー

17　ガラススクリーン工法および手すりに関する用語

ガラススクリーンとは、大型のガラス張りの壁面のことをいいます。ガラススクリーンの施工方法を**ガラススクリーン工法**といい、ガラス方立て工法、ガラス吊下げ工法、及びこれらの併用工法と強化ガラススクリーン工法を総称していいます。

ガラス方立て工法とは、板ガラスの方立てを用い、面ガラスと方立てガラスの接合部にシーリング材を充填して板ガラスを支持する方法をいいます。なお、**方立て**とは、ガラススクリーンの縦の辺の片側又は両側に取り付けて耐風圧性能を向上させるためのものです。

ガラス吊下げ工法とは、建築物の梁またはスラブから、特殊な吊下げ金物を用いて大板ガラスを吊り下げる工法をいいます。

なお、ガラススクリーン工法において、ガラス方立て付き自立工法の場合、ガラスの高さは 6 m 未満とし、ガラス方立て付き吊下げ工法の場合は 4.5 m を超え 10 m 以内とするのが望ましいとされています。一般に、吊下げ工法のほうが高くできます。

手すりの基本的要件に関しては次の点をよく理解してください。①高さ：1 本の場合は 80 cm 程度とする。2 本の場合は大人用としては 85 cm 程度、小児用・高齢者用としては 65 cm の高さとする。②形状：原則として円形タイプを用い、大人用は外径 4 cm、小児用は 3 cm 程度の握りやすいものとする。③壁との関係：壁面とのすき間は 5 ～ 6 cm（少なくとも 3 cm 以上）とし、手すりの下側で支持する。④廊下を歩きやすくするための、点検扉や引戸の戸袋部分等にも手すりを設けて、できる限り連続させる。⑤端部：端部は衣服の袖が引っ掛からないように、下方または壁面方向に曲げる。⑥標示：公共用施設等における手すりについては、端部および要所は点字標示板を取り付けることが望ましい。

バルコニーの手すりについては、①手すりの高さは 1.1 m 以上とし、手すり子の間隔は 10 ～ 12 cm 程度（あきは 11 cm 以下）とする。②横桟や格子は子供の足がかりになるので避ける。

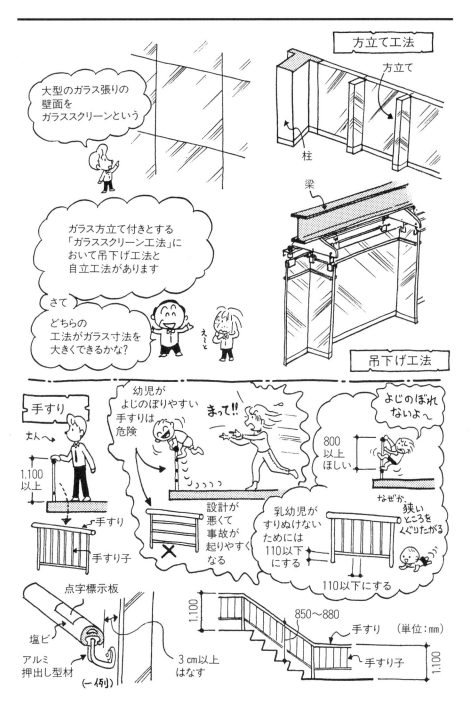

大型のガラス張りの壁面をガラススクリーンという

方立て工法

方立て

柱

梁

ガラス方立て付きとする「ガラススクリーン工法」において吊下げ工法と自立工法があります

さて

どちらの工法がガラス寸法を大きくできるかな？

え〜と

吊下げ工法

手すり

大人へ

1,100以上

手すり

手すり子

幼児がよじのぼりやすい手すりは危険

まって!!

設計が悪くて事故が起りやすくなる

×

よじのぼれないよ〜

800以上ほしい

なぜか

狭いところをくぐりたがる

乳幼児がすりぬけないためには110以下にする

110以下にする

点字標示板

塩ビ

アルミ押出し型材

（一例）

3cm以上はなす

1,100

850〜880

手すり （単位：mm）

手すり子

1,100

41

安全性・バリアフリー

18　車いす使用者に関する用語

車いすは、その構造上の大きさ・走行性から、次に示すような**車いす使用者への配慮**が必要です。

出入口：①扉の有効幅員は80cm以上を確保する。②扉は引戸の自動ドアが望ましい。③扉周辺の床は平たん（段差なし）とする。段差は2cm未満とする。④主要な部分にインターホンを設置し、内部との連絡がとれるようにする。

廊下：①**廊下の有効幅員**は、90cm以上を確保する。②歩行者と車いすがすれ違える有効幅員は135cm、車いす同士がすれ違える有効幅員は180cm。③**車いすの回転スペース**は150cm四方のスペースを確保する。

スロープ：①2cm以上の段差がある場合はスロープを設ける。②**スロープの勾配**については、**屋内ス**ロープは段差が16cmまでは$\frac{1}{8}$以下、その他は$\frac{1}{12}$以下とし、高さ75cm以内ごとに踊場を設ける。**屋外ス**ロープはすべりにくい構造とし、勾配は$\frac{1}{15}$以下とする。

エレベーター：①かご内の内法寸法は、1.4×1.35m以上（中で方向転換をする場合は1.7×1.4m以上）。②扉の有効幅員は80cm以上。③操作盤の高さは、0.7～1.2mの範囲内とする。④着床階の床とエレベーターの床のすき間いわゆる**着床精度**は1cm（少なくとも2cm未満）とする。

便所：①便房の内法寸法は、2.0×2.0m以上（2.2×2.8m以上が望ましい）。②便器の便座高さは42cm程度。③手すりを適宜設置する。

洗面・化粧室：洗面器上部に鏡が設置される場合、傾斜角15°の鏡とする。

駐車場：①乗降用スペースの幅は120～150cmが必要。②駐車場スペースの幅は350cm以上を必要とする。

カウンター等の下の床面からのクリアランス：65cm以上を確保する。

劇場等の観覧席：車いす使用者用の観覧スペース（1席当たり間口は0.9m以上、奥行1.5m程度）を設け、出入口から観覧スペースに至る客席内の通路の有効幅員は1.3m以上とする。

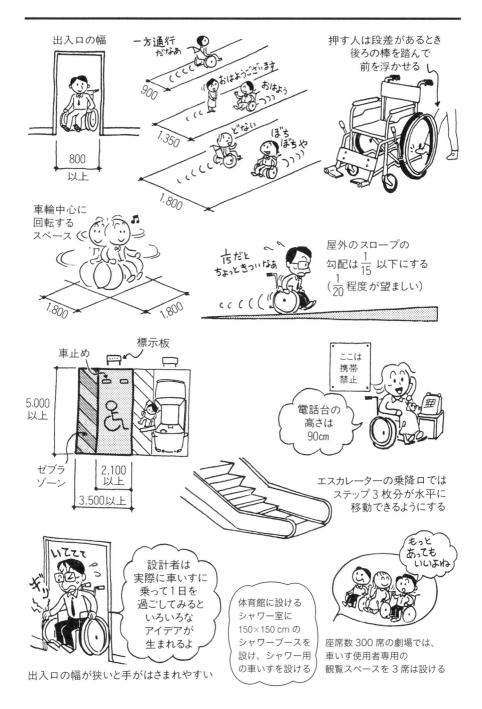

安全性・バリアフリー

19 視覚・聴覚障害者に関する用語

視覚障害者のハンディキャップは、位置の認識が極めて困難なことで、視覚に代わる聴覚、触覚等の感覚による情報が必要不可欠で、このため情報伝達手段として、視覚障害者誘導用ブロック、音声情報、触知情報、点字情報等の併用を必要とします。歩行には白杖使用は不可欠で、このため安全歩行には幅120cmを必要とし、方向転換にも120cm角のスペースを必要とします。

視覚障害者の安全性確保の要点は概略次のとおりです。①手すり対策については17の項を参照。②エレベーター乗降ロビーの操作ボタンの前や、階段の踊場における降りはじめの段の20cm手前等の誘導・警告用床材は、周辺の床材と材質を変え、明度差をつける。③廊下の側方突出物は、奥行き10cm以下、前方突出物は30cm以下とし、いずれも下端高は60cm以下とする。④白内障の高齢者の視界が黄変化することを考慮して、白地の案内板の標示の強調部分には青や赤を用いる。⑤押しボタンを案内する点字はボタンの左側に設ける。

聴覚障害者のハンディキャップは、音による情報が取れないこと、及び後方の情報を認識しにくいことで、このため情報は視覚、嗅覚、触覚（主に視覚）に頼らなければなりません。聴覚障害者をサポートする建築的な配慮には視覚情報装置（標識や字幕等）を主にして、補聴情報装置をも併用しなければなりません。

補聴情報装置とは、聴力レベルが30〜70dB程度の聴覚障害者や軽度の難聴者を対象にした補聴システムで、いわば補聴器を応用した情報装置です。その代表的なものとして磁気ループシステム（床面に敷設したループ〔導線〕にマイクロホン等からの音声信号〔FM電波〕を流し、床上に交流磁界を発生させ、磁界内にいる受信器〔補聴器〕を耳に付けた多数の人に音が聞こえるようにしたシステム）があります。

ユニバーサルデザインとは、バリアフリーのために誰にでも、いつでも、どこでも利用・使用できるように設計されたデザインをいいます。

エレベーターでおなじみ

点字はとても合理的にできていますね

段鼻は突出させずに色彩、明度、仕上げまで配慮

段鼻

事故が起こりやすい

けこみ板なしは避ける

屋内通路は点検扉や引戸の戸袋部分にも手すりを設けてできる限り連続させることが望ましい出入口で不連続となる場合の識別は手すりを曲げる

側方突出物

前方突出物

10cm以下

30cm以下

下端高60cm以下

60cm以下

突出物の寸法

このごろはどこの銀行でも使われているね

34番の方 受付

大きな字幕のための装置

建築物におけるバリアフリーについて

順路

標識

それにお年寄りになると目も耳も遠くなる場合はよくあることですから、1人1人にかかわることです

両親とも聾啞者でその子どもがプロの音楽家になった例もあるぞ

両親が「うるさい」と言わなかったから

ヘレン・ケラーは三重のハンディがあったけど大学にも行ったよ

人間、何かのハンディキャップをもつとそれをおぎなってあまりあるものが与えられると思うなあ

手話を知ると電車の窓ごしに会話もできるぞ

防災計画

20　火災に関する用語

火災に関して次の事項は理解しておきましょう。

①**木材の出火危険温度**は約260℃である。170℃程度で可燃性ガスが出始め、260℃程度で（自然）発火する。②**フラッシュオーバー**とは、出火（ボヤ）してから、火災が拡大し発生した可燃ガスが天井部に充満し、火災が一挙に拡大し室全体が炎に包まれる状態をいう。ボヤからフラッシュオーバーに至る時間は5〜十数分間で、フラッシュオーバーに至ると避難は困難となる。③**火災荷重**とは、単位床面積当たりの可燃物量を同じ発熱量をもつ木材の重量に換算したもの。④**燃焼速度（火災速度）**は、水平面より垂直面上のほうが速い（煙の水平方向の流速は0.5〜1.0 m/s、垂直方向は3〜5 m/s）。⑤**煙と空気の二層流**は、煙温度が高いほど、煙の流速が小さいほど安定化する。⑥**窓から上階への延焼**については、横長窓は縦長窓よりも延焼の危険が高い（バルコニーは上階への延焼防止に有効）。⑦避難通路への煙の流入を防ぐには、防煙垂れ壁

の下端は、天井面より50 cm以上必要とする。⑧火災により酸欠空気、有害・有毒ガスを生成し、一酸化炭素濃度が1%の空気中では数秒間で人命に影響を及ぼす。⑨**耐火建築物**の場合、火災の初期段階における煙層の厚さは、火源面積に支配され、火災が最盛期に至ると、火災室内における燃焼は、開口部から流入する空気量に依存するようになる。⑩**建物間の延焼防止**には常緑樹(シラカシ、クロガネモチ等) が有効である。これは常緑樹には、火災時の高温放射熱を遮る効果があるため。

群集歩行速度とは、ビル内等における火災時等に集団（群集）で避難する場合の歩行速度をいい、水平移動では、群集密度が1人/m²のとき1.5 m/s、群集密度が1.5人/m²のとき1 m/s程度、垂直移動（階段歩行）では0.4〜0.6 m/sといわれています。**非常時の群集特性**から、非常時の避難動線は日常動線に一致させるのがよいとされています。

防災計画

21　避難計画に関する用語

　防災設備の要点は、①高さ31mを超える高層建築物には、防災センターを避難階またはその直上・直下階に設け、かつ、**非常用エレベーター**（通常時は人荷用とする）を設置しなければならない。②自動火災報知設備・ガス漏れ火災警報設備等の警報設備を充実させる。なお、警報装置は火災の早期発見・初期消火のため、温度上昇以前に煙を感知するもの（**煙感知器**）のほうがよい。

　避難計画の基本は、①最悪の場合を想定して、自力で安全域まで到達できるものとする。②**避難経路**は2方向以上を確保し、かつ、単純明快で、日常的に使用している経路とする（日常動線を避難動線とする）のが望ましい。③避難経路への火煙の侵入を防止するため、適切な**防火区画**を設ける。④エレベーターやエスカレーターは、避難経路として計画してはならない。**非常用エレベーター**は避難用ではなく、消防隊の消火・救助活動用とする。⑤避難経路は階段で確保し、特に**避難階段**は耐火構造の壁と防火戸等で区画する。

⑥**避難階段の出入口の幅**は、階段の有効幅より広くすると避難者が殺到した場合に危険となるため、階段幅より狭く計画し、階段での事故を防ぐ。⑦**避難階段**は、危険防止の見地から、踏面の寸法を一定とし、かつ勾配を変えないようにするのがよい。⑧**特別避難階段の附室**は、できるだけ広いほうが避難上有利である。⑨**防災センター**は、避難時の待避場所でないことを理解しておく。⑩**廊下の機械排煙の排煙口**は、避難階段から離して設けることが望ましい。⑪**避難時の群集の歩行速度**は、百貨店・ホテル等では1.0m/s程度とする。しかし、避難速度は群集の種類と密度によって異なる。⑫**避難用の扉**は、避難時に容易に開放でき、かつ、避難後には自動的に閉鎖する構造のものがよい。⑬**水平避難方式**は、1つの階を複数のゾーン（防火区画や防煙区画）に区画し、火災の発生していないゾーンに水平に移動することによって安全を確保する方法で、高齢者や幼児が利用する施設において有効である。

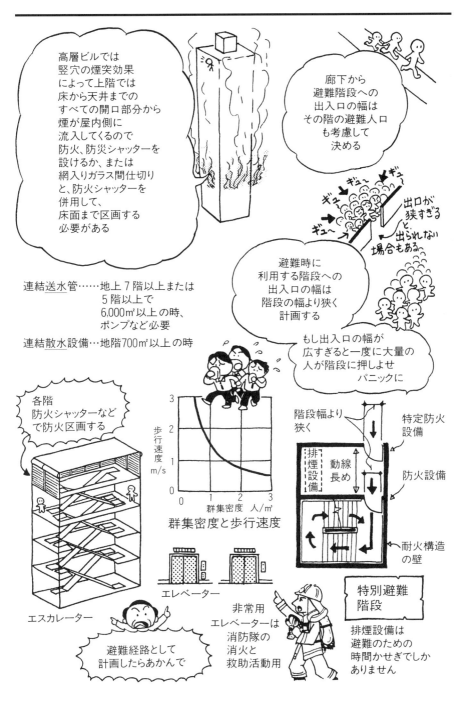

高層ビルでは竪穴の煙突効果によって上階では床から天井までのすべての開口部分から煙が屋内側に流入してくるので防火、防災シャッターを設けるか、または網入りガラス間仕切りと、防火シャッターを併用して、床面まで区画する必要がある

廊下から避難階段への出入口の幅はその階の避難人口も考慮して決める

連結送水管……地上7階以上または5階以上で6,000㎡以上の時、ポンプなど必要

連結散水設備…地階700㎡以上の時

出口が狭すぎると、出られない場合もある

避難時に利用する階段への出入口の幅は階段の幅より狭く計画する

もし出入口の幅が広すぎると一度に大量の人が階段に押しよせパニックに

各階防火シャッターなどで防火区画する

歩行速度 m/s

群集密度 人/㎡

群集密度と歩行速度

階段幅より狭く

特定防火設備

排煙設備

動線長め

防火設備

耐火構造の壁

特別避難階段

エスカレーター

エレベーター

非常用エレベーターは消防隊の消火と救助活動用

避難経路として計画したらあかんで

排煙設備は避難のための時間かせぎでしかありません

49

都市計画・建築史

22	都市計画に関する用語

　近隣住区とは、都市計画における住宅地の計画単位の考え方の1つで、原則として、1つの小学校をもち、近隣住区人口は 8,000 〜 10,000 人で計画され、通過交通の多い幹線道路を周囲の境とし、中心部に通過交通が入り込まないよう配慮します。中心部に小学校、店舗、公園などの公共施設をそろえ、日常生活のための機能をもった住宅地の単位です。なお、**近隣分区**とは、近隣住区の半分を構成する単位で、各近隣分区には幼稚園、保育所が1つ設けられます。**ペリーの近隣住区理論**は、ハーローニュータウン（英国）や千里ニュータウンで実現されました。高蔵寺ニュータウンは、近隣住区の平面的単調さに対して、都市機能を集中した**ワンセンター方式**で計画されました。

　道路と公園に関しては次の点を理解してください。**ラドバーンシステム**は、住宅地において歩行者と車を完全分離する手法で、**ボンエルフ**は、車道を屈曲させたり（**シケイン**）、ハンプをつけて速度を落とし、歩行者

と車の共存をはかったコミュニティ道路です。**住区基幹公園**と**都市基幹公園**には右表のようなものがあり、都市公園法では、市町村の区域において住民1人当たりの公園面積を 10 m²（市街地では 5 m²）とする整備目標をあげています。**地区公園**は近隣公園と総合公園の中間的性格をもったものです。**近隣公園**は近隣住民のためのスポーツ・遊戯施設と花壇・芝生・噴水等を設けたものです。**街区公園**は従来、**児童公園**と呼ばれていたものです。**運動公園**は面積のうち 50% 未満を運動施設とし、その他の部分は植栽等を施しスポーツ以外に利用するものです。**総合公園**は 10 万人以上の都市の全市民を対象とし、各種施設を設けた大規模な公園です。

　住宅地の計画における**住宅地形態と人口密度**の関係を示すと右表のとおりです。

　都市計画の内容は、土地利用計画、都市施設の供給、市街地開発事業の3本柱の実施にあります。

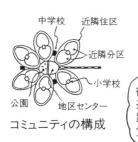

中学校　近隣住区
近隣分区
小学校
公園　地区センター
コミュニティの構成

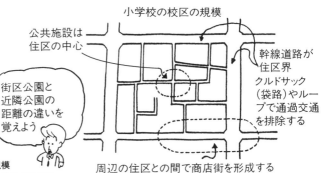

小学校の校区の規模

公共施設は
住区の中心

幹線道路が
住区界
クルドサック
（袋路）やルー
プで通過交通
を排除する

街区公園と
近隣公園の
距離の違いを
覚えよう

周辺の住区との間で商店街を形成する

近隣住区の概念図

都市公園の種類と規模

公園の種類		標準規模	誘致距離の標準
住区基幹公園	街区公園	0.25 ha	250 m
	近隣公園	2 ha	500 m
	地区公園	4 ha	1 km
都市基幹公園	総合公園 運動公園	容易に利用できるよう配置し、利用目的に応じて都市公園としての機能を十分発揮できる面積とする	

都市公園法施行令による

植樹帯
歩行者路
自転車路　緑道

地区計画制度とは
地域環境の保全の
ために、地区単位で
建築形態、敷地利用等を
コントロールする手法の
ひとつです

土地区画整理事業は
秩序だった市街地を
形成するため、土地の
区画形質を整え
道路、公園、上下水道等の
整備を行う市街地開発事業
のひとつです

知っておきたい建築家とその都市計画
エベネザー・ハワードが提唱…「田園都市」
トニー・ガルニエが提唱…「工業都市計画」
パトリック・ゲデス…「進化する都市」
ルイス・マンフォード…「都市の文化」
ケヴィン・リンチ…「都市のイメージ」
ル・コルビュジエ…「300万人の現代都市」

都市災害、特に二次
災害である火災の炎に
よるふく射熱の遮断
火の粉の飛散防止に役立つための
防火緑地帯としての幅は通常
100m以上必要とされます

住宅地形態と人口密度

形　態	人口密度(人/ha)	容積率(%)
独立住宅	100〜150	30〜50
低層集合住宅	150〜300	40〜80
中層集合住宅	250〜450	50〜100
高層集合住宅	500〜1,000	100〜200

都市計画の内容

- 土地利用計画
  - 市街化区域、市街化調整区域の区割り
  - 用途地域、地区の指定
  - 地区計画等
- 都市施設の供給
  - 道路、公園の整備
  - 上下水道、電気等のインフラ整備
  - 学校、官公庁、病院などの建設
  - 集合住宅の供給
- 市街地開発事業
  - 土地区画整理事業
  - 市街地再開発事業
  - 新住宅市街地開発事業など

都市計画・建築史

23 日本・西洋建築史に関する用語

神明造りとは、古代の神殿形式の1つで、伊勢神宮正殿に代表されます。各部材に曲線意匠がなく、総体に直線的な簡素な構造形式です。

流れ造りとは、平安時代に成立した神殿形式の1つで、京都の賀茂御祖神社に代表されます。

寝殿造りとは、平安時代に成立した貴族の住宅形式で、1棟1室を特徴とし、中央の寝殿のほか、東西又は北に対屋が配置されます。

書院造りとは、室町時代に発生した僧侶、上級武士などの住宅形式で、慈照寺銀閣（俗称、銀閣寺）に代表されるもので、窓際に付けられた机いわゆる"書院"、床、棚などをもち、畳が敷かれています。

数寄屋造りとは、江戸時代、茶室建築の影響から、書院造りに素朴な草庵風の手法が加えられて発展した茶室風の住宅形式で、侘び・さびを特徴とし、桂離宮、修学院離宮に代表されます。茶室には、書院式と草庵式があります。

ローマ建築とは、パンテオン神殿、コロセウムに代表されるアーチ・ドーム工法やコンクリート技術の発達により建築された、公共施設・記念建築物などの巨大建築をいい、古代最高の建築文化といわれます。

ゴシック建築とは、ノートルダム寺院、ケルン大聖堂に代表されるフライングバットレス・リブボールト・とがりアーチなど、垂直線を強調した中世キリスト教の教会堂建築を中心とした、中世の最も完成した芸術様式の建築をいいます。

ルネサンス建築とは、フィレンツェ大聖堂に代表される、**ルネサンス**（中世のキリスト教の束縛を打破して、人間中心の学問・芸術が著しく興隆した動きで、イタリアからヨーロッパ全体に及んだ、**文芸復興**）時代の建築をいいます。

シアム（CIAM）とは、ル・コルビュジエなどが中心となって、1928年に第1回の会議を開いた近代建築国際会議の略称です。すなわち、国際交流によって近代建築の発展を図ろうとしたもので、第4回会議ではアテネ憲章がつくられ、都市計画の原則が定められました。

日本建築史

時代区分		様式・特色など	代表的遺構
上古	縄文式・弥生式	大社造り、住吉造り	出雲大社、住吉大社
	古墳文化時代	神明造り・棟持柱	伊勢神宮
古代	飛鳥時代 538〜645	仏教伝来と共に伽藍造営	法起寺三重塔
	奈良時代 645〜794	平城京	法隆寺金堂・五重塔 薬師寺東塔
			東大寺正倉院、法華堂、法隆寺夢殿 唐招提寺金堂
	平安時代 794〜1185	平安京・寝殿造り・中門廊	東三条殿
		春日造り、流れ造り	春日神社、賀茂御祖神社
		日吉造り、八幡造り	日吉神社、宇佐八幡神社
		密教建築	延暦寺、金剛峯寺、醍醐寺五重塔
		浄土宗と阿弥陀堂	平等院鳳凰堂、中尊寺金色堂、浄瑠璃寺本堂
中世	鎌倉時代 1185〜1333	大仏様（天竺様）・挿肘木 和様 禅宗様（唐様）・海老虹梁	東大寺南大門・浄土寺浄土堂 石山寺多宝塔 円覚寺舎利殿
	室町時代 1334〜1573	書院造り 畳の敷詰め	慈照寺銀閣 鹿苑寺金閣
近世	桃山時代 1573〜1615	茶室建築 城郭建築	妙喜庵待庵 安土城、姫路城他
	江戸時代 1616〜1867	数寄屋建築 権現造り	桂離宮、修学院離宮、日光東照宮

西洋建築史

時代区分		様式・特色	代表的遺構
古代	ギリシァ （紀元前）	ドリス式、イオニア式、コリント式 アゴラ（広場）	パルテノン（ドリス式）、エピダウロスの円形劇場
	ローマ （〜4C）	ドーム・アーチの技術 フォーラム（集会場・市場）	パンテオン コロセウム
中世	ビザンチン （6C〜）	ペンデンティヴ・ドーム	ハギア・ソフィア寺院、サンマルコ寺院
	ロマネスク （10〜12C）	半円アーチ 交差ヴォールト	ピサの大聖堂
	ゴシック （12〜15C）	垂直性の強調 フライングバットレス リブヴォールト	ノートル・ダム大聖堂 ランス大聖堂 アミアン大聖堂、ケルン大聖堂
近世	ルネサンス （14〜16C）	ギリシャ・ローマ建築様式の復	フィレンツェ大聖堂、パラッツォ・メディチ、カンピドリオ広場
	バロック・ロココ （17〜18C）	バロック：豪奢で尊大 ロココ：優麗で繊細	ベルサイユ宮殿、サンピエトロ回廊、セントポール大聖堂
	復古主義 （18〜19C）	新古典主義、浪漫主義、歴史主義、折衷主義	パリ凱旋門、イギリス国会議事堂、パリオペラ劇場

日本建築史は室町時代がキーポイント
　金閣や銀閣が建てられた室町時代は能楽、茶の湯、生け花、連歌、水墨画、枯山水の庭園といった日本の伝統文化がその形をととのえ、建築にも大きな影響を与えた

大徳寺「孤蓬庵忘筌」などの小堀遠州は東洋のレオナルド・ダ・ビンチと呼ばれています

古さの順位がわかるようにしておくのがポイント

現代建築作品もこの際覚えておこう

「ユニテ・ダビタシオン」…（ル・コルビュジエ）

ユーコートが一般の集合住宅と違うところ
・住民による住民のための住民の集住環境
・自律的管理意識の高さ
・区分所有でなく全体利用の意識
・障害者を含む、年齢的にも職業的にも多様な人々の混在した小社会

金閣

24 積算に関する用語 I

積算は、建築積算研究会の**建築数量 積算基準**によるものを原則とします。

1) 共通事項（総則）

①**積算の数量**には、**設計数量**、**計画数量**、**所要数量**がある。**設計数量**とは、設計図書から直接読みとれる数量で、積算の数量はこれを原則とする。**計画数量**とは、設計図書に表示されない施工計画に基づく数量で、仮設や土工の数量がこれに該当する。**所要数量**とは、施工上やむをえない損耗を含んだ数量で、鉄筋・鉄骨・木材等の数量がこれに該当する。

②**計測の単位**は m とし、小数点第3位を四捨五入して第2位までとする。ただし、鉄筋や木材の規格寸法やコンクリートの断面寸法は、小数点以下第3位までとする。

2) 土工事

①**根切り面積**は、原則として基礎または地下建築物等の底面の設計寸法による各辺の左右に余幅を加えて計算する。つまり、根切りにおける余幅（**根切り幅**）は、右図に基づいて算出する。

②**土砂の数量**には、根切りによる土砂の容積増加や締固めによる減少を見込まない**地山数量**とする。

3) 型枠

①開口部は建具等の内法面積として差し引く。ただし、1箇所当たり 0.5 m² 以下の場合は差し引かない。

②斜面の勾配が 3/10 を超える場合は、上面型枠又は型枠に代わるコンクリートの上面処理とするかの実情に応じて計測・計算する。

③**階段**は、底面、側面、蹴上げ並びに踏面の面積とする。

4) コンクリート

①鉄筋や小口径管類による欠除はないものとする。

②**鉄骨によるコンクリートの欠除**は、鉄骨の設計数量について 7.85 t を 1 m³ として換算した体積とする。

③開口部によるコンクリートの欠除は、原則として開口部の内法寸法とコンクリートの厚さによる体積とする。ただし、開口部の内法の見付面積が1箇所当たり 0.5 m² 以下の場合は差し引かない。

25 項に続く。

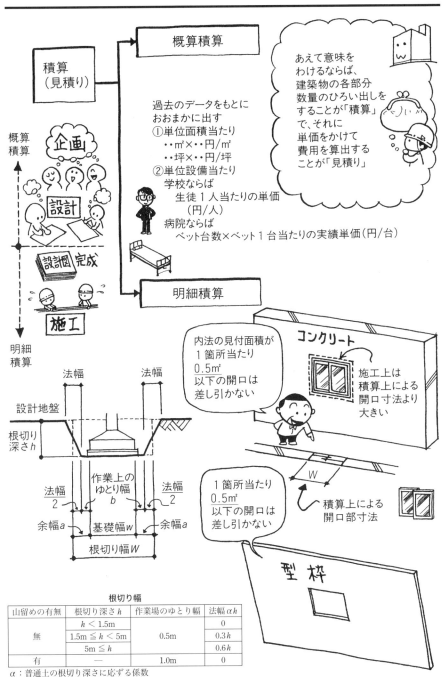

概算積算

積算
（見積り）

過去のデータをもとに
おおまかに出す
①単位面積当たり
　‥㎡×‥円/㎡
　‥坪×‥円/坪
②単位設備当たり
　学校ならば
　　生徒1人当たりの単価
　　　（円/人）
　病院ならば
　　ベット台数×ベット1台当たりの実績単価（円/台）

あえて意味を
わけるならば、
建築物の各部分
数量のひろい出し
をすることが「積算」
で、それに
単価をかけて
費用を算出する
ことが「見積り」

概算
積算

企画

設計

設計図 完成

施工

明細
積算

明細積算

内法の見付面積が
1箇所当たり
0.5㎡
以下の開口は
差し引かない

コンクリート

施工上は
積算上による
開口寸法より
大きい

法幅　　　　　法幅

設計地盤

根切り
深さh

$\dfrac{法幅}{2}$　　作業上の　　$\dfrac{法幅}{2}$
　　　ゆとり幅
　　　　b

余幅a　　基礎幅w　　余幅a

根切り幅W

1箇所当たり
0.5㎡
以下の開口は
差し引かない

W

積算上による
開口部寸法

型枠

根切り幅

山留めの有無	根切り深さh	作業場のゆとり幅	法幅αh
無	h < 1.5m	0.5m	0
	1.5m ≦ h < 5m		0.3h
	5m ≦ h		0.6h
有	—	1.0m	0

α：普通土の根切り深さに応ずる係数

55

積算

25 積算に関する用語Ⅱ

5) **鉄筋**

①**継手**は、径13mm以下は6mごとに、径16mm以上は7mごとにあるものとみなす。

②**径の異なる鉄筋の継手の重ね長さ**は、小径による。

③**ガス圧接**による鉄筋の長さの縮みはないものとする。

④各階柱の全長にわたる**主筋の継手**は、①にかかわらず、各階ごとに1箇所あるものとみなす。

⑤**連続する梁の主筋の継手**は、①にかかわらず、梁の長さが5m未満は0.5箇所、5m以上10m未満は1箇所、10m以上は2箇所あるものとする。

⑥**連続する床版**の全長にわたる主筋の継手は、①にかかわらず、床版の長さ4.5m未満は0.5箇所、4.5m以上9m未満は1箇所、9m以上13.5m未満は1.5箇所とする。

⑦**フープやスターラップ**の長さは、柱及び梁のコンクリート断面の設計寸法による周長とし、フックはないものとする。

⑧**割付本数**は、設計図書に記載さ

れていない場合、その部分の長さを鉄筋の間隔で除し、小数点以下第1位を切り上げた整数に1を加えたものとする。

⑨**所要数量**を求める場合は、設計数量の4%増しを標準とする。

6) **鉄骨**

①ボルト類の穴、開先加工、スカラップなどによる**鋼材の欠除**は、ないものとする。

②ダクト穴などは、1箇所当たり0.1m²以下のものは差し引かない。

③**エンドタブ**に要する鋼材や溶接についても計算しない。

④**複雑な形状の鋼板**は、その面積に近似する長方形として計測・計算することができる。

⑤**溶接の数量**は、原則として種類、溶接断面形状ごとに長さを求め、隅肉溶接脚長6mmに換算した延べ長さとする（各溶接断面積を隅肉溶接脚長6mmの断面積で除した換算率を乗じる）。

⑥**所要数量の割増し率**は、型鋼・平鋼で5%、鋼板で3%、ボルト類で4%を標準とする。

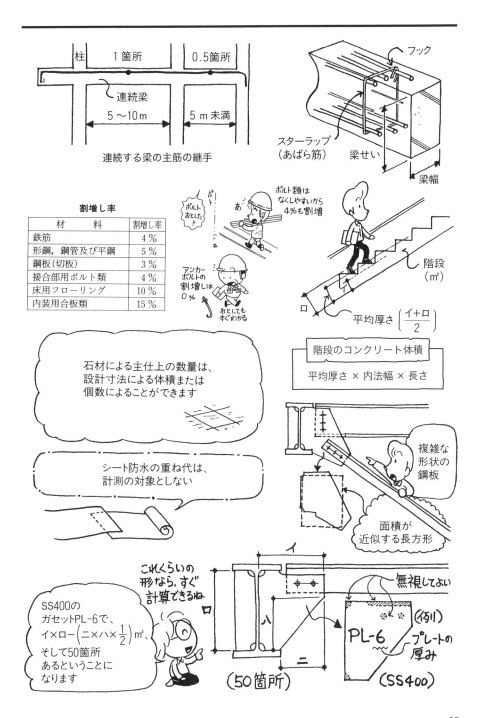

柱　1箇所　0.5箇所

連続梁

5〜10m　5m未満

連続する梁の主筋の継手

フック

スターラップ
（あばら筋）　梁せい

梁幅

割増し率

材　料	割増し率
鉄筋	4％
形鋼，鋼管及び平鋼	5％
鋼板（切板）	3％
接合部用ボルト類	4％
床用フローリング	10％
内装用合板類	15％

ボルト
おとした!!
あ

ボルト類は
なくしやすいから
4％も割増

アンカー
ボルトの
割増しは
0％

おとしても
すぐわかる

階段
（㎡）

イ

ロ

平均厚さ $\left(\dfrac{イ+ロ}{2}\right)$

石材による主仕上の数量は、
設計寸法による体積または
個数によることができます

階段のコンクリート体積

平均厚さ × 内法幅 × 長さ

シート防水の重ね代は、
計測の対象としない

複雑な
形状の
鋼板

面積が
近似する長方形

これくらいの
形なら、すぐ
計算できるね

SS400の
ガセットPL-6で、
イ×ロー$\left(ニ×ハ×\dfrac{1}{2}\right)$㎡、
そして50箇所
あるということに
なります

イ

ロ

ハ

ニ

（50箇所）

無視してよい

（例）

PL-6

プレートの
厚み

（SS400）

26　温熱要素に関する用語

温熱要素とは、室内の人体の放熱に最も影響の大きい気温・湿度・気流・周壁からの放射熱の4要素（温熱4要素）に人体の着衣量と作業量の2要素を加えたもの（温熱6要素）をいいます。

温熱要素の法的規制値は、中央式空調の場合、乾球温度18℃以上28℃以下、相対湿度40%以上70%以下、気流0.5 m/s以下と定められています。気流は強過ぎても弱過ぎても不快感を与え、健康上問題となり、一般的に0.1〜0.2 m/s（静穏空気）が適正とされています。

温熱要素は、その組み合わせにより、次のような尺度ができます。

①有効温度：感覚温度ともいい、ETと略記され、温度・湿度・気流を組み合わせた指標で、1923年にヤグローにより発表されたもので、ヤグローの有効温度ともいう。

②修正有効温度（CET）：有効温度に周壁からの放射熱の影響を加味したもので、「温度」の代りに「グローブ温度」を使用して求めたもの。①、②とも使われていない。

③作用温度（OT）は、気温、気流、放射熱による指標であり、静穏空気のときのOTは、気温と平均放射温度（ほぼ周壁の平均温度）との平均となり、グローブ温度で近似できる。

④新有効温度（ET*）：温熱4要素に人体側の着衣量・代謝量を加えた総合的な指標をいう。ある状態のET*は、その状態と放熱量・平均皮膚温・皮膚ぬれ面積率が等しくなる相対湿度50%のときの気温。

⑤標準有効温度（SET*）：着席状態で普通着衣状態、静穏空気の時のET*。ASHRAE（アメリカ暖房冷凍空調学会）の快適範囲は22.2〜25.6℃とされる。

⑥予側平均温冷感申告（PMV）：熱環境の快適度を−3から＋3の数値で表す指標で、ISO（国際標準化機構）では−0.5＜PMV＜＋0.5が快適範囲とされている。

⑦予測不快者率（PPD）：PMVの値に対して、その温熱環境を不快と感じる人の割合をいう。PPDが10%未満のとき、PMVの快適範囲となる。

温熱4要素

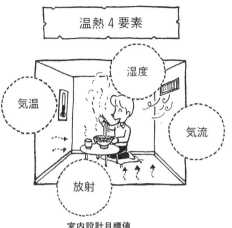

不快指数の程度

不快指数	不快の程度	
86	がまんできない不快さ	
80	すべての人が不快に感じる	
75	半数以上の人が不快に感じる	
70	不快を感じ始める	
68	快適	

不快指数＝（乾球温度＋湿球温度）×0.72＋40.6

室内設計目標値

	乾球温度	相対湿度	気　流
夏季	26℃	50%	0.2〜0.3 m/s
冬季	20〜22℃	40%	

省エネ温度は夏季28℃、冬季18℃

有効温度

温度　　湿度　　気流

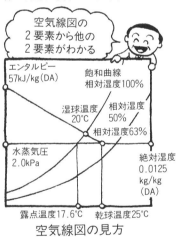

空気線図の2要素から他の2要素がわかる

エンタルピー 57kJ/kg(DA)
飽和曲線 相対湿度100%
湿球温度 20℃
相対湿度 50%
相対湿度63%
水蒸気圧 2.0kPa
絶対湿度 0.0125 kg/kg (DA)
露点温度17.6℃　乾球温度25℃

空気線図の見方

食物・酸素
水分蒸発E
代謝生産熱M
熱
放射R
対流C
$M = E \pm C \pm R \pm \Delta H$（体内蓄熱）

人体の熱平衡

clo(クロ)は衣服の熱絶縁性の単位だよ

半袖シャツ　　背広上下
長ズボン　　0.5clo　　約1.0clo

温熱感覚の組合せ一覧表

	気温	湿度	気流	放射	着衣量	代謝量
有効温度	○	○	○			
修正有効温度	○	○	○	○		
新有効温度	○	○	○	○	○	○
作用温度	○		○	○		
PMV	○	○	○	○	○	○
不快指数	○	○				

室内気候

27 空気汚染と換気に関する用語

室内空気の汚染物質としては、接着剤から揮発した化学物質過敏症の原因となる**ホルムアルデヒド**、コピー機等から発生し呼吸器に刺激を与える**オゾン**のほか、CO_2、CO、たばこの煙が主体となる**浮遊粉じん**（SPM）、臭気などが挙げられます。空気汚染の指標とされ、室内空気の汚れ具合の度合である**空気清浄度**は法的には右表のように規制されています。

室内空気汚染防止の基本は換気を行うことであり、自然換気と機械換気に大別されます。

必要換気量 Q は基本的には次式で求めます。

$$Q = \frac{M}{C_a - C_0}$$

ただし、M：汚染物質発生量

C_a, C_0：汚染物質の許容濃度と外気濃度

換気回数とは、1時間に室内の空気が外気と入れ替わった回数で、**必要換気回数 N**（回/h）は室容積を V とすると次式で求まります。

$$N = \frac{Q}{V}$$

重力換気とは、室内外の温度差により生じる空気の浮力による自然換気で、換気量 Q は次式のように、開口面積 A に比例し、かつ給気口と排気口の高さの差 H と室内外の温度差の平方根に比例します。

$$Q = \alpha A \sqrt{2g \cdot H \cdot \frac{t_i - t_0}{273 + t_i}}$$

ただし、α：流量係数

g：重力加速度

t_i, t_0：室内外の温度

風力換気とは、屋外の風圧力により生じる圧力差による自然換気で、次のように換気量 Q は風速 v に比例し、風上側風圧係数 C_1 と風下側風圧係数 C_2 の差の平方根に比例します。

$$Q = \alpha A v \sqrt{C_1 - C_2}$$

機械換気には、機械給気・機械排気の**第1種機械換気**、機械給気・自然排気で室内正圧の**第2種機械換気**、自然給気・機械排気で室内負圧の**第3種機械換気**があります。

換気効率とは、空気齢、空気交換効率、排気捕集率などの総称です。このうち**空気齢**は、給気口からある点までの新鮮空気の到達時間で、この値が小さいほど新鮮度が高く、換気効率がよいことを示しています。

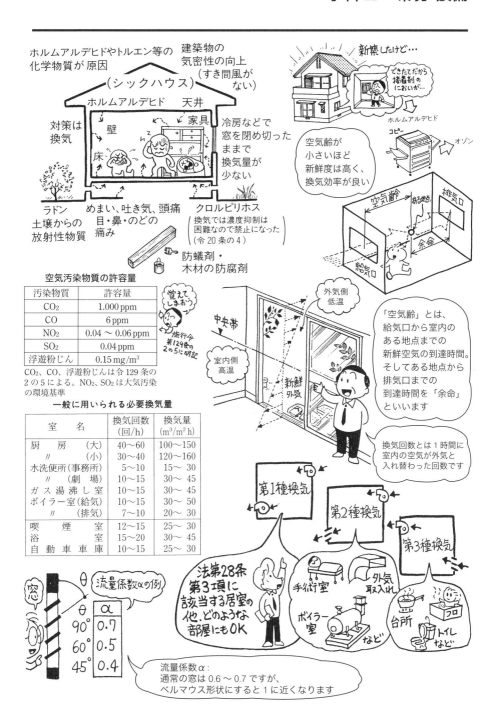

ホルムアルデヒドやトルエン等の化学物質が原因

建築物の気密性の向上（すき間風がない）

（シックハウス）

ホルムアルデヒド　天井

対策は換気

壁　家具

床

冷房などで窓を閉め切ったままで換気量が少ない

ラドン
土壌からの放射性物質

めまい、吐き気、頭痛
目・鼻・のどの痛み

クロルピリホス
換気では濃度抑制は困難なので禁止になった（令20条の4）

防蟻剤・木材の防腐剤

新築したけど…
できたてだから接着剤のにおいが…

ホルムアルデヒド

コピー

オゾン

空気齢が小さいほど新鮮度は高く、換気効率が良い

空気齢　ある点　排気口
余命
給気口

中央帯

室内側高温

外気側低温

新鮮外気

「空気齢」とは、給気口から室内のある地点までの新鮮空気の到達時間。そしてある地点から排気口までの到達時間を「余命」といいます

換気回数とは1時間に室内の空気が外気と入れ替わった回数です

空気汚染物質の許容量

汚染物質	許容量
CO_2	1.000 ppm
CO	6 ppm
NO_2	0.04 ～ 0.06 ppm
SO_2	0.04 ppm
浮遊粉じん	0.15 mg/m^3

覚えてしまおう　施行令第129条の2の5に明記

CO_2、CO、浮遊粉じんは令129条の2の5による。NO_2、SO_2は大気汚染の環境基準

一般に用いられる必要換気量

室　名	換気回数 (回/h)	換気量 (m^3/m^2 h)
厨　房　（大）	40～60	100～150
〃　　（小）	30～40	120～160
水洗便所(事務所)	5～10	15 ～ 30
〃　（劇場）	10～15	30 ～ 45
ガス湯沸し室	10～15	30 ～ 45
ボイラー室(給気)	10～15	30 ～ 50
〃　（排気）	7～10	30 ～ 45
喫　煙　室	12～15	25 ～ 30
浴　　　室	15～20	30 ～ 45
自動車車庫	10～15	25 ～ 30

第1種換気

第2種換気

第3種換気

法第28条第3項に該当する居室の他、どのような部屋にもOK

手術室
ボイラー室
など

外気取入れ
フロ
台所
トイレ
など

窓

流量係数αの例

θ	α
90°	0.7
60°	0.5
45°	0.4

流量係数α：
通常の窓は 0.6 ～ 0.7 ですが、ベルマウス形状にすると 1 に近くなります

伝熱と結露

28 伝熱に関する用語

熱伝導とは、物質が移動することなく、熱が物質(固体)内を移動する現象をいい、固体内部の 1 m 間隔の平行 2 面間を単位面積、単位時間、温度差 1 K（1℃）当たりに流れる熱量を**熱伝導率**といい、単位は W/(m・K) で示します。熱伝導率は材料の熱の伝わりやすさを示す尺度で、空隙が多く比重が小さいものほど小さくなります。

熱伝達は、固体(壁)表面から気体(空気) 側へ（この逆も含む）、対流と放射により熱が伝わる現象で、熱伝達のしやすさを**熱伝達率**といい、単位は W/(m²・K) で示します。熱伝達率は室内側は $\alpha_i = 8 \sim 10\,\text{W/(m}^2\text{・K)}$、外気側は外部風速が大きいので、$\alpha_0 = 25 \sim 35\,\text{W/(m}^2\text{・K)}$ の値をとります。なお、熱伝達率の逆数 $\left(\dfrac{1}{\alpha}\right)$ を**熱伝達抵抗**（単位は m²・K/W）といいます。

熱貫流（**熱通過**）とは、壁などによって隔てられた 2 つの流体間の伝熱、すなわち、熱伝達（空気）→熱伝導（壁体）→熱伝達（空気）という総合した熱の伝わり方をいいます。壁を隔てた 2 流体間の温度差でその間の単位面積当たりの熱流量を除し

た値を**熱貫流率**（**熱通過率**）といい、単位は W/(m²・K) で示します。そして熱貫流量 Q は、熱貫流率 U、壁面積 S、室内外温度差 $t_i - t_0$ に比例します。

$$Q = US(t_i - t_0)$$

なお、**熱貫流率**の逆数を**熱貫流抵抗**（単位は m²・K/W）といいます。

壁の内部に空気層を設けると熱抵抗が増え断熱効果が増大します。**中空層の熱抵抗**は、気密性がよいほど断熱効果が高くなり、中空層の片面にアルミ箔を入れると熱抵抗値は 3 倍程度になります。なお、中空層の熱抵抗は空気層が垂直か水平かによって異なり、水平の場合は熱流の方向が上向き（冬季）か下向き（夏季）によっても異なります。

熱容量 Q (kJ/K) とは、ある物体を 1 K 上昇させるのに必要な熱量をいい、次式で求めます。

$$Q = C \cdot \gamma \cdot V$$

ただし、C：比熱（kJ/(kg・K)）

γ：比重（kg/m³）、V：体積（m³）

この熱容量が大きい建物は、室温変動がゆるやかで良好な室内環境が得られます。

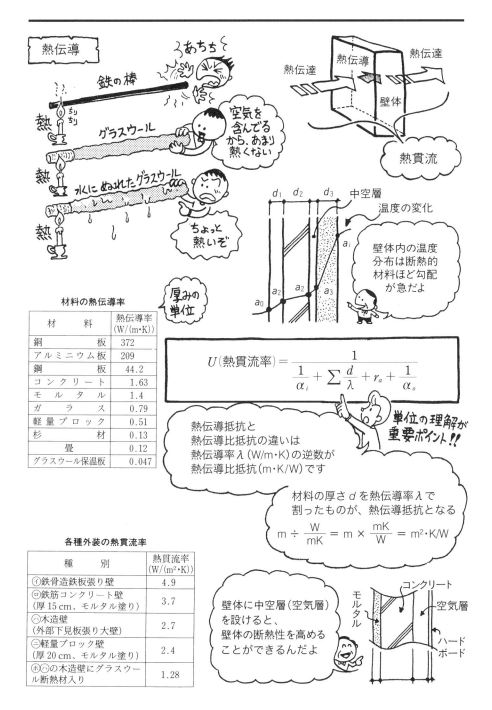

熱伝導

鉄の棒

あちち

グラスウール

空気を含んでるから、あまり熱くない

熱

水にぬれたグラスウール

ちょっと熱いぞ

熱伝達　熱伝導　熱伝達

熱伝達

壁体

熱貫流

d_1　d_2　d_3　中空層

温度の変化

壁体内の温度分布は断熱的材料ほど勾配が急だよ

厚みの単位

材料の熱伝導率

材　　　料	熱伝導率 (W/(m·K))
銅　　　　　　　　板	372
アルミニウム板	209
鋼　　　　　　　　板	44.2
コンクリート	1.63
モ ル タ ル	1.4
ガ ラ ス	0.79
軽 量 ブ ロ ッ ク	0.51
杉　　　　　　　　材	0.13
畳	0.12
グラスウール保温板	0.047

$$U(熱貫流率) = \cfrac{1}{\cfrac{1}{\alpha_i} + \sum \cfrac{d}{\lambda} + r_a + \cfrac{1}{\alpha_o}}$$

単位の理解が重要ポイント!!

熱伝導抵抗と
熱伝導比抵抗の違いは
熱伝導率 λ (W/m·K) の逆数が
熱伝導比抵抗(m·K/W)です

材料の厚さ d を熱伝導率 λ で
割ったものが、熱伝導抵抗となる

$$m \div \frac{W}{mK} = m \times \frac{mK}{W} = m^2 \cdot K/W$$

各種外装の熱貫流率

種　　　別	熱貫流率 (W/(m²·K))
㋑鉄骨造鉄板張り壁	4.9
㋺鉄筋コンクリート壁 （厚 15 cm、モルタル塗り）	3.7
㋩木造壁 （外部下見板張り大壁）	2.7
㋥軽量ブロック壁 （厚 20 cm、モルタル塗り）	2.4
㋭㋩の木造壁にグラスウール断熱材入り	1.28

壁体に中空層（空気層）
を設けると、
壁体の断熱性を高める
ことができるんだよ

コンクリート
モルタル
空気層
ハードボード

63

伝熱と結露

29	断熱と結露に関する用語

　断熱とは、熱貫流に対する抵抗性能、すなわち熱の移動を遮断することで、断熱には熱伝導率のごく小さい材料である**断熱材**を用います。外壁、屋根などに断熱材を用いることで、冷房負荷を減少させ、室内居住環境が向上し、結露を防止することができます。コンクリート外壁に例えばグラスウール（熱伝導率 0.047 W/(m・K)）25 mm の断熱を行うと熱貫流率・熱貫流量とも60％減少します。

　断熱効果とその要点は、次のとおりです。①断熱性が良い建物は保温性に優れ、居住環境が向上する。②壁体内に空気層を設けると断熱効果が増大。ただし厚さ 20 mm までは厚みに比例して熱抵抗値が増加するが、厚さ 40 mm 以上は熱抵抗値は増加しない。③一般に、材料は密度が小さいほど熱伝導率が小さく断熱性が高いが、同種の断熱材では、密度が大きい製品の方が熱伝導率が小さい。④壁の隅角部などは外気に接する面積が大きく、冬季に室内側表面が温度低下しやすいので、断熱材を増し打ちする。⑤断熱材は吸湿する

と熱伝導率が大きくなり断熱効果が低下する。

　防湿層とは、断熱材への湿気の浸入による断熱効果の低下、カビ・シミなどの発生を防止するため、透湿係数の低い材料（**防湿材料**）により、断熱材より室内側（高湿側）に設ける層をいいます。防湿層は冷水配管の保温材の表面にも設けます。なお、防湿材料としては、ポリエチレンシートなどが広く用いられます。

　結露とは、湿り空気が冷却して露点以下になり水蒸気が液化して水滴となることで、**壁体表面結露**（**表面結露**）と**壁体内部結露**に大別され、**表面結露の防止**には断熱材を用いて表面温度を露点以下にならないようにします。**壁体内部結露**の防止には、断熱材より室内側に防湿層を挿入します。一般に内断熱より外断熱のほうが内部結露は起こりにくくなります。いずれにしても**結露防止**には、①壁体の断熱性能を高める、②内装材の表面温度を高める、③換気、減湿により室内空気の湿度を下げる（露点を下げる）などの措置が必要です。

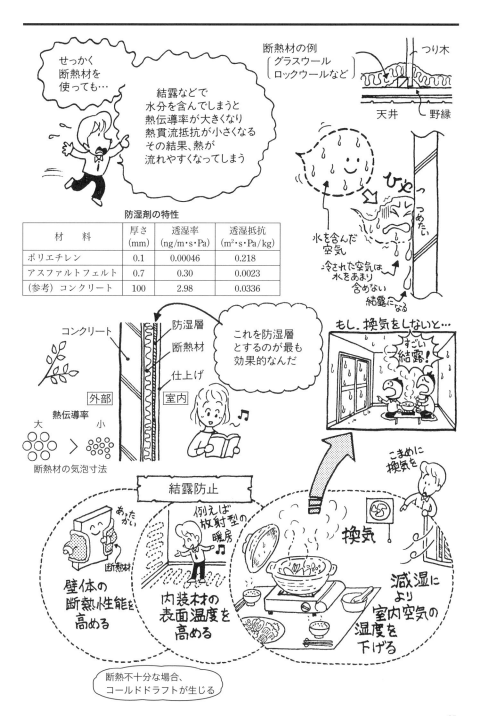

防湿剤の特性

材　料	厚さ (mm)	透湿率 (ng/m・s・Pa)	透湿抵抗 (m²・s・Pa/kg)
ポリエチレン	0.1	0.00046	0.218
アスファルトフェルト	0.7	0.30	0.0023
(参考) コンクリート	100	2.98	0.0336

日照・日射・採光

30　日照と日射に関する用語

日照とは、太陽放射の直射光の成分で、日照時間とは、実際に日照のあった時間をいいます。可照時間とは、晴雨に関係なくその地域の日の出から日没までの時間をいい、日照時間÷可照時間×100を日照率といいます。

日射とは、太陽の放射エネルギーの強さをいい、日射量の単位はW/m² や MJ/(m²·h) などです。大気を透過して直接地表に届く日射を直達日射といい、大気圏内で水蒸気・オゾンなどに吸収・反射・散乱された天空全体からの放射による日射を天空放射(天空日射)といいます。直達日射量と天空放射量の合計を全天日射量といいます。

建築物の各面への日射量は、太陽の高度と方位によるので、季節により大きく異なります。壁の方位による単位面積当たりの日射量の順位は次のとおりです。夏季：水平面、東・西側壁面、南東・南西側壁面、南側壁面、北側壁面。冬季：南側壁面、水平面、南東・南西側壁面、東・西側壁面、北側壁面(天空放射のみ)。

日照時間の目標値の目安は次のとおりです。第一種・第二種低層、田園住居地域では、冬至日に一階の居室で、第一種中高層〜第二種住居地域、準住居地域、近隣商業地域、準工業地域では、冬至日に二階(地域によっては三階)の居室で3〜4時間以上を確保します。具体的には日影規制に従います。

日照・日射調整の目的は次のとおりです。①昼光照度及びグレアの調整、紫外線による物体の変色などの防止。②日射の遮へいを行い、冷房負荷の軽減を図る。③冬期に、積極的に日射を入れ、暖房負荷の軽減を図る。

日照・日射調整の方法としては次の3つに大別されます。①建築構造体による方法(庇、バルコニー、袖壁、水平ルーバー、ルーバー庇、格子ルーバー、鉛直ルーバー、深い窓枠)。②材料による方法(熱線反射ガラス、吸熱ガラス、高断熱複層ガラス、遮熱高断熱複層ガラス、ガラスブロック)。③設備による方法(ブラインド、カーテン、障子)。

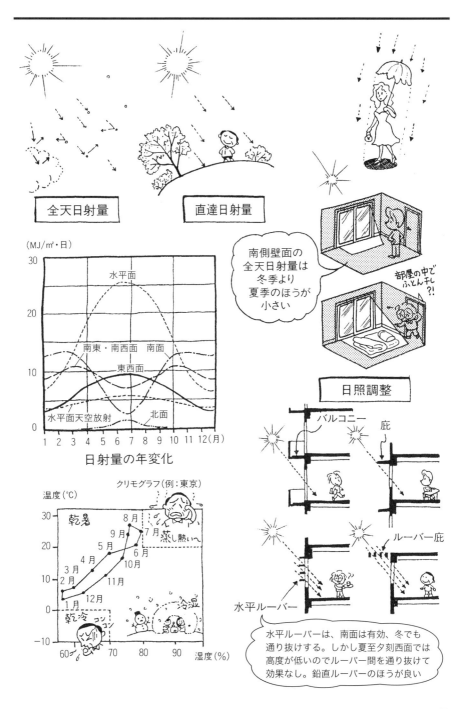

全天日射量　　　直達日射量

南側壁面の
全天日射量は
冬季より
夏季のほうが
小さい

部屋の中で
ふとん干し
?!

（MJ/㎡・日）

水平面

南東・南西面　南面

東西面

水平面天空放射　　北面

1 2 3 4 5 6 7 8 9 10 11 12（月）

日射量の年変化

日照調整

バルコニー　庇

ルーバー庇

水平ルーバー

水平ルーバーは、南面は有効、冬でも
通り抜けする。しかし夏至夕刻西面では
高度が低いのでルーバー間を通り抜けて
効果なし。鉛直ルーバーのほうが良い

クリモグラフ（例：東京）

温度（℃）

乾暑

8月

9月

7月 蒸し熱い

5月

4月　　6月

3月　　　10月

2月　　11月

12月

1月

乾冷　コンコン　冷湿

60　　70　　80　　90　湿度（%）

日照・日射・採光

31 日影に関する用語

日影曲線とは、平面上に垂直に立てた棒の先端がその平面上に投じる日影が、太陽の運行に従って描く軌跡をグラフ化したもので、建築物の日影図を作成するために用いられます。

日影曲線は各地域（緯度）ごとに作成されていますが、この曲線を用いて、各季節、時刻に応じた影の方位、長さのほか太陽高度、方位角、隣棟間隔などが求められます。

①日影の方向の求め方：各時刻線と日影曲線の交点と原点(棒の位置)を結んだ線が日影の方向となる。

②日影の長さの求め方：各時刻線と日影曲線との交点を円に沿って倍率軸まで下ろし、倍率を読み取る。

日影図とは、建築物が水平面（地表面など）に投ずる影を各時刻について描いたもので、夏至、春分、秋分、冬至の日を代表日として描くことが多いのです。日影曲線の基準点に建築物を置けば、影の方位と倍率から各時刻の日影の外形を描くことができるのです。

建築物によりできる日影時間の等しい点を結んだものを等時間日影線といい、時間線が n 時間のものを n 時間日影線といいます。そして等時間日影線をある時間ごとに描いた図を日影時間図というわけです。中高層建築物による長時間日影の影響範囲は、建築物が東西方向に長くなるほど北側に拡がります。つまり4時間日影の範囲は、棟の東西方向の長さによります。

日影の検討については、建築物の北側の任意点に何時間日影が及ぶかを、可照時間が最も短く、日影が最も長くなる冬至をベースに行います。建築基準法56条の2（日影規制）では、次のように検討します。

①用途地域に応じて測定面が定まる。

②法別表4の(に)項に示す時間の日影時間図を描く。

③敷地境界線から5mを超え10mの範囲、又は10mを超える範囲に、同(に)項の時間の日影を生じないことを確認する。

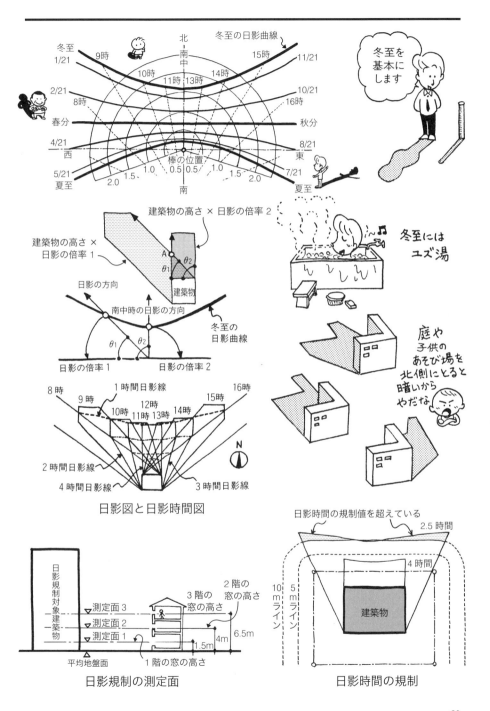

日影図と日影時間図

日影規制の測定面

日影時間の規制

日照・日射・採光

32　採光に関する用語 I

昼光率（ちゅうこうりつ）とは、ある点の照度（E）の全天空照度（E_s）に対する割合をいい、次式によります。

昼光率（D）

$$=\frac{室内のある点の照度}{全天空照度}\times 100(\%)$$

全天空照度は右頁の表のような値となります。ただし、全天空照度が変化しても昼光率は不変です。昼光率は、次の2つからなります。①天空光の直接光による**直接昼光率**（ちょくせつちゅうこうりつ）（D_d）。これはある点から見た窓の位置、大きさなどによって決まる。②室内で反射する光による**間接昼光率**（かんせつちゅうこうりつ）（D_r）。これは窓の大きさと周壁の反射率などによって決まる。

昼光率の計算（ちゅうこうりつのけいさん）については、直接昼光率と間接昼光率を窓ごとに計算し合算します。すなわち、ある点の昼光率＝直接昼光率＋間接昼光率。

直接昼光率の計算（ちょくせつちゅうこうりつのけいさん）については、窓材料の透過率や面積有効率などを考慮した窓有効率Kに立体投射率Uを乗じて求めます。すなわち、直接昼光率（D_d）＝窓有効率K（ガラス透過率×ガラスの汚れによる保守率×窓面積有効率）×その点から窓を通して見た天空の立体角投射率U。

立体角投射率（りったいかくとうしゃりつ）とは、半径rの天球を仮定したとき、全天空の正射影面積（πr^2）に対する天空部分の地平面への正射影面積の割合をいい、天空率に等しくなります。窓の立体角投射率は右頁の図のようにして求めることができます。

建築環境総合性能評価システム（けんちくかんきょうそうごうせいのうひょうかシステム）（CASBEE（キャスビー））では、「昼光利用」の評価指標として昼光率を用いています。このときの昼光率は直接昼光率とし、窓有効率を1とするので、立体角投射率に等しくなっています。

窓の位置と明るさ（まど いち あか）に関しては次の2点を認識してください。①窓の位置が高いほど室内は明るく、天窓は同面積の側窓の約3倍の明るさがある。②窓の中央をそろえて比べた場合、横長窓は縦長窓より均斉度がよく（腰高をそろえると縦長窓のほうが均斉度がよい）、小さな窓を分散配置するほうが大きな窓を1つ設けるより均斉度が良くなる。

設計用全天空光照度（lx）

特に明るいとき （薄曇り、雲の多い晴天）	50,000
明るいとき	30,000
普通のとき	15,000
暗いとき	5,000
非常に暗いとき （雷雲、降雪中）	2,000
快晴の青空	10,000

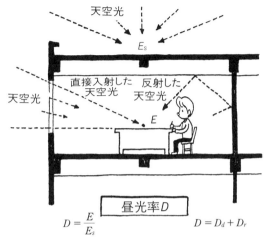

天空光

E_s

直接入射した　反射した
天空光　　　天空光

天空光

E

昼光率D

$$D = \frac{E}{E_s}$$

$$D = D_d + D_r$$

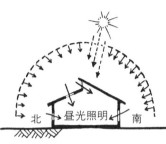

北　昼光照明　南

昼光率は、窓の材料や室内表面の
反射率、窓の前の建築物や
樹木の状態によって異なる
また、天空の相対的な輝度分布に
よって異なるが、全天空照度
によって異なることはない

日射遮へい係数は日射遮へい装置の遮へい性能
を表す指標、遮へい装置がない標準の状態での
日射熱取得に対する遮へい装置がある時の日射
取得の割合、具体的には、3mm の透明板ガラ
スを基準とし、カーテンやブラインド等
により日射が遮られた時の遮へい後に
室内に流入する日射量の比率です

3mm 厚の
透明板ガラスを
1 とする

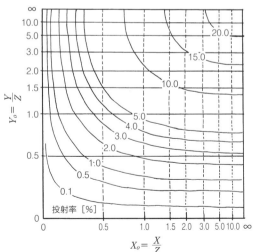

投射率[%]

$$Y_o = \frac{Y}{Z}$$

$$X_o = \frac{X}{Z}$$

鉛直窓の立体角投影率

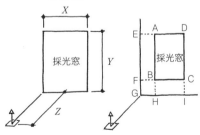

使用方法

X

採光窓

Y

Z

採光窓

一般的な窓の場合は、基準となる長方形の
代数和として求める。

$$U = U_1 - U_2 - U_3 + U_4$$

$\begin{cases} U_1：\square\ \text{EGID を採光窓とした場合} \\ U_2：\square\ \text{EGHA を採光窓とした場合} \\ U_3：\square\ \text{FGIC を採光窓とした場合} \\ U_4：\square\ \text{FGHB を採光窓とした場合} \end{cases}$

の立体角投射率

日照・日射・採光

33 採光に関する用語Ⅱ

採光計画の要点の基本は、室用途に応じた適切な光環境とすることであり、適性な昼光照度や開放感に配慮するとともに、夏の日射遮へい、冬の日射導入及び断熱性能などによる冷・暖房負荷の軽減についても考慮します。これを箇条書きにすると次のとおりです。

①前項32の、**窓の位置と明るさ**を再認識する。②作業面と隣接面（紙面と机面）の輝度対比は3：1程度とする。③各面の輝度対比は、窓対壁は20：1、窓対床は40：1程度とする。④縦長窓のほうが横長窓より室内奥部の昼光率が大きくなる。⑤窓が横長で高い位置にあれば、窓際は暗く室奥は明るい。逆に低い位置にあれば窓際が明るくなる。⑥側窓は開放感、雨仕舞、通風には適しているが、採光量、室内照度分布は天窓・高窓（頂側窓）の方が優る。⑦**南 側窓**は光量が大きく、時刻による変化が大きいので、適切な日照調整装置を必要とする。⑧**北側窓**は光量は小さいが安定している。製図室、アトリエなどに適している。⑨室内の昼光率を均一にするため、紙障子などの拡散材料を用いて**拡散窓**としたり、ブラインドやルーバなどで光を反射させ、室内全体に光が届くようにする方法なども必要。⑩窓面の中段に**ライトシェルフ（中庇）**を設け、ライトシェルフ上面の反射光を室内天井面で拡散反射させると、均斉度を高めることができる。

光ダクトとは、内部が鏡面の導光装置で、自然光を窓のない部屋や地下など目的の空間まで運びます。

窓ガラスを通して入る熱負荷は、①直接、ガラスを透過して侵入する日射熱、②一度ガラスに吸収され、ガラス温度を高めた後、対流・放射により侵入する熱、③ガラス面の内外の温度差による熱貫流により侵入する熱、に分類できます。このうち、窓ガラスを通して入る①と②の**日射熱取得** Q_G (W) は、次式により求められます。

$$Q_G = A \cdot S_n \cdot S_c$$

A：窓ガラス面積（m²）

S_n：標準日射熱取得（W/m²）

S_c：ガラスの遮へい係数

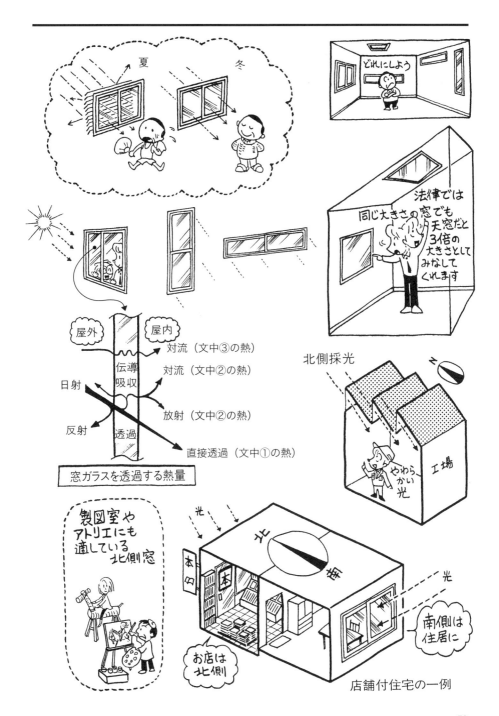

店舗付住宅の一例

日照・日射・採光

34	照明に関する用語

光束とは、人間の視感に基づく光のエネルギー流量をいい、単位は lm（ルーメン）です。

光度とは、光源が単位時間に、ある方向に出す光の量を、光源のその方向に対する光度といいます。すなわち、光源の強さのことで単位は cd（カンデラ）です。なお、点光源の場合は、光度は単位立方体角当たりの光束になります。

照度とは、単位時間当たりの入射光束、すなわち、面が受けている光の量をいい、単位は lx（ルクス）です。1 m² の面が 1 lm の光束を受けているとき 1 lx といい、lx = lm/m² です。なお、点光源の場合、照度は光度に比例し、光源からの距離の 2 乗に反比例します。また、斜め入射の場合の照度は、入射角を θ とすると、垂直入射の照度に cos θ を掛けたものになります。

均斉度とは、室内の最高照度に対する最低照度の割合をいい、昼光照明では $\frac{1}{10}$ 以上、人工照明では $\frac{1}{3}$ 以上が望ましいとなっています。

輝度とは、光源や反射面などが発する光度の面積密度、すなわち、ある方向から見た面の明るさをいい、単位は cd/m²（カンデラ毎平方メートル）です。

輝度対比とは、見ようとする物体とそれに隣接する物体の輝度の比です。

演色とは、照明光が物体色の見え方に及ぼす影響をいい、光源に固有な演色についての特性を演色性といいます。すなわち、演色性は、ある光源が、自然光で照明したときの物体の色をどの程度、忠実に表しているかを示す尺度をいいます。

グレア（まぶしさ）とは、過剰な輝度または輝度対比のために、不快感または視覚低下を起こすような視知覚をいいます。すなわち、照明器具におけるまぶしさのことで、グレア防止の基本は、人の水平方向の視線と 30°をなす角度以内に天井の照明器具の光源が入らないようにすることです。なお、光源の反射で、視対象面の対比が薄まって、見えにくくなる現象を光幕反射といいます。

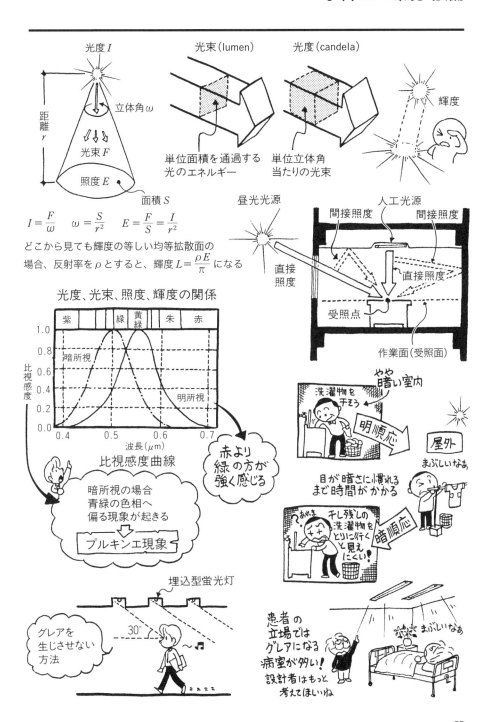

光度 I

立体角 ω

距離 r

光束 F

照度 E

面積 S

光束(lumen)

光度(candela)

単位面積を通過する光のエネルギー

単位立体角当たりの光束

輝度

$$I = \frac{F}{\omega} \qquad \omega = \frac{S}{r^2} \qquad E = \frac{F}{S} = \frac{I}{r^2}$$

どこから見ても輝度の等しい均等拡散面の場合、反射率を ρ とすると、輝度 $L = \dfrac{\rho E}{\pi}$ になる

光度、光束、照度、輝度の関係

昼光光源

人工光源

間接照度

間接照度

直接照度

直接照度

受照点

作業面（受照面）

比視感度

紫　　　緑　黄緑　朱　赤

暗所視

明所視

波長(μm)

比視感度曲線

赤より緑の方が強く感じる

暗所視の場合青緑の色相へ偏る現象が起きる

プルキンエ現象

やや暗い室内

洗濯物を干そう

明順応

目が暗さに慣れるまで時間がかかる

干し残しの洗濯物をとりに行くと見えにくい！

暗順応

屋外

まぶしいなぁ

埋込型蛍光灯

グレアを生じさせない方法

30°

患者の立場ではグレアになる病室が多い！設計者はもっと考えてほしいね

まぶしいなぁ

色彩

35 色彩に関する用語Ⅰ

マンセル表色系とは、物体表面の心理的に知覚される色彩を色相（Hue）、明度（Value）、彩度（Chroma）の色の三属性によって表した表色系です。A・H・マンセルによって提案されたものを修正した表色系を我が国ではJIS（日本産業規格）で採用しています。

色相（H）は、色の主波長の長いものから順に、R（赤）、Y（黄）、G（緑）、B（青）、P（紫）の5色と、その中間色RY、YG、BG、BP、RPの合計10色を基本とします。さらに各色を1〜10までに分け、5が最も純色に近く、5Y（純色の黄色）、8R（やや橙がかった赤）のように表します。

明度（V）は、物の表面の明るさを示したもので、色の反射率の大小を表しています。完全な黒を0とし、完全な白を10として、記号はNで示し、次に0〜10の数字を付記して示します。N10は完全な白、N7はやや明るい灰色、N0は完全な黒です。

明度Vと反射率ρ（%）の関係は、ρ ≒ V(V − 1) の式で近似できます。

彩度（C）は、色味の強さの度合を示すもので、マンセル記号では無彩色（白、灰、黒）から低彩色、高彩色、純色と変化するに従い、0から10、13などと増えていきます。すなわち、無彩色を0とし、鮮やかさの増加に従って1、2、3……と表示します。色相により、最高彩度の値が異なります。

マンセル表色系による色の表示については、1つの色を $H・V/C$ の順に表示します。例えば5B・8/10とは、純色の青で明るく、鮮やかです。(a) 3Y・4/6 と、(b) 5R・4/8 とを比較すると、純色に近いのは (b)、明るさは両者同じ、色味の程度は (b) が強いというわけです。

オストワルド表色系とは、W・オストワルドによって提案された最も古い表色系で、ある色を表すのに、定量混色によって純色と白と黒の百分比で可能としたものです。白色量（W）、黒色量（S）、純色量（V）の間には次の関係があります。

$$W + S + V = 100\%$$

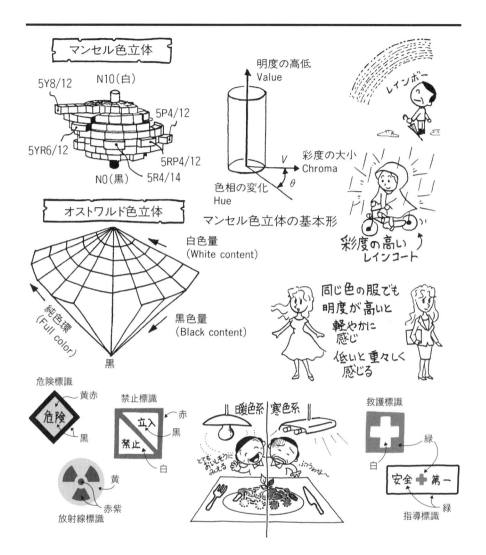

マンセル色立体

5Y8/12　N10（白）

5P4/12

5YR6/12

5RP4/12

N0（黒）　5R4/14

明度の高低
Value

色相の変化
Hue

彩度の大小
Chroma

マンセル色立体の基本形

レインボー

彩度の高いレインコート

オストワルド色立体

白色量
（White content）

純色環
（Full color）

黒色量
（Black content）

黒

同じ色の服でも明度が高いと軽やかに感じ低いと重々しく感じる

危険標識

黄赤

危険

黒

放射線標識

黄

赤紫

禁止標識

立入
禁止

赤

黒

白

暖色系　寒色系

救護標識

安全　第一

緑

白

緑

指導標識

色のいろいろ

アクセント効果	建築空間において小面積の高彩度色を大面積の低彩度色に対比させて用いるとアクセント効果が得られる
色 の 恒 常 性	照明の光が変化しても同じ色に認識できること
対　　　　　比	囲まれた色とその周囲の色との相違が強調されて見えること
色 の 誘 目 性	「誘目性」とは目を引きやすいか否かに関する属性 例：赤は緑に比べて誘目性の高い色
モ デ リ ン グ	対象となるものにおいて視対象に当てられる光線の方向と強さが異なると、得られる立体感及び質感は異なる

36 色彩に関する用語Ⅱ

xy色度図とは、明るさを除く色味を表したもので、$x = y = 0.333$が白色、外周に近いほど純度が高くなります。

視感度とは、人間の目の波長によって異なる明るさの感じ方の程度をいいます。例えば、明所視では黄緑色、暗所視では青緑色が明るく感じ、これが最大視感度となります。したがって、夕方になると景色が青味がかって見えるわけで、これをプルキンエ現象といいます。

色彩の心理的効果（色彩効果）に関しては、色彩は寒暖感、軽重感、距離感などを与えることを基本的に、次の用語を理解することがポイントです。進出色とは、暖色系の赤R、橙YR、黄Y、赤紫PRをいい、後退色は寒色系の緑G、青緑BG、青B、青紫PBをいいます。膨張色は実際よりも大きく見える色で、一般に明るい色、色相では黄Y・橙YRなどです。収縮色とは実際よりも小さく見える色で、一般に暗い色、青Bなどです。面積効果とは、面積が大きくなると色は明るく、彩度も鮮やかに見えることをいいます。

色相対比とは、色相の違った2つの色を並べると、互いに影響しあって色相の差がより大きく見える現象をいいます。補色対比のとき最も顕著です。明度対比とは、明度の違った2つの色を並べると互いに影響しあって、明度の差が大きく見える現象で、例えば、明るい色のそばにある暗い色は極めて暗い色に見えるわけです。彩度対比とは、彩度の違った2つの色を並べると、彩度の差が際立って見える現象です。

補色残像とは、ある色を見つめたあとに白い壁を見ると、その補色の像が見える現象です。手術室の壁を薄緑色にするのは、血液などの補色残像を見えにくくするためです。

JIS安全色とは、JIS Z 9101安全色彩使用通則により、建築物内外において、安全と能率向上のために義務づけられたものです。

色彩調整とは、目の疲労を減らし精神を安定させたり、作業能率の向上を図るなどの目的で室内環境の快適性を高めるため、科学的な配色を行うことをいいます。

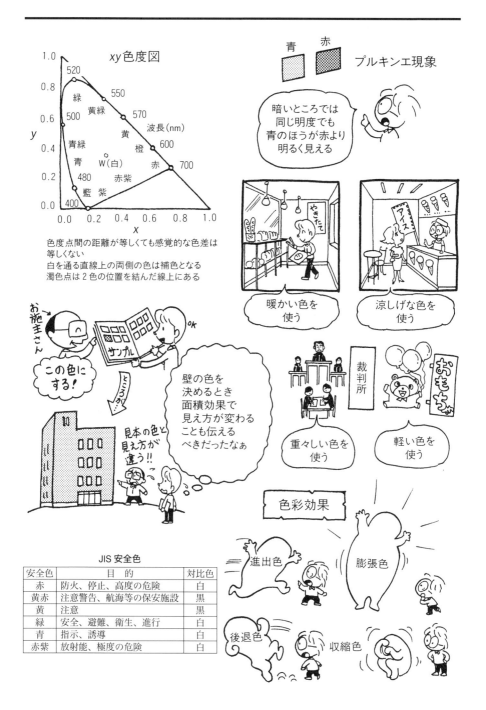

xy色度図

波長(nm)

色度点間の距離が等しくても感覚的な色差は等しくない
白を通る直線上の両側の色は補色となる
濁色点は2色の位置を結んだ線上にある

青 赤 プルキンエ現象

暗いところでは同じ明度でも青のほうが赤より明るく見える

暖かい色を使う

涼しげな色を使う

この色にする！

壁の色を決めるとき面積効果で見え方が変わることも伝えるべきだったなぁ

見本の色と見え方が違う!!

裁判所

重々しい色を使う

軽い色を使う

色彩効果

進出色

膨張色

後退色

収縮色

JIS 安全色

安全色	目　的	対比色
赤	防火、停止、高度の危険	白
黄赤	注意警告、航海等の保安施設	黒
黄	注意	黒
緑	安全、避難、衛生、進行	白
青	指示、誘導	白
赤紫	放射能、極度の危険	白

37 音響に関する用語 I

音波は縦波であり、反射・屈折・干渉などの現象があります。**音の速さ**は、気温をtとすると、$331.5 + 0.6t$で求められ、気温15℃のとき約340 m/s になります。**音の三要素**とは、音の大きさ、音の高さ、音色をいい、これに影響を与える音の強さ、周波数、波形を音の物理的三要素といいます。音は音の物理的三要素ですべて決定されます。

音圧とは、音波による媒質の圧力変化をいい、普通その実効値をもって示し、単位は Pa（パスカル）です。

音の強さ（I）とは、単位面積当たりの音のエネルギー流量をいい、単位は W/m² です。人間の可聴範囲は音の強さで $10^{-12} \sim 1$ W/m²、周波数で $20 \sim 20,000$ Hz です。音の強さは点音源からの距離の2乗に反比例します。また、音の強さは音圧の2乗に比例します。

dB（デシベル）とは、音圧レベルや音響パワーレベル（音響出力レベル）、騒音レベル、振動レベルを表す物理的尺度としての単位です。**phon**（ホン）は、音の大きさのレベルを表す単位です。

音の強さのレベル（L）とは、ある音の強さIと基準の音の強さI_0との比をデシベル尺度で表したもので、次式で定義されます。

$$L = 10 \log_{10}\left(\frac{I}{I_0}\right) \text{ (dB)}$$

ただし $I_0 : 10^{-12}$ W/m²

音圧レベル（SPL）とは、ある音の音圧pと基準の音圧p_0との比をデシベル尺度で表したもので、次式で定義されます。

$$SPL = 20 \log_{10}\left(\frac{p}{p_0}\right) \text{ (dB)}$$

ただし、$p_0 = 2 \times 10^{-5}$ Pa

音の合成は、2つの音a dB、b dB の音が存在するとき、合成音は$(a + b)$ dB ではなく、それぞれの音のエネルギーの和で表されます。もし、$a = b$（同じ音が2つ存在する）のとき、

$$\begin{aligned}
c &= 10 \log_{10}\left(\frac{2 I_a}{I_0}\right) \\
&= 10 \log_{10}\left(\frac{I_a}{I_0}\right) + 10 \log_{10} 2 \\
&= a + 10 \log_{10} 2 \fallingdotseq a + 3
\end{aligned}$$

となり、約3 dB だけ増えます。

音の減衰は、**点音源からの距離減衰**は距離が2倍になると**6 dB 減衰**し、**線音源からの距離減衰**は距離が2倍になると**3 dB 減衰**します。

音速
（空気中気温15℃のとき340m/s）

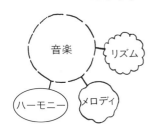

耳のまったく聞こえない
人も音楽を
勉強するんだよ

音の世界も
深いね～

ベートーベンは
耳が聞こえなくなってから
交響曲第9番を作曲‼

指示騒音計

音の大きさのレベル
phon

騒音レベル
dB

音の強さ（I）とレベル（L）

I	2倍	10倍	100倍	1,000倍
L	＋3dB	＋10dB	＋20dB	＋30dB

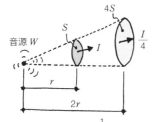

距離が2倍で音圧は$\frac{1}{2}$、
音の強さのレベル ＝ 音圧レベル は
6dB 減衰する

点音源の距離減衰

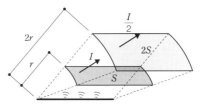

線音源（高速道路など）
距離が2倍で音の強さは$\frac{1}{2}$、
音の強さは$\frac{1}{4}$、
音の強さのレベルは3dB 減衰する

線音源の距離減衰

38　音響に関する用語Ⅱ

騒音レベルとは、JIS に定めるサウンドレベルメーター（騒音計）で、周波数回路を A 特性（聴感補正）にして測定して得られる音圧レベルをいい、単位は dB が用いられます。許容騒音レベルとは、室用途に応じた騒音の許容基準値をいいます。

吸音の要点に関しては次の点を理解してください。①音が壁体に入射すると、入射音 I_a は反射音 I_b と吸収音 I_c と透過音 I_d に分かれる。$I_a = I_b + I_c + I_d$。②吸音とは、$I_c + I_d$ であり、$\dfrac{I_c + I_d}{I_a}$ を吸音率（α）という。③入射音に対する反射音の割合を反射率（r）といい、$r = 1 - \alpha$ となる。④入射音に対する透過音の割合を透過率（τ）という。⑤吸音率は軟らかい材料ほど大きい。⑥吸音力＝吸音率×材料の吸音面積。⑦高音のほうが低音に比べて、吸音処理は容易である。⑧多孔質材の吸音特性は、背後空気層の厚さによって大きく変わる。⑨ベニヤ板などのパネル振動による吸音は、主として低音の吸音が目的。⑩孔あき合板などの共鳴による吸音材は、中音域を吸音する。

遮音の要点については次の点を理解しましょう。①すき間のない均質な材料でできた壁体の遮音性能は、その壁体の単位面積当たりの重量に関係する。②重いもの、厚いものは遮音効果が大きい。③遮音の性能を表す指標に透過損失がある。④床衝撃音の対策は、重量音と軽量音で異なり、靴音などの軽量音に対しては床仕上げの柔らかさ、飛び跳ねなどの重量音に対しては、スラブ厚さを増すのが効果的。

透過損失とは、入射音が壁などによって遮音される量、すなわち、透過した音が入射した音よりエネルギー的にどれだけ弱くなったかを表すもので、単位は dB です。例えば 90 dB の音が、通過後 50 dB になったら、この壁の透過損失は 40 dB といえます。透過損失（TL）は壁の透過率（τ）を用いて次式で表されます。

$$TL = 10 \log_{10}\left(\frac{1}{\tau}\right)$$

透過損失は、その値が大きいほど遮音性能は優れています。

透過損失
= 入射音 − 透過音
= 90dB − 50dB
= 40dB

スタジオ

病院

図書館

教会

透過音 50dB

入射音 90dB

吸収音

反射音

空間平均音圧レベル差

うるさいなあ

床衝撃音レベル

子供はさわぐものさ

さわいでも大丈夫な設計をしてほしいね

壁と床では遮音の対象が違うんだ

床衝撃音レベルに関する遮音等級 L-50 は L-40 に比べて床衝撃音の遮音性能は

低い

空間平均音圧レベルに関する遮音等級 D-50 は D-40 に比べて騒音の遮音性能は

高い

間違えやすいから、気をつけよう

許容騒音レベル

室　名	許容値（dB）
ラジオスタジオ、テレビスタジオ	25 〜 35
音楽室（観客がいない時）	30 〜 35
劇場（観客がいない時）	30 〜 35
病院、住宅、ホテル、講堂	35 〜 40
映画館、オーディトリアム、教会	35 〜 40
会議室、小事務室、図書館	40 〜 50
教室	45 〜 50
屋内スポーツ施設	55 〜 60

吸音率

材料名	吸音率	材料名	吸音率
グラスウール	0.80	モルタル	0.08
木毛セメント板	0.75	ガラス	0.03
カーテン（厚地）	0.63	コンクリート	0.02
厚板（松）	0.10	大理石	0.01

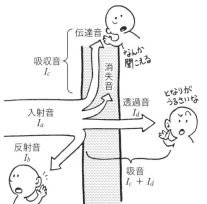

伝達音

吸収音 I_c

消失音

入射音 I_a

反射音 I_b

透過音 I_d

吸音 $I_c + I_d$

なんか聞こえる

となりがうるさいな

吸音材

吸音域	材料	吸音材	吸音特性
高音域	グラスウール ロックウール 木毛セメント板	多孔質材料	吸音率／周波数
低音域	合板 ハードテックス スレート板 プラスチック板	板状材料	吸音率／周波数
中音域	穿孔金属板 穿孔合板 穿孔硬質繊維板	穿孔板材料	吸音率／周波数

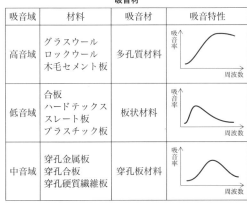

39 音響に関する用語Ⅲ

残響時間とは、音源停止時に音圧レベルが $60\,\mathrm{dB}$ 下がるのに要する時間、すなわち、音源停止後に室内の音響エネルギー密度が $\frac{1}{10^6}$ になるのに要する時間をいいます。残響時間 T は室容積 V に比例し、吸音力 A に反比例し、次式で求められます。

$$T = 0.161 \left(\frac{V}{A} \right)$$

最適残響時間とは、室用途による残響時間の適正値をいいます。右頁のグラフはヌートセンの最適残響時間で、用途による違いや室容積の増加によって最適値が増加することをよく示しています。現代の音楽ホールでは最適残響時間は $2 \sim 2.2$ 秒と長く、講演会場など話を聞く部屋では、0.7 秒程度と短くします。

マスキングとは、小さい音が大きい音のために聞こえなくなる現象、つまりある音に対する最小可聴値が、他の音の存在によって上昇する現象です。

カクテルパーティー効果とは、周囲の騒音の中でも興味のある会話の内容などを選択的に聞き取ることができる現象をいいます。

エコー（反響）とは、直接音と反射音が $\frac{1}{20}$ 秒ずれて、2 つの音として聞こえる現象をいい、直接音と反射音との経路差が $17\mathrm{m}$ 以上になると生じるので、反射面を吸音材とすることで防止できます。音楽ホールでは、客席前方の壁面は反射性を高め、天井には反射板を設置して反射音を強めますが、後方は吸音性を高めてエコーを防止します。

フラッターエコーとは、壁面や天井・床面が平行で、反射性の材料で造られている場合に、その間で発生した音が反射を繰り返す現象をいい、鳴龍とも呼ばれます。

コインシデンス効果とは、壁体を音が透過するとき、中高音域で透過損失が低下し、質量則と一致しなくなる現象をいい、その現象が起こる最低の周波数をその壁体の**コインシデンス限界周波数**とよびます。

共鳴透過とは、中空二重壁において、中空層の空気をバネにして両側の板が共振する現象で、低音部の透過損失が低下します。**共鳴周波数**は、空気層厚や板厚が大きくなると低くなります。

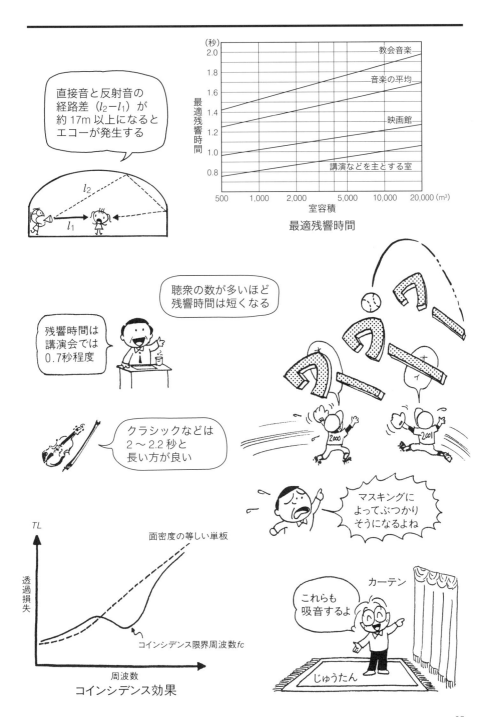

直接音と反射音の経路差 $(l_2 - l_1)$ が約 17m 以上になるとエコーが発生する

最適残響時間

聴衆の数が多いほど残響時間は短くなる

残響時間は講演会では 0.7秒程度

クラシックなどは 2〜2.2秒と長い方が良い

マスキングによってぶつかりそうになるよね

コインシデンス効果

これらも吸音するよ

カーテン

じゅうたん

空調・冷暖房設備

40 省エネ空調に関する用語 I

中央管理方式の空気調和設備とは、熱源機器を中央機械室に設置し、かつ、中央管理室で制御・監視する形態の空調設備をいいます。空調方式は、右表のように分類されます。

VAV方式（変風量方式）とは、単一ダクト方式において負荷に応じて風量を調整するもので、風量を一定に保つ定風量方式（CAV方式）より省エネ的です。ファンコイルユニット方式は、各室にユニットを設け、中央機械室より冷・温水を供給するもので、各室の個別制御が容易なため、病室やホテルの客室等に採用されます。ヒートポンプは、冷凍機を本来の目的である冷却（冷房）のためだけではなく、冷凍機の凝縮器でつくられる熱を利用し、暖房にも用いられるようにした冷凍機です。ヒートポンプ方式は、必要な暖房熱量の $\frac{1}{2} \sim \frac{1}{5}$ のエネルギー量で暖房が行えるシステムです。吸収式冷凍機とは、圧縮機を用いず、蒸気・高温水・燃焼ガスといった熱エネルギーを使う冷凍機をいいます。

蓄熱槽方式とは、冷暖房負荷がゼロまたは最小の深夜に、安価な深夜電力を利用して、温水や冷水をつくって貯槽しておき、これを昼間の冷暖房負荷時に使用して省エネ的に冷暖房を行うシステムです。

蓄熱槽利用の熱源機容量＝

$$\frac{1日の負荷の合計(kJ)}{熱源機器の運転時間(h)} = \frac{Q}{H}$$

なお氷蓄熱は水蓄熱に比べ、蓄熱槽容積が小さくなります。全熱交換器とは、空調に使う排熱回収用の機器で、省エネ効果が大きく熱回収率は $70 \sim 80\%$ です。外気冷房は冬期、冷凍機を利用せず外気を直接、送入して冷房を行う方式です。CO_2制御とは、各室の空気の炭酸ガス濃度が許容値（1,000 ppm）以下となるように、換気（外気取入れ量）を個別制御する省エネ的換気方式をいいます。

コージェネレーションは、発電システムの廃熱を回収し、冷暖房や給湯に有効利用するシステムをいいます。コージェネレーション発電用原動機にはガスエンジン、ガスタービン（右表参照）、ディーゼルエンジン（振動が大きい）があります。

コージェネ用原動機

	発電効率	熱電比
ガスエンジン	高い	小さい
ガスタービン	低い	大きい

空調方式の分類

```
┌空気方式────┬単一ダクト方式(CAV、VAV)
│            ├二重ダクト方式
│            ├マルチゾーンダクト方式
│            └各階ユニット方式
├空気・水方式──┬ダクト併用ファンコイルユニット方式
│            └誘引ユニット方式
├水方式──────ファンコイルユニット方式
└冷媒方式────┬パッケージ方式
             └ルームエアコン
```

空調・換気ダクトにおいて、直管部の単位長さ当たりの圧力損失は風速の2乗に比例

● 例
風速を30%下げて70%で送風すると、
$0.7^2 \fallingdotseq 0.5$
つまり圧力損失が約 $\frac{1}{2}$ となる

ファンコイルユニット方式には新鮮空気導入システムを併用するのが望ましい

ダクト併用ファンコイルユニット方式

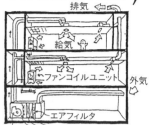

排気／給気／ファンコイルユニット／外気／エアフィルタ／送風機／冷却コイル／加湿器／加熱コイル

定風量単一ダクト方式

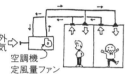

外気／空調機／定風量ファン

ダクトの形状が長方形から正方形に近くなるほど、エネルギー消費量は減少

ダクト併用放射冷暖房方式

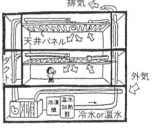

排気／天井パネル／ダクト／外気／冷凍機／温水加熱器／冷水or温水

変風量単一ダクト方式

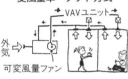

VAVユニット／外気／可変風量ファン

二重ダクト方式

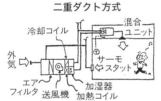

冷却コイル／混合ユニット／サーモスタット／外気／エアフィルタ／送風機／加湿器／加熱コイル

吸収式冷凍機と圧縮式冷凍機の比較

項　目	吸収式	圧縮式
騒音・振動	小	大
機械室の大きさ	小	大
冷却水量	大	小
成績係数	小	大
冷　媒	水	代替フロン・CO_2 他

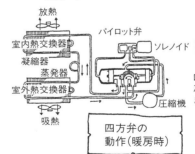

放熱／室内熱交換器／凝縮器／蒸発器／室外熱交換器／吸熱／パイロット弁／ソレノイド／圧縮機

四方弁の動作(暖房時)

暖房時
圧縮機

四方弁を90°回転すると冷媒の循環方向はまったく逆になるんだ

冷房時
圧縮機

氷蓄熱方式における氷充填率(IPF)とは蓄熱槽中に氷が占める体積比率をいう

冷凍機の能力表示の単位として使われる「冷凍トン」には日本冷凍トンと米国冷凍トンがある

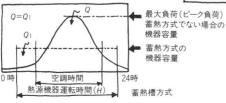

$Q = Q_1$／Q／Q_1／最大負荷(ピーク負荷) 蓄熱方式でない場合の機器容量／蓄熱方式の機器容量／0時／空調時間／24時／熱源機器運転時間(H)／蓄熱槽方式

空調・冷暖房設備

41　省エネ空調に関する用語Ⅱ

パッシブソーラーシステムとは、ポンプ・送風機等の機械力を使わずに、太陽熱を集熱部で吸収・蓄熱し、自然循環力や時間遅れ伝達現象を活用して利用する方式です。

建築物省エネ法（けんちくぶつしょう ほう）の省エネ性を判断する基準として、基準一次エネルギー消費量と PAL＊（パルスター）があります。基準一次エネルギー消費量は、計画建築物と同規模・同用途の建築物の設備のエネルギー消費量の合計であり、創エネによる削減分も考慮して、設計一次エネルギー消費量が基準一次エネルギー消費量を下まわるようにします。

新年間熱負荷係数（しんねんかんねつ ふ か けいすう）（PAL＊）（パルスター）とは、建築物の外周域（ペリメーターゾーン）での熱の授受の程度を数量化したものです。

$$PAL^* = \frac{屋内周囲空間の年間熱負荷(MJ/年)}{屋内周囲空間の床面積の合計(m^2)}$$

省エネルギーの手法（しょう しゅほう）に関しては次の点を理解しておきましょう。①外壁に断熱材を使用し、熱伝導率を小さくする。②室内排気の熱回収のため、外気との熱交換を図る（全熱交

換器の使用）。③外壁開口部の気密性を高め、外気の流入を少なくする。④夏季の空調負荷低減のため日射を受ける窓ガラス面はブラインド等で遮へいする。ブラインドは屋外に設けるほうが日射熱の遮へい効果が高い。暗色より明色のほうが日射遮蔽性能が高い。

空調設備の配管方式（くうちょうせつ び　はいかんほうしき）には次の３つがあります。①**密閉式回路**（みっぺいしき かい ろ）：熱源機器・ポンプ・熱交換機（空調機等）を密閉配管（密閉回路）とし、この回路内に冷・温水を循環させる方式で、ポンプの循環揚程が小さく、ポンプ動力も小さくてすむ。②**開放式回路**（かいほうしき かい ろ）：配管系の中で液面が冷却塔や蓄熱槽等で大気中に開放されている配管方式をいい、配管内腐食が発生しやすく、ポンプの押上げ揚程が大きくなるため、ポンプ動力が大きくなる。蓄熱槽方式等に採用される。③**密閉・開放併用式回路**（みっぺい　かいほうへいようしきかい ろ）：密閉式と開放式の長所を利用する方式。つまり、熱交換器を配管途中に設け、熱交換器の二次側を密閉式回路としてポンプの動力を小さくする。

タスクアンドアンビエント空調方式

個人の好みに応じて
室内環境を調整
できるとともに
不在のスペースの空調
運転を停止することも
できるため、空調用
エネルギー使用量の削減に有効

BMS

（ビルディング・マネジメント
・システム）
エネルギーや資源の
使用量を正確に
把握するために
各種センサーから得られた
データを効率よく分析する機能のこと

建築設備の
経済的耐用年数とは
広義には機能的寿命を
考慮しつつ、経済的評価
に基づいて判断される
耐用年数のこと

PAL*	新年間熱負荷係数
COP	成績係数
PMV	温熱感の指標
UPS	無停電電源装置
CGS	コージェネレーションシステム
LCC	ライフサイクルコスト

地域冷暖房方式（DHC方式）

冷暖房用熱源設備を
地域的に集約設置し
各建築物に冷水、温水、蒸気
などの熱媒を供給する方式

維持管理計画における PM とは
あらかじめ決められている手順により
計画的に点検、試験調整等を行い、
使用中の故障を未然に防止
するため行われる保全
処置のこと

冷温水配管系統に
おいて、最下層に
蓄熱層を設けた
開放回路方式には
蓄熱層を設けない
密閉回路方式に
比べ、ポンプ動力は
大きくなる

空調設備における
変水量方式（VWV方式）とは
端末の空調機などに
かかる負荷に応じて
空調配管系を
流れる水量を
変化させる方式

| APF | 通年エネルギー消費効率で、COP とともに大きいほど省エネルギーに優れる |
| PID 制御 | 室温の検知、空調の自動制御をくりかえすフィードバック制御の一種 |

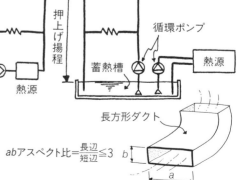

押上げ揚程

熱源

蓄熱槽　循環ポンプ

熱源

長方形ダクト

長方形ダクトにおいて同一風量の場合、
ダクトのアスペクト比を小さくすれば
搬送エネルギーを減少させることができる

abアスペクト比$=\dfrac{長辺}{短辺}\leqq 3$

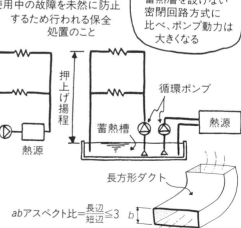

給排水設備

42　給水方式および受水槽に関する用語

　給水方式は次のように大別されます。①直結直圧方式：水道本管から引込給水管にて引き込み、建物内へ直接給水する方式で、2〜3階建以下に適用される。②直結増圧方式：引込給水管に増圧ポンプを直結して給水する方式で、5階建てまで、又は10階建てまで給水可能です。③高置タンク方式：受水槽に貯水した後、揚水ポンプにより高置水槽に揚水し、重力により給水する。一般のビルで広く採用され、階数による圧力差はあるが給水圧力の変動は少い。保全上、受水槽・高置水槽とも2基とするのがよい。④圧力タンク方式：受水槽に貯水し、給水ポンプで圧力タンクに送水し、タンク内の空気を圧縮し、その圧力により給水する方式で、給水圧力は変化しやすい。⑤ポンプ直送方式：受水槽に貯水後、給水ポンプによる給水箇所への直接給水方式で、給水ポンプの制御方式により種々の方式がある。

　受水槽は、水道本管から引込管でいったん貯水し、給水の安定供給を図るために設ける水槽で、受水槽の容量は一般的には1日使用量の $\frac{4}{10}$ 〜 $\frac{6}{10}\left(\frac{1}{2}\right)$ とされ、受水槽の設置に関しては右図のように、点検・保全作業が行えるスペース（あき）をとる構造基準が示されています。すなわち、タンクは建物の躯体その他の部分と兼用してはならず、周壁は60 cm以上、天井面は100 cm以上、底面は60 cm以上のあきを確保し、マンホールの径は60 cm以上、タンクの底部には吸込みピットに向かって $\frac{1}{100}$ 以上の勾配を設け、防虫網付きの通気口を設ける等、衛生上有効に設置しなければなりません。

　受水槽は中間仕切を設けることによって、1基でも断水せずに清掃等が行えます。なお、高置タンクの容量は1日使用量の $\frac{1}{10}$ 程度とし、二層式とすれば1基でも断水せずに清掃等が行えます。

　給水器具の最低必要圧力については、右表を参照してください。水圧が高過ぎるとウォーターハンマーの原因となります。ウォーターハンマーを防止するには、管内流速が2m/s以下となるような管径にします。

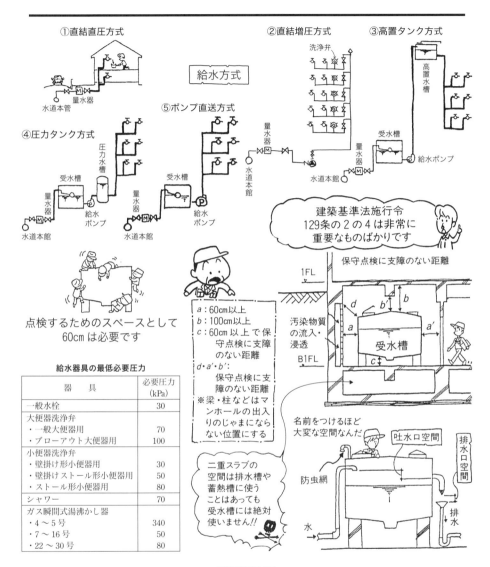

①直結直圧方式

給水方式

②直結増圧方式

③高置タンク方式

⑤ポンプ直送方式

④圧力タンク方式

建築基準法施行令129条の2の4は非常に重要なものばかりです

点検するためのスペースとして60cmは必要です

a：60cm以上
b：100cm以上
c：60cm以上で保守点検に支障のない距離
d・a′・b′：保守点検に支障のない距離
※梁・柱などはマンホールの出入りのじゃまにならない位置にする

保守点検に支障のない距離

汚染物質の流入・浸透

受水槽

名前をつけるほど大変な空間なんだ

二重スラブの空間は排水槽や蓄熱槽に使うことはあっても受水槽には絶対使いません!!

吐水口空間

防虫網

排水口空間

給水器具の最低必要圧力

器　　具	必要圧力 (kPa)
一般水栓	30
大便器洗浄弁	
・一般大便器用	70
・ブローアウト大便器用	100
小便器洗浄弁	
・壁掛け形小便器用	30
・壁掛けストール形小便器用	50
・ストール形小便器用	80
シャワー	70
ガス瞬間式湯沸かし器	
・4〜5号	340
・7〜16号	50
・22〜30号	80

用途別使用水量

	使用者	使用水量〔L/day〕	使用時間〔h/day〕
住宅・共同住宅	居住者1名につき	200〜400	10〜15
小・中学校	生徒・職員1名につき	70〜100	9
事務所	在勤者1名につき	60〜100	9
病院	病床1名につき	1500〜3500	16
ホテル	客1名につき	500〜6000	12
百貨店	延べ面積1m²につき	15〜30	10
劇場	延べ面積1m²につき	25〜40	14

給排水設備

43　上水の汚染防止・給湯・中水に関する用語

飲料水（上水）の汚染防止に関しては、次の点をよく理解してください。①クロスコネクションとは、上水給水配管と上水以外の水の配管、または排水配管とが誤接合された状態をいい、クロスコネクションは衛生上の見地から厳禁されている。②バックフローとは、上水の給水管へ、それ以外の水（汚染水）が逆サイホン現象により流入することをいい、これの防止対策として、フラッシュバルブに負圧を生じると自動的に空気を吸引し、真空を防止するバキュームブレーカーを設ける。洗面器等の衛生器具、飲料水タンク等には3cm以上の吐水口空間を設ける。③残留塩素とは、塩素滅菌した水に残っている塩素をいい、水道法により、末端の給水栓において残留塩素濃度が0.1mg/L以上に保たれていなければならない。

ウォーターハンマー（水撃作用）とは、給水弁などを急開閉した場合、給水管内の水圧が異常上昇または低下し、圧力波が生じて流体に伝わり、管壁を叩いて振動し、衝撃音を出す現象をいいます。

給湯設備に関して、湯を循環しながら供給する**中央給湯方式**の場合、給湯温度は55℃以上にします。これは**在郷軍人病**（肺炎の一種）の原因となるレジオネラ菌が35〜50℃の温水中で最も繁殖しやすいからです。

中水とは、洗面所、厨房等の排水を、上水と下水の中間程度の水質に浄化し、便所洗浄水や散水用水等として有効利用する**排水再利用水**をいいます。**再利用水の水質基準**については、右表のように処理しなければなりません。

BOD（生物化学的酸素要求量）とは、水中の有機物質が好気性のバクテリアの増殖または呼吸作用によって分解するときに消費する溶存酸素量をいい、単位は mg/L(ppm) です。また、**BOD 除去率**は、

$$\frac{（流入水BOD）-（放流水のBOD）}{（流入水BOD）}$$

で表され、この数値が大きいほど浄化されたことになります。BOD と BOD除去率は、浄化槽放流水の水質基準です。

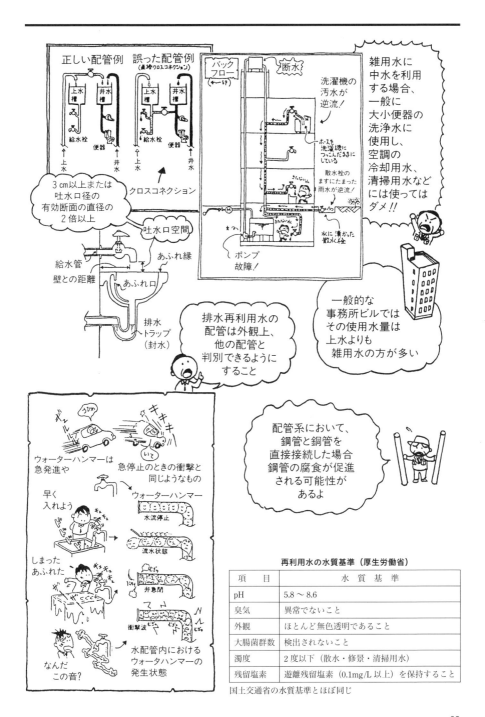

正しい配管例　誤った配管例（直接クロスコネクション）

上水槽　井水槽

上水槽　井水槽

給水栓　便器

給水栓　便器

上水　井水

上水　井水

3 cm以上または吐水口径の有効断面の直径の2倍以上

クロスコネクション

吐水口空間

給水管壁との距離

あふれ縁

あふれ口

排水トラップ（封水）

バックフロー（←逆）

断水

洗濯機の汚水が逆流！

ホースを洗濯槽につっこんだままにしている

散水栓のますにたまった雨水が逆流！

ポンプ故障！

水に漬かった散水栓

雑用水に中水を利用する場合、一般に大小便器の洗浄水に使用し、空調の冷却用水、清掃用水などには使ってはダメ!!

一般的な事務所ビルではその使用水量は上水よりも雑用水の方が多い

排水再利用水の配管は外観上、他の配管と判別できるようにすること

配管系において、鋼管と銅管を直接接続した場合鋼管の腐食が促進される可能性があるよ

ウォーターハンマーは急発進や

早く入れよう

しまったあふれた

なんだこの音？

急停止のときの衝撃と同じようなもの

ウォーターハンマー

水流停止

流水状態

弁急閉

衝撃波

水配管内におけるウォーターハンマーの発生状態

再利用水の水質基準（厚生労働省）

項　目	水　質　基　準
pH	$5.8 \sim 8.6$
臭気	異常でないこと
外観	ほとんど無色透明であること
大腸菌群数	検出されないこと
濁度	2度以下（散水・修景・清掃用水）
残留塩素	遊離残留塩素（0.1mg/L以上）を保持すること

国土交通省の水質基準とほぼ同じ

93

給排水設備

| 44 | 排水方式・排水トラップに関する用語 |

排水方式は次のように大別されます。①下水道に関しては、汚水・雑排水と雨水を別々の下水道で排水するものを**分流式**、汚水・雑排水・雨水を1つの下水道で排水するものを**合流式**という。②敷地内においては、汚水と雑排水を分けるか否かで分流式と合流式に分類される。

下水道では分流式が、敷地内では合流式が望ましい排水方式です。

間接排水とは、上水の安全・衛生上から、特に衛生上配慮すべき給水タンク類や衛生器具等からの排水を排水管系に直結せず、**排水口空間**を設けて一度大気中に開放し、バックフローを防止する方式をいい、排水口空間は原則として最小150mmとします。

排水トラップとは、水受け容器などの排水系統の装置として、その内部に封水を設けることにより、排水管内の排水ガス（悪臭）や衛生害虫の室内への侵入を阻止するためのもので、サイホン式と非サイホン式があります。

サイホン式トラップ（**管トラップ**）は管をS字形やU字形、P字形に形成して排水通路とし、ここを満水状態で排水が通過することによりサイホン作用を起こし、排水と汚物なども同時に流し排水後は封水が残るもので、排水トラップとして最も広く用いられています。

トラップの封水深さは5～10cmとし、深すぎると吸引作用により封水切れとなります。**封水切れ**（**封水破壊、破封**）とは、自己サイホン作用、吸引作用、逆圧作用、蒸発作用、毛細管作用等により封水がなくなることをいい、封水切れとなるとトラップの効果はなくなり**無効トラップ**となります。なお、1つの排水系統に2個以上のトラップを直列に取り付けることを**二重トラップ**といい、これは排水の流れが阻害されるので禁止されています。

非サイホン式トラップとは、一種の容器内に水を貯め封水部とした形式で、封水の水が全部蒸発しない限り破封されにくく、**ドラムトラップ**と**わんトラップ**に大別され、床排水などに用いられます。

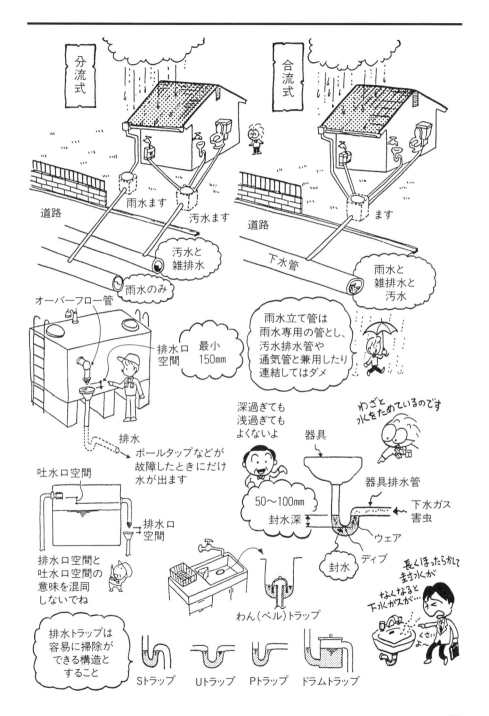

分流式

合流式

道路

雨水ます

汚水ます

道路

ます

下水管

汚水と雑排水

雨水のみ

雨水と雑排水と汚水

オーバーフロー管

排水口空間　最小150mm

雨水立て管は雨水専用の管とし、汚水排水管や通気管と兼用したり連結してはダメ

排水

ボールタップなどが故障したときにだけ水が出ます

吐水口空間

排水口空間

排水口空間と吐水口空間の意味を混同しないでね

深過ぎても浅過ぎてもよくないよ

わざと水をためているのです

器具

50～100mm

封水深

器具排水管

下水ガス害虫

ウェア

ディブ

封水

排水トラップは容易に掃除ができる構造とすること

わん（ベル）トラップ

長くほったらかして封水が…

なくなると下水ガスが…

くさいよ～

Sトラップ　Uトラップ　Pトラップ　ドラムトラップ

95

給排水設備

45　排水配管・通気管に関する用語

排水配管の要点に関しては次の点をよく理解してください。①排水系統は、雑排水系統（洗面器、流し類、浴室等）、汚水系統（水洗便所）、雨水系統の3種類に分けられる。②排水配管勾配は、排水管の管径により決まり、勾配が緩やかすぎると水がよどみ、急すぎると固形物が残るおそれがあり、一般に管径が太くなると緩やかに、細くなると急勾配にする。排水管系と勾配のバランスは、100mm：大便器→$\frac{1}{50}$、40mm：洗濯管・小便器→$\frac{1}{20}$、40〜50mm：台所流し→$\frac{1}{25}$、30mm：手洗い→$\frac{1}{15}$。③汚水・雑排水と雨水を合流させる場合、建物内では別系統とし、屋外の排水ますで接続する。

通気管（ベントパイプ）とは、排水トラップの破封を防止し、排水を円滑に行わせるため、排水管内へ空気を自由に出入り（通気）させるために、トラップ近くの配管に排水管径の$\frac{1}{2}$程度のものを大気中に開口して取り付ける管をいいます。

通気方式は次のように大別されます。①各個通気方式は各衛生器具ごとの排水トラップを通気させるため、通気管をトラップ下流から取り出し、その器具よりも上方の通気系統に接続するもので、サイホン作用や負圧などによる破封を防ぎやすい特長がある。②ループ通気方式（回路通気方式）は2〜8個以内の衛生器具群の排水トラップを一括して通気するため、最小流の器具排水管が排水横枝管に接続する点のすぐ下流から立ち上げ、通気立て管に接続するもので、広く採用される通気方式。自己サイホン作用は防止できないが、誘導サイホン作用の発生を抑制する効果がある。③伸頂通気方式は伸頂通気管のみによる通気方式で、マンションの台所流し系統など、各階からの衛生器具1個が排水立て管に接続するような場合に採用される。

排水タンクの要点は、底の勾配は吸い込みピットに向かって$\frac{1}{15}$以上、$\frac{1}{10}$以下とし、内部の点検を容易に行うために、有効径60cm以上の防臭形マンホールを2箇所設けることです。通気管は、排水管に接続する通気管とは別に設けます。

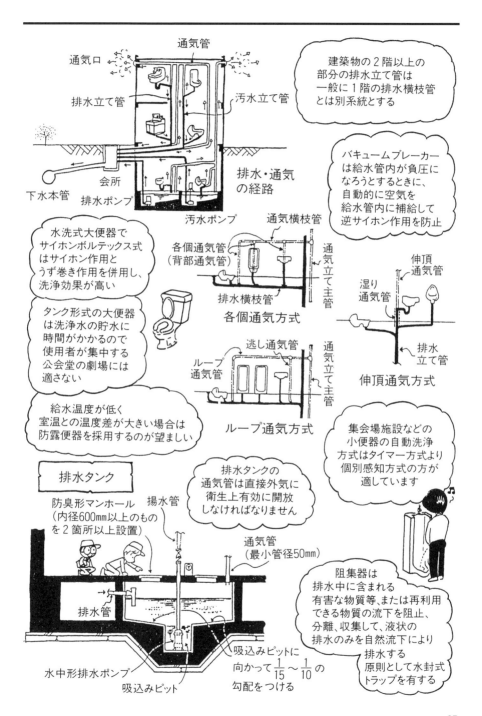

通気管

通気口

排水立て管

汚水立て管

下水本管　排水ポンプ　会所

汚水ポンプ

排水・通気の経路

建築物の2階以上の部分の排水立て管は一般に1階の排水横枝管とは別系統とする

バキュームブレーカーは給水管内が負圧になろうとするときに、自動的に空気を給水管内に補給して逆サイホン作用を防止

水洗式大便器でサイホンボルテックス式はサイホン作用とうず巻き作用を併用し、洗浄効果が高い

タンク形式の大便器は洗浄水の貯水に時間がかかるので使用者が集中する公会堂の劇場には適さない

給水温度が低く室温との温度差が大きい場合は防露便器を採用するのが望ましい

各個通気管（背部通気管）

通気横枝管

排水横枝管

通気立て主管

各個通気方式

伸頂通気管

湿り通気管

排水立て管

伸頂通気方式

逃し通気管

ループ通気管

通気立て主管

ループ通気方式

集会場施設などの小便器の自動洗浄方式はタイマー方式より個別感知方式の方が適しています

排水タンク

防臭形マンホール（内径600mm以上のものを2箇所以上設置）

揚水管

排水タンクの通気管は直接外気に衛生上有効に開放しなければなりません

通気管（最小管径50mm）

排水管

水中形排水ポンプ

吸込みピット

吸込みピットに向かって $\frac{1}{15}$ ～ $\frac{1}{10}$ の勾配をつける

阻集器は排水中に含まれる有害な物質等、または再利用できる物質の流下を阻止、分離、収集して、液状の排水のみを自然流下により排水する原則として水封式トラップを有する

97

電気・照明設備およびエレベーター

46　受電電圧・配線方式に関する用語

受電契約（受電電圧）は一般的に右表のように区分されます。契約電力が 50 kW 未満のときは、**低圧引込み**ですが、50 kW 以上は高圧・特別高圧で引込むので、受変電室または**キュービクル**が必要です。なお、**電気設備室の床面積比率**は一般的に建築物の延べ面積の 1 〜 2%です。

電気方式（屋内での配電方式）は次のように大別されます。①**単相 2 線式**：一般の住宅・ビルの電灯・コンセント回路に使用される。②**単相 3 線式**：事務所、学校等に採用される。③**三相 3 線式**：0.4 〜 37 kW 程度の電動機に、200 V 級は動力用幹線に、400 V 級は大規模ビル、工場に使用される。④**三相 4 線式**：電灯・電動機の両方に供給でき、大規模ビル・工場用で、415 V 級は動力、240 V 級は電灯回路に使用される。

ビル内の配線方式は次のように分けられます。①**バスダクト配線方式**は、鉄・アルミ製ダクト内に、銅・アルミ等の導体を絶縁体で固定したもので、幹線等大電流を流す場合に用いる。プラグインブレーカーを用

いると、容易に分岐が可能。②**フロアダクト配線方式**は、コンクリートスラブ内に小さな金属製ダクトを格子状に埋設し、定められたピッチ（一般的に 600 mm）ごとに配線が取り出せる。コンセント・電話線等の取出しに便利な方法で、広い事務室に採用され、かつ、強電・弱電とも使用できる。③**配管配線方式（金属管配線方式）**は、コンクリートスラブ内に金属管・合成樹脂管を埋設し、この中に配線するもので、レイアウト変更の場合は床上の**ころがし配管**（露出配管）となる欠点がある。④**フリーアクセスフロア配線方式**は、床を二重床とし、この二重床内を自由に配線する方式で、配線の自由度が高く、インテリジェントビルで広く採用される。⑤**アンダーカーペット方式**は、カーペットの下部の床上に極薄形の電源・通信等のケーブルを敷設するもので、レイアウトの変更に容易に対処できるが、機器の多い場所では不向き。⑥**セルラダクト配線方式**は、**デッキプレート**などの溝部を利用して配線路を構成する方式。

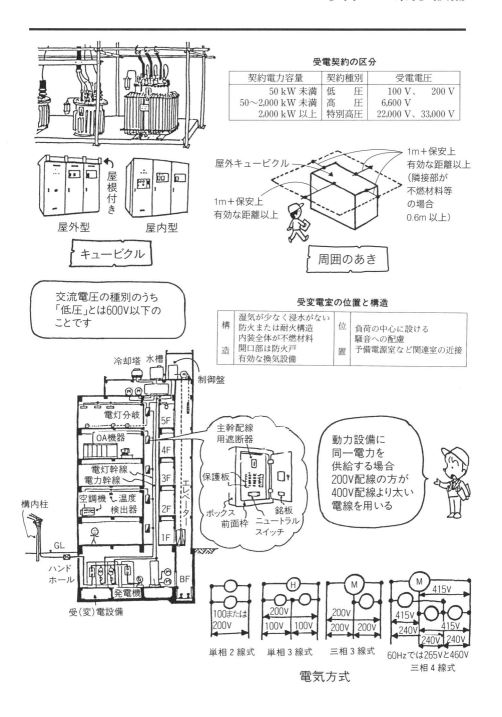

受電契約の区分

契約電力容量	契約種別	受電電圧
50 kW 未満	低　圧	100 V、　200 V
50～2,000 kW 未満	高　圧	6,600 V
2,000 kW 以上	特別高圧	22,000 V、33,000 V

屋根付き

屋外型　　屋内型

キュービクル

屋外キュービクル

1m＋保安上
有効な距離以上

1m＋保安上
有効な距離以上（隣接部が
不燃材料等
の場合
0.6m 以上）

周囲のあき

交流電圧の種別のうち
「低圧」とは600V以下の
ことです

受変電室の位置と構造

構造	湿気が少なく浸水がない 防火または耐火構造 内装全体が不燃材料 開口部は防火戸 有効な換気設備	位置	負荷の中心に設ける 騒音への配慮 予備電源室など関連室の近接

冷却塔　水槽

制御盤

電灯分岐　5F

OA機器　4F

電灯幹線
電力幹線　3F

空調機　温度
検出器　2F

1F

構内柱

GL

ハンド
ホール

BF

発電機

受(変)電設備

主幹配線
用遮断器

保護板

ボックス
前面枠
ニュートラル
スイッチ

銘板

動力設備に
同一電力を
供給する場合
200V配線の方が
400V配線より太い
電線を用いる

100または
200V

単相2線式

200V
100V　100V

単相3線式

200V
200V　200V

三相3線式

415V
415V
240V
415V
240V　240V

60Hzでは265Vと460V
三相4線式

電気方式

99

電気・照明設備およびエレベーター

47 予備電源・エレベーター・エスカレーターに関する用語

LAN（構内情報通信網）とは、限定された範囲におけるコンピューターやワークステーション等のOA機器を主体とするネットワークのことをいいます。

高周波同軸ケーブルとは、テレビ等の共同視聴設備の幹線用とするケーブルです。

予備電源とは、常用電源が停電した場合、当該ビルの最小必要限度の電力を供給する装置で、自家用発電設備、蓄電池設備、燃料電池設備、非常電源専用受電設備などがあり、消防設備等に適用される（消防法による）ものは非常電源といいます。

無停電電源装置（UPS）とは、コンピューター等に安定した電源を供給する装置で、瞬時の電圧降下にも対処し、定電圧定周波装置（CVCF）でデータ破壊を防ぎ、OA機器に対処するものです。

エレベーターの要点としては次の点を理解してください。①建築物の中央付近で、交通動線の中心とする。②台数は短時間に混雑する朝の出勤時間帯を基準に算定し、一般的には延べ面積2,000～3,000 m²に15～20人乗り1台とする。③エレベーターの速度・方式・用途は右図参照。④エレベーター機械室は昇降路（シャフト）の直上に設け、広さは交流でシャフト面積の2倍以上、直流で3～4倍程度。⑤昇降路内にはエレベーター以外の設備の併設は厳禁。⑥超高層ビルでは階層別にゾーニングを行う。⑦昇降路内に巻上機などを収納したロープ式の機械室レスエレベーターが普及している。

エスカレーターの要点は、次のとおりです。①勾配は原則30度以下、速度は30 m/分以下。②輸送力はエレベーターの約10倍（1人幅〔ステップ幅60 cm〕で4,000人/時、2人幅〔100 cm〕で6,000人/時）で、デパートでは売場面積3,000 m²に上り下り用各1台を目安とする。③エスカレーターの配列方式は単列乗り継ぎ形、単列重ね形、並列設置形、交差乗り継ぎ形などに分けられる。

予備電源とビル独自の非常予備電源

自家発電設備 ディーゼル

蓄電池設備

大容量の電力を供給できる

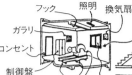

照明　換気扇
フック
ガラリ
コンセント
制御盤
機械台
調速機　巻上機
採光窓

非常電源

負荷の種類	自家発電設備	非常電源専用受電設備	最低供給時間
屋内消火栓設備	○	○	30 分間
スプリンクラー設備	○	○	30 分間
水噴霧消火設備	○	○	30 分間
泡消火設備	○	○	30 分間
不活性ガス消火設備	○	—	1 時間
粉末消火設備	○	—	1 時間
自動火災報知設備	—	○	10 分間
ガス漏れ火災警報設備	—	○	10 分間
排煙設備	○	○	30 分間
非常コンセント設備	○	○	30 分間
誘導灯	—	○	20 分間
無線通信補助設備	—	○	30 分間

非常電源専用受電設備は、1,000m² 未満の特定防火対象物と特定防火対象物以外に適用できる。

予備電源

負荷の種類	自家発電設備	蓄電池設備	最低供給時間
非常用照明	○	○	30 分間
地下街の通路照明	○	○	30 分間
避難階段の照明	○	○	30 分間
非常口の進入口灯	○	○	30 分間
排煙設備	○	—	30 分間
地下街の排水設備	○	—	1 時間
非常用エレベーター	○	—	1 時間

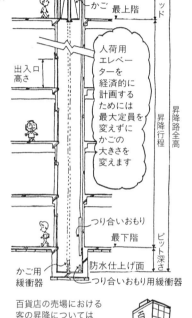

フック
駆動つな車
そらせ車
かごわく
かご　最上階
オーバーヘッド

人荷用エレベーターを経済的に計画するためには最大定員を変えずにかごの大きさを変えます

出入口高さ

昇降行程
昇降路全高

つり合いおもり
最下階
ピット深さ

かご用緩衝器
防水仕上げ面
つり合いおもり用緩衝器

ステップ

エレベーターの 800 形、1,200 形は欄干有効幅が 800mm と 1,200mm（ステップ幅 600mm、1,000mm）のこと

ベルト滑張装置
踏段駆動チェーンホイール　くし板
踏段駆動用チェーン
乗降床板

エレベーターではこれも覚えよう‼

・ロープ式では滑らかな速度特性の得られる VVVF 制御方式（交流可変電圧可変周波数）が採用されている
・電動機の始動方式はスターデルタ始動方式が採用されている
・エレベーター昇降路内のエレベーター以外の配管は原則禁止だが、所定の要件を満たした光ファイバーケーブルは設置可
・非常用エレベーターを 2 台設置する場合は分散配置とする
・小荷物専用昇降機は、かごの水平投影面積 1 m² 以下、かごの天井高さ 1.2 m 以下に限定

百貨店の売場における客の昇降についてはエレベーターとエスカレーターの使用比率を 20：80 と設定

エレベーターの配置計画において直線配置とする場合はエレベーターの到着確認のしやすさや歩行距離の観点から 4 台までを限度とし、それ以上の台数の時は対面配置かアルコーブ配置

一戸建住宅用エレベーターはかごの床面積 1.1 m² 以下積載重量 200kg 以下定格速度 20m/分以下昇降行程 10m 以下

電気・照明設備およびエレベーター

48 照明設備に関する用語

照明の要点としては次の事項をよく理解してください。①間接照明とは、天井や壁からの反射光を利用する方式で、照度分布は平均化されるが、器物等の立体感は乏しくなる。②同じ出力（W＝ワット）の蛍光灯では、直接照明としたほうが間接照明の場合よりも平均照度は上がる。③配光とは、光源の各方向に対する光の分布を示したもの。④全般拡散型照明器具の下向き配光の割合は40〜60％で、間接照明と直接照明の中間的な照明方式。⑤照度基準は、JIS等で示されている（右表を参照）。⑥必要照度とは、一般に床上80cmにおける水平面照度による。⑦天井じか付け裸蛍光灯を使用して、一般事務室の全般照明の照度を均一にしたい場合は、一般に、照明器具の間隔を被照面から光源までの高さの1.5倍以内とすればよい。⑧効率（lm/W）が大きい照明器具を使用すれば、同じ器具数で照度を上げることができる。⑨点光源の真下にある面の直接照度は、点光源からの距離の2乗に反比例する。⑩タスク・アン

ビエント照明とは、全般照明を必要照度の$\frac{1}{2}$〜$\frac{1}{3}$に落とし、局所照明で必要照度を得る省エネ手法。⑪ノングレア照明器具とは、OA機器のVDTへの映り込みに配慮したもの。⑫インバーター照明とは、交流電流を50、60 Hzから一気に45,000 Hzまでアップさせ、蛍光灯の点滅速度を速めて目のちらつき感をなくし、また高周波電子回路の採用により器具の効率をアップさせたもの。⑬昼光センサー自動点滅装置とは、ビルの外部ゾーンの窓からの自然光の増減により、窓側の照明を自動的にオンオフさせる省エネ装置。⑭光源の種類としては白熱電球と放電ランプ（蛍光灯、水銀灯、ナトリウム灯）、LEDに大別される（右表参照）。⑮LEDランプは、小型、軽量、省電力、長寿命、熱放射が少ないなどの特徴がある。⑯適正照度維持制御は、照明器具にセンサーと調光装置を設け、初期の高い照度を抑え一定に維持するもので、この制御の有無による照度の差はランプの清掃、交換直前の時点で最小となる。

建築照明の例

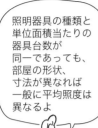

照明器具の種類と単位面積当たりの器具台数が同一であっても、部屋の形状、寸法が異なれば一般に平均照度は異なるよ

ダウンライト照明

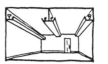
コーブ照明

トロファ照明

コーニス照明

ルーバー天井照明

光源の特性

項目	白熱電球 100W	蛍光灯 白色40W	水銀灯 400W	LED 白色
色温度 (K)	2,900	4,500	4,600	4,200
全光束 (lm)	1,500～1,570	2,900～3,300	24,000	800
効 率 (lm/W)	15	65	57	80～110
輝 度 (cd/cm²)	600	0.35	2	20,000
寿 命 (時間)	1,000	10,000	10,000	40,000
始動時間	瞬間	1～2秒	約5分	瞬間
平均演色評価数	100	62～65	45～60	70～90

水銀ランプは2020年に製造中止

白熱電球
蛍光ランプよりも色温度が低い

蛍光灯

白熱電球に比べて周囲温度の影響による光束低下が大きい。同じワット数の白熱電球に比べて発光面積が広く輝度が低いので手暗がりが生じにくい

JISの照度基準

推奨照度	事務所		学校			宿泊施設	
	執務空間	共用空間	作業 学習空間	執務空間	共用空間	客用空間	管理空間
1,000			精密工作 精密実験				
750	設計室・製図室 事務室・役員室	玄関ホール（昼間）	製図室			フロント	事務室 帳場
500	診察室・印刷室 電子計算機室 調理室 集中管理室 制御室・守衛室	会議室 集会室 応接室	美術工芸製作 板書・被服教室 図書閲覧室 電子計算機室 実験実習室	保健室 研究室	会議室 放送室 厨房	クロークカウンター 会議室 客室（机）	調理室 厨房
300	受付	宿直室 食堂 化粧室 エレベーターホール	教室 体育館	職員室 事務室 印刷室	宿直室 食堂 給食室	車寄せ 食堂	
200		喫茶室 ラウンジ 湯沸室・書庫 更衣室 便所・洗面所 電気室・機械室	講堂		集会室 書庫 ロッカー室 便所・洗面所	ロビー 宴会場 広間 洗面所・便所	
150		階段			階段	階段	
100		休憩室・倉庫 玄関ホール（夜間） 玄関（車寄せ） 廊下・エレベーター			倉庫 廊下 渡り廊下 昇降口	玄関・廊下 娯楽室 客室 浴室・脱衣室	
75					車庫	庭の重要部分	
50		屋内非常階段			非常階段		

推奨照度は、維持すべき照度であり、視作業の基準面（基準面が特定できない場合は、机上作業のときは床上80cm、座業のときは床上40cm、廊下などは床面）における平均照度を示す。

防災設備

| **49** | 消防用設備等に関する用語 |

消防用設備等とは、右表に示すものを総称していい、消火設備はすべて消防機関の消防隊が到着するまでの間、建物関係者による初期消火用です。屋内消火栓設備は建物内の初期消火用で、1人で簡単に消火作業操作が行える2号消火栓と、消火活動に2人を要する1号消火栓があります。屋外消火栓設備は建物の1～2階部分の火災を外部から消火し、また外部火災による延焼防止のために使用されるもので、消防機関の消防隊も使用できるようになっています。

スプリンクラー設備は防火対象物の天井等にスプリンクラーヘッドを設置し、初期消火を行うもので、ヘッドの種類によって次のように大別されます。①閉鎖型スプリンクラー設備は、ヘッドが火災により溶解され散水消火するもので、配管内がつねに加圧満水されている湿式型が一般的。②開放型スプリンクラー設備は、ヘッドがつねに開いており、自動火災報知設備の火災検知信号または手動により開放弁を開き散水消火する

もので、火災の感熱が受けにくい、劇場の舞台部分等、ヘッドの取付け高さが8m以上である場所に設置される。

熱感知器には、火災の一定温度以上で作動する定温式と、一定の温度上昇率以上で作動する差動式があり、煙感知器は熱には反応しません。その他の消火設備の留意点に関しては右表を参照してください。

消防機関の消火設備としては、消防用設備等の中の消火活動に必要な施設が該当します。連結散水設備は消火が困難な地階に散水ヘッドを配置しておき、連結送水管と同じく火災時に消火ポンプ車から加圧送水し散水消火するものです。

防煙垂壁は天井から50cm以上垂れ下がった壁をいい、固定式と火災発生時に天井から降ろす可動式があります。加圧防煙システムとは、排煙機で火災室を負圧とし、他の居室や廊下等を加圧して、避難側への漏煙を防止するものです。排煙口には、必ず手動開放装置を設けます。

避雷針の引き下げ動線には鉄骨や鉄筋も利用できます。

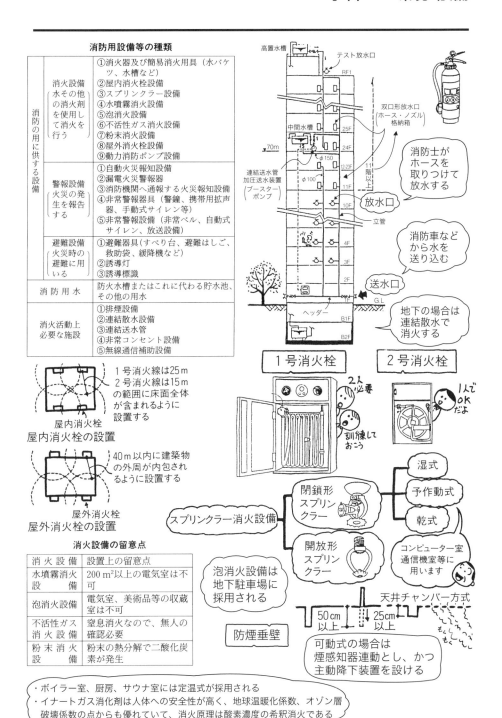

消防用設備等の種類

消防の用に供する設備	消火設備（水その他の消火剤を使用して消火を行う）	①消火器及び簡易消火用具（水バケツ、水槽など） ②屋内消火栓設備 ③スプリンクラー設備 ④水噴霧消火設備 ⑤泡消火設備 ⑥不活性ガス消火設備 ⑦粉末消火設備 ⑧屋外消火栓設備 ⑨動力消防ポンプ設備
	警報設備（火災の発生を報告する）	①自動火災報知設備 ②漏電火災警報器 ③消防機関へ通報する火災報知設備 ④非常警報器具（警鐘、携帯用拡声器、手動式サイレン等） ⑤非常警報設備（非常ベル、自動式サイレン、放送設備）
	避難設備（火災時の避難に用いる）	①避難器具(すべり台、避難はしご、救助袋、緩降機など) ②誘導灯 ③誘導標識
消防用水		防火水槽またはこれに代わる貯水池、その他の用水
消火活動上必要な施設		①排煙設備 ②連結散水設備 ③連結送水管 ④非常コンセント設備 ⑤無線通信補助設備

1号消火線は25m
2号消火線は15m
の範囲に床面全体
が含まれるように
設置する

屋内消火栓の設置

40m以内に建築物
の外周が内包され
るように設置する

屋外消火栓の設置

消火設備の留意点

消火設備	設置上の留意点
水噴霧消火設備	200 m²以上の電気室は不可
泡消火設備	電気室、美術品等の収蔵室は不可
不活性ガス消火設備	窒息消火なので、無人の確認必要
粉末消火設備	粉末の熱分解で二酸化炭素が発生

消防士が
ホースを
取りつけて
放水する

消防車などから水を送り込む

放水口

送水口

地下の場合は
連結散水で
消火する

1号消火栓

2号消火栓

スプリンクラー消火設備

閉鎖形スプリンクラー
湿式
予作動式
乾式

開放形スプリンクラー

コンピューター室
通信機室等に
用います

泡消火設備は
地下駐車場に
採用される

防煙垂壁

天井チャンバー方式
50cm以上　25cm以上

可動式の場合は
煙感知器連動とし、かつ
主動降下装置を設ける

・ボイラー室、厨房、サウナ室には定温式が採用される
・イナートガス消化剤は人体への安全性が高く、地球温暖化係数、オゾン層
　破壊係数の点からも優れていて、消火原理は酸素濃度の希釈消火である

用語の定義

| **50** | 用語の定義に関する用語Ⅰ |

建築物とは土地に定着する工作物のうち、屋根及び柱若しくは壁を有するものをいい、具体的には、①屋根及び柱又は壁のあるもの。これに付属する門、塀。②観覧のための工作物。③地下又は高架工作物内の事務所・店舗・興行場・倉庫等。④立体式駐車施設。⑤①〜④に設ける建築設備。⑥ただし、ガスタンク等の貯蔵槽、鉄道の運転保安に関するもの等は除く（法2条一号）。

特殊建築物とは、学校、体育館、病院、劇場、集会所、旅館、共同住宅、百貨店等、多数の人が集まる施設で、災害が発生した場合に大惨事に至るおそれがあるもののほか、工場、倉庫、危険物の貯蔵場、火葬場等、用途が特殊な建築物をいいます（法2条二号）。

建築設備とは、建築物に設ける電気、ガス、給水、排水、換気、暖房、冷房、消火、排煙、汚物処理の設備、又は煙突、昇降機若しくは避雷針をいいます。通信設備である電話等は建築設備ではありません（法2条三号）。

主要構造部とは、壁、柱、床、梁、屋根、階段をいい、建築物の構造上重要でない、間仕切壁、間柱、最下階の床、小梁、庇、局部的な小階段、屋外階段、その他これらに類する建築物の部分は除きます（法2条五号）。

確認を要する工作物及び**確認を要する建築設備**については、右表を参照してください。

居室とは、居住、執務、作業、集会、娯楽その他これらに類する目的のために、継続的に使用する室（居間、寝室、会議室）をいい、玄関、倉庫、便所等は除きます。なお、居室は採光、換気、天井高さ、内装等の制限を受けます（法2条四号）。

大規模の修繕とは、主要構造部の一種以上について行う過半の（50%を超える）修繕（原状回復）をいいます（法2条十四号）。ただし、屋根葺き材の改修などは該当しません。

大規模の模様替えとは、主要構造部の一種以上について行う過半の模様替え（構造・規模・機能の同一性を損わない改造）をいいます（法2条十五号）。

確認を要する工作物（令138条）・確認を要する建築設備（令146条）

工作物	**(1)令138条1項の工作物** ・高さが6mを超える煙突（支枠及び支線を含む。ストーブの煙突を除く） ・高さが15mを超える鉄筋コンクリート造の柱、鉄柱、木柱その他これらに類するもの（旗竿並びに架空電線路用及び電気事業者の保安通信設備用のものを除く） ・高さが4mを超える広告塔、広告板、装飾塔、記念塔その他これらに類するもの ・高さが8mを超える高架水槽、サイロ、物見塔その他これらに類するもの ・高さが2mを超える擁壁 **(2)令138条2項の工作物** ・乗用エレベーター又はエスカレーターで観光用のもの（一般交通の用に供するものを除く） ・ウォーターシュート、コースターその他これらに類する高架の遊戯施設 ・メリーゴーラウンド、観覧車、オクトパス、飛行塔その他これらに類する回転運動をする遊戯施設で原動機を使用するもの **(3)令138条3項の工作物** ・製造施設、貯蔵施設、遊戯施設で政令で指定するもの（指定略） 　(注)この3項によって準用される工作物のうち用途制限を受けるものは、特例許可を受けない限り、確認申請を提出することはない
建築設備	(1)エレベーター又はエスカレーターの設置 (2)定期報告を義務づけられている建築設備（屎尿浄化槽を除く）の設置 　(注)法6条1項一号から三号（2025年4月以降は一号・二号）までの建築物に設置するものに限る

建築基準法の内容

総則	単体規定	集団規定	その他	附則
目的・定義・手続き	全国に適用	都市計画区域内・準都市計画区域内に適用	罰則、雑則	施行期日経過措置

51 用語の定義および面積・高さの算定に関する用語

延焼のおそれのある部分とは、隣地境界線、道路中心線又は同一敷地内の2以上の建築物（合計延べ面積が500m²以内の建築物は1の建築物とみなす）相互の外壁間の中心線から1階で3m以内、2階以上は5m以内の距離にある建築物の部分をいいます。ただし、防火上有効な公園、広場、川などの空地若しくは水面又は耐火構造の壁に面する部分は除きます（法2条六号）。**特定行政庁**とは、建築主事を置く市町村の区域についてはその市町村長をいい、これ以外の市町村の区域については都道府県知事をいいます（法2条三十五号）。

敷地面積とは、敷地の水平投影面積をいい、幅員4m未満の道は、道路中心線から2m後退した線を道路の境界線とみなし、面積に算入しません（令2条1項一号）。**建築面積**とは、建築物の外壁又は柱の中心線で囲まれた部分の水平投影面積をいい、①軒、庇等1m以上突き出たものは、先端から1mまでを不算入とする。②地階で、地盤面上1m以下のものは面積に算入しない（令2条1

項二号）。**床面積**とは、壁その他の区画の中心線で囲まれた水平投影面積をいい、内部空間の大きさを表します（令2条1項三号）。なお、ポーチ、ピロティ等、通行専用の場合は床面積に算入しません。**延べ面積**とは、建築物の各階の床面積の合計をいいます。容積率を計算する場合、駐車場などの床面積のうち延べ面積の一定割合までは算入しません（令2条1項四号、3項、法52条3項、6項）。

建築物の高さとは、地盤面からの高さを原則とします。道路斜線制限の場合には、前面道路の路面の中心線からの高さを測ります。階段室等の屋上部分はその部分の水平投影面積が、建築面積の $\frac{1}{8}$ 以内であれば、原則としてその部分の高さ12mまでは高さに算入しません。また、棟飾りや防火壁の屋上突出部分、煙突や避雷針の高さは建築物の高さに算入しません（令2条1項六号）。

建築物の高さ制限については、絶対高さの制限、斜線制限による相対高さ制限、日影規制による高さ制限等があります。

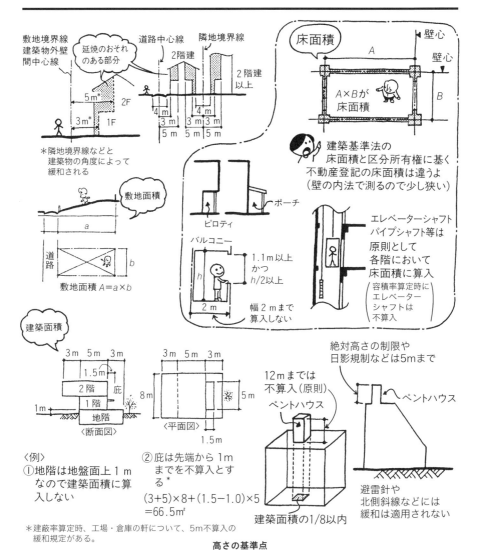

高さの基準点

条文	法55条1項	法56条1項一号	法56条1項二号	法56条1項三号	法33条
内容	第一種・第二種低層住居専用地域内、田園住居地域内の高さの限度 $H \leqq 10m$ 又は $12m$	道路斜線 $H \leqq k \times W$	隣地斜線 $H \leqq h_0 + kD$	北側斜線 $H \leqq h_0 + kD$	避雷針設置
基準点	地盤面	前面道路の路面の中心	地盤面	地盤面	地盤面

面積・高さの算定方法 / 建築手続き

52　面積・高さの算定および建築手続きに関する用語

　軒の高さとは、地盤面から、建築物の小屋組又はこれに代わる横架材を支持する壁、敷げた又は柱の上端までの高さをいいます（令2号1項七号）。

　階数とは、建築物の階層の数です。①地階・地上を含め、断面について床面の最も多い数をいう。②屋上部分の昇降機塔、装飾塔等で、水平投影面積が建築面積の $\frac{1}{8}$ 以下のものは階数に算入しない。③地階の倉庫、機械室等で、水平投影面積が建築面積の $\frac{1}{8}$ 以下のものは階数に算入しない（令2条1項八号）。

　地盤面とは、建築物が周囲の地面と接する位置の平均の高さにおける水平面をいい、その高低差が3mを超える場合は、その高低差3m以内ごとの平均の高さにおける水平面をいいます（令2条2項）。

　確認（建築確認）とは、建築計画の内容が、建築基準法その他の関係法令に適合していることを公式に認定する行為をいい、建築主が確認申請書を特定行政庁又は指定確認検査機関に提出し、建築主事又は指定

確認検査機関がこれを確認します（法6条、6条の2）。

　確認を要する建築物については、右表を参照してください。なお、工事用仮設建築物及び災害時の応急仮設建築物は除外されます（法6条）。

　建築手続とは、建築基準法を順守させるための各種手続をいい、確認申請、許可申請、建築工事届、中間検査、工事完了検査申請、除却届、定期報告があり、申請先は都道府県、特定行政庁及び建築主事、指定確認検査機関です。

　建築許可とは、建築基準法上、原則として禁止されている建築であっても、特定行政庁が安全上・防火上・衛生上・都市計画上支障がないと認め、又は公益上やむを得ないと認めた場合に、例外的に許可することをいい、その許可には次の条件を要することがあります。①公開による聴聞で可とされる（法48条）。②建築審査会が同意する（法44条、48条、52条、55条、56条の2、59条）。③応急仮設建築物など期限の範囲内で許可される（法85条）。

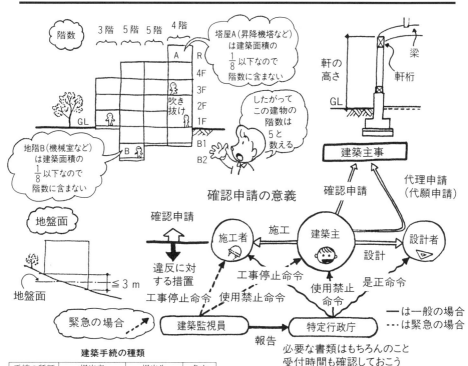

確認申請の意義

建築手続の種類

手続の種類	提出者	提出先	条文
確認申請書	建 築 主	建築主事等	法6条
建築工事届	建 築 主	都道府県知事	法15条
除 却 届	工事施工者	都道府県知事	法15条
定期報告書	所 有 者 （又は管理者）	特定行政庁	法12条
工事完了 検査申請	建 築 士	建築主事等	法7条
許可申請書	建 築 士	特定行政庁	法48条

確認申請の必要な建築物

	条 文	用途構造	規 模	工事種別
全 国	法6条 1項一号	特殊建築物	200m²を超えるもの	用途変更*　建築、大規模の模様替え　大規模の修繕
	法6条 1項二号	大規模木造建築物	階数3以上又は延べ面積500m²、高さ13m若しくは軒高9mを超えるもの	
	法6条 1項三号	非木造建築物	階数2以上又は延べ面積200m²を超えるもの	
都市計画区域内　準都市計画区域内　準景観地区内　知事指定区域内	法6条 1項四号	上記以外のすべての建築物 （防火地域・準防火地域以外で10m²までの増築・改築・転移は不要。新築は必要）		建築

必要な書類はもちろんのこと
受付時間も確認しておこう

役所によって
必要な部数はまちまち
受付時間も午前中だけのところもある

特定行政庁は
損傷・腐食その他の劣化のひどい
建物は所有者、管理者、占有者に対して
猶予限を付けて、除却や修繕、
改築、使用中止など勧告することができる。
公立の建物であっても点検の義務有り
（法10～12条）

＊類似用途への変更は含まない（令137条の18）
注）2025年4月より、法6条1項二号・三号は統合され、二号「階数2以上又は延べ面積200m²を超える」となり、四号は三号となる。

一般構造規定

53 採光に関する用語

採光に必要な開口部とは、自然光による採光つまり昼光照明を行うための窓等の採光上有効な開口部をいい、その面積を**有効採光面積**といいます。国民の健康を保護する目的から、住宅の居室、病院の病室、学校の教室などについて、有効採光面積の割合 $\left(\dfrac{採光上有効な開口部面積}{居室床面積}\right)$ が定められ、①住宅の居室では $\dfrac{1}{7}$ 以上、②学校の教室では $\dfrac{1}{5}$ 以上、などとされています（法28条1項、令19条）。

有効採光面積は、令20条に**有効採光面積の算定方法**が定められ、その概略は次のとおりです。

①採光上有効な開口部の面積（**有効採光面積**）は、実際の開口部の面積に採光上の性能を評価して得た**採光補正係数**を乗じて得た数値の合計とする。

②採光補正係数は地域・区域の区分に応じて下記により算定する。ただし、3を超えるときは3とし、算定値が負数となる場合0とする。

採光補正係数
$$= （採光関係比率 \times A） - B$$

ただし、採光関係比率は、隣地境界線などから開口部直上の建築物の部分（軒先など）までの距離 (D) を直上の建築物の部分から開口部中心までの高さ (H) で除したもの $\left(\dfrac{D}{H}\right)$ をいう。また、A、B の数値は、右頁の表参照。

③道路、川、公園等に面する場合は、開口部の全面積を有効とする。つまり、算定値が1未満の場合：1.0となる。

④隣地との境界に住居系では7m、工業系では5m、商業系では4m以上の空地があれば、開口部の全面積を有効とする。つまり、算定値が1未満の場合：1.0となる。

⑤天窓の採光については、採光補正係数が計算値の3倍とみなせる。

⑥**縁側**（幅90cm以上の縁側（ぬれ縁を除く））がある場合は、採光補正係数を縁側のない場合の $\dfrac{7}{10}$ として計算する。

⑦**連続する居室の採光**については、ふすまや障子等で随時開閉することのできる2室は、1室とみなして計算ができる。

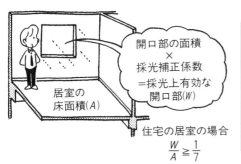

採光上有効な開口部(W)
居室の床面積(A)

開口部の面積
×
採光補正係数
＝採光上有効な
開口部(W)

住宅の居室の場合

$$\frac{W}{A} \geqq \frac{1}{7}$$

採光面積の割合

建築物の用途（室名）	採光有効面積 居室の床面積 の最低値
幼稚園・小中高等学校など（教室）・保育所（保育室）	$\frac{1}{5}$
住宅（居室）・病院・診療所（病室）・寄宿舎（寝室）・下宿（宿泊室）・児童福祉施設（寝室・主たる用途の居室）	$\frac{1}{7}$
専修学校・大学など（教室）・病院など（談話室）	$\frac{1}{10}$

採光有効面積 / 床面積の最低値が 1/5 または 1/7 の居室には照明設備の設置による緩和がある
（昭和 55 年建告 1800 号）

採光補正係数の算定式（令 20 条 1 項）
採光補正係数 ＝（採光関係比率 × A）− B

	A	B	C
住居系の用途地域内	6	1.4	7m
工業系の用途地域内	8	1.0	5m
商業系の用途地域内	10	1.0	4m
用途地域の指定のない区域			

C：採光補正係数が 1 未満のとき、1 とすることができる距離（D）

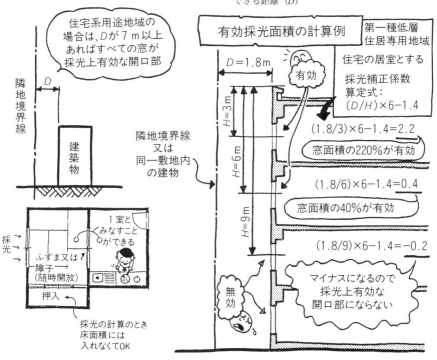

住宅系用途地域の場合は、Dが 7 m 以上あればすべての窓が採光上有効な開口部

隣地境界線

D

建築物

隣地境界線又は同一敷地内の建物

有効採光面積の計算例

第一種低層住居専用地域

住宅の居室とする

採光補正係数算定式：
$(D/H) \times 6 - 1.4$

$D = 1.8\text{m}$

有効

$H = 3\text{m}$

$(1.8/3) \times 6 - 1.4 = 2.2$

窓面積の220%が有効

$H = 6\text{m}$

$(1.8/6) \times 6 - 1.4 = 0.4$

窓面積の40%が有効

$H = 9\text{m}$

$(1.8/9) \times 6 - 1.4 = -0.2$

無効

マイナスになるので採光上有効な開口部にならない

採光

ふすま又は障子（随時開放）

1 室とみなすことができる

押入

採光の計算のとき床面積には入れなくてOK

一般構造規定

54 換気設備および階段などに関する用語

　換気設備の設置については次のように定められています。①居室の換気のための窓、その他の開口部を設けなければならない。②換気に有効な部分の面積（換気可能な面積）は、その居室の床面積の$\frac{1}{20}$以上とする。したがって、引き違い窓の場合の有効面積は窓面積の$\frac{1}{2}$となる。③特殊建築物の居室に設ける換気設備は、機械換気設備又は中央管理方式の空気調和設備とする。④火を使用する室には、原則として換気設備を必要とする。⑤ふすま、障子等、随時開放することができるもので仕切られた2室は1室とみなす（法28条、令20条の2、20条の3）。

　界壁の遮音とは、長屋又は共同住宅の各戸の界壁に遮音性が義務づけられたもので、界壁は遮音上有害な空隙のない構造とし、小屋裏又は天井裏に達する構造とします。ただし、天井の構造が隣戸の日常騒音を低減する性能（右頁の表参照）に適合するものは、その必要はありません（法30条、令22条の3）。

　居室の天井高さは、①居室（平均高さ）$\geqq 2.1\,\mathrm{m}$。②天井の高さが異なる場合はその平均高さによる（令21条）。

　階段の寸法については右表のとおりです（令23条）。

　階段の踊場（踊場）は、小・中・高校の児童・生徒用階段と劇場、映画館、床面積$1,500\,\mathrm{m}^2$を超える店舗などの客用階段では3m以内ごとに踊場を設け、その他では4m以内ごとに設けなければなりません（令24条）。

　階段には手すりを設けなければなりません。階段及びその踊場の両側（手すりが設けられた側を除く）には、側壁又はこれに代わるものを設け、また、階段の幅が3mを超える場合は、中間に手すりを設けなければなりません。ただし、階段の高さが1m以下の部分には、手すりや側壁の設置義務はありません（令25条）。

　階段に代わる傾斜路は、①勾配は$\frac{1}{8}$を超えないこと（車いす用スロープは$\frac{1}{12}$以下、駐車場の自動車用スロープは17%$\left(約\frac{1}{6}\right)$以下）。②表面は、粗面とし、又は滑りにくい材料で仕上げること。

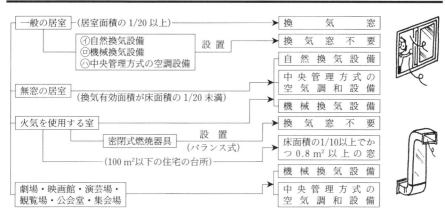

界壁の遮音性能

振動数(Hz)	透過損失(dB)
125	25
500	40
2,000	50

下地の
ない
界壁

10cm 以上

階段の寸法

階段の種類	階段の幅・踊場の幅	蹴上げの寸法	踏面の寸法	踊場の位置	直階段の踊場の踏幅
(1) 小学校の児童用		≦16 cm*1			
(2) ①中学校・高校の生徒用 ②物品販売業を営む店舗 （床面積の合計>1,500 m²) ③劇場、映画館、演芸場、観覧場、公開堂、集会場などの客用	≧140 cm	≦18 cm*2	≧26 cm*3	≦3 m ごと	≧120 cm
(3) ①[地上階]直上階の居室の床面積の合計>200 m² ②[地階・地下工作物内]居室の床面積の合計>100 m²	≧120 cm	≦20 cm	≧24 cm	≦4 m ごと	
(4) (1)、(2)、(3)までに掲げる階段以外及び住宅以外	≧75 cm	≦22 cm*4	≧21 cm*5		
(5) 住宅		≦23 cm	≧15 cm		

階段の両側に手すりを設け、踏面を滑りにくい材料とした場合、*1は18cm以下、*2は20cm以下、*3は24cm以上、*4は23cm以下、*5は19cm以上とすることができる。
階数2以下かつ延べ面積200m²未満の(1)〜(4)の建築物で、上記の措置のほか階段付近に注意表示をしたものは、(5)と同じ幅・寸法とすることができる。

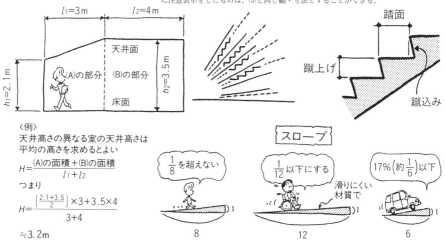

〈例〉
天井高さの異なる室の天井高さは
平均の高さを求めるとよい

$$H=\frac{(A)の面積＋(B)の面積}{l_1+l_2}$$

つまり

$$H=\frac{\frac{2.1+3.5}{2}\times3+3.5\times4}{3+4}$$

≒3.2m

耐火・防火

> **55** 　耐火・準耐火構造に関する用語

耐火構造とは、壁、柱、床、その他の建築物の部分の構造のうち、耐火性能を有する鉄筋コンクリート造、れんが造、その他の構造をいいます。

耐火性能とは、通常の火災が終了するまでの間、当該火災による建築物の倒壊及び延焼を防止するために、当該建築物の部分に必要とされる性能をいいます（法2条七号）。具体的には、右表に掲げる部分に、通常の火災による火熱が、表に示す時間加えられた場合に、構造耐力上支障のある変形、溶融、破壊、その他の損傷を生じないものであること、とされています（令107条）。

準耐火構造とは、壁、柱、床、その他の建築物の部分の構造のうち、準耐火性能を有するものをいいます。

準耐火性能とは、通常の火災による延焼を抑制するために、当該建築物の部分に必要とされる性能をいいます（法2条七号の二）。具体的には、右表に掲げる建築物の部分に、通常の火災による火熱が加えられた場合に、表に示す時間、構造耐力上支障のある変形、溶融、破壊その他の損傷を生じないものであること、とされています（令107条の2）。

耐火建築物等としなければならない特殊建築物について、右頁の表の1〜4の建築物は、①3階以上をその用途に使用する場合、②床面積が一定以上となる場合（法別表1(は)欄）、③劇場・映画館・演芸場で主階が1階にないものは、原則として耐火建築物又は特定主要構造部が特定避難時間損傷しないなど令110条の要件を満たす建築物としなければなりません。5の倉庫の3階以上の部分が200m²以上の場合と、6の建築物が3階以上にある場合は耐火建築物に、5と6の建築物の床面積が法別表1(に)欄に該当する場合は、耐火建築物又は準耐火建築物としなければなりません。緩和規定などの詳細は、法27条及び法別表1に示されていますので、これを参照してください。

なお、これらの特殊建築物が防火地域や準防火地域にある場合は、これらの条文の適用も受けるので、この点にもよく留意してください。

耐火性能

（1）非損傷性

建築物の部分 ＼ 建築物の階	最上階から数えた階数				
	1〜4	5〜9	10〜14	15〜19	20以上
壁 間仕切壁（耐力壁に限る）	1時間	1.5時間	2時間	2時間	2時間
壁 外壁（耐力壁に限る）				2時間	2時間
柱				2.5時間	3時間
床				2時間	2時間
梁				2.5時間	3時間
屋根	30分間				
階数	30分間				

（2）遮熱性：壁・床に通常火災の火熱が1時間（非耐力壁である外壁の延焼のおそれのある部分以外は30分）加えられた場合に、加熱面以外の面が可燃物燃焼温度（最高200℃、平均160℃）以上にならない。

（3）遮炎性：外壁・屋根に屋内で発生する通常火災の火熱が1時間（非耐力壁である外壁の延焼のおそれのある部分以外の部分と屋根は30分）加えられた場合に、屋外に火炎を出すような損傷を生じない。

特定主要構造部を耐火構造又は同等

主要構造部を準耐火構造又は同等

延焼のおそれのある部分の外壁開口部を防火設備とする

耐火建築物 ／ 準耐火建築物

準耐火性能に関する技術的基準（令107条の2）

（1）非損傷性

壁	間仕切壁（耐力壁に限る）	45分間
壁	外壁（耐力壁に限る）	
柱		
床		
梁		
屋根（軒裏を除く）		30分間
階段		

（2）壁・床・軒裏が原則45分間の遮熱性を有する。

（3）外壁が原則45分間、屋根が30分間の遮炎性を有する。

耐火建築物等としなければならない特殊建築物

1	劇場・映画館・演芸場
	観覧場・公会堂・集会場
2	病院・診療所（患者の収容施設があるものに限る）・ホテル・旅館・下宿・共同住宅・寄宿舎・児童福祉施設等
3	学校・体育館・博物館・美術館・図書館・ボーリング場・スキー場・スケート場・水泳場・スポーツの練習場
4	百貨店・マーケット・展示場・ダンスホール・遊技場・キャバレー・カフェー・ナイトクラブ・バー・公衆浴場・待合・料理店・飲食店・床面積が10 m²を超える物品販売業を営む店舗
5	倉庫
6	自動車車庫・自動車修理工場・映画スタジオ・テレビスタジオ
7	危険物の貯蔵場又は処理場の用途に供するもの（施行令第116条の数量以上のもの）

耐火構造

RC造のはり
3時間耐火
400

鉄骨のはり
40
防火被覆ラスモルタル等
1時間耐火

2時間耐火
壁
100

屋根
RC造のものは30分耐火

階段
RC造のものは30分耐火

平成12年建告1399号

耐火・防火

56　防火構造・防火材料に関する用語

防火構造とは、建築物の外壁又は軒裏の構造のうち、防火性能に関して政令で定める技術的基準に適合する鉄網モルタル塗、しっくい塗、その他の構造で、国土交通大臣が定めた構造方法を用いるもの、又は国土交通人臣の認定を受けたものとされています。**防火性能**とは、建築物の周囲において発生する通常の火災による延焼を抑制するために、当該外壁又は軒裏に必要とされる性能（防火性が維持される時間が30分）をいいます（法2条八号、令108条）。

防火構造の仕様規定としては、平成12年建告1359号により次のように示されています。間柱及び下地を不燃材料以外の材料で造る場合、次に定める構造とすること。①屋内側にあっては、厚さ9.5mm以上の石こうボードを張るか、又は厚さ75mm以上のグラスウール若しくはロックウールを充填した上に厚さ4mm以上の合板を張ったもの。②屋外側にあっては、次のいずれかに該当する構造。(i)鉄網モルタル塗又は木ずりしっくい塗で塗厚さが2cm以上の

もの。(ii)木毛セメント板張又は石こうボード張の上に厚さ1.5cm以上のモルタル又はしっくいを塗ったもの。(iii)モルタル塗の上にタイルを張ったものでその厚さの合計が、2.5cm以上のもの。(iv)セメント板張又は瓦張りの上にモルタルを塗ったものでその厚さの合計が2.5cm以上のもの。(v)土蔵造。(vi)土塗り真壁造で裏返し塗りをしたもの。

防火材料とは、不燃材料・準不燃材料・難燃材料の総称的な俗称です。**不燃材料**とは、**不燃性能**（通常の火災による火熱により〔加熱時間20分間〕燃焼・損傷しない性能）の建築材料です（法2条九号）。**準不燃材料**とは、建築材料のうち、通常の火災による火熱により（加熱時間10分）不燃性能を有するものです（令1条五号）。**難燃材料**とは、建築材料のうち、通常の火災による火熱により（加熱時間5分）、不燃性能を有するものです（令1条六号）。なお、いずれの材料も、屋内に適用する場合、避難上有害な煙・ガスを発生しないものにします。

〈令109条の3〉

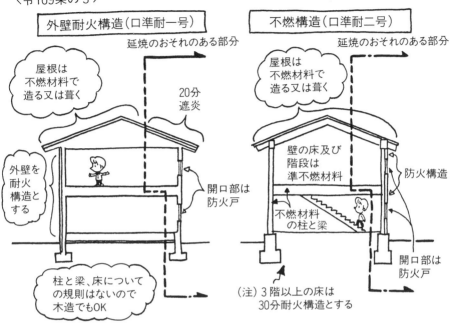

外壁耐火構造（ロ準耐一号）

延焼のおそれのある部分

屋根は不燃材料で造る又は葺く

20分遮炎

外壁を耐火構造とする

開口部は防火戸

柱と梁、床についての規則はないので木造でもOK

不燃構造（ロ準耐二号）

延焼のおそれのある部分

屋根は不燃材料で造る又は葺く

壁の床及び階段は準不燃材料

防火構造

不燃材料の柱と梁

開口部は防火戸

（注）3階以上の床は30分耐火構造とする

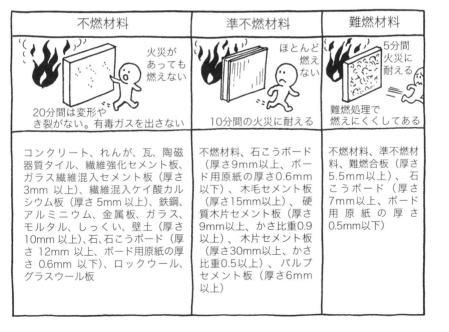

不燃材料	準不燃材料	難燃材料
火災があっても燃えない 20分間は変形やき裂がない。有毒ガスを出さない	ほとんど燃えない 10分間の火災に耐える	5分間火災に耐える 難燃処理で燃えにくくしてある
コンクリート、れんが、瓦、陶磁器質タイル、繊維強化セメント板、ガラス繊維混入セメント板（厚さ3mm以上）、繊維混入ケイ酸カルシウム板（厚さ5mm以上）、鉄鋼、アルミニウム、金属板、ガラス、モルタル、しっくい、壁土（厚さ10mm以上）、石、石こうボード（厚さ12mm以上、ボード用原紙の厚さ0.6mm以下）、ロックウール、グラスウール板	不燃材料、石こうボード（厚さ9mm以上、ボード用原紙の厚さ0.6mm以下）、木毛セメント板（厚さ15mm以上）、硬質木片セメント板（厚さ9mm以上、かさ比重0.9以上）、木片セメント板（厚さ30mm以上、かさ比重0.5以上）、パルプセメント板（厚さ6mm以上）	不燃材料、準不燃材料、難燃合板（厚さ5.5mm以上）、石こうボード（厚さ7mm以上、ボード用原紙の厚さ0.5mm以下）

耐火・防火

| **57** | 防火区画に関する用語 |

　防火区画とは、大規模建築物で火災が発生した場合、火災を局所的なものに留めるため、一定の面積ごとに耐火構造の床・壁又は特定防火設備で区画（通常1,500 m²以内ごと）することをいい、耐火・準耐火建築物などに適用されます（令112条）。
　面積区画とは、防火区画について建築物を一定の面積以下（ただし、自動式のスプリンクラー・水噴霧消火設備等を設けた部分の床面積の$\frac{1}{2}$に相当する部分を除く）に区画することをいい、次の点をよく理解してください（令112条1～6項）。①耐火・準耐火建築物では、1,500 m²以内に区画する。ただし、劇場や体育館のように用途上やむを得ないものは除外する。②法令により準耐火建築物にすることが義務づけられているもので準耐火建築物（1時間準耐火基準に適合するものなどを除く）は500 m²以内に区画する。③法令により準耐火建築物とすることが義務づけられているもので、②以外の準耐火建築物にした場合は1,000 m²以内に区画する。**高層階区画**とは、高層建築物における11階以上の部分の防火区画をいい（令112条7～10項）、次のように区画します。①100 m²以内ごとに区画する。②下地、仕上げを準不燃材料としたものは200 m²以内に区画する。③下地、仕上げ材を不燃材料としたものは500 m²以内に区画する。**竪穴区画**とは、階段、吹抜き部分、昇降路等の防火区画をいい（令112条11項）、避難階の直上階・直下階のみに通ずる吹抜け部分の天井・壁を不燃材料としたものや、階数が3以下で延べ面積200 m²以下の住戸は除外されます。
　防火設備には、火災の延焼を防ぐため、防火区画を構成する壁面の開口部等に設ける**特定防火設備**（1時間の遮炎性能を有する）と**防火設備**（20分間の遮炎性能を有する）などがあります（令109条1項）。
　防火壁・防火床は建築物に耐火構造の壁・床を設けて、防火的に区画（1,000 m²以内）するもので、1,000 m²を超える耐火・準耐火建築物以外の建築物に適用されるのです（法26条、令113条）。

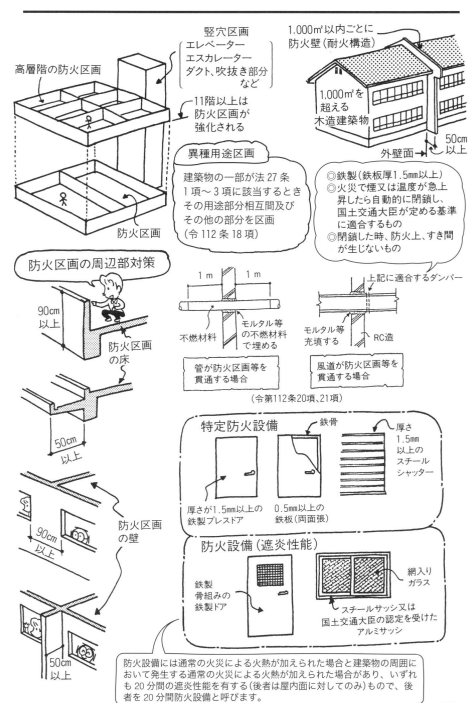

高層階の防火区画

竪穴区画
[エレベーター
エスカレーター
ダクト、吹抜き部分
など

1,000㎡以内ごとに
防火壁（耐火構造）

11階以上は
防火区画が
強化される

1,000㎡を
超える
木造建築物

外壁面 → 50cm
以上

防火区画

異種用途区画

建築物の一部が法27条
1項～3項に該当するとき
その用途部分相互間及び
その他の部分を区画
（令112条18項）

◎鉄製（鉄板厚1.5mm以上）
◎火災で煙又は温度が急上
昇したら自動的に閉鎖し、
国土交通大臣が定める基準
に適合するもの
◎閉鎖した時、防火上、すき間
が生じないもの

防火区画の周辺部対策

90cm
以上

防火区画
の床

50cm
以上

1m　1m

不燃材料

モルタル等
の不燃材料
で埋める

管が防火区画等を
貫通する場合

上記に適合するダンパー

モルタル等
充填する　RC造

風道が防火区画等を
貫通する場合

（令第112条20項、21項）

90cm
以上

防火区画
の壁

50cm
以上

特定防火設備

鉄骨

厚さ
1.5mm
以上の
スチール
シャッター

厚さが1.5mm以上の
鉄製プレスドア

0.5mm以上の
鉄板（両面張）

防火設備（遮炎性能）

鉄製
骨組みの
鉄製ドア

網入り
ガラス

スチールサッシ又は
国土交通大臣の認定を受けた
アルミサッシ

防火設備には通常の火災による火熱が加えられた場合と建築物の周囲に
おいて発生する通常の火災による火熱が加えられた場合があり、いずれ
も20分間の遮炎性能を有する（後者は屋内面に対してのみ）もので、後
者を20分間防火設備と呼びます。

内装制限 / 避難規定

| 58 | 内装制限および避難施設に関する用語 |

内装制限とは、防災・避難の見地から、室内や廊下・階段等の天井・壁の内装材に不燃材料や準不燃材料、難燃材料を使用しなければならない制限（規制）をいい（法 35 条の 2、令 128 条の 3 の 2 〜 128 条の 5）、概略、次のように定められています。①一定面積以上の特殊建築物や一般建築物は、階数 3 以上で延べ面積 500 m² を超える、又は階数 2 で 1,000 m²（階数 1 は 3,000 m²）を超えるもの、無窓の居室をもつ建築物、火気使用の建築物は内装制限を受ける。②自動車車庫、自動車修理工場は構造、床面積に関係なく内装制限を受ける。③内装制限の対象は居室の天井、壁（床から 1.2 m 以下を除く場合あり）、通路の天井・壁とする。④住宅以外の調理室、浴室、ボイラー室等の火気を使用する室は、耐火構造のものを除きすべて内装制限を受ける。

火災発生時に避難上支障のある高さまで煙やガスの降下が生じない部分として、床面積、天井高さ、消火・排煙設備の設置などを考慮して告示

で定める部分は、内装制限の適用除外となります。

避難施設とは、特殊建築物等において、災害時に不特定多数の人が安全に避難できるように設ける避難階段や避難通路等の総称的な俗称で、法 35 条、令 116 条の 2 〜 128 条の 3 で規定されています。

歩行距離（居室から直通階段までの歩行距離）に関しては次の 2 点を理解してください。①地下街を除いて、建築物の避難階以外の階では、右表の数値以内の距離において直通階段か、傾斜路を設けなければならない（令 120 条）。② 2 以上の直通階段を設けなければならない場合は 2 方向避難を確実にするために、右図の重複区間の距離は、表の距離の $\frac{1}{2}$ を超えてはならない。いわゆる歩行の重複距離です（令 121 条 3 項）。

2 以上の直通階段は、令 121 条により、避難階以外の階が右表に該当する場合に設けなくてはなりません。また、令 121 条の 2 により、これらの直通階段を屋外階段とする場合は木造階段としてはなりません。

内装制限

用 途 等	特定主要構造部が耐火構造*1	主要構造部が準耐火構造*2	そ の 他
① 劇場・映画館・演芸場・観覧場・公会堂・集会場	客席≧400 m²	客席≧100 m²	
② 病院・診療所（患者の収容施設があるものに限る）・ホテル・旅館・下宿・共同住宅・寄宿舎・児童福祉施設等*3	3階以上の合計≧300 m²	2階部分≧300 m²（病院・診療所は病室がある場合のみ）	床面積合計≧200 m²
③ 百貨店・マーケット・展示場・キャバレー・カフェー・ナイトクラブ・バー・ダンスホール・遊技場・公衆浴場・待合・料理店・物品販売店（＞10 m²）	3階以上の合計≧1000 m²	2階の合計≧500 m²	床面積合計≧200 m²
④ 自動車庫・自動車修理工場	全 部 適 用		
⑤ 地階又は地下工作物内に設ける居室を①〜③の用途を供する特殊建築物	全 部 適 用		
⑥ 学校・体育館・高さ31 m 以下の②の用途部分を除くすべての用途	○階数3以上→延べ面積＞500 m²　○階数2→延べ面積＞1000 m²　○階数1→延べ面積＞3000 m²		
⑦ 無窓の居室〔開放できる窓等（天井から8.0 cm 以内）が居室床面積の1/50 未満〕	当該居室床面積＞50 m²		
⑧ 採光無窓の居室〔令20条の有効採光のない温湿度調整を要する作業室等〕	全 部 適 用		
⑨ 住宅及び併用住宅の調理室・浴室等	—	階数2以上の建築物の最上階以外の階	
⑩ 住宅以外の調理室・浴室・乾燥室・ボイラー室等	—	全部適用	

＊1　主要構造部を1時間準耐火基準に適合する準耐火構造とするものを含む
＊2　これと同等のものを含み、1時間準耐火基準に適合するものを除く
＊3　特定主要構造部が耐火構造または主要構造部が準耐火構造の建築物で、100m²（共同住宅の住戸は200m²）以内ごとに防火区画された居室部分は除く

歩行距離 (m)

建築物の種類／構造及び階	特定主要構造部が耐火構造、主要構造部が準耐火構造又は不燃材料で造られている場合				その他の場合
	15 階以上の階		その他の階		
	なし	内装不燃	なし	内装不燃	
(1) 採光に有効な窓その他の開口部の面積が、居室の床面積の1/20以下のもの。百貨店・マーケット・展示場・キャバレー・カフェー・バー・ナイトクラブ・ダンスホール・遊技場・公衆浴場・待合・料理店・飲食店・物品販売店舗（10m²以下のものを除く）の主たる用途に供する居室	20	30	30	40	30
(2) 病院・診療所（患者の収容施設があるものに限る）・ホテル・旅館・下宿・共同住宅・寄宿舎・児童福祉施設等の主たる用途に供する居室	40	50	50	60	30
(3) (1)又は(2)以外の居室	40	50	50	60	40

避難上の重複区間歩行距離　　避難上の歩行距離

2 以上の直通階段

用 途	右記以外	特定主要構造部が耐火構造、主要構造部が準耐火構造、又は不燃材料
劇場・映画館・演芸場・観覧場・公会堂・集会場・1,500m²を超える物品販売業を含む店舗	面積に関係なくすべて	
キャバレー・バー等	すべて適用（5階以下は条件付き緩和あり）	
病院・診療所・児童福祉施設等	病院の床面積の合計が50m²を超えるもの*	病院の床面積の合計が100m²を超えるもの*
ホテル・旅館・下宿	宿泊室の床面積の合計が100m²を超える階*	宿泊室の床面積の合計が200m²を超える階
共同住宅	居室の合計が100m²を超える階	居室の合計が200m²を超える階
その他の居室（5階以下）	避難階の直上階で200m²を超えるもの　避難階の直上階以外で200m²を超えるもの	避難階の直上階で400m²を超えるもの　避難階の直上階以外で200m²を超えるもの
その他の居室（6階以上）	すべて適用（条件付き緩和あり）	

＊階数が3以下かつ延べ面積200m²未満の建築物で一定条件を満たすものには適用されない

123

59 避難階段・特別避難階段に関する用語

（避難通路としての）廊下の幅は、令119条により右表の数値以上にしなければなりません。

避難階段の設置については、令122条により概略次のように規定されています。

1) 一般建築物の場合

　①5階以上14階まで又は地下2階
　　…避難階段又は特別避難階段

　②15階以上又は地下3階以下
　　…特別避難階段

2) 1,500 m² を超える物品販売業を含む店舗の場合

　①3階及び4階
　　…避難階段又は特別避難階段

　②5階以上14階まで
　　…1以上を特別避難階段

　③15階以上…特別避難階段

これらの店舗の階段の幅員の合計は、床面積が最大の階の床面積100 m²につき60 cm の割合で計算した数値以上としなければなりません。

避難階段の構造に関しては令123条1項、2項により、概略次のように規定されています。屋内避難階段の場合は、①階段室の壁：耐火構造の壁とする。②天井：下地・仕上げを不燃材料。③採光：採光窓又は予備電源付きの照明設備。④階段室の窓：屋内に面する窓は1 m²以内の網入ガラスのはめ殺し窓。屋外に面する窓は他の窓と90 cm 以上離す。⑤階段室に設ける出入口：常時閉鎖式防火戸（遮炎性能のあるもの）、又は煙感知により自動閉鎖する防火戸（遮炎性能のあるもの）を設ける。⑥階段：耐火構造で避難階まで直通。

屋外避難階段の場合は、①階段の位置：屋外階段は窓から2 m 以上離して設ける。②階段室に設ける出入口：常時閉鎖式防火戸（遮炎性能のあるもの）、又は煙感知により自動閉鎖する防火戸（遮炎性能のあるもの）を設ける。③階段：耐火構造で避難階まで直通。

特別避難階段とは、階段室と屋内とがバルコニー、又は排煙設備を有する付室を通じて連絡する形式の避難階段をいい、付室は非常用エレベーターのロビーと兼用されることが多く、階段室には、付室以外の室内に窓はとれません（令123条3項）。

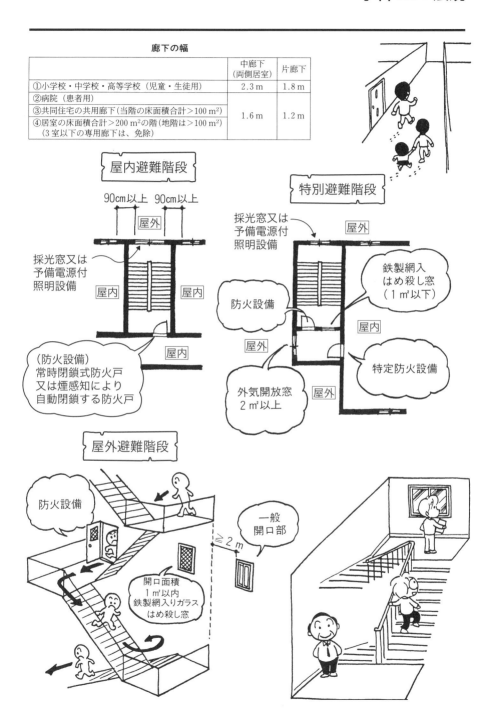

廊下の幅

	中廊下 (両側居室)	片廊下
①小学校・中学校・高等学校（児童・生徒用）	2.3 m	1.8 m
②病院（患者用） ③共同住宅の共用廊下（当階の床面積合計＞100 m²） ④居室の床面積合計＞200 m²の階（地階は＞100 m²） 　（3室以下の専用廊下は、免除）	1.6 m	1.2 m

屋内避難階段

90cm以上　90cm以上

屋外

採光窓又は
予備電源付
照明設備

屋内　屋内

屋内

（防火設備）
常時閉鎖式防火戸
又は煙感知により
自動閉鎖する防火戸

特別避難階段

採光窓又は
予備電源付
照明設備

屋外

鉄製網入
はめ殺し窓
（1 m²以下）

防火設備

屋内

屋外

特定防火設備

外気開放窓
2 m²以上

屋外

屋外避難階段

防火設備

一般
開口部

≧2 m

開口面積
1 m²以内
鉄製網入りガラス
はめ殺し窓

避難規定

60　排煙設備および非常用照明装置に関する用語

　排煙設備の設置を要する建築物としては、令126条の2により右表のように規定されています。なお、建築物の一部が、耐火構造の床・壁又は防火戸（遮炎性能のあるもので常時閉鎖式若しくは煙感知自動閉鎖式のもの）で区画されている場合、その部分はこの適用について別の建築物とみなす、とされています。

　排煙設備の構造に関しては、令126条の3により概略次のように規定されています。①右図のように、建築物を床面積500 m²以内ごとに防煙壁（主として、天井面から50 cm以上突き出た垂れ壁）で区画する（防煙区画）。②各区画ごとに排煙窓（壁の上部で天井から80 cm以内の距離にある部分）若しくは排煙風洞に直結した排煙口を設ける。③排煙窓は防煙区画部分の床面積の$\frac{1}{50}$以上とする。④排煙風洞には排煙機を設ける。⑤排煙窓、排煙口には、手動開放装置を設ける。⑥電源を必要とする排煙設備には、予備電源を設けなければならない。排煙には自然排煙と機械排煙がある。

　非常用照明装置は、災害の停電時の避難行動をスムーズにするため、最低限の照度を確保するもので、その設置を要する建築物（126条の4）は、①倉庫、自動車車庫等を除く、特殊建築物の居室。②階数が3以上で延べ面積500 m²を超える建築物の居室。③無窓居室。④延べ面積1,000 m²を超える建築物の居室。⑤以上の居室から地上に通ずる廊下、階段等。ただし、次の場合は適用除外されます。①一戸建の住宅、長屋、共同住宅の住戸の部分。②病院の病室、下宿の宿泊室等（廊下、階段には必要）。③学校等（学校、体育館、ボーリング場、スキー場、スケート場、スポーツの練習場）。④避難階・その直上・直下階にある床面積30m²以下の居室。

　非常用照明装置の構造については、令126条の5で次のように規定されています。①照明は直接照明とし、床面において1 lx（ルクス）以上とする。②照明器具（付属物を含む）のうち主要な部分を不燃材料で造るか覆う。③予備電源（30分）を設ける。

排煙設備の設置を要する建築物

	建築物の用途	適用規模	除外規定
①	劇場、観覧場、演芸場、観劇場、公会堂、集会場など		左の②の特殊建築物のうち、耐火構造の床・壁又は防火戸で区画された床面積≦100m²（共同住宅は 200m²）のもの
②	病院、診療所、ホテル、旅館、下宿、共同住宅、寄宿舎、児童福祉施設など		階段、昇降機の昇降路（昇降ロビー含む）
③	学校、体育館、博物館、美術館、図書館、ボーリング場、スキー場、スケート場、水泳場、スポーツ練習場	延べ面積>500 m²	機械製作工場、不燃性の物品を保管する倉庫などで、主要構造部が不燃構造の建築物など火災発生のおそれの少ない構造のもの
④	百貨店、マーケット、展示場、キャバレー、カフェ、ナイトクラブ、バー、ダンスホール、遊技場、公衆浴場、待合、料理店、飲食店、物品販売店舗（>10 m²）		③のうち学校・体育館・ボーリング場・スキー場・水泳場・スポーツ練習場
⑤	①～④の用途に該当しない建築物	階数≧3 かつ延べ面積>500 m²	⑤⑥のうち建築物の高さ31m 以内にある居室で、床面積100m² 以内に防煙壁で区画されたもの
⑥	①～④の用途に該当しない建築物	延べ面積>1,000 m² の居室で床面積>200 m²	火災発生時に避難上支障のある高さまで煙・ガスの降下がないものとして国土交通大臣が定めるもの
⑦	無窓居室（排煙上有効な開口部<床面積/50）	すべて	

どの方法も全部の煙は排出できない

排煙には自然排煙と機械排煙があるよ

避難のための時間かせぎの役目がある

排煙設備は、建築基準法によるものと消防法によるものがあるよ！ここでは建築基準法によるものだよ

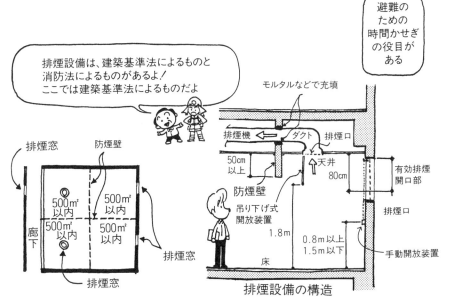

排煙設備の構造

61 非常用の進入口に関する用語

道又は敷地内通路に面する外壁に消防隊が進入することができる開口部を有しない建築物には、火災時に消防隊が進入するための非常用の進入口を設けなければなりません。

非常用進入口は、令126条の6により建築物の高さ31m以下の部分にある3階以上の階に設置が義務付けられています。

ただし、次のいずれかに該当する場合には設けなくてもよいのです。

①不燃性の物品の保管等、火災発生のおそれの少ない用途に供する階又は国土交通大臣が定める特別の理由により屋外からの進入を防止する必要がある階で、その直上階又は直下階から進入できるもの〔平成12年建告1438号、放射性物質を取扱う建築物等〕。

②非常用エレベーターを設置している場合。

③道又は道に通ずる幅員4m以上の通路等に面し各階の外壁面に、直径1m以上の円が内接できる開口部又は幅75cm以上×高さ1.2m以上の開口部で、格子その他屋外からの進入を妨げる構造を有しないものが、壁面の長さ10m以内ごとに設けている場合。

非常用進入口の構造に関しては、令126条の7で次のように規定されています。

①進入口は道又は道に通ずる幅員4m以上の通路に面する各階の外壁面に設ける。

②進入口の間隔は40m以下とする。

③進入口は幅75cm以上、高さ1.2m以上、下端の床面からの高さ80cm以下とする。

④外部から開放又は破壊して室内に進入できる構造とする。

⑤奥行き1m以上、長さ4m以上のバルコニーを設けること。

⑥進入口近くに赤色灯を設け、非常用の進入口と表示する。

⑦国土交通大臣の定める基準〔昭和45年建告1831号〕に適合すること。

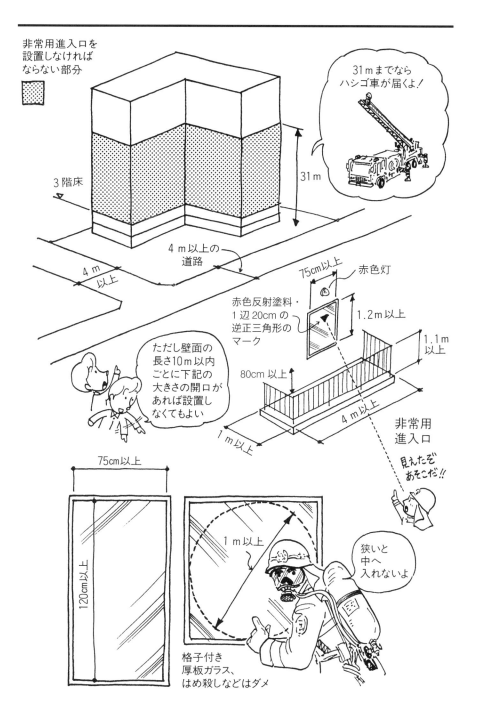

非常用進入口を
設置しなければ
ならない部分

31mまでなら
ハシゴ車が届くよ！

3 階床

31 m

4 m以上の
道路

4 m
以上

75cm以上

赤色灯

赤色反射塗料・
1 辺 20cm の
逆正三角形の
マーク

1.2m以上

ただし壁面の
長さ10m以内
ごとに下記の
大きさの開口が
あれば設置し
なくてもよい

80cm 以上

1.1m
以上

4 m 以上

1 m 以上

非常用
進入口

見えたぞ
あそこだ!!

75cm以上

120cm以上

1 m 以上

狭いと
中へ
入れないよ

格子付き
厚板ガラス、
はめ殺しなどはダメ

避難規定

62 非常用のエレベーターに関する用語

　はしご車が届かない高層建築物の消火活動等に必要不可欠とするのが**非常用エレベーター（非常用の昇降機）**で、**非常用の昇降機の設置**については、法34条2項により、高さ31mを超える建築物には、非常用の昇降機（エレベーターに限る）を設けなければならないとされています。

　ただし、次の建築物には令129条の13の2により**適用除外**されます。①高さ31m超の部分が機械室、物見塔等である建築物。②高さ31m超の部分の床面積の合計が500m²以下の建築物。③高さ31m超の部分の階数が4以下の耐火建築物で、床面積100m²以内ごとに防火区画（遮煙性能のある特定防火設備）したもの。④高さ31m超の部分が不燃物品倉庫等で出火のおそれの少ないもの。

　非常用の昇降機の構造については、令129条の13の3で概略次のように規定されています。①**エレベーターの一般基準**（令129条の4〜129条の11）によるほか、次の基準による。②**非常用エレベー**

ターの設置数は、高さ31m超の部分の最大床面積の階の床面積に応じて次の数以上とする。1,500m²以下は1台、1,500m²を超えるものは3,000m²以内を増すごとに＋1台。③乗降ロビーは各階で屋内と連結する（避難階は除く）。④**非常用エレベーターの昇降路**は、耐火構造の床・壁で囲む。⑤避難階の非常用エレベーターの昇降路から屋外への出口までの距離は、30m以下とする。⑥避難階・その直上階・その直下階の乗降ロビー、中央管理室からカゴを呼び戻す操作ができる。⑦非常用エレベーターのカゴ内と中央管理室を連絡する電話装置を設ける。⑧非常用エレベーターに予備電源を設ける。⑨非常用エレベーターのカゴの定格速度 ≧ 60m とする。⑩乗降ロビーの出入口には、常時閉鎖式防火戸である特定防火設備を設ける。

　特定防火設備とは、通常の火災による火熱が加えられた場合に、加熱開始後1時間、当該加熱面以外の面に火炎を出さない防火設備をいいます（令112条1項）。

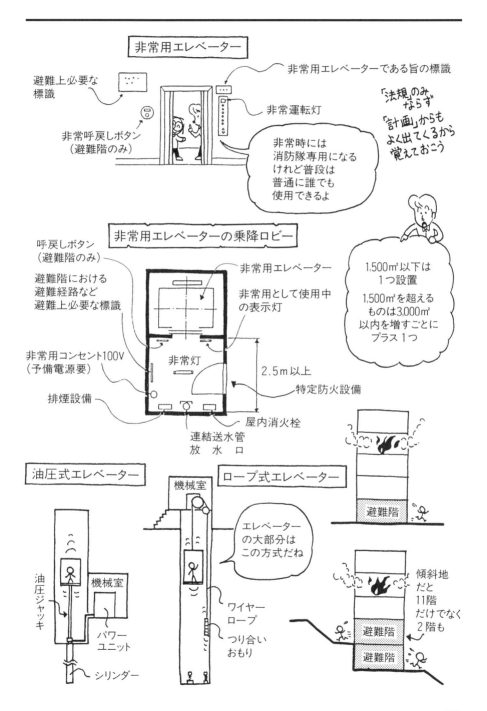

非常用エレベーター

避難上必要な標識

非常用エレベーターである旨の標識

非常運転灯

非常呼戻しボタン（避難階のみ）

非常時には消防隊専用になるけれど普段は普通に誰でも使用できるよ

「法規」のみならず「計画」からもよく出てくるから覚えておこう

非常用エレベーターの乗降ロビー

呼戻しボタン（避難階のみ）

避難階における避難経路など避難上必要な標識

非常用エレベーター

非常用として使用中の表示灯

1,500㎡以下は1つ設置
1,500㎡を超えるものは3,000㎡以内を増すごとにプラス1つ

非常用コンセント100V（予備電源要）

非常灯

2.5m以上

特定防火設備

排煙設備

屋内消火栓

連結送水管放水口

油圧式エレベーター

機械室

ロープ式エレベーター

避難階

エレベーターの大部分はこの方式だね

油圧ジャッキ

機械室

パワーユニット

シリンダー

ワイヤーロープ

つり合いおもり

避難階

傾斜地だと11階だけでなく2階も

避難階

避難階

131

建設設備

63 屎尿浄化槽および避雷針に関する用語

便所に関しては法31条で、次のように規定されています。終末処理場（下水道法）で下水を処理できる区域内は、便所は水洗便所としなければならない。その他の区域では屎尿浄化槽を設けて汚水を浄化しなければならない。つまり、**汲取り式便所**の新設は禁止されています。

水洗便所の屎尿浄化槽とは、便所から排出する汚物を終末処理場を有する公共下水道以外に放流しようとする場合（法31条2項）において必要とされる建築設備です（法2条三号）。

屎尿浄化槽の汚物処理性能については、法31条2項により、当該汚物（便所から排出する汚物）を衛生上支障がないように処理するために屎尿浄化槽に必要とされる性能をいい、**汚物処理性能に関する技術的基準**は、令32条1項に、次のように定められています。

①通常の使用状態において、次の表に掲げる区域及び処理対象人員の区分に応じ、それぞれ同表に定める性能を有するものであること。

②排出水に含まれる大腸菌群数が$1\,cm^3$につき3,000個以下とする性能を有するものであること。

なお、水質汚濁防止法の規定により、公共用水域への放流水についてこれらよりも厳しい基準が定められた場合においては、その基準に従うものとし、また、地下浸透方式が認められている区域内では、別の基準（令32条2項）によることができるとされています。

避雷針の設置については、高さ20mを超える建築物には、有効に避雷設備を設けなければなりません。ただし、周囲の状態により安全上支障がない場合はこの限りではない（法33条）とされています。

避雷設備に関しては、次のとおりです。①避雷設備は建築物の高さ20mを超える部分を雷撃から保護するように設ける（令129条の14）。②避雷設備は日本産業規格（JIS）に定める構造とする（令129条の15）。③受雷部の配置は、保護角法、回転球体法、メッシュ法のいずれかを用いて決定する。

汚物処理性能に関する技術基準

屎尿浄化槽を設ける区域	処理対象人員 （人）	性 生物化学的酸素要求量の除去率 （%）	能 屎尿浄化槽からの放流水の生物化学的酸素要求量 （mg／L）
（特定行政庁指定） 衛生上特に支障がある区域	0～50 51～500 501～	65 以上 70 以上 85 以上	90 以下 60 以下 30 以下
（特定行政庁指定） 衛生上特に支障がない区域	—	55 以上	120 以下
その他の区域	0～500 501～2,000 2,001～	65 以上 70 以上 85 以上	90 以下 60 以下 30 以下

（注1）この表における処理対象人員は、国土交通大臣の定める方法〔昭和44年建告
3184号〕により行うものとする

（注2）この表において、生物化学的酸素要求量の除去率とは、屎尿浄化槽への流入水
の生物化学的酸素要求量の数値から、屎尿浄化槽からの放流水の生物化学的酸
素要求量の数値を減じた数値を、屎尿浄化槽への流入水の生物化学的酸素要求
量の数値で除して得た割合をいうものとする

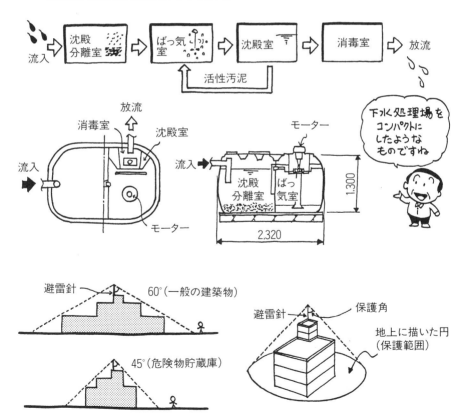

構造強度・構造計算

64 構造計算に関する用語

建築物の構造耐力（構造計算）に関しては法20条により、建築物は、自重、積載荷重、積雪、風圧、土圧及び水圧並びに地震、その他の震動及び衝撃に対して安全な構造のものでなければならないとされ、そのためには政令で定める技術的基準（令第3章構造強度第1節から第7節の2まで）に適合しなければならない（令36条1項）と、**構造計算の原則**が定められています。

構造計算が必要な建築物については、次のようになります。まず、法20条1項一号により、高さが60mを超える建築物は、時刻歴応答解析など動的解析による構造計算を行います。さらに、法20条二号、三号により、次の建築物は、構造計算の対象になります。

①木造の建築物で3以上の階数を有し、又は延べ面積が500m²、高さが13m若しくは軒の高さが9mを超えるもの（法6条1項二号）。

②木造以外の建築物で2以上の階数を有し、又は延べ面積が200m²を超えるもの（法6条1項三号）。

③高さが13m又は軒の高さが9mを超える建築物で、その主要構造部（床・屋根及び階数を除く）を石造、れんが造、コンクリートブロック造、無筋コンクリート造、その他これらに類する構造としたもの（法21条1項三号）。

上記①②のうち右頁の図の「Ⅱ・Ⅲの建築物」に該当し、高さが31mを超え60m以下の建築物は、保有水平耐力計算、限界耐力計算又はこれらと同等の構造計算を行います。また、「Ⅱ・Ⅲの建築物」に該当し、高さが31m以下の建築物は、上記の計算、許容応力度等計算又はこれと同等の構造計算を行います。上記①、②、③のうち、右頁の図の「Ⅳの建築物」に該当する中規模建築物は、構造耐力上主要な部分の応力度が許容応力度を超えないことを確かめます。

荷重・外力は、次のものがあります（令83条）。①固定荷重(G)、②積載荷重(P)、③積雪荷重(S)、④風圧力(W)、⑤地震力(K)。又、状況に応じて⑥土圧、⑦水圧、⑧震動、⑨衝撃を考慮します（令84〜88条）。

構造計算の原則 （法20条、令36条、81条～82条の6）

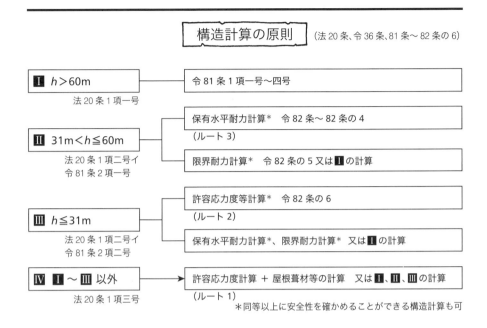

I $h>60$m 法20条1項一号	令81条1項一号～四号
II 31m$<h≦60$m 法20条1項二号イ 令81条2項一号	保有水平耐力計算* 令82条～82条の4 （ルート3） 限界耐力計算* 令82条の5 又は**I**の計算
III $h≦31$m 法20条1項二号イ 令81条2項二号	許容応力度等計算* 令82条の6 （ルート2） 保有水平耐力計算*、限界耐力計算* 又は**I**の計算
IV **I**～**III** 以外 法20条1項三号	許容応力度計算 ＋ 屋根葺材等の計算 又は**I**、**II**、**III**の計算 （ルート1）

＊同等以上に安全性を確かめることができる構造計算も可

II・III の建築物 法20条1項二号、令36条の2

・木造で、高さ＞13m 又は軒高＞9m（地上階数≧4 又は高さ＞16m）
・鉄骨造で、地上階数≧4 又は高さ＞13m 若しくは軒高＞9m
・RC造、SRC造で、高さ＞20m
・組積造、補強コンクリートブロック造で、地上階数≧4
・令36条の2三号・四号の建築物

IV の建築物 法20条1項三号

・木造で、階数≧3 又は延べ面積＞500m²（地上階数≧3 又は延べ面積＞300m²）
・木造以外で、階数≧2 又は延べ面積＞200m²
・柱、梁、壁を石造、コンクリートブロック造などとしたもので、高さ＞13m 又は軒高＞9m
　（法20条1項三号から削除）

　　　　　　　　　　注1) **II**、**III**は法6条5項により **構造計算適合性判定** が必要な建築物
　　　　　　　　　　注2)（ ）2025年4月に施行される

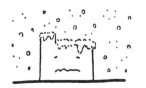

構造強度・構造計算

65 層間変形角・剛性率・偏心率などに関する用語

保有水平耐力計算においては、次のことを確かめます（令82条〜82条の4）。

①構造耐力上主要な部分ごとに、長期及び短期の応力度が許容応力度を超えないことを確かめる。

②層間変形角が $\dfrac{1}{200}$ 以下であることを確かめる。ただし、構造上主要な部分以外の部分に著しい損傷が生じない場合は $\dfrac{1}{120}$ 以内。

③**保有水平耐力**が必要保有水平耐力以上であることを確かめる。

④屋根葺材等の風圧力に対する安全性を確かめる。

層間変形角とは、地震力によって建築物の各階に生ずる水平方向の層間変位のその各階の高さに対する割合をいいます。

必要保有水平耐力 Q_{un}（単位：kN）は、次式で計算します。

$$Q_{un} = D_s \cdot F_{es} \cdot Q_{ud}$$

D_s：各階の構造特性係数

F_{es}：各階の形状係数

Q_{ud}：地震力により生ずる地震層せん断力（単位：kN）

許容応力度等計算においては、次のことを確かめます（令82条の6）。

①構造耐力上主要な部分ごとに、長期及び短期の応力度が許容応力度を超えないことを確かめる。

②**剛性率・偏心率**について、次のように確かめる。

ⅰ**各階の剛性率**

$$R_s = \frac{r_s}{\bar{r_s}} \geq 0.6 \left(\frac{6}{10} \text{以上}\right)$$

r_s：各階についての層間変形角の逆数

$\bar{r_s}$：当該建築物の r_s の相加平均

ⅱ**各階の偏心率**

$$R_e = \frac{e}{r_e} \leq 0.15 \left(\frac{15}{100} \text{を超えない}\right)$$

e：各階の重心と剛心との距離を検討方向に直行する軸に投影した長さ（単位：cm）

r_e：各階の剛心回りのねじり剛性を検討方向の水平剛性で除した値の平方根（単位：cm）

木材の許容応力度については、令89条により、木材の繊維方向の許容応力度は右表の数値によります。

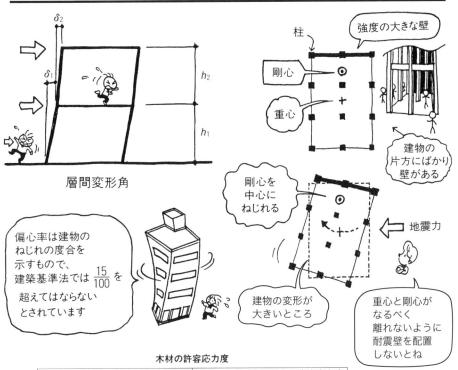

層間変形角

強度の大きな壁

柱

剛心

重心

建物の片方にばかり壁がある

剛心を中心にねじれる

地震力

偏心率は建物のねじれの度合を示すもので、建築基準法では $\dfrac{15}{100}$ を超えてはならないとされています

建物の変形が大きいところ

重心と剛心がなるべく離れないように耐震壁を配置しないとね

木材の許容応力度

長期に生ずる力に対する許容応力度 (N/mm²)				短期に生ずる力に対する許容応力度 (N/mm²)			
圧縮	引張り	曲げ	せん断	圧縮	引張り	曲げ	せん断
$\dfrac{1.1\,F_c}{3}$	$\dfrac{1.1\,F_t}{3}$	$\dfrac{1.1\,F_b}{3}$	$\dfrac{1.1\,F_s}{3}$	$\dfrac{2\,F_c}{3}$	$\dfrac{2\,F_t}{3}$	$\dfrac{2\,F_b}{3}$	$\dfrac{2\,F_s}{3}$

この表において、F_c、F_t、F_b 及び F_s は、それぞれ木材の種類及び品質に応じて国土交通大臣が定める圧縮、引張り、曲げ及びせん断に対する基準強度（N/mm²）を表すものとする。
〈注〉大臣が定め＝平成12年建告1452号 ⇨告示編

EXP.J

不整形な平面の建物はエキスパンション・ジョイントを設けて別々の建物にして構造計算する

道路・用途の制限

66 道路に関する用語

道路の定義については、法42条により概略次のように定められています。都市計画区域内では道路とは、次のどれかに該当する幅員4m以上（地域により6m以上）のものです。①道路法による道路。②都市計画法等で造られた道路。③都市計画決定時の既存道路。④法律による事業計画のある道路で、2年以内に執行予定で特定行政庁の指定したもの。⑤私道で特定行政庁から位置の指定を受けたもの。なお、道路幅員は側溝の両外端で測ります。

幅員4m未満の例外道路（4m未満の道路）は、法42条2項で規定されているので2項道路やみなし道路と俗称され、概略は次のように定められています。都市計画区域に指定されたときすでに町並みを形成している幅員4m未満の道でも、次の条件付きで、特定行政庁は道路と指定できます。指定されると現道路の中心線から両側2mが道路の境界に、片側に軌道敷き又は河川等があるときは、道路の一方の端から4mが境界となります。①道路中心線から両側2mは建築禁止（既存建築物の存続は可）。②道路中心線から2mの線と現敷地境界線との間の土地は、建築基準法においては、敷地面積に算入しない（令2条1項1号）。

道路位置の指定基準（私道の指定基準、位置指定道路の築造基準）については、法42条1項により築造する道の技術基準は令144条の4により、既略が次のように定められています。①袋路状道路（行き止まり道）でないこと。ただし次の場合は除外される。a.袋路状道路の延長が35m以下、b.道路の終端が自動車の回転できる広場等に接続、c.終端及び35mごとに自動車転回広場を設置、d.袋路状道路の幅員が6m以上。②内角が120°未満で、交差・接続・屈曲する箇所に2m以上の隅切り設置。③ぬかるみにならず、縦断勾配12%以下、側溝の設置。

敷地と道路の関係（接道長さ）については、法43条により、都市計画区域内では、敷地は道路（自動車専用や高架を除く）に2m以上接しなければならないと定められています。

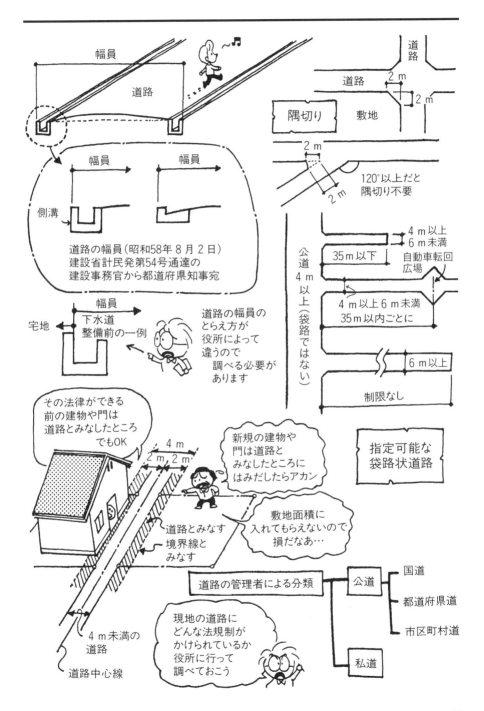

幅員

道路

幅員　　　　幅員

側溝

道路の幅員（昭和58年8月2日）
建設省計民発第54号通達の
建設事務官から都道府県知事宛

宅地

幅員

下水道
整備前の一例

道路の幅員の
とらえ方が
役所によって
違うので
　調べる必要が
　あります

その法律ができる
前の建物や門は
道路とみなしたところ
でもOK

4 m
2 m　2 m

新規の建物や
門は道路と
みなしたところに
はみだしたらアカン

道路とみなす
境界線と
みなす

敷地面積に
入れてもらえないので
損だなあ…

4 m未満の
道路

道路中心線

現地の道路に
どんな法規制が
かけられているか
役所に行って
調べておこう

道路

道路

2 m

隅切り　　　敷地

2 m

2 m

120°以上だと
隅切り不要

2 m

公道4m以上（袋路ではない）

35m以下

4 m以上
6 m未満
自動車転回
広場

4 m以上 6 m未満
35m以内ごとに

6 m以上

制限なし

指定可能な
袋路状道路

道路の管理者による分類

公道

国道

都道府県道

市区町村道

私道

67 道路および用途制限に関する用語

道路内の建築制限については法44条により、建築物等は道路内には建築できませんが、①地盤面下に設ける建築物、②地区計画の区域内の道路の上空や路面下の建築物で特定行政庁が認めるものは建築できます。また、①公衆便所・派出所等、②公共用歩廊（アーケード）・上空の渡り廊下等は、特定行政庁の許可（建築審査会の同意が必要）があれば建築できます。

私道の変更又は廃止の制限については、法45条により、次のように定められています。私道の変更・廃止によって、その道路に接する敷地が以下の規定に不適格となる場合、特定行政庁はその変更・廃止を制限できます。①法43条1項（敷地は道路に2m以上接しなければならないなど）。②法43条3項に基づく条例の規定（特殊建築物等の接道条件など）。

用途地域とは、都市計画法、建築基準法48条により、建築物の用途について、その地域の性格を害するものを制限することで、都市の各土地が最も合理的に使用されるように規制する地域をいいます。用途地域の種類により、高さ、建ぺい率、容積率等の形態や密度の規制も異なります。

用途地域内の建築制限（用途制限）に関しては、法48条、法別表2により、各用途地域によって、建築できる建築物と、建築できない建築物が右表のように定められています。これを**用途制限**といいます。

法別表2を見る際、第一種・第二種低層住居専用地域、第一種中高層住居専用地域、田園住居地域の欄には、「建築することができる建築物」が記載され、それ以外の欄には、「建築してはならない建築物」が記載されていることに注意してください。

原則として建築できないものでも、①公聴会での意見の聴取→②建築審査会の同意→③特定行政庁の許可、によって建築できる場合があります。

敷地が2つの用途地域にまたがる場合の用途制限は、法91条により、敷地の過半の属する地域の規定が適用されます。ただし、容積率、建ぺい率、高さ制限等はそれぞれの属する地域の制限を受けます。

用途地域内の建築制限

建築物の種類	第一種低層住居専用	第二種低層住居専用	第一種中高層住居専用	第二種中高層住居専用	第一種住居	第二種住居	準住居	田園住居	近隣商業	商業	準工業	工業	工業専用
住宅　住宅、共同住宅、寄宿舎、下宿	○	○	○	○	○	○	○	○	○	○	○	○	
住宅　兼用住宅	①	①	○	○	○	○	○	①	○	○	○	○	
公共公益　図書館	○	○	○	○	○	○	○	○	○	○	○	○	
公共公益　病院			○	○	○	○	○		○	○	○		
公共公益　学校　幼稚園、小・中・高校	○	○	○	○	○	○	○	○	○	○	○		
公共公益　学校　大学、高等専門学校			○	○	○	○	○		○	○	○		
公共公益　神社、寺院、教会	○	○	○	○	○	○	○	○	○	○	○	○	○
公共公益　老人ホーム、福祉ホーム	○	○	○	○	○	○	○	○	○	○	○	○	
公共公益　老人福祉センター、児童厚生施設	②	②	○	○	○	○	○	②	○	○	○	○	
公共公益　公衆浴場、診療所、保育園	○	○	○	○	○	○	○	○	○	○	○	○	○
公共公益　巡査派出所、公衆電話所	○	○	○	○	○	○	○	○	○	○	○	○	○
商業　店舗飲食店　床面積150m²以内		○	○	○	○	○	○	○	○	○	○	○	⑥
商業　店舗飲食店　床面積500m²以内			○	○	○	○	○	⑧	○	○	○	○	⑥
商業　店舗飲食店　床面積上記以外				③	④	⑤	⑤		○	○	○	⑤	⑥
商業　事務所				③	④	○	○		○	○	○	○	○
商業　ホテル・旅館					④	○	○		○	○	○	○	
商業　娯楽施設　カラオケボックス						⑤	⑤		○	○	○	⑤	⑤
商業　娯楽施設　マージャン屋、パチンコ屋						⑤	⑤		○	○	○	○	
商業　娯楽施設　ボーリング場、スケート場					④	○	○		○	○	○	○	
商業　娯楽施設　キャバレー、料理店										○	○		
商業　娯楽施設　劇場映画館　200m²未満									○	○	○		
商業　娯楽施設　劇場映画館　200m²以上										○	○		
商業　自動車教習所、15m²を超える畜舎					④	○	○		○	○	○	○	
工場　工場　作業所面積50m²以下				⑦	○	○	○	⑨	○	○	○	○	○
工場　工場　作業所面積150m²以下									○	○	○	○	○
工場　工場　作業所面積150m²を超える											○	○	○
工場　危険物　処理の量　非常に少ない				③	④	○	○		○	○	○	○	○
工場　危険物　処理の量　少ない											○	○	○
工場　危険物　処理の量　やや多い												○	○
工場　危険物　処理の量　多い													○

○：建築可能　　▨：建築禁止

① 兼用部分の用途・規模などが令130条の3を満足するものに限る
② 600m²以下のものに限り建築が可能
③ 用途に供する部分が2階以下、かつ1500m²以下の場合に限り建築が可能
④ 用途に供する部分が3,000m²以下の場合に限り建築が可能
⑤ 用途に供する部分が10,000m²以下の場合に限り建築が可能
⑥ 物品販売店舗、飲食店は建築禁止
⑦ 食品製造業に限る
⑧ 農業の利便増進のためのものに限る
⑨ 農産物の生産・集荷などに使用するものに限る

この敷地は
第2種住居地域
とみなす

道路　　商業地域　　第2種住居地域

密度・形態の制限

68 容積率および建ぺい率に関する用語

容積率（延べ面積の敷地面積に対する割合）は、法52条により概略次のように規定されています。容積率の制限は次の2種に大別され、そのいずれか厳しいほうの割合（小さいほうの値）を、その敷地の容積率の限度とします。①都市計画で定める容積率（指定容積率）は右表のように定められ、前面道路が12m以上では、指定容積率のみが適用される。②前面道路の幅員によって定められる容積率（道路容積率）は、その敷地が接する前面道路の幅員（最大のもの）が12m未満である場合には、その用途地域に応じて右表に定める数値40%又は60%を乗じたものを限度とする。

特定道路による前面道路の緩和については、法52条9項により、次のように定められています。敷地が、①特定道路（15m以上の道路）に接続している、②幅員6m以上12m未満の前面道路に面し、③特定道路からの距離が70m以内の場合は、前面道路の幅員（W）は、$W = W_r + W_a$ となります。

ただし、$W_a = \dfrac{(12 - W_r) \times (70 - L)}{70}$

W_a：緩和される幅員

W_r：前面道路の幅員

L：特定道路から敷地までの距離

建ぺい率（建築面積の敷地面積に対する割合）は、延焼防止が主な目的で、このため延焼しにくい角地や防火地域内に耐火建築物を建築する場合などは、右表のように緩和されます。つまり、指定建ぺい率が80%以外の地域で防火地域内の耐火建築物等や、準防火地域内の耐火建築物等・準耐火建築物等は、指定建ぺい率に10%加算します。また、角地で特定行政庁が指定するものにも10%の加算があります。これらの両方を満足する場合は20%の加算となります。

建ぺい率の制限を受けない建築物は、①指定建ぺい率が80%の区域で防火地域内の耐火建築物等、②交番、公衆便所、公共用歩廊に類するもの、③公園、広場、道路、川等の内にある建築物で安全上、防火上、衛生上支障がないものとして特定行政庁が許可したものです（法53条5項二号）。

容積率

用途地域	（一）都市計画（無指定区域では特定行政庁）による指定値（%）	（二）道路幅員 W（m）が 12m 未満の場合
一種・二種低層住専地域 田園住居地域	50、60、80、100、150、200	左の数値以下、かつ、$W × 40\%$ 以下
一種・二種中高層住専地域 一種・二種・準住居地域*	100、150、200、300、400、500	左の数値以下、かつ、$W × 40\%$ 以下（特定行政庁が指定した場合は 60% 以下）
近隣商業、準工業地域*	100、150、200、300、400、500	左の数値以下、かつ、$W × 60\%$ 以下（特定行政庁が指定した場合は 40% 又は 80% 以下）
商業地域	200、300、400、500、600、700、800、900、1,000、1,100、1,200、1,300	
工業、工業専用地域	100、150、200、300、400	
用途地域無指定区域	50、80、100、200、300、400	

＊高層住宅誘導地区内、これらの用途地域内にある建築物で、住宅の用途に供する部分の床面積が、延べ面積の 2/3 以上のものについては、（一）の指定値の 1.5 倍以内の範囲内で緩和がある（令 135 条の 14）

建ぺい率

	指定建ぺい率☆*1	①角地等*2	②防火地域内の耐火建築物等*4	③準防火地域内の耐火建築物等または準耐火建築物等*5	①かつ②または③
一種・二種低層住専地域、一種・二種中高層住専地域、田園住居地域、工業専用地域	30、40、50、60%	☆欄＋10%	☆欄＋10%	☆欄＋10%	☆欄＋20%
一種・二種準住居、準工業地域	50、60%		☆欄＋10%		☆欄＋20%
	80%		制限なし		制限なし
近隣商業地域	60%		☆欄＋10%		☆欄＋20%
	80%		制限なし		制限なし
商業地域	80%				
工業地域	50、60%		☆欄＋10%		☆欄＋20%
用途地域無指定区域	30、40、50、60、70%*3		☆欄＋10%		☆欄＋20%

＊1 これらの数値のなかから、都市計画で決定する（無指定除く）
＊2 角地等の指定は、特定行政庁が行う
＊3 これらの数値のなかから、特定行政庁が都道府県都市計画審議会の議を経て決定する
＊4 耐火建築物またはこれと同等以上の延焼防止性能を有する建築物
＊5 準耐火建築物またはこれと同等以上の延焼防止性能を有する建築物

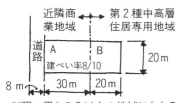

制限の異なる 2 以上の地域にわたる敷地の建ぺい率の制限

〈例〉
Aの近隣商業地域の部分は
$20 × 30 × \dfrac{8}{10} = 480㎡$

Bの第二種中高層住居専用地域の部分は
$20 × 20 × \dfrac{6}{10} = 240㎡$

この敷地に建築できる最大面積は
$480 + 240 = 720㎡$ となる

敷地が防火地域の内外にわたる場合、敷地内の全建築物が耐火建築物等のとき、敷地全体を防火地域とみなす。敷地が準防火地域と防火・準防火地域以外にわたる場合、敷地内の全建築物が耐火建築物等又は準耐火建築物等のとき、敷地全体を準防火地域とみなす。

特定道路による前面道路の緩和

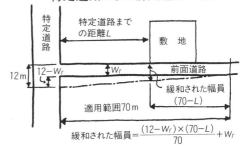

緩和された幅員 $= \dfrac{(12 - W_r) × (70 - L)}{70} + W_r$

密度・形態の制限

69 高さ制限および斜線制限に関する用語

建築物の高さの制限の種類は基本的には、次の4種類があります（法55〜56条）。

①**絶対高さの制限**：第一種低層住居専用地域、第二種低層住居専用地域、田園住居地域内においては、10ｍ又は12ｍを超えてはならない。

②**道路斜線制限**：道路の幅員により、斜線をとりその線より内部に建築。

③**隣地斜線制限**：隣地の採光・通風のため隣地境界より一定高さ以上の部分に斜線をとる。④**北側斜線制限**：北隣の日照の確保のため当該敷地北側に規制を設けた。

各用途地域に、右表1のような4種類の制限がかかります。敷地内の任意の高さは、その位置から道路・隣地・北側までの距離を求めて同表の式に代入し、そのうちの最小値がその位置の法規上許される最高高さとなります。例えば第一種中高層住居専用地域ならば、〔$1.25 \times l_a$〕と〔$20\text{m} + 1.25 \times l_b$〕と〔$10\text{m} + 1.25 \times l_c$〕を計算し、その最小値を求めます。

道路斜線制限とは、道路の幅員により斜線をとり、その線の内部にし

か建築できないという斜線制限をいい、法56条、法別表3により概略次のように規制されています。①**前面道路中心線**（雨水の排水等のため幅員の中央部が道路の境界線より高くなる）を高さの基準点とする。②斜線勾配は、住居系用途地域は原則として1.25、その他は1.5となる（右頁の表2の右端の数値）。③高さの限度は、道路の反対側の境界線から測定点までの水平距離に斜線勾配を乗じて求める（セットバックの場合はその距離が水平距離に加算される）。④前面道路による道路の斜線制限は、一定の範囲に限って適用される。つまり道路斜線制限は敷地内のすべてに及ぶのではなく、右図のL（適用距離）の範囲となる。

道路斜線の適用距離の値は右表2のように、用途地域とその敷地の容積率の値によって決まります。例えば、第一種住居地域、指定容積率$\frac{30}{10}$、前面通路6mの場合、$6 \times \frac{4}{10} = \frac{24}{10} < \frac{30}{10}$より、この敷地の容積率は$\frac{24}{10}$となるので、右表2よりLの値は25mとなります。

表1　建築物の高さの制限

	絶対高さ	道路斜線	隣地斜線	北側斜線
一種・二種低層住専 田園住居地域	10m 又は 12m	$1.25 \times l_a$	—	$5m + 1.25 \times l_c$
一種・二種中高層住専	—		$20m + 1.25 \times l_b$	$10m + 1.25 \times l_c$
一種・二種・準住居	—			
その他の地域	—	$1.5 \times l_a$	$31m + 2.5 \times l_b$	—

l_a：道路の反対側の境界線からの距離
l_b：隣地境界線からの距離
l_c：真北の境界線からの距離
ただし、建築物のセットバックがあるときは、l_a と l_b にはその距離 (S) を加える

表2　前面道路との関係についての建築物の各部分の高さ

	建築物がある地域又は区域	容積率の限度	距離 (L)	数値
1	第一・二種低層住専地域 第一・二種中高層住専地域 田園住居地域 第一・二住居、準住居地域	20/10 以下の場合 20/10 を超え 30/10 以下の場合 30/10 を超え 40/10 以下の場合 40/10 を超える場合	20m 25m 30m 35m	1.25
2	近隣商業地域 商業地域	40/10 以下の場合 40/10 を超え 60/10 以下の場合 60/10 を超え 80/10 以下の場合 80/10 を超え 100/10 以下の場合 100/10 を超え 110/10 以下の場合 110/10 を超え 120/10 以下の場合 120/10 を超える場合	20m 25m 30m 35m 40m 45m 50m	1.5
3	準工業地域 工業地域 工業専用地域	20/10 以下の場合 20/10 を超え 30/10 以下の場合 30/10 を超え 40/10 以下の場合 40/10 を超える場合	20m 25m 30m 35m	1.5
4	用途指定のない区域	20/10 以下の場合 20/10 を超え 30/10 以下の場合 30/10 を超える場合	20m 25m 30m	1.25 又は 1.5

高さ制限の距離のとり方

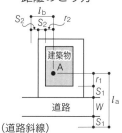

（道路斜線）
$l_a = W + 2S_1 + r_1$

（隣地斜線）
$l_b = 2S_2 + r_2$

（北側斜線）

「天空率」

高さ制限適合建築物
計画建築物
天空率 U_a
天空率 U_p

$U_p \geqq U_a$
なら OK

斜線制限と同等の採光と通風を確保できれば、斜線制限を適用しなくてもよい

道路斜線制限

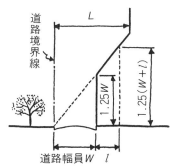

道路境界線
L
$1.25W$
$1.25(W+l)$
道路幅員 W　l
住居系用途地域又は無指定区域

道路境界線
L
$1.5W$
$1.5(W+l)$
道路幅員 W　l
商業系・工業系用途地域又は無指定区域

145

密度・形態の制限

70 斜線制限に関する用語

隣地斜線制限とは、隣地境界線からの斜線制限をいい、法56条により、概略次のように規制されます。隣地境界線から当該建築物の敷地内の位置までの距離に、第一種・第二種低層住居専用地域、田園住居地域以外の住居地域関係5地区では、1.25を乗じた積に20mを加えた数値にします。その他の地域では、隣地境界線からの距離に2.5を乗じた積に31mを加えた数値を高さの限度とします。

セットバックした場合の隣地斜線制限の緩和については、住居系用途地域では地上20m、その他の用途地域では地上31mを超える部分における、壁面と隣地境界線との間の距離だけ隣地境界線が反対側にあるものとみなして、隣地斜線制限を適用します。

セットバックとは、建物を後退させて建築することをいい、セットバックにより市街地の日照、通風の悪化を防ぐわけです。

高さ制限の緩和に関しては、令132条〜135条の4においては、概略次のように規定されています。

① 2以上の道路に接する場合は、最も広い道路幅員の2倍かつ35m以内、及び狭い道路の中心線より10m以外はすべて広い道路があるものとして道路斜線制限を適用する。

② 道路の反対側に川、公園等がある場合、それらの幅も道路の幅員に加える。

③ 隣地との間に川、公園（街区公園を除く）等がある場合、隣地境界は川等の中央部にある。

④ 北側斜線制限には、川や線路敷などによる緩和はあるが、公園による緩和はない。

⑤ 道路と敷地に1m以上の高低差がある場合は、右図のように、$\frac{H-1}{2}$だけ地盤面が高くなったとして道路斜線を計算する。

⑥ 敷地の地盤面が隣地の地盤面より1m以上低い場合は、$\frac{H-1}{2}$だけ地盤面が高くなったとして隣地斜線を計算する。

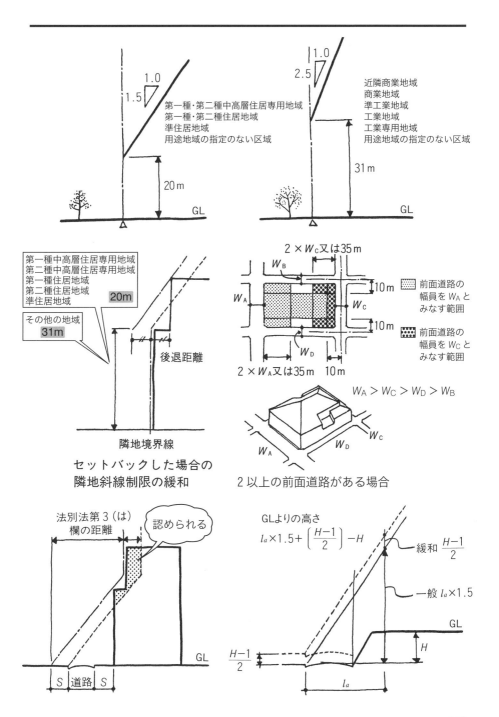

第一種・第二種中高層住居専用地域
第一種・第二種住居地域
準住居地域
用途地域の指定のない区域

近隣商業地域
商業地域
準工業地域
工業地域
工業専用地域
用途地域の指定のない区域

第一種中高層住居専用地域
第二種中高層住居専用地域
第一種住居地域
第二種住居地域
準住居地域　20m

その他の地域　31m

後退距離

隣地境界線

**セットバックした場合の
隣地斜線制限の緩和**

$2 \times W_C$又は35m

W_B

W_A

W_C

W_D

10m

10m

前面道路の幅員をW_Aとみなす範囲

前面道路の幅員をW_Cとみなす範囲

$2 \times W_A$又は35m　10m

$W_A > W_C > W_D > W_B$

W_C

W_A

W_D

2以上の前面道路がある場合

法別法第3（は）
欄の距離

認められる

GL

S　道路　S

GLよりの高さ
$l_a \times 1.5 + \left(\dfrac{H-1}{2} \right) - H$

緩和　$\dfrac{H-1}{2}$

一般 $l_a \times 1.5$

GL

$\dfrac{H-1}{2}$

H

l_a

防火地域等

| **71** | **防火地域・準防火地域の建築制限に関する用語** |

防火地域内の建築物に関しては、法61条により階数が3以上あり、又は延べ面積が100㎡を超える建築物は耐火建築物とし、その他の建築物は耐火建築物又は準耐火建築物とすることを原則とします。ただし、50㎡以内の平屋附属建築物について、外壁及び軒裏を防火構造とすることが認められ、不燃構造の卸売市場・工場は適用除外です。高さ2mを超える門又は塀は不燃材料とします。

準防火地域内の建築物に関しては、法61条により、地階を除く階数が4以上の建築物又は延べ面積が1,500㎡を超える建築物は耐火建築物とし、地上階数3で延べ面積1,500㎡以下、又は地上階数2以下で延べ面積が500㎡を超え1,500㎡以下の建築物は耐火建築物又は準耐火建築物とすることを原則とします。不燃構造の卸売市場・工場は適用除外です。

準防火地域内の木造建築物等については、2階建以下で、かつ延べ面積が500㎡以下の場合は、その外壁及び軒裏で延焼のおそれのある部分を防火構造とし、これに附属する高さ2mを超える門又は塀で当該門又は塀が建築物の1階であるとした場合に延焼のおそれのある部分に該当する部分を不燃材料で造り、又は覆うなど延焼防止上支障のない構造としなければなりません。木造建築物等以外の場合は、外壁開口部設備（外壁の延焼のおそれのある部分にある防火設備）が周囲で発生する通常火災に対し、屋内に20分間火災を出さないことを要件とします。

建築物が防火地域・準防火地域の内外にわたる場合の措置については、法65条で次のように規定されています。①建築物の全部について制限の厳しいほうの地域に属するものを適用する。②制限の緩いほうの地域において防火壁で区画された場合、防火壁外の部分について、制限の緩いほうの地域の規定を適用する。

看板等の防火措置については法64条で、防火地域内にある看板、広告塔等の工作物で建築物の屋上に設けるもの、又は高さが3mを超えるものは、その主要な部分を不燃材料で造るか覆わなければなりません。

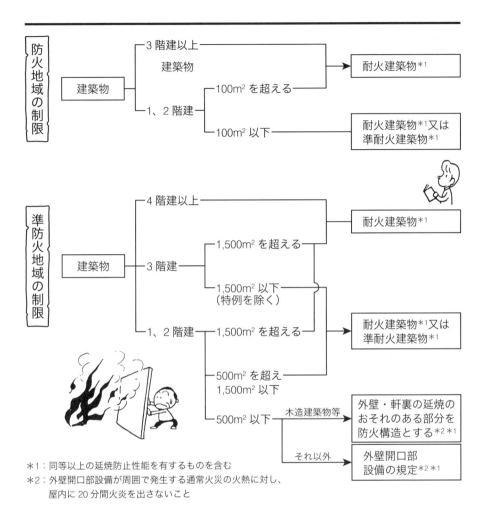

防火地域の制限

建築物
- 3 階建以上建築物 ──→ 耐火建築物*1
- 1、2 階建
  - 100m² を超える ──→ 耐火建築物*1
  - 100m² 以下 ──→ 耐火建築物*1 又は準耐火建築物*1

準防火地域の制限

建築物
- 4 階建以上 ──→ 耐火建築物*1
- 3 階建
  - 1,500m² を超える ──→ 耐火建築物*1
  - 1,500m² 以下（特例を除く）
- 1、2 階建
  - 1,500m² を超える ──→ 耐火建築物*1 又は準耐火建築物*1
  - 500m² を超え 1,500m² 以下
  - 500m² 以下
    - 木造建築物等 ──→ 外壁・軒裏の延焼のおそれのある部分を防火構造とする*2*1
    - それ以外 ──→ 外壁開口部設備の規定*2*1

*1：同等以上の延焼防止性能を有するものを含む
*2：外壁開口部設備が周囲で発生する通常火災の火熱に対し、
　　屋内に 20 分間火炎を出さないこと

建築物が防火地域・準防火地域の内外にわたる場合

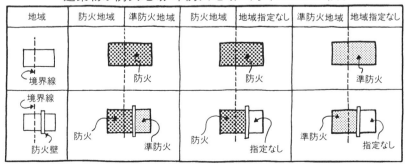

地域	防火地域	準防火地域	防火地域	地域指定なし	準防火地域	地域指定なし
↳境界線		防火		防火		準防火
境界線 ↳ 防火壁	防火	準防火	防火	指定なし	準防火	指定なし

建築協定

72 建築協定に関する用語

建築協定とは、法第4章〔建築協定〕69～77条に規定されるもので、建築基準法の一般的な規定だけでは区域内の環境の形成上又は保全上不十分な場合に、土地の所有者等がその区域内の建築物の敷地、位置、構造、意匠等について定める基準で、特定行政庁の認可を必要とします。

法令上、建築協定については概略、次のように定められています。市町村は、その区域の一部について、住宅地としての環境又は商店街としての利便を高度に維持増進するなど、建築物の利用を増進し、かつ、土地の環境を改善するために必要と認める場合においては、土地の所有者、借地権者等がその土地について一定の区域を定め、建築協定を締結することができる旨を条例で定めることができます。締結には、土地の所有者等の全員の合意が必要です。

建築協定書には、次のような事項を定めます。①建築協定区域、②建築物の敷地・位置・構造・用途・形態・意匠・建築設備に関する基準、③有効期間、④違反に対する措置。

建築協定の廃止については、認可された建築協定を廃止しようとする場合は、建築協定区域内の土地の所有者等の過半数の同意をもって、特定行政庁に申請し、その認可を受けなければなりません。認可した場合においては、特定行政庁はその旨を公告しなければなりません（法76条）。

一人協定とは法76条の3により、1人の土地の所有者のみで、その土地の建築協定を定めることができるということで、次のように手続きが示されています。

1人の土地所有者のみで、その土地の建築協定を定めようとするものは、建築協定区域、建築物に関する基準協定の有効期間及び協定違反があった場合の措置を定めた建築協定書を作成し、特定行政庁へ提出してその認可を受けなければなりません。認可を受けた建築協定は、認可の日から3年以内に、その建築協定区域内の土地に2人以上の土地所有者などが存在することとなったときから効力を有することになります。

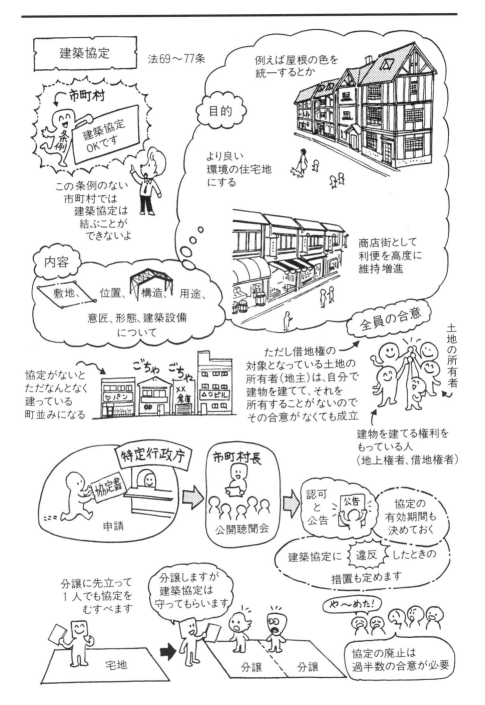

建築協定　法69〜77条

例えば屋根の色を
統一するとか

目的

市町村
条例　建築協定OKです

この条例のない
市町村では
建築協定は
結ぶことが
できないよ

より良い
環境の住宅地
にする

商店街として
利便を高度に
維持増進

内容
敷地、位置、構造、用途、
意匠、形態、建築設備
について

全員の合意

土地の所有者

協定がないと
ただなんとなく
建っている
町並みになる

ごちゃ　ごちゃ
パン　XX倉庫　ビル

ただし借地権の
対象となっている土地の
所有者(地主)は、自分で
建物を建てて、それを
所有することがないので
その合意がなくても成立

建物を建てる権利を
もっている人
(地上権者、借地権者)

特定行政庁　協定書　市町村長

申請　公開聴聞会

認可と公告　公告

協定の
有効期間も
決めておく

建築協定に　違反　したときの
措置も定めます

分譲に先立って
1人でも協定を
むすべます

分譲しますが
建築協定は
守ってもらいます

や〜めた！

宅地　分譲　分譲

協定の廃止は
過半数の合意が必要

バリアフリー法

73　バリアフリー法に関する用語

　バリアフリー法の正式名は、高齢者、障害者等の移動等の円滑化の促進に関する法律で、その要旨を示すと次のとおりです。

　①建築主等の努力義務:建築主等は、特定建築物（後述）の建築、特定建築物の建築物特定施設の修繕または模様替えをしようとするときは、建築物移動等円滑化基準に適合させるために必要な措置を講ずるよう努めなければならない。

　②計画の認定:建築主等は、特定建築物の建築等及び維持保全の計画を作成し、所管行政庁の認定を申請することができる。所管行政庁は計画の内容が判断の基準に適合し、資金計画が確実に遂行するのに適切であれば、計画を認定することができる。

　③確認申請との関連:②の申請をするときに確認申請も合せて申請でき、所管行政庁が計画の認定をした時は確認を受けたものとみなすことができる。

　バリアフリー法の特定建築物、建築物特定施設とは次のものです。

1）特定建築物	
①学校	⑬博物館、美術館又は図書館
②病院又は診療所	⑭公衆浴場
③劇場、観覧場、映画館又は演芸場	⑮飲食店又はキャバレー、料理店、ナイトクラブ、ダンスホール等
④集会場又は公会堂	
⑤展示場	
⑥卸売市場又は百貨店、マーケットその他の物品販売業を営む店舗	⑯理髪店、クリーニング取次店、質屋、貸衣装屋、銀行等サービス業を営む店舗
⑦ホテル又は旅館	⑰自動車教習所又は学習塾、華道教室、囲碁教室等
⑧事務所	
⑨共同住宅、寄宿舎又は下宿	
⑩老人ホーム、保育所、福祉ホームその他これらに類するもの	⑱工場
⑪老人福祉センター、児童厚生施設、身体障害者福祉センター等	⑲車両の停車場又は船舶もしくは航空機の発着場を構成する建築物で旅客又は待合の用に供するもの
⑫体育館、水泳場、ボーリング場その他これらに類する運動施設又は遊技場	⑳自動車の停留又は駐車のための施設
	㉑公衆便所
	㉒公共用歩廊

2）建築物特定施設	
①出入口　　②廊下等	⑦ホテル又は旅館の客室
③階段　　　④傾斜路	⑧敷地内の通路
⑤エレベーターその他の昇降機	⑨駐車場
⑥便所	⑩その他国土交通省令で定める施設

バリアフリー法の適用例

例1:「共同住宅」は特定建築物であるが特別特定建築物（右図参照）ではないので、2,000 m² 以上であっても「建築物移動等円滑化基準」に適合させる必要はない（努力義務はある）。

例2:「公衆便所」は特別特定建築物なので、50 m² 以上で適合させる必要がある。

例3:2,000 m² の博物館における移動等円滑化経路を構成する階段に代わる傾斜路の幅は120cm以上としなければならない（階段に併設するものにあっては90cm以上）。

耐震改修促進法

74 耐震改修促進法に関する用語

耐震改修促進法の正式名は、**建築物の耐震改修の促進に関する法律**で、その要旨を示すと次のとおりです。

①病院、官公署など公益上必要な建築物、道路沿いの建築物で、耐震不明建築物の場合は、都道府県・市町村が作成する耐震改修促進計画に記載され、**要安全確認計画記載建築物**と呼ばれ、耐震診断を行い、結果を報告する義務が課されている。

②地震に対する安全性に関し既存不適格となる建築物のうち、学校、体育館、病院、劇場、百貨店等の特殊建築物（分譲共同住宅等は除く）、事務所、理髪店、質屋、貸衣装店、駅舎、空港、銀行、郵便局等で、一定規模以上の建築物、一定数量以上の危険物の貯蔵・処理場、倒壊によって通行を妨げるおそれのある建築物を**特定既存耐震不適格建築物**（以下、特定建築物）という。

③これらの特定建築物の所有者は、耐震診断を行い、必要に応じて耐震改修するよう努めなければならない。

④耐震診断、耐震改修の基本方針は国土交通大臣が定める。

⑤**所管行政庁**（建築基準法の特定行政庁とほぼ同じ）は、耐震診断、耐震改修の適確な実施を確保するために、特定建築物の所有者に対して、必要な指導、助言をすることができる。

⑥所管行政庁は、地震に対する安全性の向上を図らねばならない一定規模以上の不特定かつ多数のものが利用する特定建築物で、必要な耐震診断、耐震改修が行われていないと認めるときは、所有者に対して必要な指示をすることができる。

⑦建築物の耐震改修をする際、改修計画を作成し、所管行政庁の認定をもらうことができる。これを**計画の認定**といい、認定の要件は次の通り。

a. 国土交通大臣の定める基準に適合していること。

b. 資金計画が適切であること。

c. 不適格建築物は、避難、環境上有害の度合いが高くならないもの。

⑧ ⑦の認定申請のとき、建築確認通知の必要な場合は、所管行政庁は建築主事の同意を得なければならない。

耐震改修促進法の対象建築物一覧

用途		所管行政庁の指導・助言対象建築物の要件	所管行政庁の指示対象建築物の要件	耐震診断義務付け対象建築物の要件
学校	小学校、中学校、中等教育学校の前期課程若しくは特別支援学校	階数2以上かつ1,000 m²以上 ※屋内運動場の面積を含む。	階数2以上かつ1,500 m²以上 ※屋内運動場の面積を含む。	階数2以上かつ3,000 m²以上 ※屋内運動場の面積を含む。
	上記以外の学校	階数3以上かつ1,000 m²以上	—	—
体育館（一般公共の用に供されるもの）		階数1以上かつ1,000 m²以上	階数1以上かつ2,000 m²以上	階数1以上かつ5,000 m²以上
ボーリング場、スケート場、水泳場その他これらに類する運動施設		階数3以上かつ2,000 m²以上	階数3以上かつ2,000 m²以上	階数3以上かつ5,000 m²以上
病院、診療所				
劇場、観覧場、映画館、演芸場				
集会場、公会堂				
展示場				
卸売市場				
百貨店、マーケットその他の物品販売業を営む店舗			階数3以上かつ2,000 m²以上	階数3以上かつ5,000 m²以上
ホテル、旅館				
賃貸住宅（共同住宅に限る。）、寄宿舎、下宿			—	
事務所				
老人ホーム、老人短期入所施設、福祉ホームその他これらに類するもの		階数2以上かつ1,000 m²以上	階数2以上かつ2,000 m²以上	階数2以上かつ5,000 m²以上
老人福祉センター、児童厚生施設、身体障害者福祉センターその他これらに類するもの				
幼稚園・税務署などの公益上必要な施設、保育所、官公署		階数2以上かつ500 m²以上	階数2以上かつ750 m²以上	階数2以上かつ1,500 m²以上
博物館、美術館、図書館		階数3以上かつ1,000 m²以上	階数3以上かつ2,000 m²以上	階数3以上かつ5,000 m²以上
遊技場				
公衆浴場				
飲食店、キャバレー、料理店、ナイトクラブ、ダンスホールその他これらに類するもの				
理髪店、質屋、貸衣装屋、銀行その他これらに類するサービス業を営む店舗				
工場（危険物の貯蔵場又は処理場の用途に供する建築物を除く。）				
車両の停車場又は船舶若しくは航空機の発着場を構成する建築物で旅客の乗降又は待合の用に供するもの			階数3以上かつ2,000 m²以上	階数3以上かつ5,000 m²以上
自動車車庫その他の自動車又は自転車の停留又は駐車のための施設				
保健所、税務署その他これらに類する公益上必要な建築物				
危険物の貯蔵場又は処理場の用途に供する建築物		政令で定める数量以上の危険物を貯蔵又は処理するすべての建築物	500 m²以上	階数1以上かつ5,000 m²以上（敷地境界線から一定距離以内に存する建築物に限る）
避難路沿道建築物		耐震改修等促進計画で指定する避難路の沿道建築物であって、前面道路幅員の1/2超の高さの建築物（道路幅員が12 m以下の場合は6 m超）	左に同じ	耐震改修等促進計画で指定する重要な避難路の沿道建築物であって、前面道路幅員の1/2超の高さの建築物（道路幅員が12 m以下の場合は6 m超）
防災拠点である建築物		—	—	耐震改修等促進計画で指定する大規模な地震が発生した場合においてその利用を確保することが公益上必要な、病院、官公署、災害応急対策に必要な施設等の建築物

※上記のほか、マンションを含む住宅や小規模建築物についても所管行政庁の指導・助言対象となった

小中学校　　ホテル・旅館　　老人ホーム　　幼稚園・保育所　　美術館・図書館 など

建築士法

75 建築士法に関する用語

建築士の義務は、建築士法2条、3条、21条により、次の6種類があります。①設計、②工事監理、③工事契約に関する業務、④建築工事の指導監督、⑤建築物に関する調査と鑑定、⑥建築に関する法令・条例に基づく手続きの代理（代願申請等）です。このうち、設計と工事監理は建築士の独占業務であり、③〜⑥の業務は建築士の付加業務となります。

設計・工事監理に関しては、士法3条〜3条の3により、各級建築士についてその範囲が次のように定められています。

①一級建築士：すべての建築物について、設計及び監理が可能。

②二級建築士：木造建築物…平家は規制なし、2・3階1,000m²（ただし学校、病院、劇場、映画館、観覧場、公会堂、オーディトリアム付き集会場、百貨店は500m²まで）以内。木造以外…延べ面積300m²・高さ13m・軒高9mまで。

③木造建築士：木造建築物…延べ面積300m²まで。木造以外…延べ面積30m²・高さ13m・軒高9mまで（資格不要なもの）。

業務上の義務（注意事項）としては、士法18〜20条により、概略次のように規定されています。

①工事監理において、図面通り実施されなければ施工者に注意し、従わぬ場合は建築主に報告する。②他の建築士の設計した設計図を変更する場合は承諾が必要。承諾が取れぬ場合は自己の責任で設計変更できる。③設計図書には記名を要す。④工事監理の終了とともに文書で建築主に報告が必要。

建築士事務所に関しては、士法23〜27条により、概略次のように規定されています。

①報酬を得て建築士の業務を業とする者は事務所登録が必要。②事務所登録は所在地の知事。③管理建築士を常勤させれば、建築士でなくても開設できる。④登録の有効期間は5年間、更新可能。⑤開設者は業務に関する図書を15年間保存の義務。⑥開設者は見やすい場所に標識を掲げる。

建築士の設計・工事監理できる範囲

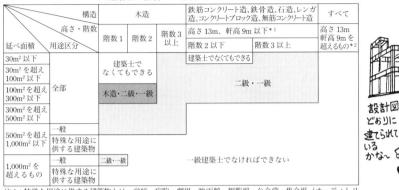

構造 高さ・階数 延べ面積 / 用途区分	木造			鉄筋コンクリート造、鉄骨造、石造、レンガ造、コンクリートブロック造、無筋コンクリート造		すべて
	階数1	階数2	階数3以上	高さ13m、軒高9m以下*1 階数2以下	階数3以上	高さ13m軒高9mを超えるもの*2
30m²以下				建築士でなくてもできる		
30m²を超え100m²以下	全部	建築士でなくてもできる				
100m²を超え300m²以下				二級・一級		
300m²を超え500m²以下		木造・二級・一級				
500m²を超え1,000m²以下	一般					
	特殊な用途に供する建築物					
1,000m²を超えるもの	一般	二級・一級	一級建築士でなければできない			
	特殊な用途に供する建築物					

注1：特殊な用途に供する建築物とは、学校・病院・劇場・映画館・観覧場・公会堂・集会場（オーディトリアムを有しないものを除く）・百貨店をいう
注2：一級建築士はすべて可能
注3：2025年4月の改正で、＊1は高さ16m以下、＊2は高さ16m超又は地上階数4以上となる

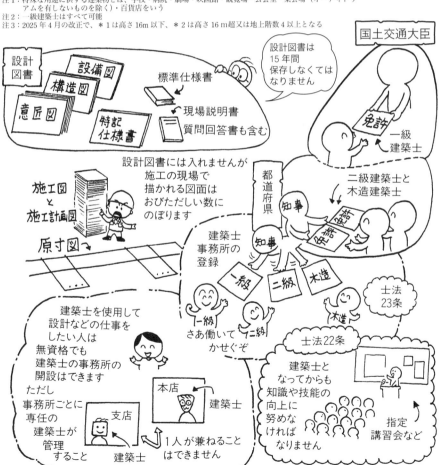

建設業法

76 建設業法に関する用語

建設業法に関する要点を示すと次のとおりです。**建設業の許可**については業法 3 条で概略次のように示されています。建設業 29 種類を業として営もうとする者は、次の区分により知事又は国土交通大臣の許可が必要です（どちらの許可も同格である）。① 1 つの都道府県のみに営業所を有する者…都道府県知事の許可。② 2 つ以上の都道府県に営業所を有する者…国土交通大臣の許可。③この許可は**一般建設業**と**特定建設業**のどちらかで申請しなければならない。**特定建設業**とは、1 件の建設工事で 4,500 万円（建築工事業は 7,000 万円）以上の下請契約を結ぶ建設業をいう。これ以外が**一般建設業**である。当然特定建設業のほうが厳しい。④許可の有効期間は 5 年間で、期間満了の 30 日前までに更新できる。⑤次の場合は許可は不要である。a.建築一式工事で、請負金額が 1,500 万円に満たない場合。b.建築一式工事以外で、請負金額が 500 万円に満たない場合。c.延べ面積 150 ㎡ 未満の木造住宅工事のみの場合。

建設工事の請負契約の注意点に関しては、第 18 条〜第 24 条の 5 で概略次のように定められています。①不当に低い請負代金による契約の禁止。②請負代金の前払いには、注文者は保証人を要求できる。③業者は請け負った工事を、一括して他人に請け負わせても、請け負ってもならない。ただし、重要な工事以外で、書面による発注者の承諾があれば可。④注文者は請負人に対して著しく不適当と認められる下請人があるときは、その変更を請負人に対して請求できる。⑤第 19 条に**請負契約の内容**が細かく記述してある。⑥入札等によって、請負契約する場合、契約前に一定の見積り期間（業令 6 条参照）を設けなければならない。

主任技術者及び監理技術者の設置義務に関しては、業法 26 条により、工事現場ごとに主任技術者や監理技術者を配置しなければなりません。特定建設業者が下請代金 4,500 万円（建築工事業は 7,000 万円）以上となる工事を施工するときは、監理技術者を置きます。

多くの人の
チームワークが
必要ですね

一般建設業と特定建設業の区分

許可の種類	請け負った工事の施工形態
一般建設業	下請専門か、元請となった場合でも下請に出す工事の金額が建築工事業で7,000万円未満、その他の業種で4,500万円未満とする形態で施工しようとする者が受ける許可
特定建設業	元請となった場合、下請に出す工事の金額が建築工事業で7,000万円以上、その他の業種で4,500万円以上とする形態で施工しようとする者が受ける許可

建設工事の種類と対応する建設業の許可の種類

建設工事の種類	建設業の許可の種類
土木一式工事	土木工事業
建築一式工事	建築工事業
大工工事	大工工事業
左官工事	左官工事業
とび・土木・コンクリート工事	とび・土木工事業
石工事	石工事業
屋根工事	屋根工事業
電気工事	電気工事業
管工事	管工事業
タイル・れんが・ブロック工事	タイル・れんが・ブロック工事業
鋼構造物工事	鋼構造物工事業
鉄筋工事	鉄筋工事業
舗装工事	舗装工事業
しゅんせつ工事	しゅんせつ工事業
板金工事	板金工事業
ガラス工事	ガラス工事業
塗装工事	塗装工事業
防水工事	防水工事業
内装仕上工事	内装仕上工事業
機械器具設置工事	機械器具設置工事業
熱絶縁工事	熱絶縁工事業
電気通信工事	電気通信工事業
造園工事	造園工事業
さく井工事	さく井工事業
建具工事	建具工事業
水道施設工事	水道施設工事業
消防施設工事	消防施設工事業
清掃施設工事	清掃施設工事業
解体工事	解体工事業

不当に安い請負代金は禁止されています

安いけどがまんしてくれたまえ

丸投げも法律で禁止です!!

元請

ほとんど"全部の仕事

文句があるなら仕事をまわしてやらないぞ

下請

都市計画法

77　市街化区域、市街化調整区域などに関する用語

　都市計画法については次の用語を理解しておきましょう。

　都市計画区域とは、各種の調査をもとに市又は一定要件に該当する町村の中心市街地を含み、一体の都市として総合的に整備し、開発し、及び保全する必要がある区域をいい、都道府県が指定します（都市計画法第5条）。なお、都市計画区域は市街化区域と市街化調整区域に区分されます。

　準都市計画区域とは、市町村において都市計画区域外で将来における都市としての整備、開発及び保全に支障が生じるおそれがあると認められる区域をいい、都道府県が指定します（都市計画法第5条の2）。

　市街化区域は、すでに市街地を形成している区域及び、おおむね10年以内に優先的かつ計画的に市街化を図るべき区域です。**市街化調整区域**は、市街化を抑制すべき区域で、**開発行為**（主として建築物の建築又は特定工作物の建設の用に供する目的で行う土地の区画形質の変更〔第4条12項〕）及び建築行為は厳しく規

制されます（第7条）。

　地域地区とは、都市計画において定められる用途地域、特別用途地区、高層住居誘導地区、高度地区又は高度利用地区、特定街区、防火地域又は準防火地域、景観地区、風致地区、駐車場整備地区、臨港地区、歴史的風土特別保存地区、緑地保全地区、流通業務地区、生産緑地地区、伝統的建造物群保存地区、航空機騒音障害防止地区又は航空機騒音障害防止特別地区等の総称です（第8条）。

　特定工作物は第4条11項により次の2つに分けられます。

　第一種特定工作物は、コンクリートプラントその他周辺の地域の環境の悪化をもたらすおそれがある工作物（アスファルトプラント、クラッシャープラント、危険物の貯蔵又は処理に係る工作物等）をいい、**第二種特定工作物**は、大規模な工作物で次に示すもののうち、その規模が1ha（ヘクタール）以上のものをいいます。野球場、庭球場、陸上競技場、遊園地、動物園、その他の運動・レジャー施設、墓園。

都市計画区域内

拡大すると A市

B市 A市
C市
D市 A県

市街化区域

市街化調整区域

市街化を抑制すべき区域です

都市計画法は都市計画区域・準都市計画区域内のみで適用されます

都市計画区域・準都市計画区域外は単体規定のみ適用

単体規定と集団規定が適用

開発

よりよい市街地を形成するための都市施設の例

形質の変更

ここに新しい道路をつくろう

切土

盛土

開発の申請は手間と時間がかかります

下水道の整備

都市計画道路

高層住居誘導地区

駐車場整備地区

風致地区

自然を優遇します

おもむきのある景色を維持する

根拠は駐車場法第3条だけど、都市計画法上の地域地区の1つです

都市計画法

78　開発行為の規制・建築規制に関する用語

開発行為の許可（開発行為の規制）については、都計法 29 条で次のように定められています。都市計画区域又は準都市計画区域内において開発行為をしようとする者は、都道府県知事（ただし、指定都市、中核都市、特例都市においてはその長）の許可が必要です。ただし、次のものは許可は不要です。①市街化区域、区域区分が定められていない都市計画区域又は準都市計画区域内において行う 1,000 m² 未満の開発行為。②市街化調整区域、区域区分が定められていない都市計画区域又は準都市計画区域内において行う農・林・漁業関係の開発行為とこれらを営む者の居住用の開発行為。③都計令 21 条で定める公益的建築物（医療、教育などを除く）用の開発行為。

開発行為の設計者の資格に関しては、都計法 31 条及び施行規則 19 条で次のように定められています。1 ヘクタール以上の開発行為の設計は次の有資格者でなければなりません。①大学（建築・土木等）卒後 2 年以上の開発技術経験者

②工高（建築・土木等）卒後 7 年以上の開発技術経験者

③一級建築士で 2 年以上の開発技術経験者、その他大臣の認める者

都市計画施設等の区域内の建築規制に関しては、都計法 53 条、54 条により次のように定められています。都市計画施設の区域・市街地開発事業の施行区域内で、建築物を建築しようとする者は、都道府県知事の許可が必要である。都道府県知事は許可申請がなされると、次の基準に適合している場合は許可しなくてはならない。①地階がなく、階数が 2 以下である。②主要構造部が木造、鉄骨造、コンクリートブロック造等で容易に移転・除却ができるもの。③都市計画に適合した建築物であるもの。

地区計画等の区域内における建築等の規制については、都計法 58 条の 2 により規定されています。地区計画の区域内において、開発行為や建築物の建築等を行おうとする者は、当該行為に着手する日の 30 日までに、種類・場所・施行方法・着手日等を市町村長に届出なければなりません。

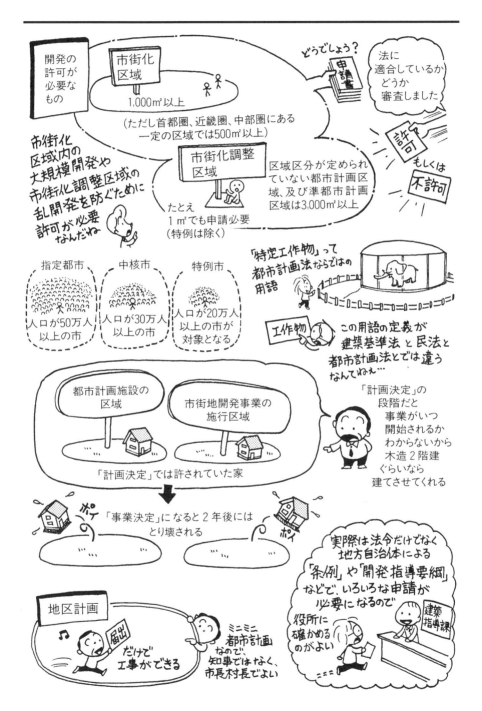

開発の許可が必要なもの

市街化区域
1,000㎡以上
（ただし首都圏、近畿圏、中部圏にある一定の区域では500㎡以上）

どうでしょう？

法に適合しているかどうか審査しました

許可

もしくは

不許可

市街化区域内の大規模開発や市街化調整区域の乱開発を防ぐために許可が必要なんだね

市街化調整区域
たとえ1㎡でも申請必要
（特例は除く）

区域区分が定められていない都市計画区域、及び準都市計画区域は3,000㎡以上

指定都市
人口が50万人以上の市

中核市
人口が30万人以上の市

特例市
人口が20万人以上の市が対象となる

「特定工作物」って都市計画法ならではの用語

工作物

この用語の定義が建築基準法と民法と都市計画法とでは違うんてねぇ…

都市計画施設の区域

市街地開発事業の施行区域

「計画決定」では許されていた家

「計画決定」の段階だと事業がいつ開始されるかわからないから木造2階建ぐらいなら建てさせてくれる

「事業決定」になると2年後にはとり壊される

ポイ

ポイ

実際は法令だけでなく地方自治体による「条例」や「開発指導要綱」などで、いろいろな申請が必要になるので役所に確かめるのがよい

建築指導課

地区計画

届出

だけで工事ができる

ミニミニ都市計画なので、知事ではなく、市長村長でよい

消防法

79 防火対象物・消防用設備等に関する用語

防火対象物とは消防法2条により、山林又は舟車、建築物、その他の工作物をいい、具体的には右表に示されています。防火対象物には消防用設備等の設置、維持が義務付けられます（第17条）。また、不特定多数者が出入りするもの、社会的弱者の人々が利用するもの、地下街に設けるものを特定防火対象物として区分し、消防用設備の設置義務が法改正時に新しい規定が遡及適用されます。なお、消防用設備等の種類については右表に示します。

屋内消火栓設備に関する基準については、令11条により、概略次のように規制されています。

屋内消火栓設備を設置しなければならないのは、①劇場、映画館、公会堂等で延べ面積500m²以上のもの、②キャバレー、遊技場、飲食店、百貨店、ホテル、共同住宅、老人福祉施設、学校、図書館等で延べ面積700m²以上のもの、③神社、寺院等で延べ面積1,000m²以上のもの、④地下街で延べ面積150m²以上のもの、⑤以上のような消防法施行令別表1

に掲げる建築物・その他の工作物で規定数量（消令別表4）の750倍以上の準危険物又は特殊可燃物を貯蔵・取り扱う場合、等。

ただし、主要構造部を耐火構造とし、天井と壁を難燃材料としたものは上記の面積を3倍します。主要構造部を耐火構造としたもの、又は主要構造部を準耐火構造とし、天井と壁を難燃材料としたものは上記の面積を2倍します。なお、難燃材料には、不燃材料・準不燃材料を含みます。

屋内消火栓設備の技術上の基準については、工場・倉庫・危険物を扱う建築物などの場合、①各階の各部分から1のホース接続口までの水平距離が25m以下となるように設置、②水源は、その水量が設置個数の最も多い階における設置個数に2.6m³を乗じた量以上になるように設ける、③各階全ての屋内消火栓を同時に使用した場合に、放水圧力が0.17MPa以上かつ放水量が130L/分以上の性能、④屋内消火栓設備には、非常電源を附置すること。

消防用設備等の種類

消防の用に供する設備	消火設備 （水その他の消火剤を使用して消火を行う）	①消火器及び簡易消火用具（水バケツ、水槽など） ②屋内消火栓設備 ③スプリンクラー設備 ④水噴霧消火設備 ⑤泡消火設備 ⑥不活性ガス消火設備 ⑦粉末消火設備 ⑧屋外消火栓設備 ⑨動力消防ポンプ設備
	警報設備 （火災の発生を報告する）	①自動火災報知設備 ②漏電火災警報器 ③消防機関へ通報する火災報知設備 ④非常警報器具（警鐘、携帯用拡声器、手動式サイレン等） ⑤非常警報設備（非常ベル、自動式サイレン、放送設備）
	避難設備 （火災時の避難に用いる）	①避難器具（すべり台、避難はしご、救助袋、緩降機など） ②誘導灯 ③誘導標識
消防用水		防火水槽又はこれに代わる貯水池、その他の用水
消火活動上必要な施設		①排煙設備 ②連結散水設備 ③連結送水管 ④非常コンセント設備 ⑤無線通信補助設備

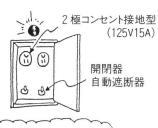

防火対象物一覧

(1)	イ．劇場、映画館、演芸場又は観覧場
	ロ．公会堂又は集会場
(2)	イ．キャバレー、カフェー、ナイトクラブ等
	ロ．遊技場、ダンスホール
	ハ．風営法2条5項に規定する店舗（ニ、(1)イ、(4)、(5)イ、(9)イを除く）
	ニ．カラオケボックスなどの店舗
(3)	イ．待合、料理店の類
	ロ．飲食店
(4)	百貨店、マーケット、その他の物品販売業を営む店舗又は展示場
(5)	イ．旅館、ホテル又は宿泊所
	ロ．寄宿舎、下宿又は共同住宅
(6)	イ．病院、診療所又は助産所
	ロ．老人短期入所施設、特別養護老人ホーム、軽度老人ホーム（避難が困難な要介護者用）、介護老人保健施設、救護施設、乳児院、障害児入所施設など
	ハ．老人デイサービスセンター、軽費老人ホーム（ロを除く）、老人福祉センター、更生施設、助産施設、保育所、児童発達支援センター、地域活動支援センター、福祉ホームなど
	ニ．幼稚園・特別支援学校
(7)	小学校、中学校、高等学校、中等教育学校、高等専門学校、大学、専修学校、各種学校等
(8)	図書館、博物館、美術館その他の類似用途
(9)	イ．公衆浴場のうち、蒸気浴場、熱気浴場等
	ロ．その他の公衆浴場
(10)	停車場、船舶・航空機の発着場（旅客の乗降・待合用の建築物に限る）
(11)	神社、寺社、教会等
(12)	イ．工場又は作業場
	ロ．映画スタジオ又はテレビスタジオ
(13)	イ．自動車車庫又は駐車場
	ロ．飛行機又は回転翼航空機の格納庫
(14)	倉庫
(15)	(1)～(14)以外の事業場
(16)	イ．複合用途防火対象物のうちその一部が(1)～(4)、(5)イ、(6)又は(9)イの防火対象物の用途に供されているもの
	ロ．イ以外の複合用途防火対象物
(16)の2	地下街
(16)の3	建築物の地階（地下街を除く）で連続して地下道に面したものと当該地下道とを合わせたもの（1)～(4)、(5)イ、(6)又は(9)イの防火対象物の用途に供されているもの）
(17)	文化財保護法で重要文化財、重要有形民俗文化財等に指定され、又は旧重要美術品等の保存に関する法律で重要美術品に認定された建造物
(18)	延長50m以上のアーケード
(19)	市区町村長の指定する山林
(20)	総務省令で定める舟車

住宅・宅地関係法

80 盛土規制法・土地区画整理法などに関する用語

宅地造成及び特定盛土等規制法（盛土規制法）は、宅地・農地・森林などにおいて、宅地造成・特定盛土・土石の堆積にともなうがけ崩れや土砂の流出による災害の防止のために必要な規制を行うことを目的とします。

土地区画整理法は、土地区画整理事業に関し、その施行者・施行方法、費用の負担など必要な事項を規定することにより健全な市街地の造成を図ることを目的とするものです。

土地区画整理事業とは、都市計画区域内の土地について、公共施設の整備改善及び宅地利用の増進を図るため、土地の区画形質の変更及び公共施設の新設又は変更に関する事業をいいます。また、公共施設とは、道路・公園・広場・河川などをいいます。

国土利用計画法は、国土利用計画の策定に関し必要な事項について定めるとともに、土地利用基本計画の作成、土地取り引きの規制に関する措置、その他土地利用を調整するための措置を講ずることにより、総合的かつ計画的な国土の利用を図ることを目的とするものです。

都市再開発法は、市街地の計画的な再開発に関し必要な事項を定めることにより、都市における土地の合理的かつ健全な高度利用と都市機能の更新とを図ることを目的とするものです。

市街地再開発事業とは、市街地の土地の合理的かつ健全な高度利用と都市機能の更新とを図るため、都市計画法及び当該都市再開発法で定めるところに従って行われる建築物及び建築敷地の整備並びに公共施設の整備に関する事業並びにこれに付帯する事業をいい、第1種と第2種に区分します。

第1種市街地再開発事業は、権利変換方式と呼ばれ、所有者等が従前の土地建物の権利と等価のものを施行後に得る方式です。

第2種市街地再開発事業は、管理処分方式又は用地買収方式と呼ばれ、公共性、緊急性が高い事業において施行者が土地建物を一旦買収又は収用する方式です。

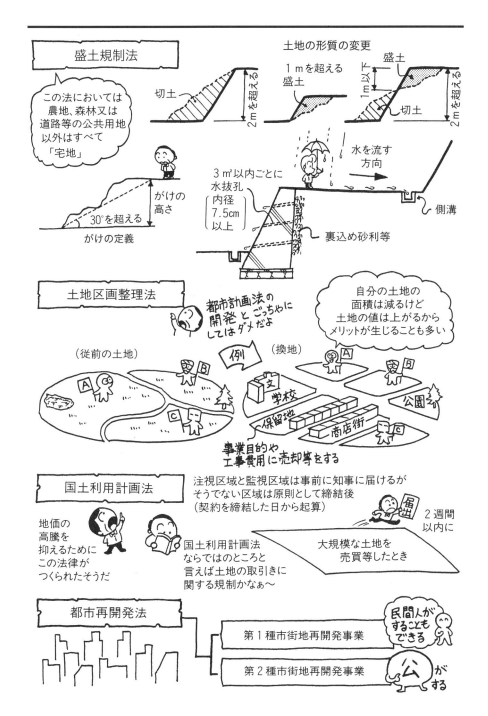

盛土規制法

土地の形質の変更

この法においては農地、森林又は道路等の公共用地以外はすべて「宅地」

切土

2mを超える

1mを超える盛土

盛土

1m以下

切土

2mを超える

がけの高さ

30°を超える

がけの定義

3㎡以内ごとに水抜孔［内径7.5cm以上］

水を流す方向

側溝

裏込め砂利等

土地区画整理法

都市計画法の開発とごっちゃにしてはダメだよ

自分の土地の面積は減るけど土地の値は上がるからメリットが生じることも多い

（従前の土地）

例

（換地）

A B C

学校

保留地

商店街

公園

A B C

事業目的や工事費用に売却等をする

国土利用計画法

注視区域と監視区域は事前に知事に届けるがそうでない区域は原則として締結後（契約を締結した日から起算）

地価の高騰を抑えるためにこの法律がつくられたそうだ

国土利用計画法ならではのところと言えば土地の取引きに関する規制かなぁ〜

大規模な土地を売買等したとき

届

2週間以内に

都市再開発法

第1種市街地再開発事業

民間人がすることもできる

第2種市街地再開発事業

公がする

材料力学

81 断面の性質に関する用語 I

断面一次モーメント S は、図形の図心を求めるための係数（単位は cm^3）です。

①断面一次モーメント（S_x, S_y）は、図形の全断面積（A）に軸から図心までの距離（y_0, x_0）を乗じて次式で求められる。

$$S_x = A \cdot y_0 \ (cm^3) \quad S_y = A \cdot x_0 \ (cm^3)$$

また、断面図形の図心の位置は、次式から求める。

$$y_0 = \frac{S_x}{A} \ (cm) \qquad x_0 = \frac{S_y}{A} \ (cm)$$

②断面図形の図心を通る軸（**図心軸**）についての断面一次モーメントは 0。

③全図形が個々の図形の集合体である場合、全体の断面一次モーメントは個々の図形の断面一次モーメントの総和となる。

図心とは、部材断面の重心、その点を通る任意の軸に対する断面一次モーメントが 0 である点です。**重心**とは、断面の図心、剛体の全重力の作用点をいいます。なお、図心と重心の両者は一般に同じ意味に扱われています。

断面二次モーメント I は、断面の微小面積に軸までの距離の 2 乗を乗じたものを断面全体について積分した（合計した）値をいいます。**たわみ・座屈**など、部材が湾曲をともなうときの変形量（たわみ）や応力度などを求めるときに用いる係数（単位は cm^4）です。断面二次モーメントが大きくなるほど、部材は曲がりにくくなります。

①右図の長方形断面において、図心軸 X_0 に関する断面二次モーメントは、次式で求める。

$$I_{X_0} = \frac{bh^3}{12} \ (cm^4)$$

任意の軸 X に関しては、

$$I_X = I_{X_0} + A \cdot y_0^2 \ (cm^4)$$

図心を通る任意の軸に関する I はその軸に並行なすべての軸に関する I のうちで最少となる（$y_0 = 0$ なので、$I_X = I_{X_0}$）。

②円形断面の図心軸 X_0 に関する断面二次モーメントは、次式で求める。

$$I_{X_0} = \frac{\pi D^4}{64} \ (cm^4)$$

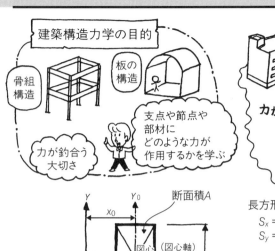

長方形断面の断面一次モーメント

$$S_x = A \cdot y_0 = bh \cdot y_0 \ (\text{cm}^3)$$
$$S_y = A \cdot x_0 = bh \cdot x_0 \ (\text{cm}^3)$$

断面二次モーメント

X_0 軸に関して　$I_{x_0} = \dfrac{bh^3}{12}$ （cm⁴表記）$\dfrac{bh^3}{12}$ (cm^4)

Y_0 軸に関して　$I_{y_0} = \dfrac{hb^3}{12}$ (cm^4)

● 断面一次モーメントを用いた図心の求め方

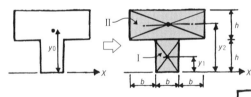

断面二次モーメントは、
変形しにくさ＝曲がりにくさ
を表し、h の 3 乗に比例します。
梁材として使うときには
長方形断面を縦使いします

$$y_1 = \frac{h}{2} \quad y_2 = h + \frac{h}{2} = \frac{3}{2}h$$

$I_A = \dfrac{30 \times 10^3}{12} = 2{,}500 \text{cm}^4$

$I_B = \dfrac{10 \times 30^3}{12} = 22{,}500 \text{cm}^4$

	断面積	図心までの距離	S_x
I	bh	$y_1 = \dfrac{h}{2}$	$bh \times y_1 = \dfrac{bh^2}{2}$
II	$3bh$	$y_2 = \dfrac{3h}{2}$	$3bh \times y_2 = \dfrac{9bh^2}{2}$
I + II	$4bh$		$5bh^2$

したがって、$y_0 = \dfrac{S_x}{A} = \dfrac{5bh^2}{4bh} = \dfrac{5}{4}h$

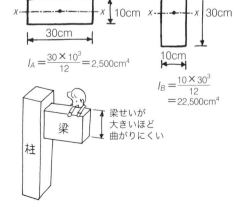

梁せいが
大きいほど
曲がりにくい

材料力学

82 断面の性質に関する用語Ⅱ

断面係数 Z は、曲げ材の設計に用いる係数（単位は cm^3）です。断面係数が大きい部材ほど曲げに対して強くなります。

断面係数 Z **の求め方**は、図心軸の断面二次モーメント I_{X_0} を、軸から最も遠い断面の縁までの距離（y_1、y_2）で除して、次式で求めます。

$$Z_{X_1} = \frac{I_{X0}}{y_1} \quad (cm^3)$$

$$Z_{X_2} = \frac{I_{X0}}{y_2} \quad (cm^3)$$

長方形の場合 $Z = \dfrac{bh^2}{6} \quad (cm^3)$

円　形の場合 $Z = \dfrac{\pi D^3}{32} \quad (cm^3)$

断面二次半径 i とは、断面二次モーメントを断面積で除した値の平方根をいいます。つまり、図心軸の断面二次モーメントを I_{X_0}、断面積を A とすると、次式で求まります。

$$i_x = \sqrt{\frac{I_{X_0}}{A}} \quad (cm)$$

断面二次半径は値が大きいほど、曲げや座屈に強く、圧縮力を受ける長柱の座屈の計算に用いられます。単位は cm です。

せん断中心（SC）とは、鉛直荷重が作用するとき、部材の任意断面に対し、ねじりをともなわない純粋の曲げが生ずるために、せん断力の合力が通過しなければならない特定の点、つまり、断面にねじりを生じないせん断力の作用点を、せん断中心（SC）と呼びます（右図を参照）。

断面主軸とは、断面の図心を通る直交2軸のうち、その軸に対する断面二次モーメントが最小・最大となる組の軸をいいます。このとき、最大となる軸を**強軸**、最小となる軸を**弱軸**といいます。

断面性能とは、部材の断面形状による負担能力の程度を比較するための尺度をいいます。

断面計算とは、構造計算の分野の1つで、曲げモーメント、軸方向力、せん断力等の応力に対して、安全であるような部材断面を決定するために行う計算です。すなわち、応力計算より得られる応力を組み合わせ、断面部材がそれに抵抗できるように、その断面の大きさや材料強度などを設計することをいうのです。

断面の諸定数

断　　面	(円)	(長方形)	(I・C形)	(箱形)
断　面　積 A （cm²）	$A=\dfrac{\pi d^2}{4}$ $\fallingdotseq 0.785\,d^2$	$A=bh$	$A=bh-b_0\,h_0$	$A=bh$
重心軸から縁 までの距離 $y_1,\ y_2$ （cm）	$y_1=y_2=\dfrac{d}{2}$	$y=h$	$y_1=y_2=\dfrac{h}{2}$	$y_1=y_2=\dfrac{h}{2}$
断　面　二　次 モ ー メ ン ト I （cm⁴）	$I=\dfrac{\pi d^4}{64}$ $\fallingdotseq 0.049\,d^4$	$I=\dfrac{bh^3}{3}$	$I=\dfrac{bh^3-b_0\,h_0^3}{12}$	$I=\dfrac{bh^3}{12}$
断　面　係　数 Z （cm³）	$Z=\dfrac{\pi d^3}{32}$ $\fallingdotseq 0.098\,d^3$	—	$Z=\dfrac{bh^3-b_0\,h_0^3}{6\,h}$	$Z=\dfrac{bh^2}{6}$
断面二次半径 i （cm）	$i=\dfrac{d}{4}$	$i=\dfrac{h}{\sqrt{3}}$ $\fallingdotseq 0.577\,h$	$i=\sqrt{\dfrac{bh^3-b_0\,h_0^3}{12\,(bh-b_0\,h_0)}}$	$i=\dfrac{h}{\sqrt{12}}$ $\fallingdotseq 0.289\,h$

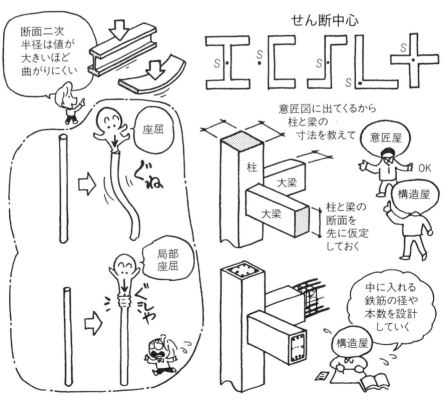

せん断中心

断面二次半径は値が大きいほど曲がりにくい

座屈

局部座屈

意匠図に出てくるから柱と梁の寸法を教えて

意匠屋

OK

構造屋

柱

大梁

大梁

柱と梁の断面を先に仮定しておく

中に入れる鉄筋の径や本数を設計していく

構造屋

材料力学

83 応力度に関する用語Ⅰ

応力度とは、部材に外力が働く場合、ある断面に働く応力（抵抗力）の単位面積当たりの大きさをいい、単位は N/cm²、N/mm²、kN/m² などが用いられ、次のように分けられます。

①**垂直応力度（軸応力度）** σ は、軸方向力 N を部材の断面積 A で除したものをいう。

$$\sigma = \frac{N}{A}$$

なお、N が圧縮力なら**圧縮応力度**、引張力なら**引張応力度**という。

②**せん断応力度** τ は、せん断力 Q を部材の断面積 A で除したものをいう。

$$\tau = \frac{k \cdot Q}{A}$$

このとき、k は
単純せん断では $k = 1$、
長方形断面の梁では $k = \dfrac{3}{2}$、
円形断面では $k = \dfrac{4}{3}$ である。

③**曲げ応力度** σ_b は、曲げモーメント M を部材の断面係数 Z で除したものをいう。

$$\sigma_b = \frac{M}{Z}$$

そして、軸方向力と曲げモーメントが同時に作用するときの応力度を**組合せ応力度**といい、垂直応力度

と曲げ応力度を組み合わせて求めます。

部材の断面方向にねじりモーメント M_T が作用する時、**ねじり応力度**（せん断応力度）が生じます。ねじり応力度は断面のねじり中心で 0 で、周辺に向かって大きくなり、縁で最大となります。

応力度の合成について次の点を理解してください。

実際の部材には複数の応力が同時に作用しているのが普通です。したがって、それぞれの応力によって生じる応力度を足し合わせて考える必要があります。特に部材断面に垂直に生じる圧縮（引張）応力度と曲げ応力度の合成は重要です（次項で詳しく説明します）。

$$\sigma = \frac{N}{A} + \frac{M}{Z}$$

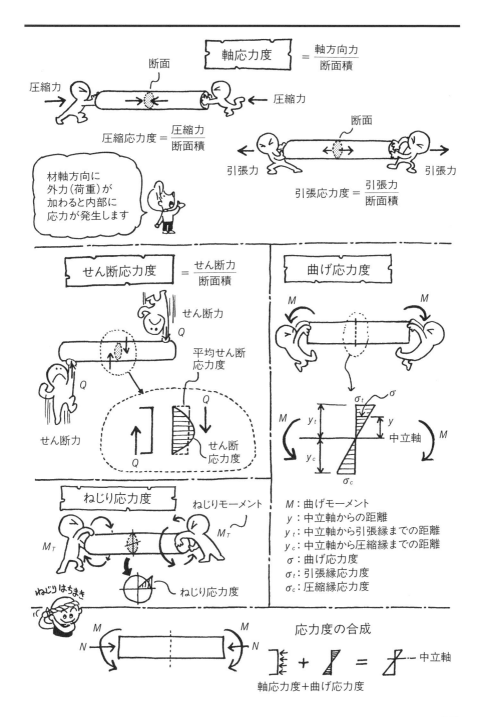

軸応力度 $= \dfrac{軸方向力}{断面積}$

断面

圧縮力　圧縮力

圧縮応力度 $= \dfrac{圧縮力}{断面積}$

断面

引張力　引張力

引張応力度 $= \dfrac{引張力}{断面積}$

材軸方向に
外力（荷重）が
加わると内部に
応力が発生します

せん断応力度 $= \dfrac{せん断力}{断面積}$

せん断力

Q

平均せん断
応力度

Q

Q

せん断
応力度

せん断力

曲げ応力度

M　M

σ_t　σ

y_t　y
中立軸

M　　M

y_c

σ_c

ねじり応力度

ねじりモーメント

M_T

M_T

ねじりはちまき

ねじり応力度

M：曲げモーメント
y：中立軸からの距離
y_t：中立軸から引張縁までの距離
y_c：中立軸から圧縮縁までの距離
σ：曲げ応力度
σ_t：引張縁応力度
σ_c：圧縮縁応力度

M　　M

N　　N

応力度の合成

中立軸

軸応力度＋曲げ応力度

173

材料力学

84 応力度に関する用語Ⅱ

軸方向力と曲げモーメントが作用する場合の応力度に関しては、次の点をよく理解してください。

①圧縮力などの軸方向力 N と曲げモーメント M を同時に受ける部材は、軸方向力が作用したときの応力度 $\sigma_c (= \dfrac{N}{A})$ と曲げモーメントが作用したときの応力度 $\sigma_b (= \dfrac{M}{Z})$ を合成して、次式から求める。

$$\sigma_{max} = \left| \frac{N}{A} \pm \frac{M}{Z} \right| \quad \cdots (1)$$

このとき、σ_c と σ_b の大小関係から、応力度は右図の3通りのパターンがある。

②軸方向力による圧縮応力度と曲げによる引張応力度が等しい場合は、一方の応力度が0となり、断面に引張が生じない限界を示している。

偏心荷重を受ける場合の応力度について、次の点を理解しましょう。

①荷重が断面の図心と一致せず、e の間隔がある場合、この荷重を**偏心荷重**といい、e を**偏心距離**という。

②一方向に偏心する場合は (1) の式で求めることができるが、二方

向に偏心する場合は次式で求める。

$$\sigma_{max} = \left| \frac{N}{A} \pm \frac{M_x}{Z_x} \pm \frac{M_y}{Z_y} \right| \quad \cdots (2)$$

③この場合の曲げモーメントは、$M = N \cdot e$ で求める。

④偏心荷重 N が、断面の図心から偏心方向の断面の長さの $\dfrac{1}{6}$ 以内にあれば、断面には引張応力は生じない。

⑤断面に引張応力を生じさせない限界である偏心位置を、図心からあらゆる方向について求めた図形が、断面の核である（右図参照）。

応力の組合せ

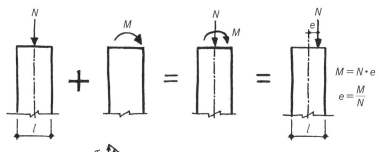

$$\sigma_c = \frac{N}{A}$$

$$\sigma_t = \frac{M}{Z_t}$$

$$\sigma_c = \frac{M}{Z_c}$$

$$\sigma_2 = 0$$

① $\dfrac{N}{A} > \dfrac{M}{Z_t}$ $\left(e < \dfrac{l}{6}\right)$

② $\dfrac{N}{A} = \dfrac{M}{Z_t}$ $\left(e = \dfrac{l}{6}\right)$

③ $\dfrac{N}{A} < \dfrac{M}{Z_t}$ $\left(e > \dfrac{l}{6}\right)$

断面の核

荷重が偏心
したため、ささえ
きれずに倒れた

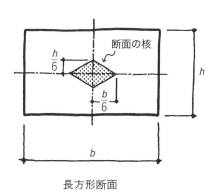

長方形断面

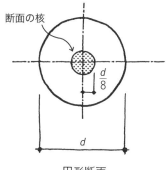

円形断面

材料力学

85 ひずみ度およびヤング係数に関する用語

ひずみ度とは、材料が応力や温度により変形（伸縮）する度合をいい、次の3つに大別されます。

縦ひずみ度 ε とは、材軸方向のひずみ量 $\triangle l$ を元の長さ l で除したものをいいます。

$$\varepsilon = \frac{\triangle l}{l} \quad （無名数）$$

横ひずみ度 ε_d は材軸と直角方向のひずみ量 $\triangle d$ を元の幅 d で除したものです。

$$\varepsilon_d = \frac{\triangle d}{d} \quad （無名数）$$

せん断ひずみ度 γ はせん断力を受ける部材が $\triangle s$ だけずれを生じて変形するときの角変化をいいます。

$$\gamma = \frac{\triangle s}{l} \quad （無名数）$$

フックの法則とは、**弾性体**（材料）にあってひずみ度と応力度が比例するという法則です。すなわち、弾性範囲内では垂直応力度 σ は縦ひずみ度 ε に正比例するという**フックの法則**が成り立ちます。このときの比例定数を**ヤング係数**といい、E で表します。

$$E = \frac{\sigma}{\varepsilon} \quad （\text{N/mm}^2）$$

同一応力度では、ヤング係数が大きい材ほど、ひずみ度は小さくなります。

ポアソン比とは、部材に生ずる横ひずみ度と縦ひずみ度との比（$\varepsilon_d / \varepsilon$）をいい、ポアソン比の逆数を**ポアソン数**といいます。ポアソン比は材料ごとに一定で鋼材は 0.3、コンクリートでは 0.17 です。

ヤング係数に関しては、次の点について理解しておきましょう。

垂直応力度により生じる垂直ひずみ度の関係式は、

$$\sigma = E\varepsilon$$

で表し、E をヤング係数または弾性係数と呼び、単位は N/mm² です。

$$E = \frac{\sigma}{\varepsilon} = \frac{N}{A} \cdot \frac{l}{\triangle l}$$

コンクリートのヤング係数は、通常 2.1×10^4 N/mm²、鋼材のヤング係数は 2.1×10^5 N/mm²、木材（杉）のヤング係数は 0.7×10^4 N/mm² です。

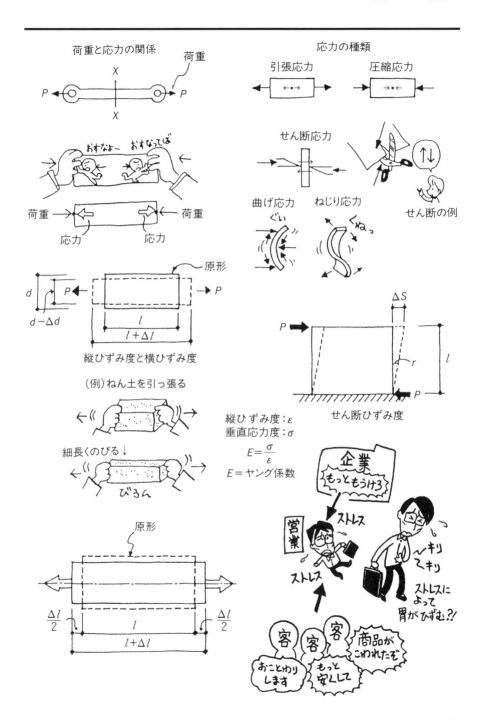

荷重と応力の関係

荷重

応力の種類

引張応力　圧縮応力

おすなよ〜　おすなってば

荷重→　←荷重

応力　応力

せん断応力

曲げ応力　ねじり応力

ぐい　くね

せん断の例

原形

d

P　P

$d-\Delta d$

l

$l+\Delta l$

縦ひずみ度と横ひずみ度

ΔS

P

r　l

P

せん断ひずみ度

（例）ねん土を引っ張る

細長くのびる↓

びろん

縦ひずみ度：ε
垂直応力度：σ

$$E=\frac{\sigma}{\varepsilon}$$

$E=$ヤング係数

企業

もっともうけろ

営業　ストレス

ストレス

キリ
キリ

ストレスに
よって
胃がひずむ?!

原形

$\dfrac{\Delta l}{2}$　$\dfrac{\Delta l}{2}$

l

$l+\Delta l$

客　客　客　商品が
こわれたぞ

おことわり
します　もっと
安くして

構造力学

86　梁の変形に関する用語

たわみδとは、構造物が荷重を受けて変化するときの変位量（単位はcm）で、材軸に垂直に表れるもの、すなわち、外力によって部材がわん曲する直角方向の変位量をいいます。符号は下向きの変位を正（+）、上向きを負（−）とします。部材軸方向の変位量は、**伸**(の)**び**または**縮**(ちぢ)**み**といいます。

梁(はり)**のたわみ**とは、梁の元の材軸の位置に対する変位をいい、

①スパンlの3乗に比例し、断面二次モーメントIとヤング係数Eに反比例する。

②単純梁及び片持ち梁に集中荷重及び等分布荷重が作用した場合のたわみ・たわみ角は、右図のようになる。

たわみ角(かく)θとは、部材が外力等によって変位したとき、曲線上のある点で変形曲線(へんけいきょくせん)に引いた接線と変形前の材軸とのなす角、すなわち、わん曲後、ある点で引いた接線が元の材軸とのなす角をいいます。符号は時計回りを正（+）、反時計回りを負（−）とします。

梁(はり)**のたわみ角**(かく)は、スパンlの2乗に比例し、断面二次モーメントIとヤング係数Eに反比例します。

モールの定理(ていり)とは、静定梁のたわみを求める方法のひとつで、梁の曲げモーメントをEIで除したものを仮想荷重と考えたとき、たわみは各点の曲げモーメントの値になり、たわみ角は各点のせん断力の値になるというものです。ただし、片持ち梁の場合は、仮想荷重を左右反転させます（右図参照）。したがって、①単純梁の各点のたわみδ、たわみ角θは、各点の$\dfrac{M}{EI}$を仮想荷重とみなしたときの曲げモーメント及びせん断力に等しい。②片持ち梁の各点のたわみδ、たわみ角θは、各点の$\dfrac{M}{EI}$を仮想荷重とみなして、その自由端と固定端を取り替えたときの曲げモーメント及びせん断力に等しい。

たわみを求める方法には、モールの定理のほかに、微分方程式による解法があります。

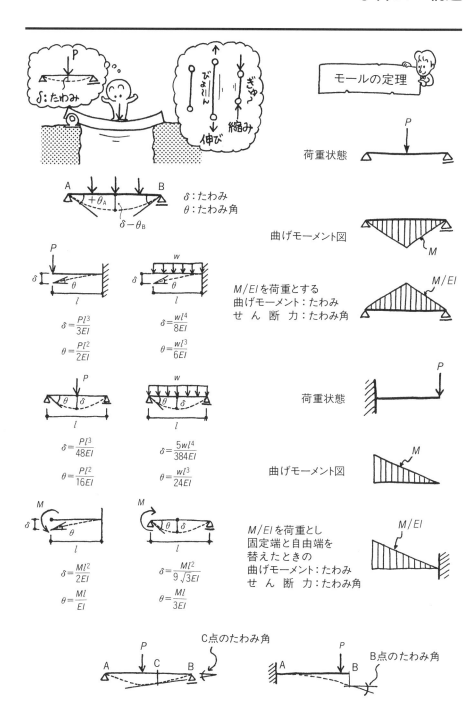

モールの定理

δ：たわみ
θ：たわみ角

$$\delta = \frac{Pl^3}{3EI}$$
$$\theta = \frac{Pl^2}{2EI}$$

$$\delta = \frac{wl^4}{8EI}$$
$$\theta = \frac{wl^3}{6EI}$$

$$\delta = \frac{Pl^3}{48EI}$$
$$\theta = \frac{Pl^2}{16EI}$$

$$\delta = \frac{5wl^4}{384EI}$$
$$\theta = \frac{wl^3}{24EI}$$

$$\delta = \frac{Ml^2}{2EI}$$
$$\theta = \frac{Ml}{EI}$$

$$\delta = \frac{Ml^2}{9\sqrt{3}EI}$$
$$\theta = \frac{Ml}{3EI}$$

荷重状態

曲げモーメント図

M/EI を荷重とする
曲げモーメント：たわみ
せ ん 断 力：たわみ角

荷重状態

曲げモーメント図

M/EI を荷重とし
固定端と自由端を
替えたときの
曲げモーメント：たわみ
せ ん 断 力：たわみ角

C点のたわみ角

B点のたわみ角

179

構造力学

87 不静定梁に関する用語

支点とは、構造物を支える部分、すなわち、構造物を地盤または他の構造物と連結する点をいい、力学的には理想化して用い、固定端（固定支持）・移動端（ローラー支持）・回転端（ピン支持）に分けられます。

支点では建物の荷重が作用し、その反作用として反力が働きます。そしてその支点では作用する荷重と反力が必ず釣り合っています。

不静定梁の解法については次の点をよく理解しておきましょう。

①不静定梁などの不静定構造物は、力のつりあい条件式のみで反力や応力を求めることができないので、部材の変形も考え合わせて反力や応力を求める。②不静定梁の解法は、モールの定理を活用して、まず未知反力の1つを求め、次に他の反力と応力を求める。

不静定梁の解法：その1（一端固定他端移動の不静定梁の解法）は、一端固定他端移動の梁をたわみを活用して解いてみます。右図(a)において、A点は移動端で、上下の移動ができないのでたわみは0（$\delta_A = 0$）と

なります。この梁を図(b)、図(c)の2つについて分けて考えます。図(b)において、A点のたわみは$\delta_{A1} = \dfrac{wl^4}{8EI}$となり、図(c)において、A点のたわみは$\delta_{A2} = -\dfrac{V_A l^3}{3EI}$となります。このとき、$\delta_A = 0$より、$\delta_{A1} + \delta_{A2} = 0$が成り立ち、計算の結果、$V_A = \dfrac{3wl}{8}$が算出され、未知反力が3つになることによって、静定構造物と同様に、$\Sigma X = 0$、$\Sigma Y = 0$、$\Sigma M = 0$を活用して他の反力及び応力を求めることができます。

不静定梁の解法：その2（両端固定梁の解法）は、両端固定梁をたわみ角を活用して解いてみます。右図(d)において、A点は固定端であるからたわみ角は0（$\theta_A = 0$）となります。この梁を図(e)、図(f)の2つに分けて考えます。図(e)において、A点のたわみ角$\theta_{A1} = \dfrac{Pl^2}{16EI}$となり、図(f)において、A点のたわみ角は$\theta_{A2} = -\dfrac{M_A l}{2EI}$となります。このとき、$\theta_A = 0$より、$\theta_{A1} + \theta_{A2} = 0$が成り立ち、計算の結果、$M_A = \dfrac{Pl}{8}$が求まります。

支点	支点構造	記号	反力
移動端（ローラー） 支持台に平行移動も回転も自由。垂直移動は不可。反力は常に支持台に垂直方向のみ生じる	置いてるだけ	移動端 （ローラー）	反力数＝1
回転端（ヒンジ・ピン） 回転は自由。支持台に垂直・水平移動は不可。反力は作用した力と同じ方向（垂直・水平の2方向に分解）	くる くる	回転端 （ピン）	反力数＝2
固定端（フィックス） 支持台に垂直・水平移動も回転も不可。反力は回転を止める支持モーメントが加わり3となる	ガッシリ	固定端 （フィックス）	反力数＝3

一端固定他端移動の不静定梁の解法

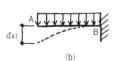

(a)

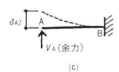

(b)

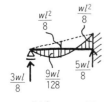

(c)

移動端Aのたわみは0である

$\therefore \delta_A = 0$

$\delta_{A1} = \dfrac{wl^4}{8EI}$ (+)

$\delta_{A2} = \dfrac{V_A l^3}{3EI}$ (−)

$\delta_A = \delta_{A1} + \delta_{A2} = 0$

よって、

$\dfrac{wl^4}{8EI} = \dfrac{V_A l^3}{3EI}$

$\therefore V_A = \dfrac{3wl}{8}$

δ_{A1}

δ_{A2}

V_A（余力）

曲げモーメント図

$\dfrac{wl^2}{8}$ $\dfrac{wl^2}{8}$

$\dfrac{3wl}{8}$ $\dfrac{9wl}{128}$ $\dfrac{5wl}{8}$

両端固定梁の解法

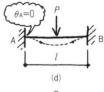

(d)

(e)

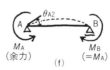

(f)

$\theta_A = 0$

固定端Aのたわみ角は0である

$\therefore \theta_A = 0$

$\theta_{A1} = \dfrac{Pl^2}{16EI}$ (+)

$\theta_{A2} = \dfrac{M_A l}{2EI}$ (−)

$\theta_A = \theta_{A1} + \theta_{A2} = 0$

よって、

$\dfrac{Pl^2}{16EI} = \dfrac{M_A l}{2EI}$

$\therefore M_A = \dfrac{Pl}{8}$

θ_{A1}

θ_{A2}

M_A（余力） M_B（＝M_A）

曲げモーメント図

$\dfrac{Pl}{8}$ $\dfrac{Pl}{8}$

$\dfrac{Pl}{4}$ $\dfrac{Pl}{8}$

構造力学

88 不静定ラーメンに関する用語Ⅰ

剛度 K は、部材の曲げにくさを表すもので、この値が大きくなるほど曲げにくくなります。剛比 k は、各部材の剛度 K を標準剛度 K_0 で除した比として表し、基準部材に対する各部材の曲げにくさ、たわみにくさの割合を表しています。このとき、標準剛度 K_0 は、基準部材の剛度で、一般には、骨組構成部材の中でも最も小さい剛度を用いることが多いです。

$$剛度 K = \frac{断面二次モーメント I}{部材の長さ l} (cm^3)$$

$$剛比 k = \frac{その部材の剛度 K}{標準剛度 K_0} (無次元)$$

水平力が作用するラーメンについては、次の点をよく理解してください（右図参照）。

①水平荷重が柱に分配され、柱のせん断力となる。剛比の大きい柱に多くの水平力が配分される。柱の条件が同じならば、上下に接合されている梁の剛比の大小によって配分される。一般に、外柱の Q＜内柱の Q となる。

②水平荷重が作用する柱脚固定ラーメンの第一層の柱の反曲点は、中央より上部に生ずる。したがって、柱脚の M＞柱頭の M となる。

③外柱の軸方向力 N は、梁のせん断力 Q を上階から順次加えた値とし、内柱の軸方向力 N は、その柱の柱頭に接合されている左右の梁のせん断力 Q の差を上階から順次加えた値とする。

水平剛性と柱の負担せん断力に関しては、次の点を理解しましょう（右図参照）。

①各柱の負担せん断力 Q は、各柱の水平剛性 K に比例する。

②水平剛性 K は、右表のように、曲げ剛性 EI が一定ならば、柱の長さ h の 3 乗に反比例する。

③水平変位 $\delta = \frac{Q}{K}$ より、水平剛性が大きくなると δ は小さくなる。

④両端固定の場合の柱頭の水平変位 δ は先端に集中荷重 Q を受ける長さ $\frac{h}{2}$ の片持ち梁の最大たわみの 2 倍の値として計算する。

$$\delta = Q \times \frac{\left(\frac{h}{2}\right)^3}{3EI} \times 2 = \frac{Qh^3}{12EI}$$

水平力が作用するラーメン

①柱のせん断力

$$\begin{cases} P_2 = Q_{DG} + Q_{EH} + Q_{FI} \\ P_2 + P_1 = Q_{AD} + Q_{BE} + Q_{CF} \end{cases}$$

$P_2 = 0$、$P_1 = 0$のときは

$$\begin{cases} Q_{DG} + Q_{EH} + Q_{FI} = 0 \\ Q_{AD} + Q_{BE} + Q_{CF} = 0 \end{cases}$$

②柱のせん断力と曲げモーメント
　の関係

$$\begin{cases} M_{AD} = Q_{AD} \times y_{01} \\ M_{DA} = Q_{AD} \times (h_1 - y_{01}) \end{cases}$$

$$\begin{cases} M_{DG} = Q_{DG} \times y_{02} \\ M_{GD} = Q_{DG} \times (h_2 - y_{02}) \end{cases}$$

● 第1層では、通常、$M_{AD} > M_{DA}$となる

● $Q_{AD} = \dfrac{M_{AD} + M_{DA}}{h_1}$ が成り立つ

③柱の曲げモーメントと梁の曲げ
　モーメントの関係

● 柱のMを梁の剛比に比例して配分
● G節点　$M_{GD} = M_{GH}$
● D節点　$M_{DA} + M_{DG} = M_{DE}$
● H節点　$M_{HE} = M_{HG} + M_{HI}$
● E節点　$M_{EB} + M_{EH} = M_{ED} + M_{EF}$

④梁の曲げモーメントと
　せん断力の関係

● $Q_{GH} = \dfrac{M_{GH} + M_{HG}}{l_1}$

● $Q_{EF} = \dfrac{M_{EF} + M_{FE}}{l_2}$

⑤梁のせん断力と柱の軸方向力
　の関係

● $N_{DG} = Q_{GH}$
● $N_{FI} = Q_{HI}$
● $N_{EH} = |\, Q_{GH} - Q_{HI}\,|$
● $N_{AD} = N_{DG} + Q_{DE} = Q_{GH} + Q_{DE}$
● $N_{CF} = N_{FI} + Q_{EF} = Q_{HI} + Q_{EF}$
● $N_{BE} = N_{EH} + |\, Q_{DE} - Q_{EF}\,|$
● 左右の梁のせん断力が等しい
　場合は、中柱の軸方向は0となる

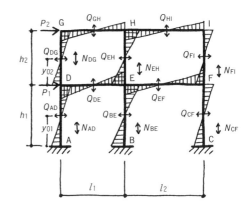

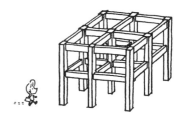

水平剛性と柱の負担せん断力

支持条件	両端固定	1端固定、他端ピン
変　形		
変　位	$\delta = \dfrac{Qh^3}{12\,EI}$	$\delta = \dfrac{Qh^3}{3\,EI}$
水平剛性	$K = \dfrac{12\,EI}{h^3}$	$K = \dfrac{3\,EI}{h^3}$

構造力学

89 不静定ラーメンに関する用語Ⅱ

節点方程式とは、ラーメンの節点における各材端モーメントの釣合い方程式で、節点に外力モーメントが直接加わるときはこれも含み、たわみ角法の主要算式の1つです。すなわち、右上図のようなある骨組中の節点 A にモーメント荷重 M が作用すると、A 点に集まる部材には材端モーメントが生じて釣合います。この式を**節点方程式**といいます。また、右中図のような水平荷重（層せん断力）が作用している門形ラーメンを仮に切断し、切断面に水平せん断力と材端モーメントが作用している①と②の部分に分けます。①の部分について $\Sigma X = 0$ を活用して得られる式を**層方程式（せん断力方程式）**といいます。このとき、各層の層せん断力は、各層の各柱の負担せん断力の和に等しくなります。②の部分について $\Sigma M = 0$ より、せん断力と曲げモーメントの関係式が得られます。

固定モーメント法（固定法、モーメント分配法）とは、ラーメンの実用漸近解法で、材端を拘束して生じる節点の不均衡モーメントに逆モーメントを与えて解除し、分配モーメントを他材端に伝達させる操作を繰り返して、骨組の曲げモーメント分布を求める方法です。

このとき、節点の材端を固定したときに生じるモーメントを**固定端モーメント**、その総和を**不釣合いモーメント**、不釣合いモーメントの逆向きのものを**解放モーメント**といいます。解放モーメントを節点に集まる部材の剛比によって各材に分けたものを**分配モーメント**といい、その他端が固定の場合、その $\frac{1}{2}$ を他端の**到達モーメント**とします。

すなわち、右図 (a) のラーメンを解くには、図 (b) の A 端に不釣合いモーメントを作用させて固定端とし、次に、図 (c) のように符号を逆にした解放モーメントを作用させて節点を解放し、モーメントを各部材に配分し、加え合わせると M 図は図 (d) のようになります。

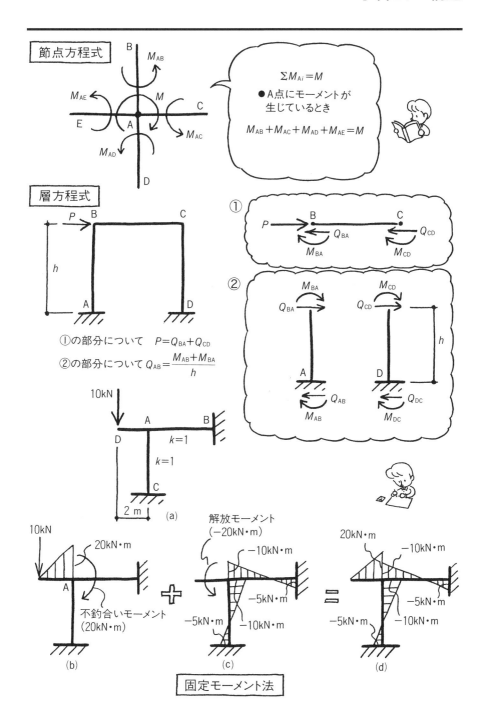

節点方程式

$$\Sigma M_{Ai} = M$$

● A点にモーメントが
生じているとき

$$M_{AB} + M_{AC} + M_{AD} + M_{AE} = M$$

層方程式

①

②

①の部分について $P = Q_{BA} + Q_{CD}$

②の部分について $Q_{AB} = \dfrac{M_{AB} + M_{BA}}{h}$

10kN

$k=1$

$k=1$

2 m (a)

解放モーメント
(−20kN・m)

10kN

20kN・m

不釣合いモーメント
(20kN・m)

(b)

$+$

−10kN・m

−5kN・m

−5kN・m −10kN・m

(c)

$=$

20kN・m

−10kN・m

−5kN・m

−5kN・m −10kN・m

(d)

固定モーメント法

構造力学

90　不静定ラーメンに関する用語Ⅲ

　ラーメンの基本（きほん）としては、次の内容をよく理解しておきましょう。

　鉛直荷重を受ける単ラーメンの梁の剛比 k が大きくなると、相対的に柱の剛比が小さくなることにより、梁端部の M は小さく、中央部の M は大きくなります。これは、梁端部と中央部の曲げモーメントの和は一定であり、梁端部の M が小さくなれば中央部の M は大きくなり、その和は、中央集中荷重の場合 $\frac{Pl}{4}$、等分布荷重の場合 $\frac{wl^2}{8}$ となります。また、梁の k が小さくなると、柱のせん断力は大きくなります。軸方向力は剛比 k とは無関係です。柱の反曲点の高さは、階高 h の $\frac{1}{3}$ です。水平荷重を受ける場合は、層方程式より、

$$P = Q_1 + Q_2、Q_1 = Q_2$$

の関係が成り立ちます。梁の k が小さくなると、柱の反曲点が上にあがり、梁端の M 及び Q は小さくなり、柱の N も小さくなります。柱の Q は、梁の k に無関係です。柱の反曲点高さは、中央より上です。したがって、柱脚の M の方が柱頭の M より大き

くなります。なお、梁が剛体の場合の反曲点は柱の中央にきます。

　不静定次数（ふせいていじすう）とは、判別式の m の値で、不静定力の数を示すものです。すなわち、構造物が静定であるか不静定であるかは不静定次数を計算することによって判別することができます。

　不静定次数が 0 のときは静定構造で、＋のときは不静定構造となります。また、－のときは、不安定構造となり、構造物として成り立っていないことを示します。

　不静定次数は次の計算式で求められます。

　　不静定次数＝
　　　（支点と節点の次数の合計）－
　　　（部材数の 3 倍）
　ここで、
　　固定支持点及び剛節点の次数　　3
　　ピン支持点及びピン節点の次数　2
　　ローラー支持点の次数　　　　　1
　とします。

鉛直荷重時ラーメン

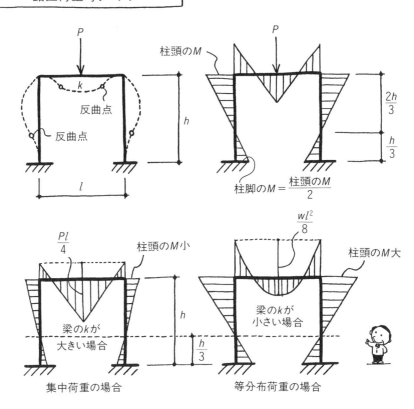

柱頭のM

反曲点

反曲点

P

h

l

柱頭のM

$\dfrac{2h}{3}$

$\dfrac{h}{3}$

柱脚の$M = \dfrac{柱頭のM}{2}$

$\dfrac{Pl}{4}$

柱頭のM小

梁のkが大きい場合

h

$\dfrac{h}{3}$

集中荷重の場合

$\dfrac{wl^2}{8}$

柱頭のM大

梁のkが小さい場合

等分布荷重の場合

水平荷重時ラーメン

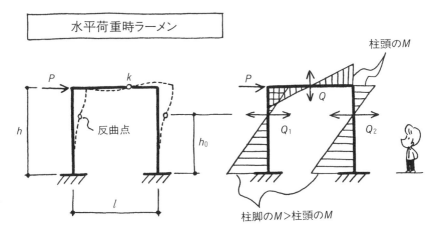

P

k

反曲点

h

l

h_0

柱頭のM

P

Q

Q_1

Q_2

柱脚のM＞柱頭のM

187

91 不静定ラーメンに関する用語Ⅳ

D 値法とは、水平荷重時（地震力など）のラーメンの略算法のひとつです。ラーメンの柱や壁のせん断力分布係数を D 値とすることから D 値法と呼ばれています。

D 値は、次の手順で求めます。

①柱・梁の剛性から剛比を求める。

②右頁の図より、各階の a の値を求める。

③ a の値に柱の剛比 k_c を乗じて D 値を求める。

$$D = a k_c$$

水平力がラーメンに作用すると、層せん断力（水平荷重の和）は水平剛性に基づいて柱に配分され、**柱のせん断力**となります。その配分は、柱の剛比が大きいほど、上下に接合されている梁の剛比が大きいほど、多く配分されます。

柱のせん断力 Q は次式で求めます。

$$Q = その階の層せん断力 \times \frac{D}{\Sigma D}$$

D：各柱の D 値

ΣD：その階の D 値の和

柱のせん断力 Q が求まると、その

Q に反曲点高さを乗じて**柱脚の** M を求め、また、その Q に階高から反曲点高さを差し引いた高さを乗じて**柱頭の** M を求めます。

梁の曲げモーメントは、柱頭、柱脚の M を梁の剛比に応じて配分して求めます。

①G 節点では、柱の M がそのまま、梁の M になる。

②H 節点では、梁の剛比が等しければ、柱の M を二等分して、梁の M とする。

③D 節点では、柱頭の M と柱脚の M の和が梁の M となる。

④E 節点では、梁の剛比が等しければ、柱頭の M と柱脚の M の和を二等分して、梁の M とする。

梁のせん断力 Q を、梁の左端の M と右端の M の和をスパンで除して求めます。

柱の**軸方向力 N** は、外柱については、梁のせん断力 Q の累加合計となり、内柱については、その左右両側の梁のせん断力 Q の差の累加合計となります。左右の梁の Q が等しいときは、中柱の N は 0 となります。

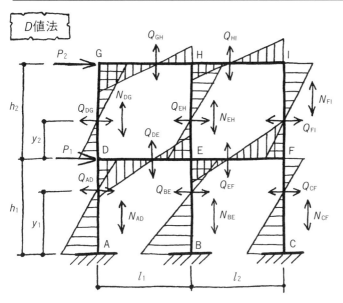

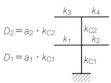

$D値の求め方$

$$D_2 = a_2 \cdot k_{C2}$$

$$D_1 = a_1 \cdot k_{C1}$$

$$a_1 = \frac{0.5 + \overline{k}}{2 + \overline{k}} \quad ただし、$$

$$\overline{k} = \frac{k_1 + k_2}{k_{C1}}$$

$$a_2 = \frac{\overline{k}}{2 + \overline{k}} \quad ただし、$$

$$\overline{k} = \frac{k_1 + k_2 + k_3 + k_4}{2k_{C2}}$$

①柱のせん断力（層方程式より）

$$P_2 = Q_{DG} + Q_{EH} + Q_{FI}$$
$$P_2 + P_1 = Q_{AD} + Q_{BE} + Q_{CF}$$

②柱のせん断力と曲げモーメントの関係

$$M_{AD} = Q_{AD} \times y_1$$
$$M_{DA} = Q_{AD} \times (h_1 - y_1)$$
$$M_{DG} = Q_{DG} \times y_2$$
$$M_{GD} = Q_{DG} \times (h_2 - y_2)$$

第1層では、通常、

$M_{AD} > M_{DA}、M_{BE} > M_{EB}、M_{CF} > M_{FC}$ となる

③柱の曲げモーメントと梁の曲げモーメントの関係

● 柱のMを梁の剛比に基づいて配分する

G節点　$M_{GD} = M_{GH}$

D節点　$M_{DG} + M_{DA} = M_{DE}$

H節点　$M_{HE} = M_{HG} + M_{HI}$

E節点　$M_{EH} + M_{EB} = M_{ED} + M_{EF}$

④梁の曲げモーメントとせん断力の関係

$$Q_{GH} = \frac{M_{GH} + M_{HG}}{l_1}$$

$$Q_{EF} = \frac{M_{EF} + M_{FE}}{l_2}$$

⑤梁のせん断力と柱の軸方向力の関係

2階の外柱　$N_{DG} = Q_{GH}$
　　　　　　$N_{FI} = Q_{HI}$

2階の内柱　$N_{EH} = |Q_{GH} - Q_{HI}|$

1階の外柱　$N_{AD} = N_{DG} + Q_{DE}$
　　　　　　$N_{CF} = N_{FI} + Q_{EF}$

1階の内柱　$N_{BE} = N_{EH} + |Q_{DE} - Q_{EF}|$

189

構造力学

92 座屈に関する用語

座屈とは、細長い棒状材が圧縮力を受けて材軸と直角方向に急に曲がりだしてしまう現象をいいます。座屈には、柱などの圧縮力を受ける部材の**曲げ座屈**、せいの高い梁などの曲げを受ける部材に見られる**横座屈**があります。

座屈は、断面二次モーメントまたは断面二次半径が最も小さい主軸、いわゆる弱軸回りに生じ、この軸を**座屈軸**といい、座屈軸に直角方向を**座屈方向**といいます。また、細長比が大きいほうの軸が座屈軸となります。

圧縮材が座屈を生じうる最小の荷重、つまり座屈して曲がり出し、それ以上の荷重増加に耐えられなくなるときの限界荷重を**弾性座屈荷重**といいます。弾性座屈荷重（N_k）は柱がわずかに湾曲した状態で釣合うときの荷重として、数学的に次式の解が与えられています。

$$N_k = \pi^2 \frac{E \cdot I}{l_k{}^2} \text{〔N〕}$$

l_k：柱の座屈長さ

E：主材のヤング係数

I：柱の断面二次モーメント

上式により、弾性座屈荷重は座屈長さの2乗に反比例し、ヤング係数、断面二次モーメントに正比例することがわかります。上式を**オイラー式**といいます。オイラー式は、両端ピンの材長をもとにしていますので、支持条件が異なる場合は座屈長さ l_k に修正して用います。

圧縮材の弾性座屈荷重を材の断面積で割った値を**弾性座屈応力度**といいます。

座屈長さとは、与えられた圧縮材と同じ断面を、同じ座屈荷重をもつ両端ピン支持の圧縮材を考えたとき、後者の材長を前者の座屈長さといいます。与えられた圧縮材の材長を l とすれば、座屈長さ l_k は次のように表されます。

①一端固定、他端自由のとき：$l_k = 2l$

②両端ピン支持のとき：$l_k = l$

③一端固定、他端ピンのとき：$l_k \fallingdotseq 0.7l$

④両端固定のとき：$l_k = 0.5l$

座屈長さを弱軸回りの断面二次半径で割った値を**有効細長比**といいます。

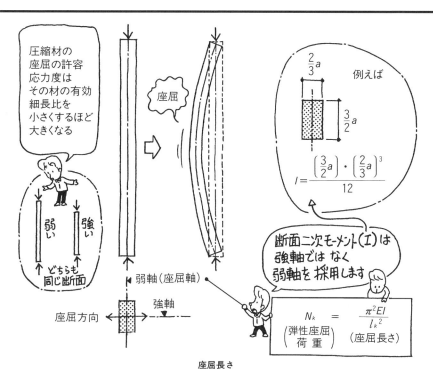

圧縮材の座屈の許容応力度はその材の有効細長比を小さくするほど大きくなる

座屈

どちらも同じ断面

弱い　強い

座屈方向　弱軸（座屈軸）　強軸

例えば

$\frac{2}{3}a$

$\frac{3}{2}a$

$I = \dfrac{\left(\frac{3}{2}a\right) \cdot \left(\frac{2}{3}a\right)^3}{12}$

断面二次モーメント(I)は強軸ではなく弱軸を採用します

$$N_k = \frac{\pi^2 EI}{l_k{}^2}$$

（弾性座屈荷重）　（座屈長さ）

座屈長さ

移動に対する条件	固 定			自 由	
回転に対する条件	両端自由	両端固定	1端自由 他端固定	両端固定	1端自由 他端固定
座　屈　形	l	l	l	l	l
l_k 理論値	l	$0.5\,l$	$0.7\,l$	l	$2\,l$
l_k 推奨値	l	$0.65\,l$	$0.8\,l$	$1.2\,l$	$2.1\,l$

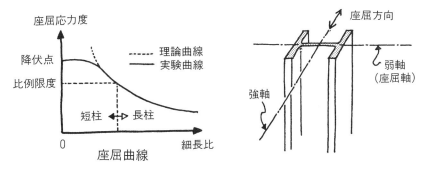

座屈応力度

降伏点

比例限度

理論曲線

実験曲線

短柱　長柱

0　細長比

座屈曲線

座屈方向

弱軸（座屈軸）

強軸

構造力学

93 振動、崩壊メカニズムなどに関する用語

振動モードとは、構造物や部材が振動しているとき、同時刻における振動分布をいい、通常は各次数の基準振動形や刺激関数の形で示されるものを代表としています。

振動と固有周期については、次の点を理解しておきましょう。

建築物の振動は、一般的には、層の質量を床に集中させ、柱の剛性をバネとした質点系モデルに置き換えて扱います。

①**一質点系の固有周期**は、建物質量(自重)に相当する水平力を加えたときのたわみδの平方根に比例する。また、自重と層高の3乗に比例する。

固有周期 T

$$T = 2\pi\sqrt{\frac{m}{K}} = 2\pi\sqrt{\frac{\delta}{g}}$$

$$= 2\pi\sqrt{\frac{1}{g} \cdot \frac{Wh^3}{3EI}} \text{（秒）}$$

②**高層建築物の一次固有周期**は、実用的には次式から求めることができる。

$T = 0.02h$ （鉄筋コンクリート構造の場合）

$T = 0.03h$ （鉄骨構造の場合）

③**第一次の固有周期**は、すべての層が同じ側に振動し、周期が最も長い。

崩壊メカニズムとは、構造物に必要な数の塑性ヒンジが発生して運動可能となった機構をいいます。すなわち、梁・柱の部材端に塑性ヒンジが生じたと仮定した骨組の状態を崩壊メカニズムとし、仮想仕事式により保有水平耐力の算定を行います。

仮想仕事の原理とは、釣合っている系では、力のなす仮想仕事の総和が0であるという原理で、構造物の変形を求めるときに用いられます。構造物が外力を受けて釣合いを保っているとき、仮想の外力またはその他のなんらかの原因を与えてその釣合い状態から微小な変形(仮想変位)を起こさせたときの、外力のなす仕事を**仮想仕事**といいます。この場合、外力と構造物が得た仮想仕事の総量は0となります。

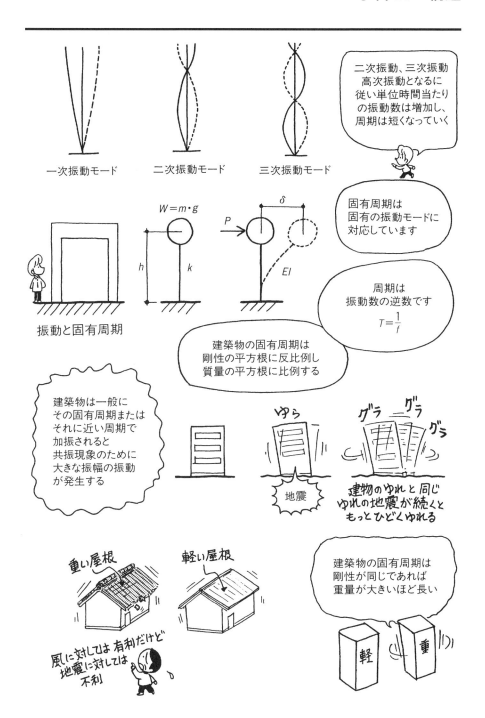

一次振動モード　　二次振動モード　　三次振動モード

二次振動、三次振動
高次振動となるに
従い単位時間当たり
の振動数は増加し、
周期は短くなっていく

$W = m \cdot g$

振動と固有周期

固有周期は
固有の振動モードに
対応しています

周期は
振動数の逆数です
$T = \dfrac{1}{f}$

建築物の固有周期は
剛性の平方根に反比例し
質量の平方根に比例する

建築物は一般に
その固有周期または
それに近い周期で
加振されると
共振現象のために
大きな振幅の振動
が発生する

ゆら

地震

グラ　グラ　グラ

建物のゆれと同じ
ゆれの地震が続くと
もっとひどくゆれる

重い屋根　　軽い屋根

建築物の固有周期は
剛性が同じであれば
重量が大きいほど長い

風に対しては有利だけど
地震に対しては
不利

軽　重

構造設計

94　崩壊メカニズムに関する用語

全塑性モーメント M_p とは、曲げ材の全断面が降伏したと考えて求める抵抗曲げモーメントで、降伏応力と塑性断面積の係数の積で求められます。すなわち、$b \times h$ の長方形断面をもつ梁に曲げモーメントが加わると、当初は弾性状態を示し、応力度分布は中立軸からの距離に比例して直線的に変化します。さらにモーメントを増大させると、最大応力度が降伏応力度に達します。このときのモーメントを**降伏モーメント** M_y といいます。降伏モーメントを超えてモーメントを加えると、降伏が進んで断面は弾塑性状態になります。さらに降伏が進行すると、ついに全断面が降伏応力度 σ_y に達し、これ以上応力を負担できなくなります。その結果、曲げモーメントを維持して回転だけを続ける**塑性ヒンジ**が発生します。このときの曲げモーメントを全塑性モーメントといいます。

全塑性モーメント M_p に達すると節点は M_p の大きさを維持して回転だけを続ける塑性ヒンジとなります。塑性ヒンジが多くなると、建築物は

それ以上の荷重に耐えられなくなり、崩壊メカニズムを形成して不安定となります。このときの荷重を**崩壊荷重**といい、塑性ヒンジとなった各節点を剛な棒状材で結んだものを**崩壊メカニズム**といいます。崩壊荷重を求めるには、**仮想仕事の原理**を適用すると便利です。

①仮想仕事の原理によれば、外力による仕事＝内力による仕事、としている。

②外力による仕事は、外力 P_u とその方向の変位 δ との積で求める。

外力による仕事 W_p

$$W_p = P_u \cdot \delta = P_u \cdot l \; \theta$$

③内力による仕事は、塑性ヒンジに作用するモーメント M_p とその部分の回転角 θ との積の総和で求める。

内力による仕事 W_m

$$W_m = \Sigma \, (M_p \cdot \theta)$$

$$W_p = W_m \; より$$

$$P_u \cdot l \; \theta = \Sigma \, (M_p \cdot \theta)$$

$$\therefore P_u = \frac{\Sigma M_p}{l}$$

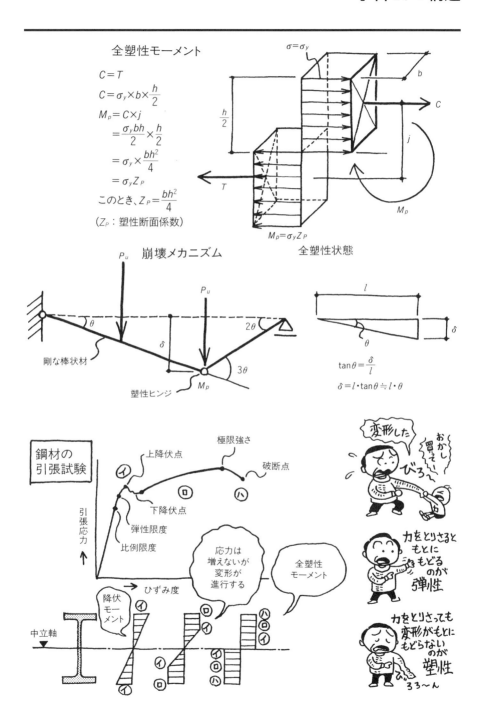

全塑性モーメント

$C = T$

$C = \sigma_y \times b \times \dfrac{h}{2}$

$M_p = C \times j$

$= \dfrac{\sigma_y bh}{2} \times \dfrac{h}{2}$

$= \sigma_y \times \dfrac{bh^2}{4}$

$= \sigma_y Z_P$

このとき、$Z_P = \dfrac{bh^2}{4}$

（Z_P：塑性断面係数）

$\sigma = \sigma_y$

$\dfrac{h}{2}$

b

C

j

T

M_p

$M_p = \sigma_y Z_P$

全塑性状態

崩壊メカニズム

P_u

P_u

θ

δ

2θ

3θ

M_p

剛な棒状材

塑性ヒンジ

l

θ

δ

$\tan\theta = \dfrac{\delta}{l}$

$\delta = l \cdot \tan\theta \fallingdotseq l \cdot \theta$

鋼材の
引張試験

上降伏点

極限強さ

破断点

下降伏点

弾性限度

比例限度

引張応力

ひずみ度

降伏モーメント

中立軸

応力は
増えないが
変形が
進行する

全塑性
モーメント

変形した

おかし
買えへ

びろ〜

力をとりさると
もとに
もどる
のが
弾性

力をとりさっても
変形がもとに
もどらない
のが
塑性

ろろ〜ん

195

構造設計

95 終局耐力および降伏応力度に関する用語

　終局耐力（極限強さ、終局強さ、破壊強度）とは、応力度―ひずみ度曲線における最大応力度、すなわち、構造物や構成部材が破壊するときの強さをいいます。

　骨組の終局耐力は、塑性ヒンジを形成した崩壊メカニズムに対して、外力の仕事（$\Sigma\,P\delta$）と内力の仕事（$\Sigma K\triangle$）が等しいとする仮想仕事式を活用して求めます。右頁上の図について求めてみます。

外力による仕事：$\Sigma\,P\delta$

外力（崩壊荷重）P_u とその変位量 δ との積の総和。

$\Sigma\,P\delta = P_u \cdot 2l\,\theta = 2P_u \cdot l\,\theta$

内力による仕事：$\Sigma K\triangle(=\Sigma\,M_p\,\theta)$

塑性ヒンジ点における部材の全塑性モーメント M_p とその回転角 θ との積の総和。左の柱脚、梁の左、右の柱頭がヒンジになったとすると、

$\Sigma K\triangle = 3M_p \cdot \theta + 2M_p \cdot \theta + M_p \cdot 2\theta$
$= 7M_p\,\theta$

外力による仕事＝内力による仕事

$2P_u \cdot l\,\theta = 7M_p\,\theta$
$\therefore P_u = \dfrac{7M_p}{2l}$

鉄筋コンクリート構造の柱の中心

圧縮時の終局耐力 N_{max} は、次式により与えられる。

$$N_{max} = b \cdot D \cdot F_c + a_g \cdot \sigma_y \ (N)$$

a_g：柱の鉄筋全断面積（cm²）

b：柱断面幅（cm）

D：柱断面せい（cm）

σ_y：鉄筋の引張りに対する材料強度（N/mm²）

F_c：コンクリートの圧縮に対する材料強度（N/mm²）

　降伏応力度とは、軟鋼のように引張試験を行い、**応力度－ひずみ度曲線**を描くと、比例限界、弾性限界を示したのち、応力をかけても変形が一次的に止まる点が見られ、これを**上位降伏点**と呼びます。その後応力度は一時的に急激に下がり、ひずみ度だけが伸びますが、これもある点で止まり、これを**下位降伏点**と呼びます。その後再び応力の増加と共に変形も増大し、応力の最大点（**引張強さ**）を示したのち、応力度が少し下がり、伸びきった状態になり**破断点**に至ります。鉄中の炭素、窒素を除去すると、降伏点は見られず単調な変形を示します。

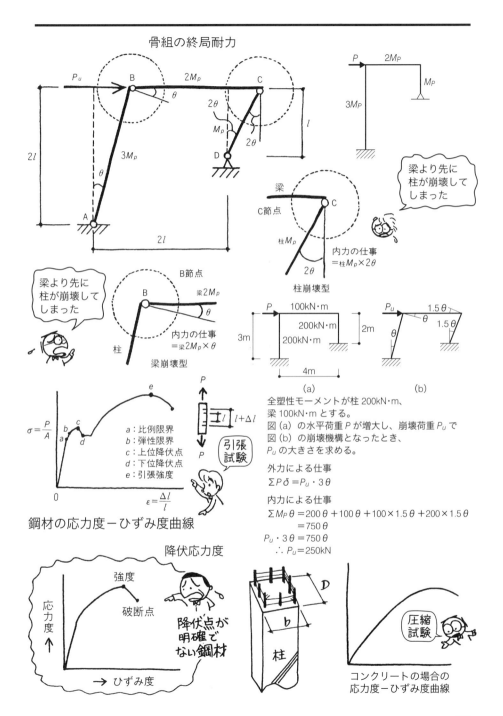

構造設計

96　二次設計に関する用語

　構造設計の原則については、建築基準法 20 条により、建築物は自重、積載荷重、積雪、土圧及び水圧並びに地震その他の震動及び衝撃に対して安全な構造でなければならない、と規定されています。

　①**一次設計**とは、建築物が存在する期間に数度は起こるであろう中小地震に対して、ほとんど被害が生じないことを目標としている設計で、従来からの**許容応力度設計**がこれに相当する。

　②**二次設計**とは、極めてまれに起こるであろう大地震に対して、建築物に多少の損傷は生じても崩壊しないことを目標とする設計である。

　二次設計の用語に関しては、次に示す点をよく理解してください。

　①**各階の層間変形角の値**は $\frac{1}{200}$ 以内とする。条件により $\frac{1}{120}$ まで緩和できる。

　②各階の地震力に対する性能をできるだけ均一化する必要がある。この制限が**剛性率** R_s の規定で、各階の剛性率は、$\frac{6}{10}$（0.6）以上とする。

　③**剛性率**は、立体的なバランスの程度を検討する指標で、各階のばらつきが少ないほどよい設計である。

　④建築物のねじれを防ぐための制限が**偏心率** R_e で、各階の $X \cdot Y$ 方向それぞれの偏心率の値は、$\frac{15}{100}$（0.15）以下とする。

　⑤**偏心率**は、平面的なばらつきの程度を検討する指標で、各階平面での耐力壁の片寄りが少ないほどよい設計である。

　⑥大地震時に建築物は部分的な損傷は受けても骨組そのものは最後まで残るように考え、材料強度による**保有水平耐力**（**内力**）を地震に対する保有水平耐力の必要量（**外力**）以上に保つようにする。

　　各階の保有水平耐力（内力）

　　　≧必要保有水平耐力（外力）

　　各階の必要保有水平耐力

　　　$Q_{un} = D_s \cdot F_{es} \cdot Q_{ud}$

　⑦**構造特性係数** D_s は、変形能力による地震エネルギー吸収能力等による低減係数で、形状係数 F_{es} は、形状上の特性による割増し係数である。

　⑧ Q_{ud} は地震力によって生じる水平力で、$C_0 = 1.0$ を用いて計算する。

建築物の構造計算のルートは64を見てね

$$層間変形角 \theta = \frac{\delta}{h} \leqq \frac{1}{200}$$

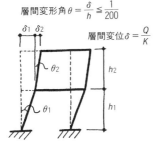

層間変位 $\delta = \frac{Q}{K}$

r_s：層間変形角の逆数　$r_s = \frac{h}{\delta}$

$\bar{r}_s$：各階の r_s の相加平均　$\bar{r}_s = \frac{1}{2}(r_{s1} + r_{s2})$

● 偏心率 $Re = \frac{e}{r_e} \leqq \frac{15}{100}$

r_e：弾性半径　$r_e = \sqrt{\dfrac{ねじり剛性}{水平剛性}}$

● 保有水平耐力 ≧ 必要保有水平耐力

保有水平耐力（内力）は、材料強度による
必要保有水平耐力 $Q_{un} = D_s \cdot F_{es} \cdot Q_{ud}$

D_s：構造特性係数。RC造で0.3〜0.55、S造・SRC造で0.25〜0.50

F_{es}：剛性率、偏心率に応じたそれぞれの割増係数 $F_e(1.0〜1.5)$、$F_s(1.0〜2.0)$ の積である

Q_{ud}：$C_0 \geqq 1.0$ として求めた地震層せん断力
$Q_{ud} = Z \cdot R_t \cdot A_i \cdot C_0 \times W_i$
偏心率大→Q_{ud}大
剛性率小→Q_{ud}大

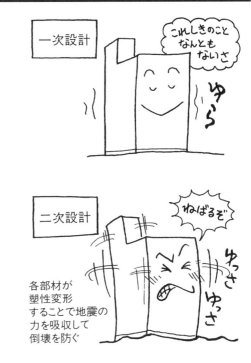

一次設計　これしきのことなんともないさ　ゆら

二次設計　ねばるぞ　各部材が塑性変形することで地震の力を吸収して倒壊を防ぐ　ゆっさゆっさ

構造設計の目的

安全で経済的なのは当然ですが実務的には単純明快な構造にすることも重要です

複雑な応力解析を行って、すなおに設計すると梁や柱の種類が多くなり、施工もやりにくい

単純にするためにはかなり意識してがんばらないとできません

今ではコンピューターによる設計がほとんどですが1980年ごろは電卓だけで計算

もっと前は計算尺と算盤

手計算は時間がかかるけど「カン」は養われやすい

ひとにらみで仮定断面と略仕図をきめる

本当にOKかどうか計算して確かめる

97 二次設計、荷重・外力に関する用語

二次設計（ルート2・3）の免除については、次の点を理解しておいてください。

①鉄骨造の場合、全水平力に対する筋違の水平力分担率に応じて地震時応力を最大1.5倍まで割増して設計し、また、筋違軸部が降伏する場合には、筋違端部や接合部が破断しないことを確認する。

②$C_0 \geqq 0.3$ の鉄骨造や $h \leqq 20m$ のRC造の建築物は二次設計が免除される。

建築物に作用する荷重・外力については、建築基準法施行令83〜88条に規定されています。特殊な場合（高さ60mを超える建物・圧力容器等）を除いては、これらの規定によって計算を行わなければなりません。すなわち、建築物に作用する荷重・外力としては、次のものを採用しなければなりません。①固定荷重、②積載荷重、③積雪荷重、④風圧力、⑤地震力。この他、建築物の実況に応じて、⑥土圧、⑦水圧、⑧振動、⑨衝撃による外力、を採用しなければなりません。以上の荷重・外力に

よって生ずる応力を長期設計用応力あるいは短期設計用応力として組み合わせ、荷重・外力による各部の応力度が各許容応力度を超えないことを確かめるのです。応力の組合せは施行令82条で右表のとおり規定されています。

長期荷重（常時荷重）とは、建築物に常時作用している荷重をいい、建築基準法では固定荷重と積載荷重を長期荷重と規定され、特定行政庁が指定する多雪地域では、積雪荷重も長期荷重として扱います。

積雪荷重とは、積雪重量が構造物に外力として作用する荷重で、法的な多雪地域では長期荷重ですが、一般区域では短期荷重として扱います。

短期荷重は建築基準法では、地震、暴風、積雪等の非常時荷重と長期荷重をそれぞれ組み合わせた荷重の状態とされています。

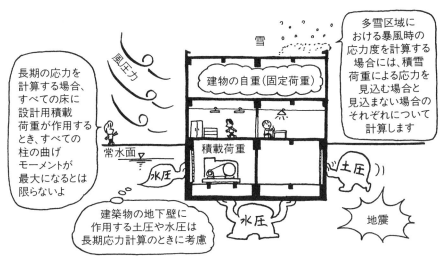

許容応力度計算〔令82条〕

力の種類		荷重及び外力について想定する状態	一般の場合	令86条2項ただし書の規定によって特定行政庁が指定する多雪区域における場合	備　　考
長期に生ずる力		常時	$G+P$	$G+P$	
		積雪時		$G+P+0.7S$	
短期に生ずる力		積雪時	$G+P+S$	$G+P+S$	建築物の転倒、柱の引抜き等を検討する場合においては、Pについては、建築物の実況に応じて積載荷重を減らした数値によるものとする
		暴風時	$G+P+W$	$G+P+W$	
				$G+P+0.35S+W$	
		地震時	$G+P+K$	$G+P+0.35S+K$	

この表において、G、P、S、W及びK は、それぞれ次の力（軸方向力、曲げモーメント、せん断力等）を表す
G：令84条に規定する固定荷重によって生ずる力
P：令85条に規定する積載荷重によって生ずる力
S：令86条に規定する積雪荷重によって生ずる力
W：令87条に規定する風圧力によって生ずる力
K：令88条に規定する地震力によって生ずる力

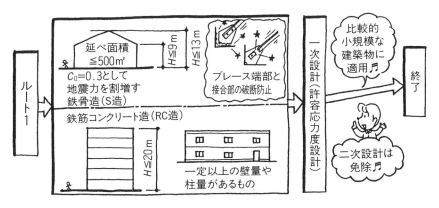

構造設計

<table>
<tr><td>98</td><td>固定・積載・積雪荷重および風圧力に関する用語</td></tr>
</table>

固定・積載・積雪の各荷重に関しては、次の点を理解してください（建築基準法施行令84～86条）。

①固定荷重は、構造物自身の重量で、その単位質量を次に示す。

土：16 kN/m³

鋼材：78.5 kN/m³

モルタル：20 kN/m³

無筋コンクリート：23 kN/m³

鉄筋コンクリート：24 kN/m³

鉄骨鉄筋コンクリート：25 kN/m³

②積載荷重は、構造物が内部に収容する物品や人間の重さで、令85条に表で示されている。床計算用＞梁・柱計算用＞地震力計算用の順になる。

③柱や基礎の圧縮力を計算する場合、その柱が支える床の数に応じて60％を超えない範囲で、積載荷重を低減してもよい。

④積雪荷重は、積雪の単位荷重に屋根の水平投影面積及びその地方における垂直積雪量を乗じて計算しなければならない（令86条1項）。このとき、積雪の単位荷重は、積雪量1 cm ごとに1 m²につき20 N 以上と

しなければならない。ただし、特定行政庁は、規則で、国土交通大臣が定める基準に基づいて多雪区域を指定し、その区域につきこれと異なる定めをすることができる（令86条2項）。さらに、一般地域において積雪後の降雨による屋根の損壊を防ぐため、軽量で大スパンの緩勾配屋根には荷重の割増しが適用される。

⑤屋根の積雪荷重は、屋根に雪止めがある場合を除いて、屋根勾配が30°を超えるときは低減してもよい。60°を超えるときは積雪荷重を考慮する必要がない。

⑥雪おろしの習慣のある地方では、垂直最深積雪量が1 m を超える場合でも、1 m まで減らして計算することができる。

風圧力とは、建築物の外周面に作用する暴風時の荷重をいい、建築基準法では風圧力は、速度圧に風力係数を乗じて計算することになっています。速度圧（動圧）とは、流体の全圧と静圧との差で、風荷重の基本となる量です。

固定荷重

固定荷重（令84条）

建築物の部分	種別		重量(N/m²)	備考
屋根	瓦葺き	葺き土なし	640	下地・垂木を含み母屋を含まない
		葺き土あり	980	
	波形鉄板葺き 母屋に直接葺く		50	母屋を含まない
	薄鉄板葺き		200	下地・垂木を含み母屋を含まない
	ガラス屋根		290	鉄製枠を含み母屋を含まない
	厚型スレート葺き		440	下地・垂木を含み母屋を含まない
木造の母屋	支点間距離	≦2	50	―
		≦4	100	
天井	竿縁		100	
	繊維板張・仕上板張 合板張・金属板張		150	吊り木・受木・その他の下地を含む
	木毛セメント板張		200	
	格縁		290	
	しっくい塗		390	
	モルタル塗り		590	
床	木造の床	板張	150	根太を含む
		畳敷	340	床板・根太を含む
		床梁 張間 ≦4m	100	―
		≦6m	170	
		≦8m	250	
	コンクリートの床の仕上	板張	200	根太・大引を含む
		フローリングブロック張	200	仕上厚さ 1cm ごとにその cm の数値を乗ずる
		モルタル塗・人造石塗・タイル張		
		アスファルト防水層	150	厚さ 1cm ごとにその cm の数値を乗ずる
壁	木造の建築物の壁の軸組		150	柱・間柱・筋違を含む
	木造建築物の壁仕上	下見板張・羽目板張・繊維板張	100	下地を含み軸組を含まない
		木ずりしっくい塗	340	
		鉄網モルタル塗	640	
	木造の建築物の小舞壁		830	軸組を含む
	コンクリートの壁の仕上	しっくい塗	170	
		モルタル塗・人造石塗	200	仕上厚さ 1cm ごとにその cm の数値を乗ずる
		タイル張		

注) N：ニュートン（従来の 1kgf ≒ 9.8N）

積載荷重

積載荷重（令85条）

	構造計算の対象 室の種類	(い)床(N/m²)	(ろ)大梁 柱 基礎(N/m²)	(は)地震力(N/m²)
①	住宅の居室 住宅以外の建築物の寝室・病室	1,800	1,300	600
②	事務室	2,900	1,800	800
③	教室	2,300	2,100	1,100
④	百貨店または店舗の売場	2,900	2,400	1,300
⑤	劇場・映画館・演芸場・観覧場・公会堂・集会場その他これらに類する用途に供する建築物の客席または集会室 固定席	2,900	2,600	1,600
	その他	3,500	3,200	2,100
⑥	自動車庫及び自動車通路	5,400	3,900	2,000
⑦	廊下・玄関または階段	③から⑤までの室に通ずるものにあっては、⑤の「その他」の数値による		
⑧	屋上広場またはバルコニー	①の数値による。ただし、学校または百貨店の建築物は④の数値による		

※柱または基礎の垂直荷重による圧縮力の計算
上表(ろ)欄の数値は、その支える床の数に応じて、これに下表の数値を乗じたものまで減らすことができる。ただし、上表⑤に掲げるものは除く。

支える床数	積載荷重を減らすための数値
2	0.95
3	0.9
4	0.85
5	0.8
6	0.75
7	0.7
8	0.65
9 ≦	0.6

※倉庫業の倉庫の床の積載荷重は実況の数値が 3,900N/m² 未満であっても、3,900N/m² とする

積雪荷重

多雪区域内の単位重量は特定行政庁が定めます
最深積雪量は、その地域の実況によります

地域によって著しく異なる積雪量!!

β は屋根勾配

$$屋根形状形数 = \sqrt{\cos(1.5\beta)}$$

平成12年 屋根の形状係数の見直しがありました（平成12年建告1455号）

時間がたつと雪は圧縮され、沈降して比重が大きくなる

増築後に風によって積雪に偏りが…

割増しも検討しないとね〜

風

増築

側圧

屋根勾配に応じて低減できるけれど外気温が低いと積雪底面が凍って滑雪しないことがあるので低減にあたってはこのことに配慮する必要あり

構造設計

99 風圧力および地震力に関する用語

風圧力その他の荷重に関しては次の点を理解しておきましょう。

①風圧力 P は、風力係数 C に速度圧 q を乗じて求める。

②風力係数 C_f は、建物の形状によって決まる値で、平成 12 年建告 1454 号に示されている。

③速度圧 q は次式で計算する。

$$q = 0.6EV_o^2$$

E ：屋根の高さや周辺の粗度などによる係数

V_o ：各地の風害を考慮して国土交通大臣が定める風速

（30 ～ 46 m/s）

④建築物に近接してその建物を風の方向に対して有効にさえぎる他の建築物、防風林などがある場合は、その方向の速度圧を $\frac{1}{2}$ まで減らすことができる。

⑤土圧は、その状態によって、主働土圧、受働土圧、静止土圧に分けられ、土圧係数の大きさは、受働土圧（土圧係数 2 ～ 3）が最も大きく、静止土圧（同 0.5）、主働土圧（同 0.2 ～ 0.5）の順に小さくなる。地下外壁に作用する土圧は、一般には静止土圧である。

⑥地震時に地下壁が受ける土圧は、状況によって変化するので、受働土圧と静止土圧の中間の値としている。

建築物の地上部分の地震力については、構造計算上検討する層よりも上の部分に作用する地震力の総和として計算します。これを地震層せん断力 Q といい、その大きさは次式によります。

$$Q = C_i \cdot [G + P(+ S)]$$

C_i ：地震層せん断力係数

〔 〕はその層より上の部分の荷重（固定荷重、積載（積雪）荷重）の総和

$$C_i = Z \cdot R_t \cdot A_i \cdot C_0$$

Z ：地震地域係数

R_t ：振動特性係数

A_i ：C_i の高さ方向の分布を示す係数

C_0 ：標準せん断力係数

（これらの係数は昭和 55 年建設省告示第 1793 号で定められている）

地震力に関しては、建築基準法施行令 88 条を参照するとともに、次項に示す件もよく理解してください。

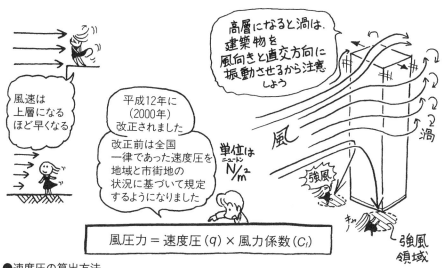

$$風圧力 = 速度圧(q) \times 風力係数(C_f)$$

●速度圧の算出方法

$q = 0.6EV_0^2$

$E = E_r^2 G_f$

$H \leqq Z_b$ のとき $\quad E_r = 1.7\left(\dfrac{Z_b}{Z_G}\right)^\alpha$

$H > Z_b$ のとき $\quad E_r = 1.7\left(\dfrac{H}{Z_G}\right)^\alpha$

G_f は下表による

V_0：平成12年建告1454号の数値

地表面粗度区分		Z_b	Z_G	α	G_f（ガスト影響係数）		
					$H \leqq 10$	$10 < H < 40$	$40 \leqq H$
I	都市計画区域外で極めて平坦な区域	5 m	250 m	0.10	2.0	左欄と右欄の線形補間	1.8
II	都市計画区域内で海岸から 500 m 以内の区域等	5 m	350 m	0.15	2.2		2.0
III	I II IV以外の区域	5 m	450 m	0.20	2.5		2.1
IV	都市計画区域内で都市化が極めて著しい区域	10 m	550 m	0.27	3.1		2.3

これらの区域特定行政庁規則で定める

H：建築物の高さと軒高の平均(m)

●風力係数の算出方法

風力計数： $C_f = C_{pe} - C_{pi}$

C_{pe}：閉鎖型・開放型の建築物の外圧係数(屋外から当該部分を垂直に押す方向を正とする)

C_{pi}：閉鎖型・開放型の建築物の内圧係数(室内から当該部分を垂直に押す方向を正とする)

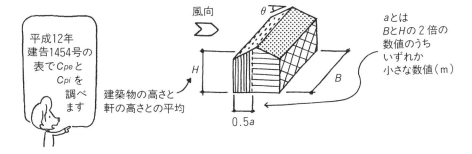

構造設計

100 地震力に関する用語

①一般的な建築物の耐震設計は、動的な地震力を静的な水平力として扱い、その階の地震力に相当する水平力が床の位置に集中して作用するものとして計算する。②ある階の層せん断力 Q_i は、その階より上部の全重量 ΣW_i に、その階の地震層せん断力係数 C_i を乗じて、$Q_i = C_i \cdot \Sigma W_i$ から求める。③地震層せん断力係数 C_i は、$C_i = Z \cdot R_t \cdot A_i \cdot C_0$ から求める。④地震地域係数 Z は、建築物の建設地によって定まり、その地域の予想される地震動の強さに応じて、1.0、0.9、0.8、0.7 の4種がある。⑤振動特性係数 R_t は、建築物の設計用一次固有周期と地盤の種別によって定まる係数で、次式による。

$T < T_c$ の場合⋯⋯⋯⋯⋯$R_t = 1$

$T_c \leqq T < 2T_c$ の場合⋯

$$R_t = 1 - 0.2 \left(\frac{T}{T_c} - 1 \right)^2$$

$2T_c \leqq T$ の場合⋯$R_t = \frac{1.6 \, T_c}{T}$

T：建築物の設計用一次固有周期（秒）、次式で計算する。

$$T = h(0.02 + 0.01 \, \alpha)$$

h：建築物の高さ（m）

α：建築物のうち柱及び梁の大部分が鉄骨造である階（地階を除く）の高さの合計の h に対する割合

T_c：建築物基礎の底部の直下の地盤種別に応じた数値（秒）第一種地盤は 0.4 秒。第二種地盤は 0.6 秒。第三種地盤は 0.8 秒。

⑥通常、設計用一次固有周期が長く、地盤周期が短い建築物ほど R_t は小さくなる。したがって、地盤が軟弱になるほど設計用地震力は大きくなる。⑦地震層せん断力係数の分布係数 A_i は、建築物の高さ方向の分布を示し、上階になるほど、設計用一次固有周期が長いほど、大きくなる。

$$A_i = 1 + \left(\frac{1}{\sqrt{\alpha_i}} - \alpha_i \right) \cdot \frac{2T}{1 + 3T}$$

⑧標準せん断力係数 C_0 は、0.2 以上とし、地盤が著しく軟弱な区域の木造建築物では、0.3 以上とする（例外あり）。また、二次設計で、必要保有水平耐力を計算する場合には、1.0 以上とする。

⑨地下部分の水平震度は、$k \geqq 0.1 \left(1 - \frac{H}{40} \right) Z$ より求める。

マグニチュードは地震そのものの大きさを表わす指数で、地震により放出されるエネルギーと関連する量です

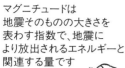

震度は観測点における地震の揺れの強さを示す尺度です

地震地域係数Zは一般に、九州における値より北海道の太平洋側や本州の太平洋側における値の方が大きい

1万年　沖積世　第四紀
100万年　洪積世
第三紀

地盤による振動の性質

岩盤

れき層等

軟弱地盤

れき層等

地盤の種類とT_cの値（秒）

第一種地盤	岩盤、硬質砂れき層、その他主として第3紀以前の地層によって構成されているもの、または地盤周期などについての調査もしくは研究の結果に基づき、これと同程度の地盤周期を有すると認められるもの	0.4
第二種地盤	第一種地盤及び第三種地盤以外のもの	0.6
第三種地盤	腐植土、泥土、その他これらに類するもので大部分が構成されている沖積層（盛土がある場合においてはこれを含む。）で、その深さがおおむね30m以上のもの、沼沢、泥海などを埋め立てた地盤の深さがおおむね3m以上であり、かつ、これらで埋め立てられてからおおむね30年経過していないもの、または地盤周期などについての調査もしくは研究の結果に基づき、これらと同程度の地盤周期を有すると認められるもの	0.8

地盤の極限支持力は土のせん断破壊で決まります

超高層建築物は、構造方法は令36条1項に規定する耐久性等関係規定に適合し、かつ令81条1項に規定する構造計算によって安全を確かめること

地下水位

地下水位が高いほど地下外壁に作用する力は大きくなり、地盤の許容支持力は小さくなる

土質・地盤と基礎構造

101　土質および地盤に関する用語

　土の分類と地盤に関して次の点を理解しておきましょう。

　①土は、その構成粒子の粒径によって分類すると、れき・砂・シルト・粘土の順に小さくなる。

　②砂は、内部摩擦角の大きいものが支持力も大きい。粘着力はない。沈下量は少なく短時間に終了する。地震時に液状化する可能性をもち、純粋な砂層では、粒径が均一な中粒砂の場合が最も液状化しやすい。

　③粘土は、蜂巣構造となっており、粘着力の大きいものが支持力も大きい。圧密による沈下は、長期間にわたって進行する。透水性は少ない。

　④地盤調査としてはボーリングが一般的である。標準貫入試験の N 値は土の締まりぐあいを判断する目安となる。N 値は、砂質地盤にはよく適応するが、粘性土地盤では N 値からだけでは支持力は類推できない。許容支持力度は、標準貫入試験の N 値が同じ場合、一般に、砂質地盤より粘性土地盤のほうが大きくなる。

　⑤地盤の長期許容応力度は、平板載荷試験の降伏荷重度の $\dfrac{1}{2}$ または極限支持力度の $\dfrac{1}{3}$ のうち、小さいほうの値とする。

　⑥地盤の許容地耐力は、許容支持力と許容沈下量から求める。

　土等の物体は、その内部で一部がすべり面に沿って移動する場合、抵抗力との関係から、ある角を超えた面に対してすべり始めます。このような、すべり始めの角度を内部摩擦角 ϕ といい、物体は固有の数値をもっています。内部摩擦角は、すべり始めるときの垂直応力とせん断抵抗を2辺とする直角三角形の斜辺が垂直軸となす角です。内部摩擦角が大きければ垂直応力度に対する摩擦係数が大きくなり、大きなせん断強度が得られることになります。一般に砂質土で内部摩擦角が大きく、30〜45°以上となり、粘性土では実用上0°です。

　地盤の支持力度は、基礎の形状・大きさ・根入れ深さが同一の場合、内部摩擦角 ϕ 及び粘着力が大きい程大きくなります。

土質工学会で決めている統一土質分類

	1 μm	5 μm	74 μm	0.42 mm	2.0 mm	5.0 mm	20 mm	75 mm	30 cm

コロイド	粘土	シルト	細砂	粗砂	細礫	中礫	粗礫	コブル	ボルダー
			砂		礫				
		土質材料					岩石質材料		

1) 土質材料の粒径区分による粒子名を意味するときは、上記区分名に「粒子」という言葉をつけ、上記粒径区分幅の構成分を意味するときは、上記区分名に「分」という言葉をつけて、分類名、土質名と区別する
2) 土質材料の 74 μm 以下の構成分を「細粒分」、74 μm から 75 mm までの構成分を「粗粒分」という

砂層と粘土層の性質の違い

	砂質土	粘性土
内部摩擦角	大	小
粘着力	小	大
透水性	大	小
圧密沈下量	小	大
即時沈下量	大	小
沈下時間	少	多

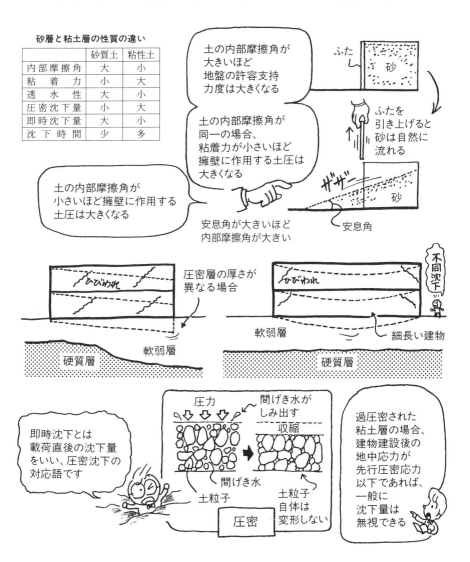

209

土質・地盤と基礎構造

102 基礎構造に関する用語

基礎構造に関しては、次の点について よく理解しておきましょう。

①基礎は、不同沈下が生じない構造とし、異種の基礎構造(直接基礎と杭基礎など)の混用は避ける。基礎の形式としては、フーチング基礎(独立・複合・連続)と、べた基礎がある。

②直接基礎は、上部構造を基礎スラブから地盤へ直接伝えて支持させる基礎で、接地圧σは次式で算定する。

$$\sigma = \frac{N}{A} \pm \frac{M}{Z} = \frac{N}{A}\left(1 \pm \frac{6e}{L}\right)$$

N：軸力 A：基礎底面積

e：偏心距離 L：基礎幅

③直接基礎の底面と地盤との間には引張力は作用しないので、偏心距離($e = \frac{M}{N}$)が基礎幅の$\frac{1}{6}$から出ないようにする。

④杭基礎は、地盤の支持力が不足する場合に杭を打込んでその上に設ける基礎で、その許容支持力は杭のみにより、基礎底面の地盤の支持力を加算してはならない。

⑤負の摩擦力(ネガティブフリクション)とは、杭周囲の地盤が沈下することにより杭に下向きに作用する摩擦力のことをいう。

沖積平野の都市域では地盤沈下が大きいので、負の摩擦力を荷重として考慮する必要がある。

⑥長尺杭に作用する負の摩擦力(ネガティブフリクション)の影響は、摩擦杭より支持杭のほうが大きい。この場合、地盤沈下により杭に下向きの摩擦力が作用し、杭先端部に加わる軸方向力は大きくなる。

⑦負の摩擦現象は摩擦杭においても発生するが、杭先端支持力が大きくなく、荷重の増加によって杭が貫入するようになっている場合には、負荷の摩擦による杭体力の発生は大きなものとはならない(日本建築学会・建築基礎構造設計規準30条)。

⑧狭い間隔で杭を数多く打込んだ場合(群杭)、杭周面の摩擦力の低下が著しい。したがって、粘性土地盤では、群杭の中の1本の杭の支持力は、単杭1本の支持力より小さく算定する。

⑨同一の建築物に、支持杭と摩擦杭とを併用してはならない。

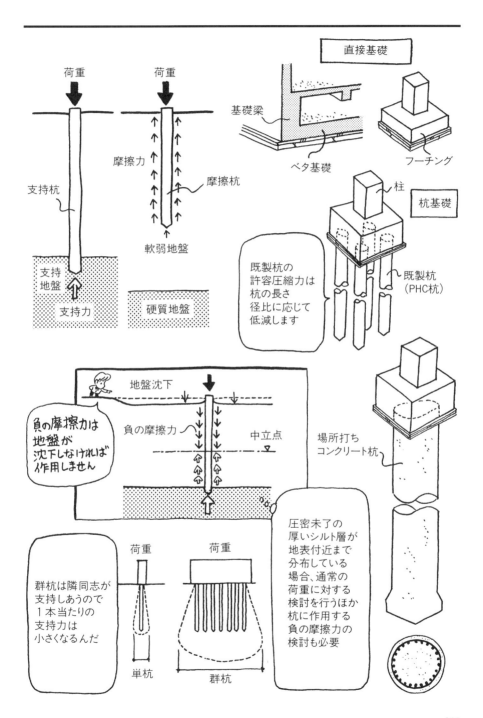

荷重

荷重

支持杭

摩擦力

摩擦杭

軟弱地盤

支持地盤

支持力

硬質地盤

直接基礎

基礎梁

ベタ基礎

フーチング

柱

杭基礎

既製杭の許容圧縮力は杭の長さ径比に応じて低減します

既製杭（PHC杭）

地盤沈下

負の摩擦力

中立点

負の摩擦力は地盤が沈下しなければ作用しません

場所打ちコンクリート杭

圧密未了の厚いシルト層が地表付近まで分布している場合、通常の荷重に対する検討を行うほか杭に作用する負の摩擦力の検討も必要

群杭は隣同志が支持しあうので１本当たりの支持力は小さくなるんだ

荷重

荷重

単杭

群杭

木構造

103　木構造に関する用語

木構造（もっこうぞう）とは、木材を主要構造部材に使用したもので、通常は柱、梁と耐震要素としての筋違で構成されます。

①通し柱（とおしばしら）・管柱（くだばしら）：2階建以上の木造建物の柱において、土台から軒まで1本の柱で通したものを通し柱（とおしばしら）といい、階ごとの柱を管柱（くだばしら）という。

②筋違（すじかい）：壁面内の水平力に抵抗するために、柱・梁で四角形に組まれた軸組の対角線を結び、三角形を構成する部材をいう。圧縮力を受け持つ圧縮筋違は柱の三割材以上を用い、柱・梁の接点に合わせて組む。引張力を受け持つ引張筋違は、板材を軸組の外面に対角線上に釘打ちする。

③火打（ひうち）：梁と胴差、あるいは小屋組などの水平部材を補強する斜材。主要な隅角部に設け、平面的な変形に抵抗させる。土台・梁には90角や105角の角材を用いる。

木造建築の構造計画（もくぞうけんちく こうぞうけいかく）については、次の点を理解しておいてください（建築基準法施行令40〜49条を参照）。

①風圧力に対する軸組の必要長さ

（壁量（かべりょう））は、建築物の見付面積から計算するので、一般に、張間方向と桁行方向とは異なる値をとる。しかし、地震力は建築物の床面積から計算するので、同じ値となる。

②構造耐力上必要な軸組に構造用合板を用いる場合は、厚さ5mm以上とし、必ず軸組材にくぎ打ちとする。常時湿潤状態にある壁などでは厚さ7.5mm以上とする。

③地盤が著しく軟弱な区域においては、地震に対する軸組の必要長さの合計を、通常の場合の1.5倍とする。

④ひねり金物で垂木を桁へ緊結して、風圧力（ふうあつりょく）（吸上げ力が作用）に対して対抗させる。

土台（どだい）は布基礎に緊結し、特定行政庁が指定する軟弱地盤に建つ建築物の基礎は、規模の大小を問わず鉄筋コンクリート造とします。

基礎（きそ）を布基礎とする場合、底面の深さは地盤面下24cm以上、かつ凍結の恐れの少ない位置とします。

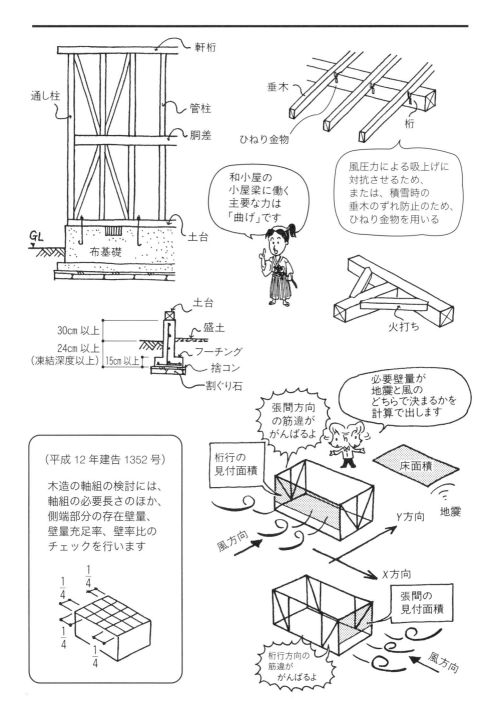

軒桁

通し柱

管柱

胴差

垂木

ひねり金物

桁

和小屋の
小屋梁に働く
主要な力は
「曲げ」です

風圧力による吸上げに
対抗させるため、
または、積雪時の
垂木のずれ防止のため、
ひねり金物を用いる

GL

布基礎

土台

火打ち

土台

30cm 以上

24cm 以上
（凍結深度以上）

15cm 以上

盛土

フーチング

捨コン

割ぐり石

必要壁量が
地震と風の
どちらで決まるかを
計算で出します

（平成 12 年建告 1352 号）

木造の軸組の検討には、
軸組の必要長さのほか、
側端部分の存在壁量、
壁量充足率、壁率比の
チェックを行います

張間方向
の筋違が
がんばるよ

桁行の
見付面積

床面積

Y方向

地震

$\frac{1}{4}$

$\frac{1}{4}$

$\frac{1}{4}$

$\frac{1}{4}$

風方向

X方向

張間の
見付面積

桁行方向の
筋違が
がんばるよ

風方向

木構造

104　木構造の設計および接合法に関する用語

　木構造における接合法については、

①1つの接合部に異種の接合法を用いた場合、両者の許容耐力を加算することはできない。

②**くぎ接合部の耐力**は、乾燥材に打込んだ場合のほうが、未乾燥材に打込んだ場合より大きい。

③構造用合板を柱や梁に直接くぎ打留めした耐力壁に、水平力が働くと、くぎにはせん断力のほかに引抜力が作用する。

　木構造各部の設計に関しては、

①**梁**は、曲げモーメントに対して安全であっても、たわみによって建築物の使用上、支障を生ずることがある。

②**梁の最大たわみ**は、支点間距離の $\frac{1}{300}$ 以下、かつ2cm以下。

③**柱の小径**は、構造計算によらない場合、主要な横架材相互間の垂直距離によって決まる寸法以上とし（令43条）、**柱の有効細長比**は150以下とする。

④3階建の1階の柱の断面は、原則として13.5cm角以上とする。

⑤2階建の建築物で、隅柱を管柱とする場合は、上下の柱の接合部を通し柱と同等以上の耐力を有するように補強する。

⑥**筋違端部**は、柱と梁などの横架材との仕口に接近させ、ボルト等の金物で緊結しなければならない。**圧縮筋違**は、厚さ3cm以上、幅9cm以上の木材とし、**引張筋違**は、厚さ1.5cm以上、幅9cm以上の木材または ϕ 9以上の鉄筋とする。

⑦**土台のアンカーボルト**は、耐力壁の端部付近、土台の継手付近に配置するほか、2階建ての場合、2.7m以下の間隔に配置する。

　大規模木造建築物などのうち次のものには、主要構造部に高い防耐火性能が求められます。①地上階数4以上、②高さ16m（倉庫・車庫は13m）を超える、③延べ面積が3,000m²を超える。①、②は通常火災終了時間が経過するまで倒壊・延焼を防止できるもの、③は原則として耐火構造又は同等の耐火性能をもつものとしなければなりません。木造建築物の防耐火には、**燃えしろ設計**が適用できます。

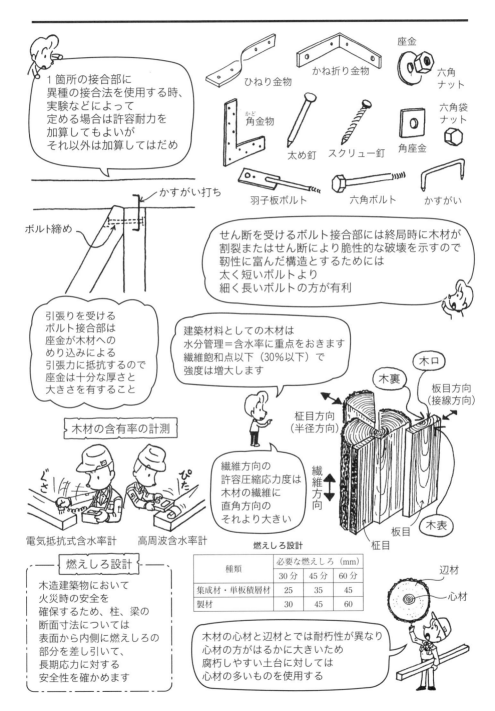

1箇所の接合部に
異種の接合法を使用する時、
実験などによって
定める場合は許容耐力を
加算してもよいが
それ以外は加算してはだめ

ひねり金物
かね折り金物
座金
六角ナット
角金物
六角袋ナット
太め釘
スクリュー釘
角座金
羽子板ボルト
六角ボルト
かすがい

かすがい打ち

ボルト締め

せん断を受けるボルト接合部には終局時に木材が
割裂またはせん断により脆性的な破壊を示すので
靭性に富んだ構造とするためには
太く短いボルトより
細く長いボルトの方が有利

引張りを受ける
ボルト接合部は
座金が木材への
めり込みによる
引張力に抵抗するので
座金は十分な厚さと
大きさを有すること

建築材料としての木材は
水分管理＝含水率に重点をおきます
繊維飽和点以下（30％以下）で
強度は増大します

木口
木裏
板目方向
（接線方向）
柾目方向
（半径方向）
繊維方向
板目
柾目
木表

木材の含有率の計測

繊維方向の
許容圧縮応力度は
木材の繊維に
直角方向の
それより大きい

電気抵抗式含水率計
高周波含水率計

燃えしろ設計

燃えしろ設計

木造建築物において
火災時の安全を
確保するため、柱、梁の
断面寸法については
表面から内側に燃えしろの
部分を差し引いて、
長期応力に対する
安全性を確かめます

種類	必要な燃えしろ（mm）		
	30分	45分	60分
集成材・単板積層材	25	35	45
製材	30	45	60

辺材
心材

木材の心材と辺材とでは耐朽性が異なり
心材の方がはるかに大きいため
腐朽しやすい土台に対しては
心材の多いものを使用する

壁構造

105 補強コンクリートブロック造に関する用語

補強コンクリートブロック造（部分充填型メーソンリー）は次の点を理解しましょう（令62条の2〜62条の8参照）。

①構造の規模は3階建以下を原則とする（中層型枠コンクリートブロック造では5階建が可能）。

②平面で、耐力壁の中心線で囲まれた部分の面積（**分割面積**）は、60 m² 以下とし、鉄筋コンクリート造スラブを有しない場合は 45 m² 以下とする。

③**耐力壁**は、張間・桁行方向の長さで実長 55 cm 以上、かつ、その壁の両側にある開口部の高さの平均値の 30%以上の長さのある壁をいう。

④**耐力壁の厚さ**は、平家又は最上階は 15 cm 以上、かつ、ブロック積み部分の高さの $\frac{1}{20}$ 以上とし、2、3階建の1、2階は、19 cm 以上かつ $\frac{1}{16}$ 以上とする。

⑤**対隣壁の中心間距離**は、耐力壁の厚さの 50 倍以下とする。

⑥**壁量**とは単位床面積当たりの耐力壁の長さをいう。C種ブロックでは、地上階数2以下では 15 cm/m² 以

上、地上階数3は 20 cm/m² 以上。

壁量（cm/m²）

$$= \frac{X方向またはY方向の耐力壁の実長の合計(cm)}{その階の床面積(m²)}$$

⑦縦目地、横目地、鉄筋が挿入されている空洞部及び縦目地に接する空洞部には、すべてモルタルまたはコンクリートを充填する。

⑧**各階の耐力壁の頂部**には、鉄筋コンクリート造の**臥梁**を有効に連続して設けなければならない。ただし、平家建で屋根を一体の現場打ち鉄筋コンクリート造のスラブとする場合は、臥梁は設けなくてもよい。

⑨**ブロック帳壁**は地盤面より31 mを超える外壁部分に用いてはならない。

⑩ブロック帳壁は支持する主要支点間距離は、3.5 m 以下とし、その打放し長さは、1.6 m 以下とする。

⑪**ブロック塀の高さ**は 2.2 m 以下とし、塀の高さが 1.2 m を超えるものは塀の長さ 3.4 m 以下ごとに控壁を設ける。

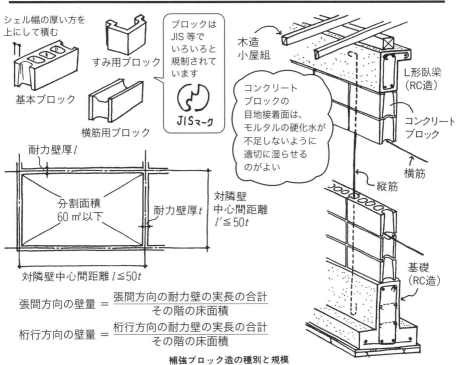

シェル幅の厚い方を
上にして積む

すみ用ブロック

基本ブロック

横筋用ブロック

ブロックは
JIS等で
いろいろと
規制され
ています

JISマーク

木造
小屋組

L形臥梁
（RC造）

コンクリート
ブロック

横筋

縦筋

基礎
（RC造）

コンクリート
ブロックの
目地接着面は、
モルタルの硬化水が
不足しないように
適切に湿らせる
のがよい

耐力壁厚 l

分割面積
60 ㎡以下

耐力壁厚 t

対隣壁
中心間距離
$l' \leqq 50t$

対隣壁中心間距離 $l \leqq 50t$

$$張間方向の壁量 = \frac{張間方向の耐力壁の実長の合計}{その階の床面積}$$

$$桁行方向の壁量 = \frac{桁行方向の耐力壁の実長の合計}{その階の床面積}$$

補強ブロック造の種別と規模

補強ブロック造の種別	耐力壁の使用されるコンクリートブロックの種別	階数	軒の高さ(m)	備考
A種ブロック造	A種ブロック（4 N/mm²）と同等以上の強度を有するもの	2以下	7以下	高さ1.2 mを超えるパラペットは軒の高さに算入する
B種ブロック造	B種ブロック（6 N/mm²）と同等以上の強度を有するもの	3以下	11以下	
C種ブロック造	C種ブロック（8 N/mm²）と同等以上の強度を有するもの	3以下	11以下	

注) 平家にあっては軒の高さ4 m以下、各階の階高は3.5 m以下としなければならない

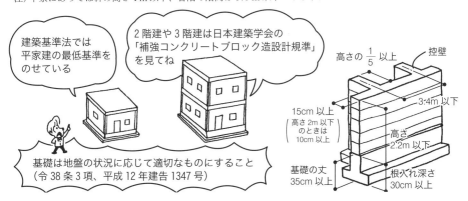

建築基準法では
平家建の最低基準を
のせている

2階建や3階建は日本建築学会の
「補強コンクリートブロック造設計規準」
を見てね

高さの $\frac{1}{5}$ 以上

控壁

3.4m以下

15cm以上
高さ2m以下
のときは
10cm以上

高さ
2.2m以下

基礎の丈
35cm以上

根入れ深さ
30cm以上

基礎は地盤の状況に応じて適切なものにすること
（令38条3項、平成12年建告1347号）

壁構造

106 壁式鉄筋コンクリート造に関する用語

壁構造（壁式構造）とは、壁体とスラブの剛性に頼り、それらの面材の組み合わせによって構成された構造です。すなわち、主体構造が耐力壁から構成されていて、壁を垂直部材とする柱のない構造をいい、補強コンクリートブロック造、壁式鉄筋コンクリート構造等が該当します。

壁式鉄筋コンクリート造の要点は、

①壁式鉄筋コンクリート造の規模は、地上階数は5以下、軒の高さは16m以下、各階の階高は3m以下とする。ただし最上階では3.3m以下とする。コンクリートの設計基準強度は18N/mm²以上とする。

②壁量は、表1の値以上とする。ただし、耐力壁の厚さを規定値より大きくした場合には、規定の壁量より3cm/m²を差し引いた値以上とすることができる。

③耐力壁の厚さは表2の値（地下階で土に接する部分は1cm増）以上、耐力壁のせん断補強筋比は0.15%以上、壁梁の幅は、これに接する耐力壁と同厚以上とし、せいは45cm以上とする。壁量が規定値より多い

場合は、せん断補強筋比が0.15%を下らない範囲で低減できる。

④保有水平耐力は大きいが、せん断破壊を生じやすく変形能力は期待できない。

壁式ラーメン鉄筋コンクリート造は、張間方向を連層耐力壁による壁式構造とし、桁行方向を偏平な断面形状の壁柱と梁からなるラーメン構造としたものをいいます。

組積造とは主体構造を石・れんが・コンクリートブロックなど塊状の材料を積み上げて造った構造をいいます。芋目地とは竪目地が2段以上、上下に連続した目地をいいます。

組積造に関する規定については、

①組積材を充分に水洗いし、目地塗面の全部にモルタル（セメント1、砂3の容積比以上）を行きわたらせる。

②一体の鉄筋コンクリート造または無筋コンクリート造の布基礎とする。

③芋目地がないようにする。

④壁の長さ（相対壁相互の中心距離）は10m以下とする。

⑤壁の厚さは規定以上とする（右頁の表3参照）。

表1　壁　量

階		壁量(cm/m²)
地上階	平屋、最上階から数えて3つめの階以上の階	12
	最上階から数えて4つめの階以下の階	15
地下階		20

1つの耐力壁の実長は、45 cm 以上とする

表2　耐力壁の厚さ

階		壁厚(cm)
地上階	平屋	12 かつ $h/25$
	2階建の各階 3、4、5階建の最上階	15 かつ $h/22$
	その他の階	18 かつ $h/22$
地下階		18 かつ $h/18$

h：構造耐力上主要な鉛直支点間の距離

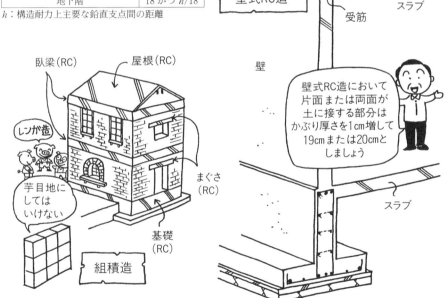

壁式RC造

壁梁

主筋

主筋

壁の中の縦筋、横筋の他に、開口補強筋もタテ、ヨコ、ナナメと入れるから施工のことも考えて壁厚を設計しましょう

スラブ

受筋

壁

壁式RC造において片面または両面が土に接する部分はかぶり厚さを1cm増して19cmまたは20cmとしましょう

スラブ

臥梁(RC)

屋根(RC)

レンが造

芋目地にしてはいけない

まぐさ(RC)

基礎(RC)

組積造

表3　壁の厚さ（令55条）

壁の長さ 建築物	$L \leqq 5$ m	$L > 5$ m
階数 ≧ 2の建築物	≧30 cm かつ ≧$h/15$ (≧20 cm かつ ≧$h/15$)	≧40 cm かつ ≧$h/15$ (≧30 cm かつ ≧$h/15$)
平家建の建築物	≧20 cm かつ ≧$h/15$ (≧20 cm かつ ≧$h/15$)	≧30 cm かつ ≧$h/15$ (≧20 cm かつ ≧$h/15$)

h：壁高(m)、（　）内は間仕切壁の場合

鉄筋コンクリート構造（RC 構造）

107　鉄筋コンクリート構造の基本事項に関する用語

鉄筋コンクリート構造の基本原理は次のとおりです。

①コンクリートは引張力に弱いから、部材の引張側に多くの鉄筋を配して補強した構造である。部材の引張側とは、曲げモーメント図が描かれている側で、曲げモーメント図は引張側に描くことを原則としている。

②**かぶり厚さ**を確保することによって、コンクリートは鉄筋の酸化を防止し、かつ、火災の害から守る。

③コンクリートと鉄筋の付着を確保することによって、一体性が保証される。

④コンクリートと鉄筋の**線膨張係数**はほぼ等しい（1×10^{-5}/℃）。このことによって、構造体の温度変化に対して鉄筋とコンクリートの一体性が保たれる。

鉄筋コンクリート構造の構造計画の基本要点は次のとおりです。

①**鉄筋コンクリート構造の建築物**では、腰壁・垂れ壁の配置状況によっては、大きなねじれが発生したり、柱が極端な短柱となってせん断破壊が生じやすくなる。

②**建築物のねじり剛性**を大きくするためには、平面上の中心部寄りよりも外周部に耐力壁を配置するほうが有利である。

③**耐力壁**は、水平力の分担割合に見合った強度と十分な粘りが必要である。

④**降伏ヒンジ**部の圧縮側においては、十分な靭性をもつ降伏ヒンジが形成されるよう、横補強筋の間隔を密にし、主筋の座屈を防止する計画をすることが大切である。なお、**降伏ヒンジ（イールドヒンジ）**とは、部材が全塑性状態に達して、終局曲げモーメントを保ちながら回転のみが可能な状態をいう。

⑤**純ラーメン構造**では、地震時の柱軸方向力の変動は、中柱より外柱が大である。

⑥一般的な鉄筋コンクリート造の事務所建築物では、その重量（固定荷重＋積載荷重）は、床面積 $1\,m^2$ 当たり約 $1.0 \sim 1.5\,tf$（$10 \sim 15kN$）として計算する。

鉄筋コンクリート構造(RC 構造)

108　鉄筋コンクリート材料の基本留意事項に関する用語

　鉄筋コンクリート材料に関する基本的用語として、次の点はよく理解しておきましょう。

　SR 材とは、**熱間圧延棒鋼（鉄筋）**を意味し、SD 材は**熱間圧延異形棒鋼（異形鉄筋）**を意味します。SD295などの 295 の数字は、**降伏点強さ**の下限値（N/mm²）を示しています。

　例えば、SD295A の、S は材質、D は規格名または製品名、295 の数字は降伏点または 0.2％耐力（単位は N/mm²）、A は A 種を示しているのです。なお、0.2％耐力とは、降伏点が不明確な材料について 0.2％の永久ひずみが表れる点のことをいいます。

　ヤング係数に関しては次の点を理解してください。

　コンクリートのヤング係数は、応力度—ひずみ度曲線の A 点と原点を結んだ直線の傾きを表します。このとき、A 点は、応力度の最大値（通常は F_c の値）の $\frac{1}{3} \sim \frac{1}{4}$ の大きさの点を用いることが多いのです。

　コンクリートのヤング係数は、2.1×10^4 N/mm²（21 kN/mm²）としています（$F_c = 21$ N/mm²、単位体積重量 $\gamma = 23$ kN/m³ の場合）。コンクリートのヤング係数は、

$$3.35 \times 10^4 \times \left(\frac{\gamma}{24}\right)^2 \times \left(\frac{F_c}{60}\right)^{\frac{1}{3}}$$

で求まり、γ と F_c の値によって変わります。

　鉄筋のヤング係数は、2.05×10^5 N/mm²（205 kN/mm²）としています。

　ヤング係数比 n とは、鉄筋コンクリート構造のように、複合材料の場合、それぞれのヤング係数の比を仮定して、応力または断面計算を行います。例えば、

$$n = \frac{E_s}{E_c}$$

E_s：鉄筋のヤング係数

E_c：コンクリートのヤング係数

　E_s、E_c については基準で数値が与えられていますが、慣用の手法としては応力計算の場合は、$n = 10$、断面算定の場合は $n = 15$ と仮定することが多いのです。断面算定ではコンクリートの種類・強度やクリープ・ひび割れの影響を考慮して、荷重の長期・短期にかかわらず $F_c = 27$ N/mm²以下では一定値 15 をとります。

　鉄筋に生じる応力度を σ_s、コンクリートに生じる応力度を σ_c とすると、$\sigma_s = n \sigma_c$ となります。

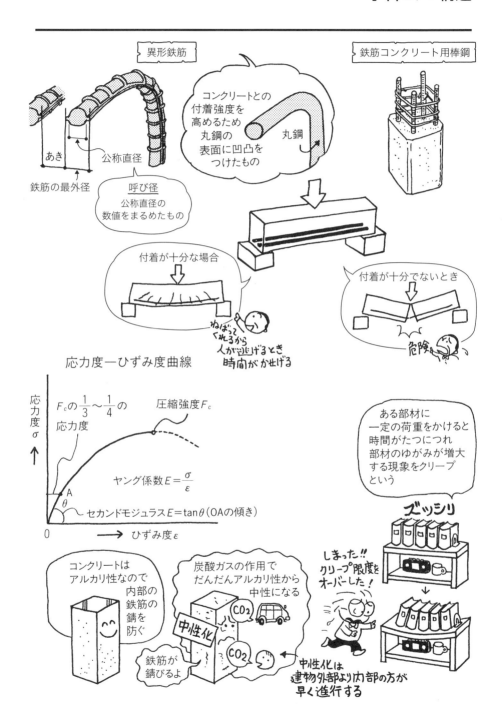

鉄筋コンクリート構造（RC 構造）

109 配筋の基本などに関する用語

鉄筋コンクリート構造の構造に関しては、基本的には建築基準法施行令第6節：鉄筋コンクリート造（71条〜79条の4）を参照してください。

コンクリートの許容応力度に関しては、次の2点を理解しておきましょう。

①コンクリートの引張強度は、圧縮強度の約 $\frac{1}{10}$ である。

②鉄筋のコンクリートに対する許容付着応力度は、鉄筋の位置によって値が異なる。すなわち、梁上端筋は下端筋より値は小さい。

配筋の基本に関しては、次の点をよく理解しておきましょう。

①付着力（付着強さ）は鉄筋の表面積に比例するので、鉄筋の合計断面積が同じ場合には、太径の鉄筋を集中的に配置するよりも、細径の鉄筋を多数分散配置するほうが有利である。

②径の異なる鉄筋の重ね継手の長さは、細いほうの径で計算する。

③鉄筋の継手の方法としては、重ね継手のほか、ガス圧接継手、溶接継手、機械式継手がある。ガス圧接継手は p.302 参照。溶接継手のうち CB 工法は、セラミック製の裏当てを用いて鉄筋どうしを半自動溶接するもの。機械式継手には、ねじカプラー方式やスリーブ内充填方式などがある。

④異形鉄筋は、一般に、端部にはフックを付けなくてもよいが、次のものにはフックを付けなければならない。

a. 柱及び梁（基礎梁を除く）の出隅の鉄筋。

b. 煙突の鉄筋。

⑤鉄筋のあきは、次のうち最も大きな値とする。

a. 2.5 cm 以上。

b. 丸鋼では直径、異形鉄筋では呼び径の 1.5 倍以上。

c. 使用骨材の最大粒径の 1.25 倍以上。

⑥かぶり厚さの主なものを、次に示す。

a. 一般壁・スラブは 2 cm 以上とする。

b. 耐力壁・柱・梁は 3 cm 以上、これらの土に接する部分は 4 cm 以上とする。

c. 基礎は 6 cm 以上とする。

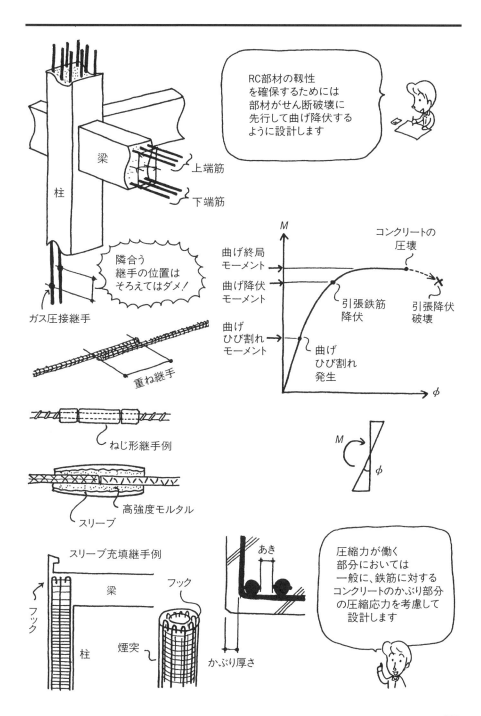

RC部材の靭性
を確保するためには
部材がせん断破壊に
先行して曲げ降伏する
ように設計します

梁

上端筋

下端筋

柱

隣合う
継手の位置は
そろえてはダメ！

ガス圧接継手

重ね継手

ねじ形継手例

スリーブ充填継手例

高強度モルタル

スリーブ

フック

梁

フック

柱

煙突

フック

M

コンクリートの
圧壊

曲げ終局
モーメント

曲げ降伏
モーメント

引張鉄筋
降伏

引張降伏
破壊

曲げ
ひび割れ
モーメント

曲げ
ひび割れ
発生

ϕ

M

ϕ

あき

圧縮力が働く
部分においては
一般に、鉄筋に対する
コンクリートのかぶり部分
の圧縮応力を考慮して
設計します

かぶり厚さ

鉄筋コンクリート構造(RC 構造)

110 梁の設計に関する用語 I

梁には、端部のようにスラブ側が引張側となる**長方形梁**と、中央部のようにスラブ側が圧縮側となる**T形梁**とがあり、いずれも圧縮側にも配筋する**複筋梁**とします。

複筋比とは、圧縮側の鉄筋量（断面積）a_c と引張側の鉄筋量 a_t の比率 $\left(\dfrac{a_c}{a_t}\right)$ です。**複筋比**は 0.4 ～ 0.6 程度とし、下階の梁では0.8～1.0とします。

梁の設計については、次の点を理解しましょう。

①**梁の断面計算**にあたっては、次の基本仮定を設ける。

a. コンクリートは引張力を負担しないものとする。

b. コンクリートの圧縮応力度は中立軸からの距離に比例する。

c. コンクリートに対する**鉄筋のヤング係数比**は、コンクリートの強度によって決まり、荷重の長期・短期にかかわらず $n = 9 \sim 15$ とする。

②断面の圧縮側に配置されている鉄筋は、その位置でのコンクリートに生ずる応力度のヤング係数比倍（n 倍）の応力度を生ずるものとする。

③**梁の引張鉄筋比**（引張側の鉄筋断面積の梁断面積に対する割合）が釣合い鉄筋比以下のときには、圧縮側コンクリートよりも引張鉄筋が先に許容応力度に達するから、梁の許容曲げモーメントは、

$$M = a_t f_t j$$
$$j = \frac{7}{8} d$$

から求めることができる。

④**釣合い鉄筋比**とは、圧縮側コンクリートの応力度と引張側鉄筋の応力度が、同時に、許容応力度に達する時の引張鉄筋比である。

⑤**梁の引張側**においては、鉄筋の応力度が一定であれば、鉄筋径が大きいほど、また、付着強度が低いほど、ひび割れ幅は大きくなる。

⑥**鉄筋コンクリート造の梁**において、圧縮側の鉄筋量を増大させることは、クリープによるたわみを小さくする効果がある。

⑦**あばら筋**は、梁のせん断補強筋のことをいい、主筋はあばら筋と緊結することが望ましく、柱の帯筋と同様に、あばら筋を閉鎖型にするのがよい。（111 に続きます。）

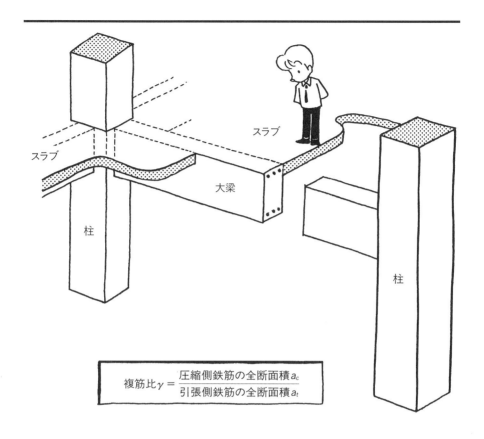

スラブ

スラブ

大梁

柱

柱

$$複筋比\gamma = \frac{圧縮側鉄筋の全断面積a_c}{引張側鉄筋の全断面積a_t}$$

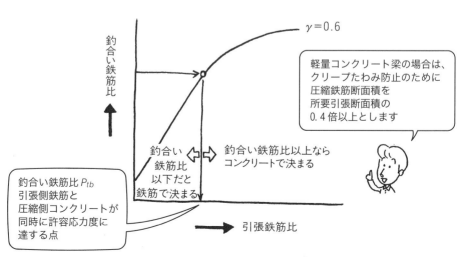

$\gamma = 0.6$

釣合い鉄筋比

軽量コンクリート梁の場合は、
クリープたわみ防止のために
圧縮筋断面積を
所要引張断面積の
0.4倍以上とします

釣合い
鉄筋比
以下だと
鉄筋で決まる

釣合い鉄筋比以上なら
コンクリートで決まる

釣合い鉄筋比 P_{tb}
引張側鉄筋と
圧縮側コンクリートが
同時に許容応力度に
達する点

引張鉄筋比

鉄筋コンクリート構造（RC 構造）

111 梁の設計に関する用語Ⅱ

⑧閉鎖型せん断補強筋とは、端部を 135° フックとしたもの、フレア溶接・アプセット溶接・フラッシュ溶接によるもの、機械式継手によるものがある。

⑨梁にあける設備用の円形の貫通孔は、梁端部（せん断力の大きい部分）を避け、かつ、せいの中央部とし、その直径は、梁せいの $\frac{1}{3}$ 以下とするのが構造耐力上望ましい。

⑩ねじりモーメントを受ける梁のせん断補強方法としては、軸方向鉄筋と閉鎖形のあばら筋を入れるのが有効である。

梁の許容せん断力（長期）は、次式で計算します。

$$Q_{AL}=b \cdot j \cdot \alpha \cdot f_s$$

長期荷重によるせん断ひび割れを許容する場合は、次式になります。

$$Q_{AL}=b \cdot j\{\alpha \cdot f_s + 0.5\,_{wf_t}(p_w-0.002)\}$$

（各記号の意味は右頁の表を参照）

$\frac{M}{Q \cdot d}$ はせん断スパン比（シアスパン比）で、3 〜 1 の値をとる。値が大きくなると、部材は粘り強さを増すが、小さくなると靭性が低下し、脆性破壊を起こす危険が生じます。

また、部材が太くて短くなると、せん断スパン比は小さくなります。

梁の構造規定（梁の配筋規定）の概略を示すと、次のとおりです。

①主筋径は D13 以上とする。

②主筋の配置は 2 段以下とする。

③D10 を用いた場合のあばら筋の間隔は、25 cm 以下、かつ、$\frac{D}{2}$ 以下とする。

④あばら筋比は 0.2％以上とする。

⑤主筋のあきは、粗骨材の最大寸法の 1.25 倍以上、かつ 2.5 cm 以上、異形鉄筋では呼び径の 1.5 倍以上とする。

⑥鉄筋に対するコンクリートのかぶり厚さは、4 cm 以上とする（規準）。

付着割裂破壊とは、鉄筋コンクリート造の柱や梁などの、比較的大きな応力を受ける部材において、被覆コンクリートのかぶり厚さの不足、鉄筋相互のあきの不足などにより、鉄筋とコンクリートの力の伝達がうまく行われず、多くの場合、コンクリートが先に破壊することなどから、複合材としての一体性が失われる現象をいいます。

梁の許容せん断力

長期	$Q_{AL} = b \cdot j \cdot \alpha \cdot f_{SL}$ ●せん断ひび割れを許容する場合 $Q_{AL} = b \cdot j \{ \alpha \cdot f_{SL} + 0.5 \, _{wf_{tL}}(p_w - 0.002) \}$
短期	$Q_{AS} = b \cdot j \{ \dfrac{2}{3} \alpha \cdot f_{SS} + 0.5 \, _{wf_{tS}}(p_w - 0.002) \}$

α：せん断スパン比 $\left(\dfrac{M}{Q \cdot d} \right)$ による割増係数

$\alpha = \dfrac{4}{\dfrac{M}{Q \cdot d} + 1}$、かつ $1 \leqq \alpha \leqq 2$

b：梁幅　　j：応力中心間距離　　f_{SL}：コンクリートの長期許容せん断応力度
f_{SS}：コンクリートの短期許容せん断応力度
$_{wf_{tL}}$：あばら筋の長期許容引張応力度
$_{wf_{tS}}$：あばら筋の短期許容引張応力度
p_w：梁のあばら筋比
　　長期荷重時は p_w が 0.6％を超える時は 0.6％、短期荷重時は p_w が 1.2％を超える時は 1.2％とする。

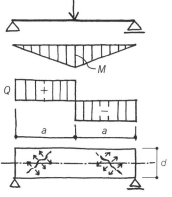

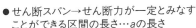

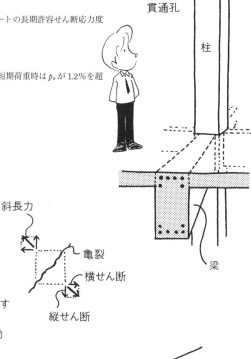

設備用
貫通孔

スラブ

梁　梁

柱

梁

斜張力

亀裂

横せん断

縦せん断

- ●せん断スパン→せん断力が一定とみなすことができる区間の長さ…aの長さ
- ●せん断スパン比→せん断スパンaと有効せいdの比 $\dfrac{a}{d}$ をいう

$M = Q \cdot a$ より $a = \dfrac{M}{Q}$

よって、$\dfrac{a}{d} = \dfrac{M}{Q \cdot d}$ となる

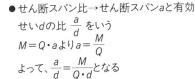

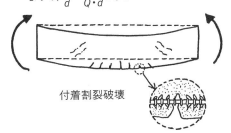

付着割裂破壊

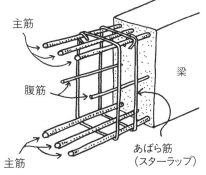

主筋

腹筋

主筋

梁

あばら筋
（スターラップ）

鉄筋コンクリート構造（RC 構造）

112　床スラブ・耐震壁の設計に関する用語

　床スラブの設計の概略を示すと次のとおりです。

①床スラブの設計では、鉛直荷重に対して強度の検討を行うほか、過大なたわみや振動障害が発生しないよう、剛性についても検討する。

②厚さは 8 cm 以上、かつ、短辺方向有効スパンの $\frac{1}{40}$ 以上とする。

③等分布荷重を受ける周辺固定スラブ設計用曲げモーメントは、短辺端部の値が最も大きく、長辺中央部の値が最も小さい。

④片持ちスラブの固定端の厚さは、はね出し長さ（持出し長さ）の $\frac{1}{10}$ 以上とする。はね出しが大きい場合は、クリープの影響を考慮する。

⑤スラブの引張鉄筋は、D10 以上の異形鉄筋または素線の径が 6 mm 以上の溶接金網を用いる。その鉄筋間隔は、主筋で 20 cm 以下、配力筋で 30 cm 以下、かつスラブ厚さの 3 倍以下とする。また、径 9 mm 未満の溶接金網を用いる場合は、主筋で 15 cm 以下、配力筋で 20 cm 以下とする。

⑥鉄筋の全断面積のコンクリート全断面積に対する割合は、0.2％以上とする。

　耐震壁の構造規定（耐震壁の設計の要点）の概略を示すと、次のとおりです。

①連層耐震壁については、曲げ変形を考慮して、上層より耐震壁の水平力分担率を減少させてはならない。

②耐震壁には、地震時の水平力によるほか、建築物の不同沈下によってもせん断ひび割れが発生する。

③耐震壁の厚さは、12 cm 以上、かつ、壁体の内法高さの $\frac{1}{30}$ 以上とし、壁の厚さが 20 cm 以上の場合は、必ず、複筋配置とする。

④せん断補強筋比は、直交する各方向に関して 0.25％以上とする。

⑤壁筋に D10 を用いる場合、見付面に対する間隔は 30 cm 以下、千鳥状の場合は片面間隔は 45 cm 以下。

⑥擁壁の配筋は、土圧が加わる側に多く入れる。

　なお、耐震壁の付帯ラーメンは、壁板を拘束してひび割れを分散し、ひび割れの貫通を防止し、耐力や靭性を増大させる効果があります。

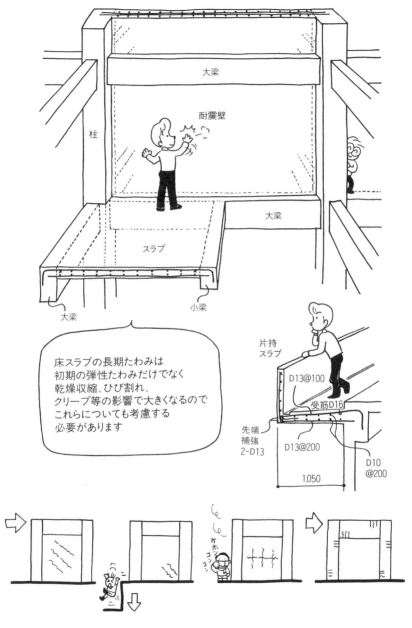

大梁

耐震壁

柱

大梁

スラブ

大梁

小梁

床スラブの長期たわみは
初期の弾性たわみだけでなく
乾燥収縮、ひび割れ、
クリープ等の影響で大きくなるので
これらについても考慮する
必要があります

片持
スラブ

D13@100

受筋D16

先端
補強
2-D13

D13@200

D10
@200

1,050

水平荷重による
耐力壁の
せん断ひび割れ

不同沈下による
せん断ひび割れ

収縮乾燥に
よる耐力壁の
ひび割れ

水平荷重による
柱梁の
曲げひび割れ

鉄筋コンクリート構造（RC 構造）

113　柱の設計に関する用語 I

　柱の配筋の要点を示すと、柱は、主筋量を増すと強度は大きくなりますが、粘り強さは小さくなります。また、その高さに対する断面のせいが大きくなるほど、曲げ強度やせん断強度は大きくなりますが、粘り強さは小さくなります。大きな軸圧縮力を受ける場合は、鉄筋の圧縮応力がコンクリートのクリープによって徐々に増大し、変形能力が小さくなるとともに脆性破壊を起こすおそれがでてきます。水平力を受ける場合も、軸力が大きいと、脆性破壊の危険性が高くなります。地震時の靭性を確保するためには、主筋を多く入れるよりも、帯筋を多く入れるほうが効果があります。

　柱の長期許容せん断力は、軸圧縮力や帯筋による効果を考慮しないで、せん断ひび割れの発生を許容しないものとし、せん断スパン比（シアスパン比）による割増しを $1 \leqq \alpha \leqq 1.5$ として、次式で計算します。

$$Q_{AL} = b \cdot j \cdot \alpha \cdot f_{SL}$$

（記号は右頁の表を参照）

　柱の構造規定（柱の配筋規定）の概略を示すと、次のとおりです。

　①主筋は 13 mm（D13）以上、かつ 4 本以上とし、円形断面では 8 本以上とする。

　②柱の主筋量は、コンクリート全断面積の 0.8％以上（全主筋の鉄筋比は 0.8％以上）とする。

　③帯筋の間隔は、D10 または φ9 を用いる場合、10 cm 以下とする。ただし、柱の上下端から柱の最大径の 1.5 倍の範囲外では 15 cm 以下とする。

　④帯筋比は、0.2％以上とする。

$$P_w = \frac{a_w}{bx} \times 100 \ （\%）$$

　⑤主筋のあきは、粗骨材の最大寸法の 1.25 倍以上、かつ、2.5 cm 以上とする。異形鉄筋では呼び径の 1.5 倍以上とする。

　⑥鉄筋に対するコンクリートのかぶり厚さは、4cm 以上とする（規準）。

　⑦柱の最小径は、鉄筋コンクリート柱では主要支点間距離の $\frac{1}{15}$ 以上、鉄筋軽量コンクリート柱では $\frac{1}{10}$ 以上とする。

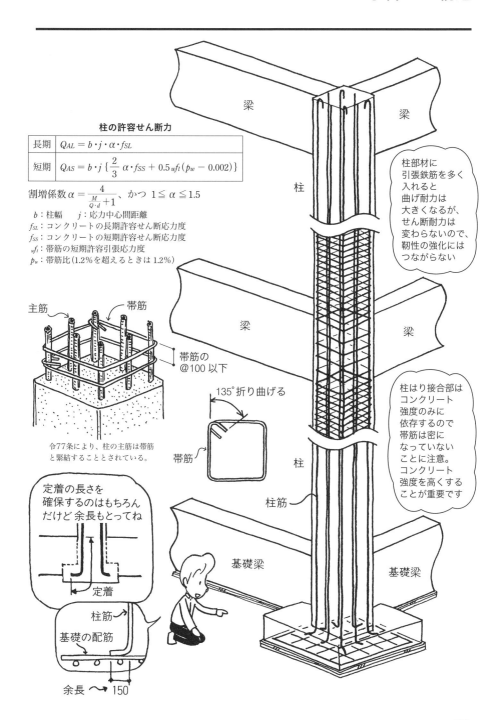

柱の許容せん断力

長期	$Q_{AL} = b \cdot j \cdot \alpha \cdot f_{SL}$
短期	$Q_{AS} = b \cdot j \left\{ \dfrac{2}{3} \alpha \cdot f_{SS} + 0.5 \, {}_{w}f_t (p_w - 0.002) \right\}$

割増係数 $\alpha = \dfrac{4}{\dfrac{M}{Q \cdot d} + 1}$、かつ $1 \leqq \alpha \leqq 1.5$

b：柱幅　　j：応力中心間距離
f_{SL}：コンクリートの長期許容せん断応力度
f_{SS}：コンクリートの短期許容せん断応力度
${}_{w}f_t$：帯筋の短期許容引張応力度
p_w：帯筋比（1.2%を超えるときは 1.2%）

梁

柱

柱部材に
引張鉄筋を多く
入れると
曲げ耐力は
大きくなるが、
せん断耐力は
変わらないので、
靭性の強化には
つながらない

主筋　　帯筋

帯筋の
@100 以下

梁

柱はり接合部は
コンクリート
強度のみに
依存するので
帯筋は密に
なっていない
ことに注意。
コンクリート
強度を高くする
ことが重要です

令77条により、柱の主筋は帯筋
と緊結することとされている。

135°折り曲げる

帯筋

柱

柱筋

定着の長さを
確保するのはもちろん
だけど余長もとってね

定着

柱筋

基礎の配筋

基礎梁

基礎梁

余長　150

鉄筋コンクリート構造(RC 構造)

114 柱の設計に関する用語Ⅱ

柱の設計に関しては、次の点をよく理解しておきましょう。

①断面が同じ柱の曲げ終局強度は、軸力がある値以下では、軸力が大きいほど大きくなる。

②柱や壁の粘り強さを増すためには、一般にせん断スパン比 $\left(\dfrac{M}{Q \cdot d}\right)$ を大きくする。せん断スパン比が小さくなると脆性破壊（もろいせん断破壊）が生じやすくなる。

③柱の設計をする場合、その最小径に比較して柱長が大きいと、座屈を生ずるおそれがある。したがって、柱の最小径は、鉄筋コンクリート柱では、主要支点間距離の $\dfrac{1}{15}$ 以上とし、軽量コンクリート柱では $\dfrac{1}{10}$ 以上とする。

④曲げ降伏が生ずる場合でも、粘り強さを確保するために、軸圧縮応力度が過大にならないようにする。軸力が大きいと塑性変形能力が低下する。

⑤断面の隅角部に太い鉄筋を配置すると、脆性的な破壊形式である付着割裂破壊が生じやすくなる。

⑥地震時に水平力を受ける短柱や垂れ壁・腰壁付きの柱は、せん断ひび割れが発生しやすく、長柱の曲げひび割れは、柱頭・柱脚に発生しやすい。

⑦帯筋量が一定の場合、柱の主筋が多いほど、変形能力が低下する。

⑧帯筋を密に配筋すると、柱の強度・靭性が増大するとともに、内部のコンクリートの拘束、主筋の座屈防止に役立ち、また、その建物の耐震性も向上する。

⑨鉄筋コンクリート造の柱の長期許容せん断力は、コンクリートの強度だけでなく、せん断スパン比（シアスパン比）にも関係する。

⑩圧縮応力度が増加すると、せん断ひび割れ耐力は増加する。

帯筋は柱のせん断補強筋であり、斜めひび割れの抑制やせん断破壊を防止するほか、圧縮時の主筋の座屈やコンクリートのはらみ出しを防ぐ効果があります。これを確実にするために、帯筋端部の折り曲げ（135°余長 $6d$ 以上）又は溶接などによる閉鎖型若しくはスパイラル筋を使用します。

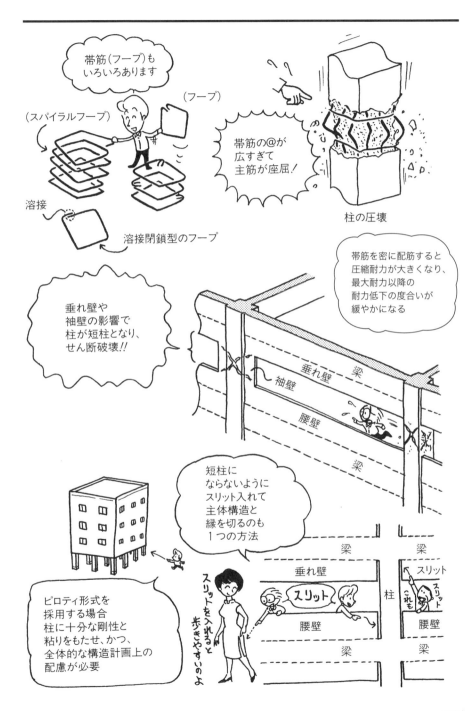

帯筋（フープ）も
いろいろあります

（フープ）

（スパイラルフープ）

溶接

溶接閉鎖型のフープ

帯筋の@が
広すぎて
主筋が座屈！

柱の圧壊

垂れ壁や
袖壁の影響で
柱が短柱となり、
せん断破壊!!

帯筋を密に配筋すると
圧縮耐力が大きくなり、
最大耐力以降の
耐力低下の度合いが
緩やかになる

垂れ壁　梁
袖壁
腰壁
梁

短柱に
ならないように
スリット入れて
主体構造と
縁を切るのも
1つの方法

ピロティ形式を
採用する場合
柱に十分な剛性と
粘りをもたせ、かつ、
全体的な構造計画上の
配慮が必要

スリットを入れると歩きやすいのよ

スリット

梁　梁

垂れ壁　スリット

柱

これも　スリット

腰壁　腰壁

梁　梁

鉄骨鉄筋コンクリート構造（SRC 構造）

115 SRC 構造の設計の基本事項に関する用語

鉄骨鉄筋コンクリート構造（SRC 構造）とは、鉄筋コンクリートの中に鉄骨骨組みの入ったもので、大規模建築や大きな応力を受ける構造物に使われます。より大きな応力に強く靭性の高い鉄骨と、座屈や火災に比較的強い鉄筋コンクリートを合わせた合理的な構造です。

SRC 構造の設計の基本的事項は次のとおりです。

部材の算定に当たって、圧縮部分でも鉄骨は座屈しないものとして設計します。すなわち、柱及び梁の鉄骨板要素は、通常の場合、局部座屈が生じないものとして設計します。また、部材のせん断設計では、鉄骨部分とコンクリート部分の付着強度は考えません。部材の許容耐力や終局耐力は、許容せん断力を除いて、右表のように、鉄骨部分とコンクリート部分の耐力の和（累加）とすることができます。

累加強度式とは、鉄骨鉄筋コンクリートの部材算定に多く使われる方式で、鉄筋コンクリート部分の強さと、鉄骨部分の強さの和（耐力の和）として耐力を求める方法です。

コンクリートの許容圧縮応力度 f_c' については、

$$f_c' = f_c(1 - 15 {}_s p_c)$$

ただし、${}_s p_c = \dfrac{{}_s a_c}{bD}$
${}_s p_c = \dfrac{1}{15}$ （≒ 6.7%）のとき
$f_c' = 0$ となり、

コンクリートの耐力を無視します。

${}_s p_c$：圧縮側鉄骨比

${}_s a_c$：鉄骨断面積

せん断力に対する設計については、梁・柱の許容せん断力は、鉄骨部分と鉄筋コンクリート部分の許容せん断力がそれぞれの設計用せん断力を上回るように算定します。

H 形鋼など開断面充複形鉄骨を用いた場合のあばら筋比及び帯筋比は 0.1% 以上とし、非充複形鉄骨や被覆形及び被覆充填形鋼管コンクリートを用いた場合は 0.2% 以上とします。なお、あばら筋比の上限は 0.6% とします。鉄骨に対するかぶり厚さは 5cm 以上ですが、通常は 10cm 以上としています。

耐力の和

鉄骨部分とコンクリート部分の耐力を和(累加)とできるもの
①梁の許容曲げモーメント
②柱の許容曲げモーメント
③梁・柱の接合パネルの許容耐力
④柱脚の許容耐力
⑤軸力及び曲げを受ける部材の終局耐力
⑥部材の終局せん断力
鉄骨部分とコンクリート部分の耐力を和(累加)とできないもの
①梁の許容せん断力
②柱の許容せん断力 　　鉄骨部分の許容せん断力≧ 　　　　鉄骨部分の設計用せん断力 　　RC 部分の許容せん断力≧ 　　　　RC 部分の設計用せん断力

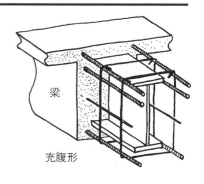

充腹形

充腹十字形

柱

////：付着面積から
除外する部分

コンクリートの
充填しにくい部分

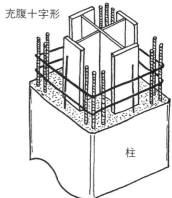

ハニカム形

ラチス形

梁

梁

フランジ

フランジ

コンクリートの
充填性が悪い

コンクリート用の穴

内ダイアフラム

鋼管

柱

充填被覆形

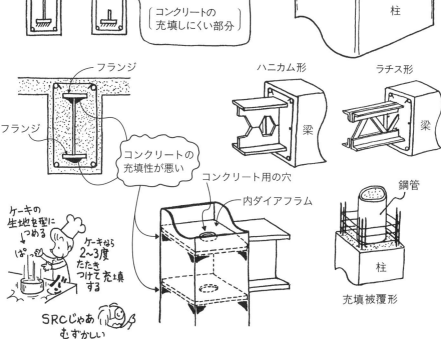

ケーキの
生地を型に
つめる

ぱっ

ケーキなら
2〜3度
たたき
つけて充填
する

SRCじゃあ
むずかしい

237

鉄骨鉄筋コンクリート構造（SRC構造）

116 SRC構造の構造規定・梁の設計に関する用語

　鉄骨鉄筋コンクリート構造の構造規定の概略を示すと、次のとおりです（建築基準法施行令79条の2～79条の4を参照）。

　①主筋には、D13以上を用いる。

　②あばら筋・帯筋は、D10以上を用いる。

　③あばら筋比・帯筋比は、0.2％以上とする。ただし、充複形鉄骨を用いた場合は、0.1％以上とすることができる。

　④柱の座屈長さはその最小径の30倍以下、圧縮材の座屈長さはその最小径の50倍以下とする。

　⑤梁主筋を柱に定着する場合は、柱の中心線を超えてから折り曲げる。このとき、鉄骨にやむを得ず穴をあける場合は、ウェブまたはガセットプレートとし、フランジには鉄骨貫通孔をあけてはならない。

　⑥格子形鉄骨を用いた梁・柱部材では、鉄骨部分を鉄筋量に換算する場合には、これを鉄筋コンクリート構造とみなして算定することができる。

　⑦鉄骨に対するコンクリートのか

ぶり厚さは、5cm以上とする。

　⑧主筋と鉄骨のあきは、2.5cm以上とする。

　梁の設計に関しては、次の点をよく理解しておきましょう。

　①梁の許容曲げモーメントは、鉄骨部分の許容曲げモーメントと鉄筋コンクリート部分の許容曲げモーメントの和とする（累加強さ）。

　②H形断面のウェブ部分については、コンクリートの拘束度が大きいため、幅厚比が大きくても、局部座屈は生じないものとして設計してもよい。

　③引張側鉄骨の付着応力度は、鋼材の下面の付着効果が期待できない部分を除いた鉄骨周長を用いて検討する。

　④梁のせん断設計では、鉄骨部分と鉄筋コンクリート部分が、それぞれせん断破壊を起こさないように算定する。

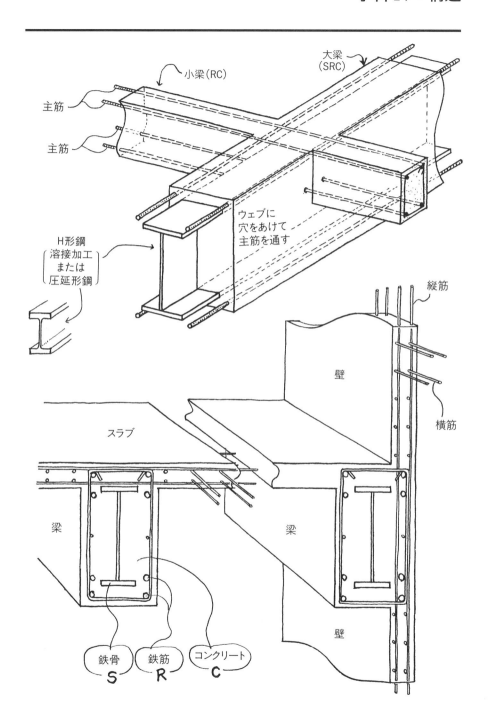

小梁(RC)

大梁
(SRC)

主筋

主筋

H形鋼
溶接加工
または
圧延形鋼

ウェブに
穴をあけて
主筋を通す

縦筋

壁

横筋

スラブ

梁

梁

壁

鉄骨
S

鉄筋
R

コンクリート
C

鉄骨鉄筋コンクリート構造（SRC構造）

117 柱の設計に関する用語

柱の設計に関しては、次の点をよく理解しておいてください。

①軸方向力が比較的小さい場合は、軸方向力はすべて鉄筋コンクリート部分のみに負担させ、曲げモーメントは両者で分担する。曲げモーメントが比較的小さい場合は、曲げモーメントはすべて鉄骨部分のみに負担させ、軸方向力は両者で分担することが多いが、基本的には組み合わせは自由である。

②鉄骨によってコンクリートの充填性が悪くなることを考慮して、圧縮側の鉄骨量に応じて、コンクリートの許容圧縮応力度を低減する。

③鉄骨鉄筋コンクリート構造であっても、柱の細長比が大きい場合には、柱の全体座屈に対する配慮を必要とする。

④充腹形鉄骨柱でも、地震時に大きな圧縮力を受けると脆性的な破壊が生じるので、軸方向力の制限値について検討する。

⑤柱、梁の接合部では、主筋は鉄骨主材に当たらないようにするのが原則であるが、やむを得ない場合は、鉄骨の断面性能をあまり損わない位置に貫通孔をあける。ただし、フランジには貫通孔をあけてはならない。

⑥柱の細長比が50を超えるときは、応力を割り増す。最大細長比は100を超えてはならない。材軸方向鉄骨の個材の細長比は、70以下とする。

⑦柱断面での軸方向鋼材面積の和（鉄骨断面積＋鉄筋断面積）は、コンクリート断面積の0.8%以上とする。

⑧柱の帯筋比は、鉄骨が充腹形の場合は0.1%以上とする。

⑨梁、柱の主筋と軸方向鉄骨とのあきは、2.5cm以上とする。

⑩鉄骨に対するコンクリートのかぶり厚さは、5cm以上とする。

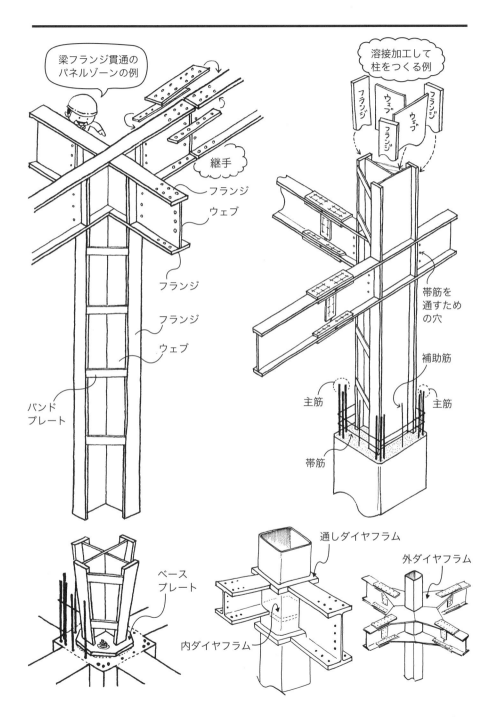

梁フランジ貫通の
パネルゾーンの例

継手

フランジ

ウェブ

フランジ

フランジ

ウェブ

バンド
プレート

溶接加工して
柱をつくる例

フランジ

ウェブ

フランジ

フランジ

ウェブ

帯筋を
通すため
の穴

補助筋

主筋

主筋

帯筋

ベース
プレート

通しダイヤフラム

外ダイヤフラム

内ダイヤフラム

鉄骨構造（S構造）

118 鉄骨構造の設計のポイント・鉄骨部材の名称に関する用語

鉄骨構造（S造、鋼構造） とは、構造上主要な部分に鋼材による部材を用いて構成された構造をいい、次のような特徴があります。

①長所は、強度・靭性が大きく、大スパン構造が可能で、超高層建築物に適する。同規模建築物に比べて軽量である。

②短所は、耐火性・耐久性が低く、圧縮力に対して座屈を起こしやすい。剛性が低いので、たわみやすく、低温時には脆性破壊を起こしやすい。

鉄骨構造の設計のポイント は、次のとおりです。①主要な梁のたわみは、通常、スパンの $\frac{1}{300}$ 以下とする。②圧縮材の有効細長比は 250 以下とし、柱材については 200 以下とする。③構造用鋼材の短期の許容応力度は、長期の値の 1.5 倍とする。④山形鋼、みぞ形鋼等をガセットプレートの片側のみに設ける場合は、偏心の影響を考慮して設計する。⑤引張材の強さは座屈によって決まるが、許容座屈応力度は細長比が大きいほど小さい。⑥引張材の有効断面積は、ボルト等の穴による断面欠損を考慮し

て算出する。⑦接合部は、接合される部材の存在応力を十分に伝えるように設計する。⑧柱脚の接合形式の固定度は、露出型、根巻型、埋込型の順に大きくなる。

なお、**鉄骨造の構造強度** に関しては、建築基準法施行令 63 ～ 70 条を参照してください。

鉄骨部材の名称 については、鉄骨の各部材の名称と、各部位の名称を右図に示します。

鉄骨のウェブの形式 は、右図のように **充腹形** と **非充腹形** がありますが、現在では、材料が多くて、靭性に優れ、加工の容易な充腹形が主流を占めています。

柱脚 とは、柱の脚部をいい、上部の柱の軸方向力・曲げモーメント、せん断力等を基礎に伝える部分です。

固定柱脚 （アンカーボルト形式〔露出形式〕、根巻形式、埋込形式）と **ピン柱脚** に大別されます。

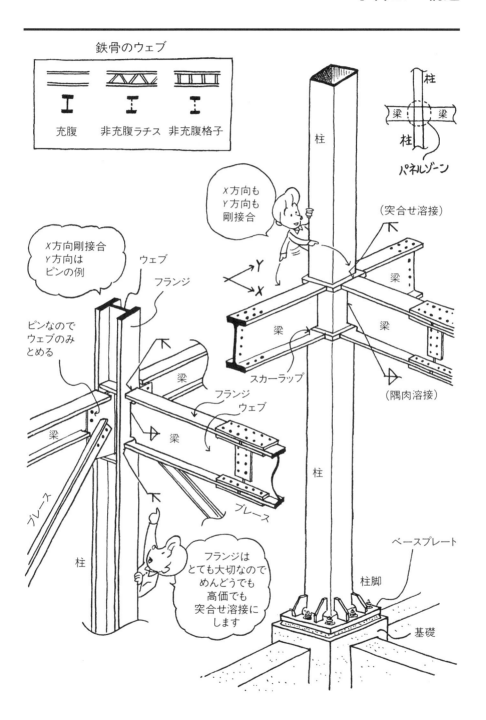

鉄骨構造（S構造）

119 柱脚および構造用鋼材に関する用語

柱脚については、次の点を理解してください。

①柱脚は、固定またはピンと仮定して応力計算を行う。

②柱脚をピンと仮定する場合、柱脚に生じるせん断力の一部をベースプレート下面と基礎のコンクリート上面との間の摩擦力に負担させることはできない。ピン柱脚には露出形柱脚を採用し、引張力が作用するアンカーボルトを設計するには、引張力とせん断力の組み合わせを考慮する。

③ピン柱脚はベースプレートに柱を溶接した簡単な構造のものが用いられている。ピン柱脚ではベースプレート底面とコンクリート面との摩擦力が期待できないので、せん断力はアンカーボルトまたはベースプレートの下面にぎざぎざを付けて抵抗させる。

④固定柱脚では、せん断力をベースプレート下面と基礎コンクリート上面の摩擦力で伝達させる。せん断力をアンカーボルトに負担させるときは、摩擦力を加算しない。

S構造の構造用鋼材に関しては、次の点をよく理解してください。

①SS材は一般構造用圧延鋼材を意味し、SM材は溶接構造用圧延鋼材を意味する。したがって、一般に、SS材よりもSM材のほうが溶接性に優れている。また、SN材は建築構造用圧延鋼材を意味している。

②SS490、SS540などの高張力鋼は、炭素の含有量が多く、引張強さは大きいが、もろく、溶接には適さない。

③SS400、SN490、SM490などの鋼材の400、490の数字は、材料の引張強さの下限値（N/mm²）を示している。

④鋼材のヤング係数（205 kN/mm²）は降伏点に関係なく一定である。したがって、部材断面が同じならばSM490（降伏点の高い鋼材）を用いても、SS400より弾性変形を小さくする効果はない。

⑤降伏比 $\left(= \dfrac{降伏点強さ}{引張強さ} \right)$ の高い鋼材を用いた骨組は、粘りが少ない。

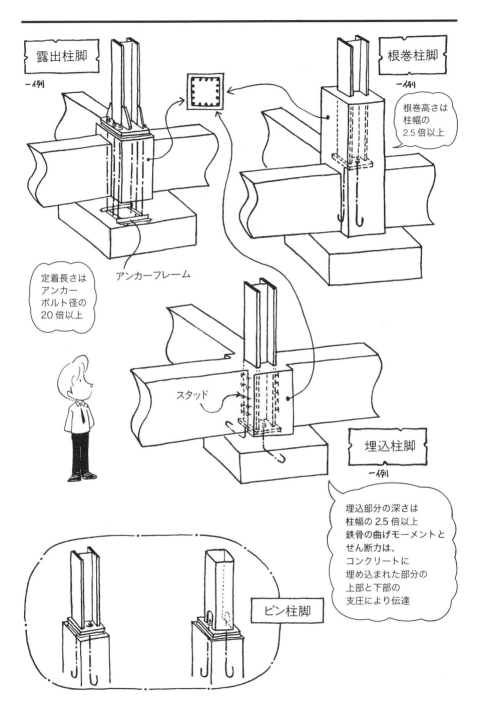

露出柱脚

一例

根巻柱脚

一例

根巻高さは
柱幅の
2.5 倍以上

定着長さは
アンカー
ボルト径の
20 倍以上

アンカーフレーム

スタッド

埋込柱脚

一例

埋込部分の深さは
柱幅の 2.5 倍以上
鉄骨の曲げモーメントと
せん断力は、
コンクリートに
埋め込まれた部分の
上部と下部の
支圧により伝達

ピン柱脚

鉄骨構造（S 構造）

120　鋼材の F 値および許容応力度に関する用語

鋼材の F 値（鋼材の基準強度）とは、鋼材の種類・品質に応じて国土交通大臣が定める値で、鋼材などの各種許容応力度及び材料強度は、基準強度（F 値）を、ある値で割って求められます（令 90 条、96 条）。鋼材の F 値はほぼ、その材の降伏強さをもっています。すなわち、鋼材の許容応力度と材料強度を与える基準値として、**F 値**が定められています。F 値は、鋼材の降伏点強度と引張強さの 0.7 倍のうち、小さいほうの値をとります。右表に示した F 値は、同種の材料でも厚さが 40 mm を超えると値が小さくなり、100 mm を超えると基準強度は、与えられていません。

鋼材の許容応力度に関しては、次の点を理解してください。

①構造用鋼材の基準強度と許容力度は右頁の表の値をとる。

②鋼材の許容せん断応力度は、許容引張応力度の $\frac{1}{\sqrt{3}}$

③**厚さ 40mm 以下の鋼材**の短期許容応力度は、長期許容応力度の 50％増し（1.5 倍）である。

④繰返し数が 10^4 以下の場合には、一般に、許容応力度の低減を考慮しなくてもよいが、10^4 を超える場合は、疲労の影響を考慮して、許容応力度の低減を行う。

⑤高力ボルト摩擦接合部の許容せん断応力度は、すべり係数 0.45 に基づいて定めている。

⑥圧縮材の座屈の許容応力度は、その材の有効細長比が小さいほど大きくなる。

⑦ H 形断面の梁許容曲げ応力度は、鋼種・断面寸法・曲げモーメントの分布・圧縮フランジの支点間距離が決まれば算定することができる。

⑧**突合せ溶接継目**の、のど断面の許容応力度は、母材と同一の値とする。

⑨**隅肉溶接継目**の、のど断面の許容応力度は、接合される母材の許容せん断応力度に等しい値とする。

表1　基準強度 F 値（N/mm²）

鋼材種別	構造用鋼材		
	SS400 SN400（A、B、C） SM400（A、B、C）	SN490B SN490C SM490A	SM520B SM520C
F ／ 厚さ 40 mm 以下	235	325	355
F ／ 厚さ 40 mm を超え 100 mm 以下のもの	215	295	325*

＊厚さ 40 mm を超え 75 mm 以下では 335 N/mm²

表2　鋼材（一般構造用 $t \leqq 40$mm）の許容応力度とヤング係数（N/mm²）

種類	F	長期許容応力度				短期許容応力度	ヤング係数
		引張 Lft	圧縮 Lfc	曲げ Lfb	せん断 Lfs		
SS400	235						
SS490	275	$\dfrac{F}{1.5}$			$\dfrac{F}{1.5\sqrt{3}}$	長期応力に 対する値の 1.5 倍	2.05×10^5
SS540	375						

F：許容応力度を決定する場合の基準値

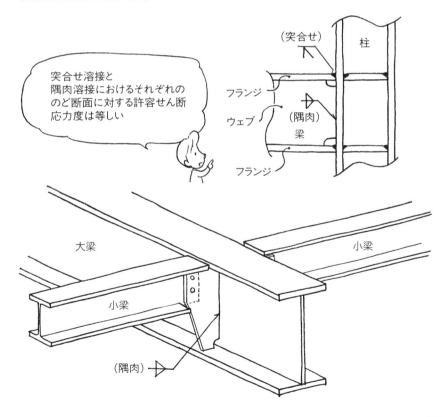

鉄骨構造（S 構造）

121　横座屈・弾性変形および局部座屈に関する用語

横座屈とは、鉄骨構造の部材は H 形鋼のように、主に曲げ応力と軸応力を負担する部材（**フランジ**）と主にせん断応力を負担する部材（**ウェブ**）とを組み合わせて構成されていますが、一定の細長比を超え、曲げ応力が増加すると許容応力度に達する前に面外に膨らみ変形を起こします。大梁が横座屈する場合には小梁のピッチを細かくして横補剛してやればよいのです。

箱形断面材は、一般に、横座屈を起こさないと考えて設計できます。このとき、短期許容曲げ応力度は、板要素の幅厚比の制限に従えば、その鋼材の基準強度 F に等しい値とします。

弾性変形については、次の点を理解してください。

ラーメン構造において**弾性変形**を小さくするために、SS400 材を用いる代わりに、同じ断面の SM490 材を用いてもその効果はありません。これは、鋼材のヤング係数が材質に関係なく一定であるからで、変形は小さくなりません。

局部座屈とは、骨組全体ではなく、骨組の一部のみが局部的に座屈を起こす現象をいい、局部座屈の起きやすさはフランジやウェブなど部材を構成している板要素の幅と厚さの関係から判断できます。この幅 (b) と厚さ (t) の比を**幅厚比** ($\frac{b}{t}$) といい、値が大きくなると局部座屈が生じやすくなります。したがって、局部座屈を防ぐには、フランジ厚やウェブ厚を厚くして、幅厚比を小さくすることが必要です。

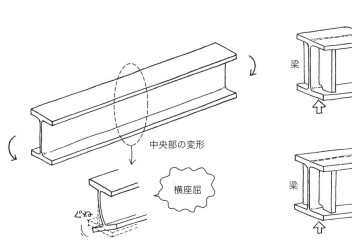

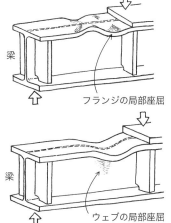

中央部の変形

横座屈

ぐね

フランジの局部座屈

梁

ウェブの局部座屈

梁

局部座屈を生じない幅厚比

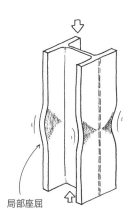

局部座屈

部材	断面	部位	F	幅厚比
柱	H 形鋼	フランジ	235	9.5
			325	8.5
		ウェブ	235	43.0
			325	36.5
	角形鋼管	—	235	33.0
			295	29.4
			325	28.0
	円形鋼管		235	50.0
			325	36.1
梁	H 形鋼	フランジ	235	9.0
			325	7.6
		ウェブ	235	60.0
			325	51.0

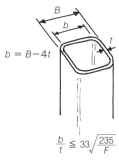

$b = B - 4t$

$\dfrac{b}{t} \leqq 33\sqrt{\dfrac{235}{F}}$

角形鋼管

ウェブ $\dfrac{d}{t_1} \leqq 43\sqrt{\dfrac{235}{F}}$

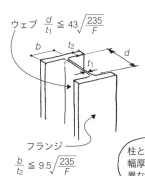

フランジ

$\dfrac{b}{t_2} \leqq 9.5\sqrt{\dfrac{235}{F}}$

柱

柱と梁では
幅厚比の値が
異なる

フランジ $\dfrac{b}{t_2} \leqq 9\sqrt{\dfrac{235}{F}}$

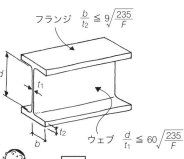

ウェブ $\dfrac{d}{t_1} \leqq 60\sqrt{\dfrac{235}{F}}$

梁

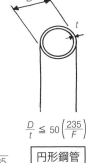

$\dfrac{D}{t} \leqq 50\left(\dfrac{235}{F}\right)$

円形鋼管

鉄骨構造（S 構造）

| 122 | 構造計画および圧縮材の設計に関する用語 |

　鉄骨構造の構造計画に関しては、次の点を理解しておきましょう。

①トラス構造では、次の仮定を設けて構造計画を行う。

　a. トラスの節点はすべてピンで接合されている。

　b. 各部材は直線材で、接合部ではゲージラインは 1 点で交わる。

　c. 荷重・外力はすべて節点に作用するものとする。

　d. 座屈しやすいから、節点間隔はなるべく短くする。

　e. 部材の伸縮はきわめて小さいものとする。

②部材を溶接したラーメン構造では、節点は剛節点で、その接合部は軸方向力・せん断力・曲げモーメントを伝達できるように計画する。

③間仕切壁、外装仕上げなどの配置状況によっては、ねじれが発生するから注意が必要である。

④耐力壁や筋違を有効に働かせるためには、十分な床の剛性と強度が必要であり、地震力によって生ずる層間変位を小さくするには、量を増やす。

⑤部材の局部座屈を防ぐためには、板要素の幅厚比を小さくする。

⑥高層建築物の柱では、上層部に用いる鋼材よりも、下層部には強度の高い鋼材を用いることがある。

　圧縮材の設計の要点を示すと、次のとおりです。

　圧縮材では、有効細長比が大きくなると座屈の許容応力度は小さくなります。圧縮力を負担する構造耐力上主要な柱の有効細長比λは、200 以下とします。座屈長さは、部材端部の支持条件によって異なり、横移動が拘束されていないラーメンの柱材の座屈長さは、その柱の節点間距離より長くなり、柱に対する梁の剛比が大きくなるほど、柱の座屈長さは短くなります。

●圧縮材の算定式

$$\sigma_c = \frac{N_c}{A} \leqq f_c$$

許容圧縮応力度f_cは、細長比λの大きさによって異なる。λが大きくなるとf_cは小さくなり、λが小さくなるとf_cは大きくなる

● 有効細長比λ

$$\text{有効細長比}\lambda = \frac{\text{座屈長さ}\, l_k}{\text{最小断面二次半径}\, i}$$

有効細長比の最大値

柱　　　　材	$\lambda \leqq 200$
ラチス材	$\lambda \leqq 160$
その他の材	$\lambda \leqq 250$

●ラーメンの座屈長さ

・節点移動のない
　骨組の座屈長さ
　　$l_k = h$
・節点移動のある
　骨組の座屈長さ
　　$l_k > h$

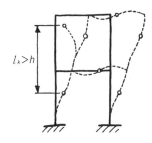

$l_k > h$

圧縮力と
強軸まわりに曲げを
受けるH形断面柱の
設計では、弱軸まわりの
曲げ座屈のほか、
横座屈についても
検討します

強軸

弱軸

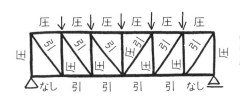

プラットトラス

上弦材と
下弦材が平行線と
なるトラスを
平行弦トラスといいます

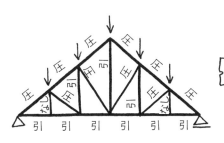

キングポストトラス

鉄骨構造（S構造）

123 引張材および曲げ材などの設計に関する用語

引張材の設計の要点の概略は、次のとおりです。

引張材では**有効断面積**を用いますが、ガセットプレートの片側のみに山形鋼などを接合する場合は、偏心の影響を考慮して、有効断面積からさらに突出脚の $\frac{1}{2}$ の断面積を差し引いて算定します。また、「耐震計算ルート1」の計算において、粘り強い筋違構造とするには、接合部の破断強度を筋違材の降伏強度より大きくします。鋼材を引っ張ったときの降伏点の引張強さに対する比を**降伏比**といい、降伏比が大きい部材は、降伏点を過ぎるとすぐに破断してしまう粘りの少ないもので、塑性変形能力は小さくなります。

なお、**有効断面積**とは、部材へ力学的に有効に働く断面積をいい、引張材のボルト孔、切欠き部などを差し引いた断面積をいいます。

曲げ材の設計の要点の概略は、次のとおりです。

箱形断面の梁は、一般に、横座屈を起こさないと考えて設計し、許容曲げ応力度は鋼材の許容引張応力度と同じとします。曲げ応力を受ける部材の断面の板要素に局部座屈が生じると、曲げ耐力は低下します。なお、**箱形断面材**とは、箱形をした断面の部材で、ウェブが2つ以上ある閉断面形式のもので、ボックス柱・ボックス梁として用いられます。

梁・柱 接合部の要点は次のとおりです。

H形断面や箱形断面の柱にH形鋼の梁を剛接合する場合には、梁のフランジは突合せ溶接、ウェブは隅肉溶接とします。このとき、梁端のウェブには溶接線が交差するのを避けるため**スカラップ**を設け、裏当て金を用いて溶接します。スカラップを設けない**ノンスカラップ工法**も使われています。柱継手部の耐力は、部材の許容応力の $\frac{1}{2}$ 以下の耐力であってはなりません。

有効細長比の大きい部材を筋違に用いる場合、引張筋違として設計します。この場合、靭性を確保するため、筋違の降伏耐力は接合部の破断耐力より小さくする必要があります。

●引張材の算定式

$$\sigma_t = \frac{N_t}{A_n} \leqq f_t$$

・通常の場合　有効断面積 $A_n = A - \Sigma a_0$
・ガセットプレートの片側に形鋼が接合
　された場合

　　$A_n = A - \Sigma a_0 -$ 突出脚の $\frac{1}{2}$ の断面積

Σa_0：ボルト穴などの面積合計

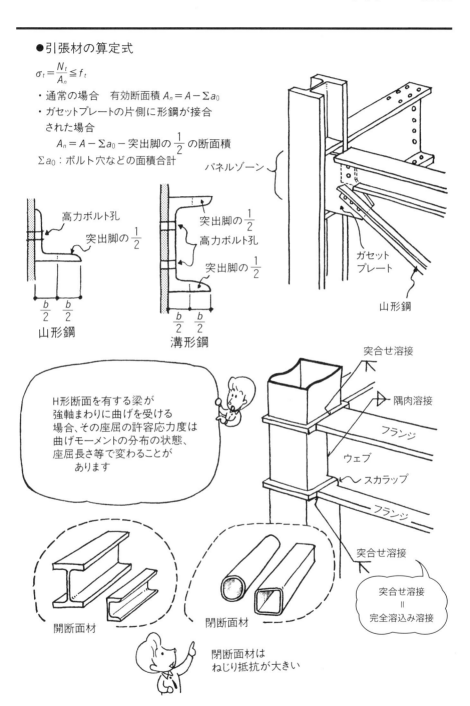

パネルゾーン

高力ボルト孔
突出脚の $\frac{1}{2}$

$\frac{b}{2}$　$\frac{b}{2}$
山形鋼

突出脚の $\frac{1}{2}$
高力ボルト孔
突出脚の $\frac{1}{2}$

$\frac{b}{2}$　$\frac{b}{2}$
溝形鋼

ガセット
プレート

山形鋼

H形断面を有する梁が
強軸まわりに曲げを受ける
場合、その座屈の許容応力度は
曲げモーメントの分布の状態、
座屈長さ等で変わることが
あります

突合せ溶接
隅肉溶接
フランジ
ウェブ
スカラップ
フランジ
突合せ溶接

突合せ溶接
＝
完全溶込み溶接

開断面材

閉断面材

閉断面材は
ねじり抵抗が大きい

253

鉄骨構造（S 構造）

124　部材の設計に関する用語

　部材の設計に関しては、次の点をよく理解しておきましょう。

　①圧縮材の座屈の許容応力度は、有効細長比が大きいほど小さくなる。したがって、圧縮材は有効細長比が小さいほど強い。よって、一般圧縮材の有効細長比は 250 以下、柱材では 200 以下としている。

　② H 形断面材が強軸まわりに曲げを受けるときには、横座屈に対する配慮が必要である。

　③圧縮力と曲げを受ける箱形断面柱は、ねじり剛性が大きいため、通常は、横座屈による耐力の低減を考えることなく設計してもよい。

　④柱頭の水平移動が拘束されていないラーメンの柱の座屈長さは、その柱材の節点間距離（階高）よりも長い。

　横移動が拘束されているラーメン架構では、柱材の座屈長さを接点間距離と等しくしてもよい。

　⑤柱頭の水平移動が拘束されていないラーメンの柱の座屈長さは、一般に、柱に対する梁の剛比が大きいほど短くなる。

　⑥トラス柱の設計では、柱全体の座屈と、弦材及び腹材の節点間内の座屈について検討する。

　⑦粘り強い筋違構造を造るには、接合部の破壊強度を筋違材の軸部の降伏強度より十分大きくする。

　⑧水平力を負担する筋違の靭性を高めるためには、軸部が引張降伏した後も、接合部には強度的に十分余裕があるようにする。

　⑨梁材のたわみは、両端支持の梁ではスパンの $\dfrac{1}{300}$ 以下、片持ち梁では $\dfrac{1}{250}$ 以下とする。

たわみの制限

両端支持の梁	$\dfrac{l}{300}$ 以下
片持ち梁	$\dfrac{l}{250}$ 以下
手動クレーン	$\dfrac{l}{500}$ 以下
電動クレーン	$\dfrac{l}{800} \sim \dfrac{l}{1,200}$ 以下

l：スパン

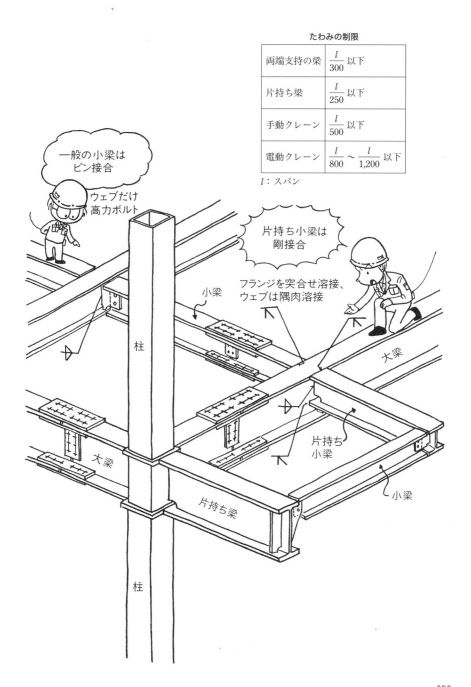

一般の小梁は
ピン接合

ウェブだけ
高力ボルト

片持ち小梁は
剛接合

フランジを突合せ溶接、
ウェブは隅肉溶接

小梁

柱

大梁

大梁

片持ち
小梁

小梁

片持ち梁

柱

鉄骨構造（S 構造）

125	高力ボルト接合に関する用語

　鉄骨構造の接合には、主として高力ボルト接合及び溶接が用いられます。

　高力ボルトの接合の要点の概略は次のとおりです。

　高力ボルト（F8T、F10T、F11T）は、高強度に調質されたボルトで、F10Tがよく用いられています。F10Tの引張強さの下限値は $1,000\,\text{N/mm}^2$ であり、材料強度の基準強度は、$900\,\text{N/mm}^2$ です。高力ボルト接合には、摩擦接合と引張接合があります。高力ボルト1本の許容耐力は、二面摩擦は一面摩擦の2倍の耐力があるものとして計算します。せん断力のみを受ける高力ボルトは、繰返し応力の効果を考える必要はありません。

　以上のことから、高力ボルト接合に関しては次の点をよく理解してください。

　①構造上主要な部材の接合部においては、リベット・ボルト・高力ボルト接合では最小2本以上配置し、ボルト等の径に応じた適切な縁端距離（端あき）を確保しなければならない。
　②高力ボルト接合におけるボルト穴径は、公称軸径に $1.0 \sim 1.5\,\text{mm}$ を加えた値とする。また、そのピッチは公称軸径の2.5倍以上とする。

　③F11Tの高力ボルトは、遅れ破壊を起こすおそれがある。遅れ破壊とは、長期間引張荷重が加えられている部材（高張力鋼）が塑性変形をほとんど伴わずに突然脆性破壊を起こす現象をいう。

　④摩擦面の密着性が悪くなると、すべり耐力が著しく低下するので、その部分の黒皮・浮き錆・じんあい・油・塗料は完全に取り除く。

　⑤1つの継手に異種の接合法を併用する場合（併用継手）は、次の要領で応力を負担させる。

　a. 溶接とリベット・ボルト・高力ボルト→全応力を溶接が負担する。ただし、高力ボルトを先に施工する場合は応力を分担することができる。

　b. 高力ボルトとリベット→応力を分担する。

　c. ボルトとリベット・高力ボルト→全応力をリベット・高力ボルトが負担する。

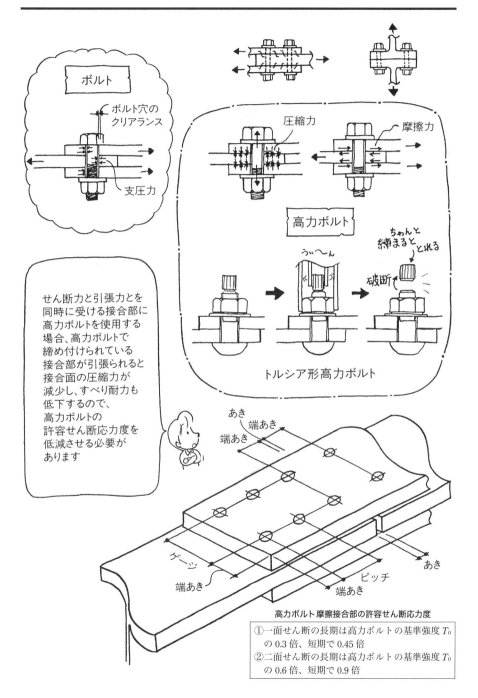

ボルト

ボルト穴の
クリアランス

支圧力

圧縮力

摩擦力

高力ボルト

せん断力と引張力とを
同時に受ける接合部に
高力ボルトを使用する
場合、高力ボルトで
締め付けられている
接合部が引張られると
接合面の圧縮力が
減少し、すべり耐力も
低下するので、
高力ボルトの
許容せん断応力度を
低減させる必要が
あります

うぃ〜ん

ちゃんと
締まると とれる

破断

トルシア形高力ボルト

あき
端あき
端あき

ゲージ

端あき

ピッチ

端あき

あき

高力ボルト摩擦接合部の許容せん断応力度

①一面せん断の長期は高力ボルトの基準強度 T_0
　の 0.3 倍、短期で 0.45 倍
②二面せん断の長期は高力ボルトの基準強度 T_0
　の 0.6 倍、短期で 0.9 倍

257

鉄骨構造（S 構造）

126 溶接に関する用語

溶接の種類は開先等により、次のように大別されます。

突合せ溶接は、完全溶込み溶接ともいい、開先をとった端部を突き合わせて溶接する方式で、開先の形状により、V 形、X 形、レ形、K 形などがあります。

隅肉溶接とは、重ね継手、T 継手、角継手等の母材同士が直角をなす部分などに開先をとらずに行う溶接をいい、隅肉溶接は突合せ溶接に比べて強度が劣ります。

重ね溶接とは、2 枚の鋼材を重ねて、板面と板端を溶接する方式をいい、換言すると、重ね継手を隅肉溶接でつくることをいいます。

部分溶込み溶接とは、継手の板厚の全域にわたらない溶込みの状態の溶接をいい、部分溶込み溶接は、溶接線と直角方向に引張力が作用する場合、及び溶接線を軸として曲げが作用する場合には使用できません。

溶接設計の留意点の概略を示すと、次のとおりです。

①突合せ溶接の有効のど厚は、常に、薄いほうの板厚以下とする。

②隅肉溶接のサイズは、常に、薄いほうの板厚以下とする。

③隅肉溶接有効長さは、まわし溶接を含めた溶接の全長から、隅肉のサイズの 2 倍を差し引いた長さとする。

④SS490、SS540 の鋼材を用いた溶接継目に、応力を負担させてはならない。

⑤突合せ溶接は、全長にわたって連続して溶接しなければならない。

⑥応力を負担する隅肉溶接の有効長さは、サイズの 10 倍以上、かつ 40 mm 以上とする。

⑦側面隅肉溶接の有効長さが、隅肉のサイズの 30 倍を超える場合には、許容応力度を低減する。

溶接の欠陥とは、溶接部に生ずる欠陥の総称で、主なものとしてはクレーター、ブローホール、スラグ・スパッタ、アンダーカット、割れ等があります。溶接部に欠陥があると、その箇所の溶接強度が著しく低下するのは当然です。

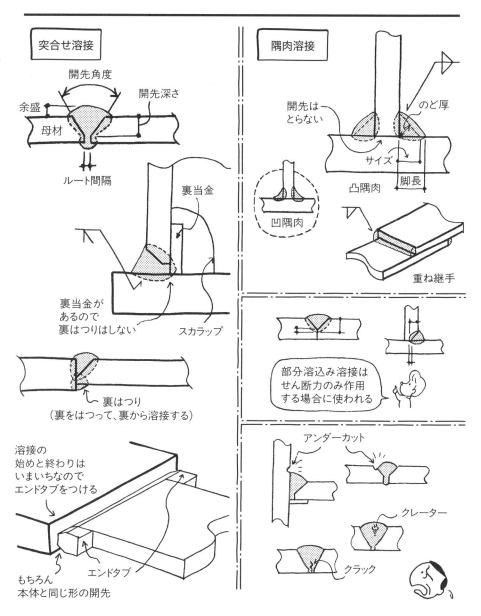

突合せ溶接

開先角度
開先深さ
余盛
母材
ルート間隔

裏当金
裏当金が
あるので
裏はつりはしない
スカラップ

裏はつり
（裏をはつって、裏から溶接する）

溶接の
始めと終わりは
いまいちなので
エンドタブをつける

もちろん
本体と同じ形の開先
エンドタブ

隅肉溶接

のど厚
開先は
とらない
サイズ
凸隅肉
脚長
凹隅肉
重ね継手

部分溶込み溶接は
せん断力のみ作用
する場合に使われる

アンダーカット
クレーター
クラック

溶接部の許容引張応力度と許容せん断応力度

	突合せ溶接 （完全溶込み溶接）	隅肉溶接
許容引張応力度	母材の許容引張応力度と同じ	母材の許容引張応力度の $1/\sqrt{3}$ 倍
許容せん断応力度	ともに母材の $1/\sqrt{3}$ 倍	

構造計画

127　構造計画に関する用語

部材の**剛性・変形**については、次の点を理解してください。建築物の各階の剛性の高さ方向の分布に大きな不連続があると、地震時に剛性の小さい階に変形や損傷が集中しやすくなります。建築物の**ねじり剛性**を大きくするためには、耐力壁や筋違は、平面上の中心部に配置するより外周部に配置するほうが有効になります。

純ラーメン構造の場合、地震時の柱の軸方向力の変動は、中柱に比べて外柱のほうが大きくなり、また、水平力を受ける場合の塑性変形能力は、軸力が大きいほど小さくなります。**柱の軸方向力** N は、梁のせん断力 Q から求めます。外柱の軸方向力は、梁のせん断力をそのまま採用し、中柱の軸方向力は柱頭の両側の梁のせん断力の差となります。**多層多スパンのラーメン**に鉛直荷重が作用したときの曲げモーメント分布は、中柱にはほとんど生じません。

耐震要素と基礎の回転の関係は次のとおりです。**耐震要素**（耐震壁や筋違）が上下に連続している場合、水平剛性は上層になるほど小さくなるので、耐震要素が負担する水平力も小さくなります。水平力に対して各階の耐震要素が一体となって働くためには、各階の耐力壁周辺の床スラブの水平剛性・耐力を十分に確保しておく必要から、床には開口部を設けません。耐震要素の水平剛性は、耐力壁の基礎の浮き上がりによって低下します。この浮き上がりを無視すると、建築物の保有水平耐力を過大に評価することがあります。

短柱の特性の概略は次のとおりです。**鉄筋コンクリート造の建築物**において、垂れ壁や腰壁の付いた柱（**短柱**）はせん断力で耐力が決定されるので、一般に、それらの付かない同一構面内の柱と比べて、先に破壊しやすくなります。地震時に大きな水平力を受けると、長柱は曲げモーメントによる亀裂が入り、短柱はせん断力による亀裂が入ります。このとき、短柱は変形が拘束されるため、長柱より先に破壊することが多いのです。

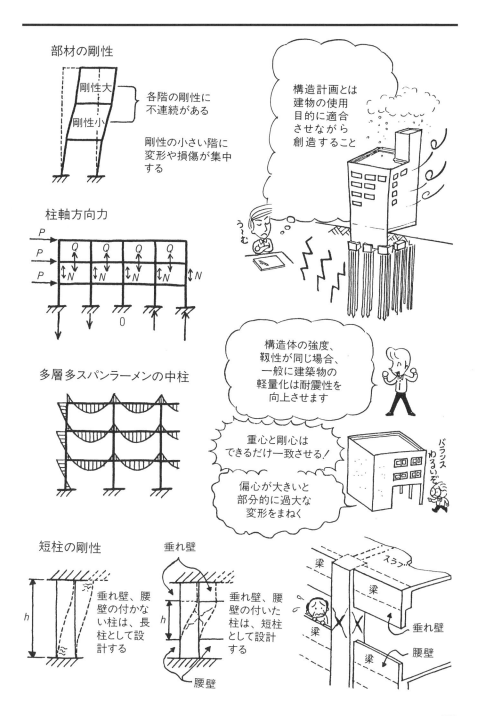

部材の剛性

剛性大

剛性小

各階の剛性に
不連続がある

剛性の小さい階に
変形や損傷が集中
する

構造計画とは
建物の使用
目的に適合
させながら
創造すること

う〜む

柱軸方向力

P
P
P

Q Q Q Q

N N N N N

0

構造体の強度、
靭性が同じ場合、
一般に建築物の
軽量化は耐震性を
向上させます

多層多スパンラーメンの中柱

重心と剛心は
できるだけ一致させる！

偏心が大きいと
部分的に過大な
変形をまねく

バランス
わるいぞ

短柱の剛性

h

垂れ壁、腰
壁の付かな
い柱は、長
柱として設
計する

垂れ壁

h

腰壁

垂れ壁、腰
壁の付いた
柱は、短柱
として設計
する

梁

スラブ

梁

梁

垂れ壁

腰壁

梁

木材

128 木材の性質に関する用語

木材の許容応力度については、次の点を理解しておきましょう。

①木材の繊維方向の許容応力度は、曲げ、圧縮、引張、せん断の順に小さくなる。また、短期許容応力度は、長期許容応力度の約 1.8 倍（$\frac{2}{1.1}$ 倍）である。

②繊維に直角方向の許容圧縮応力度は、繊維方向のそれより値は小さい。

③同じ樹種の場合、繊維方向の許容応力度は、一般に、木材より構造用集成材（集成材）のほうが大きい。

木材の物理的性質に関しては、次の点をよく理解しましょう。

①含水率約 30％の状態を繊維飽和点という。空気中の湿度と平衡した状態を気乾状態といい、約 15％の含水率をいい、含水率 0％の状態を絶乾状態という。

②繊維飽和点以下では、含水率が増減すると、木材は膨張収縮するが、繊維飽和点以上では膨張も収縮も起こさない。

③膨張収縮による変形は、繊維方向（樹幹方向）が最も小さく、柾目方向（半径方向）が次いで、板目方向（接線方向）が最も大きい。

④辺材は、心材より変形が大きい。したがって、板材では木表が凹（木裏が凸）に反り曲がる。

⑤比重が大きくなれば、強度・変形・熱伝導率も大きくなる。

木材の力学的性質については、次の点をよく理解しましょう。

①一般に、針葉樹よりも広葉樹のほうが強度は大きい。

②繊維方向の強度は、曲げ、圧縮、引張、せん断の順に小さくなる。

③繊維飽和点以上では強度は一定であるが、繊維飽和点以下では、含水率が減少するほど強度は増大する。すなわち、木材は乾燥するほど強くなる。

④心材の強度のほうが辺材より大きい。

⑤ヤング係数は、繊維に直角方向の値に比べて繊維方向の値のほうが大きい。

⑥クリープは、初期変形に対して、気乾状態では約 2 倍、絶乾状態では約 3 倍となる。

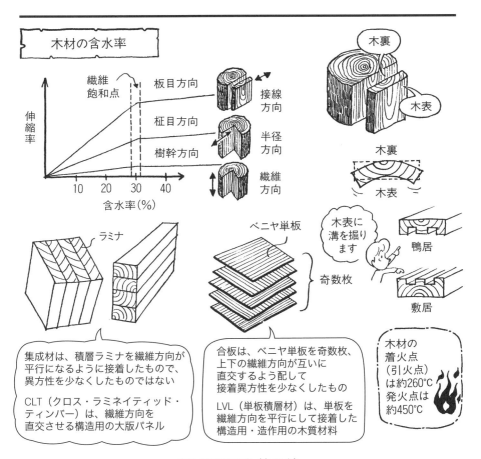

木材の含水率

木裏

木表

木裏

木表

ラミナ

ベニヤ単板

奇数枚

木表に
溝を掘り
ます

鴨居

敷居

集成材は、積層ラミナを繊維方向が
平行になるように接着したもので、
異方性を少なくしたものではない

CLT（クロス・ラミネイティッド・
ティンバー）は、繊維方向を
直交させる構造用の大版パネル

合板は、ベニヤ単板を奇数枚、
上下の繊維方向が互いに
直交するよう配して
接着異方性を少なくしたもの

LVL（単板積層材）は、単板を
繊維方向を平行にして接着した
構造用・造作用の木質材料

木材の
着火点
（引火点）
は約260℃
発火点は
約450℃

木材の許容応力度〔令89条〕

長期に生ずる力に対する許容応力度 (N/mm²)				短期に生ずる力に対する許容応力度 (N/mm²)			
圧　縮	引張り	曲　げ	せん断	圧　縮	引張り	曲　げ	せん断
$\dfrac{1.1 F_c}{3}$	$\dfrac{1.1 F_t}{3}$	$\dfrac{1.1 F_b}{3}$	$\dfrac{1.1 F_s}{3}$	$\dfrac{2 F_c}{3}$	$\dfrac{2 F_t}{3}$	$\dfrac{2 F_b}{3}$	$\dfrac{2 F_s}{3}$

木材の基準強度〔平成12年建告1452号〕

樹　種	区　分	等級	基準強度 (N/mm²)			
			F_c	F_t	F_b	F_s
あかまつ	甲種構造材	1級	27.0	20.4	33.6	2.4
		2級	16.8	12.6	20.4	
		3級	11.4	9.0	14.4	
	乙種構造材	1級	27.0	16.2	26.4	
		2級	16.8	10.2	16.8	
		3級	11.4	7.2	11.4	

コンクリート

129 コンクリートに関する用語Ⅰ

コンクリートの**ヤング係数・コンクリートのひずみ度**に関して、次のことを理解しておきましょう。

コンクリートのヤング係数（E_c）は、応力度－ひずみ度曲線上における圧縮強度の $\frac{1}{3} \sim \frac{1}{4}$ の点と原点を結んだ直線の勾配で近似でき、次式で計算した値を用います。

$$E_c = 3.35 \times 10^4 \times \left(\frac{\gamma}{24}\right)^2 \times \left(\frac{F_c}{60}\right)^{\frac{1}{3}}$$

γ：気乾単位体積重量（kN/m³）

その値は、コンクリート強度が高いほど大きな値となります。ヤング係数は、単位体積重量によって異なり、単位体積重量が小さい**軽量コンクリート**は**普通コンクリート**よりヤング係数は小さく（ひずみ度は大きく）なります。普通コンクリートの場合、その**圧縮強度時のひずみ度**は、$0.15 \sim 0.20\%$（$1.5 \sim 2.0 \times 10^{-3}$）程度となります。

コンクリートの線膨張係数に関しては、次の点をよく認識しましょう。すなわち、常温における普通コンクリートの**線膨張係数**と一般の鋼材の線膨張係数は、ほぼ等しく、

1×10^{-5}/℃程度で、これは鉄筋コンクリート構造が成り立つ要因の1つでもあります。

付着応力度とは、構成材料間の接線応力度として計算に用いられ、**鉄筋のコンクリートに対する付着応力度**τ_a は次式によります。

$$\tau_a = \frac{Q}{\psi j}$$

ψ：周長

j：応力中心距離

Q：せん断力

許容付着応力度は、コンクリートの種別と強度・鉄筋の種別及び設置位置によって異なります。**梁主筋**のコンクリートに対する**許容付着応力度**は、上端筋のほうが下端筋より小さな値となります。

沈み亀裂とは、コンクリート打設後、1～2時間にわたって生じるコンクリートの沈降現象を、内部鉄筋が妨げることによって、鉄筋直上部分に発生する亀裂をいいます。**軟練りコンクリート**でブリージングの量の大きいものほど、発生の危険があります。

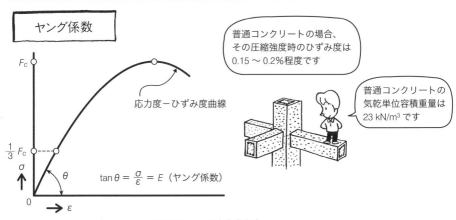

ヤング係数

$\tan \theta = \dfrac{\sigma}{\varepsilon} = E$（ヤング係数）

応力度－ひずみ度曲線

普通コンクリートの場合、その圧縮強度時のひずみ度は0.15～0.2％程度です

普通コンクリートの気乾単位容積重量は23 kN/m³ です

コンクリートの許容応力度

長期に生ずる力に対する許容応力度 (N/mm²)			短期に生ずる力に対する許容応力度 (N/mm²)		
圧縮	引張り	せん断	圧縮	引張り	せん断
$\dfrac{F}{3}$	—	$\dfrac{F_c}{30}$ かつ $0.49 + \dfrac{F_c}{100}$ 以下	長期の2倍	—	長期の1.5倍

鉄筋のコンクリートに対する許容付着応力度 (N/mm²)

種類	長期		短期
	梁上端筋	左記以外	
異形鉄筋	$\dfrac{F_c}{15}$ かつ $0.9 + \dfrac{2F_c}{75}$ 以下	$\dfrac{F_c}{10}$ かつ $1.35 + \dfrac{F_c}{25}$ 以下	長期の1.5倍
丸鋼	$\dfrac{4F_c}{100}$ かつ 0.9 以下	$\dfrac{6F_c}{100}$ かつ 1.35 以下	

ALC と普通コンクリートの比較

	断熱性	加工性	防水性	遮音性	熱伝導率	比重	ヤング係数	強度・剛性
ALC	◎	◎	×	○	小	小	○	○
普通コンクリート	○	○	○	◎	大	大	◎	◎

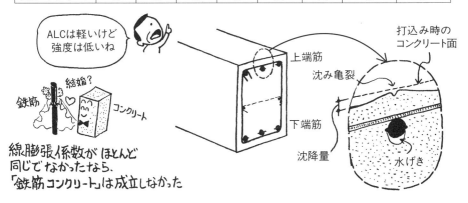

ALCは軽いけど強度は低いね

結婚？
鉄筋　コンクリート

線膨張係数が ほとんど 同じで なかったなら、「鉄筋コンクリート」は成立しなかった

打込み時のコンクリート面

上端筋

沈み亀裂

下端筋

沈降量

水げき

コンクリート

130 コンクリートに関する用語Ⅱ

　圧縮強度、圧縮試験、供試体の大小関係については、次の点をよく理解してください。

　コンクリートの圧縮強度は、円形供試体を用いて行い、水セメント比及び供試体が小さいほど、荷重速度が速いほど、また、水中養生したもの及び3軸圧縮応力下におけるものが大きな値を示します。局部圧縮を受けるコンクリートの支圧強度は、一般に、全面圧縮を受けるときより大きくなります。引張強度は、割裂試験によって間接的に求めます。

　水セメント比とは、コンクリートの調合におけるセメント量に対する使用水量の重量比です。

$$水セメント比\ \frac{w}{c} = \frac{水の質量}{セメントの質量}(\%)$$

　コンクリート打設直後のセメントペースト中のセメントに対する水の質量百分率で、コンクリートの強度を左右する指標の1つです。水セメント比が小さいと強度・耐久性・水密性がよくなり、大きいと強度は低下し、通常60〜65%以下とします。

　スランプ試験とは、コンクリート

の軟らかさの程度、つまりワーカビリティを知るための試験で、スランプコーンと呼ばれる容器を鉄板上に置き、コンクリートを三層に詰め、スランプコーンを抜き取った後のコンクリートの頂部が下がった長さ(cm)をスランプ値といいます。スランプ値が大きい程、流動性はいいですが、分離やブリーシングが生じやすくなります。通常、基礎・床・梁では15〜18cm、柱・壁では18〜21cmとします。

　コンクリートの支圧強度とは、2物体間の接触面に圧縮力が作用するときの最大の圧縮応力度を支圧強度といい、局部応力を受けるコンクリートの圧縮強度をいいます。一般に支圧強度は全面圧縮強度よりも大きいのです。

　ワーカビリティとは、コンクリートの打設作業の難易に関する軟らかさの程度をいい、流動性、ブリージングに対する抵抗性などを含めた総合的、かつ、経験的に判別される指標で、通常、スランプ試験、ブリージング試験などで判定します。

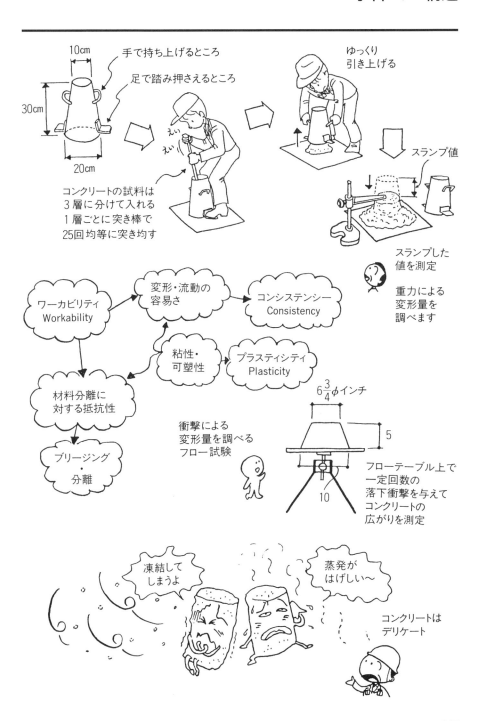

10cm

30cm

20cm

手で持ち上げるところ

足で踏み押さえるところ

ゆっくり
引き上げる

スランプ値

コンクリートの試料は
3層に分けて入れる
1層ごとに突き棒で
25回均等に突き均す

えい
えい

スランプした
値を測定

重力による
変形量を
調べます

ワーカビリティ
Workability

変形・流動の
容易さ

コンシステンシー
Consistency

粘性・
可塑性

プラスティシティ
Plasticity

材料分離に
対する抵抗性

ブリージング
・
分離

衝撃による
変形量を調べる
フロー試験

$6\frac{3}{4}\phi$インチ

5

10

フローテーブル上で
一定回数の
落下衝撃を与えて
コンクリートの
広がりを測定

凍結して
しまうよ

蒸発が
はげしい～

コンクリートは
デリケート

コンクリート

> **131** コンクリートに関する用語Ⅲ

コンクリートに関しては、復習の意味も込めて、次の点はよく理解しておきましょう。

①コンクリートの強度は、水セメント比が増加するに従って低下する。

②コンクリートのヤング係数は、その圧縮強度が高いほど大きな値となる。

③コンクリートのヤング係数は、応力度が大きいほど小さな値となる。

④単位セメント量の多いコンクリートは、収縮量が多い。

⑤コンクリートのひび割れの原因となる硬化乾燥収縮は、単位水量が大きいほど、水セメント比が大きいほど、スランプが大きいほど大きくなる。

⑥水中または土中にあるコンクリートは、空気中にあるコンクリートより収縮量が少ない。

⑦コンクリートと異形鉄筋の付着強度は、コンクリートの圧縮強度が増大するほど大きくなる。

⑧コンクリートの熱膨張係数は、常温で約$1×10^{-5}$/℃であり、鋼材、ガラスのそれとほぼ等しい。

⑨コンクリートの圧縮強度試験用供試体の直径に対する高さの比が大きくなると、その圧縮強度は、減少する。

⑩軽量コンクリートのヤング係数は、同じ強度の普通コンクリートのヤング係数よりも小さい。また、最大圧縮強度を超えてからの応力低下が大きい。

⑪軽量コンクリートと普通コンクリートでは、同じ強度であっても、軽量コンクリートのほうが、同じ応力度でのひずみ度は大きい。

⑫AE剤を使用したコンクリートは、ワーカビリティを改善し、耐久性を向上させるが、圧縮強度は低下する。

⑬コンクリートは気中養生したものより、水中養生したもののほうがコンクリート中の反応水の蒸発を防げるため、強度の増進が期待できる。

⑭高炉スラグを利用した高炉セメントを構造体コンクリートに用いることは、環境に配慮した建築物を実現することにつながる。

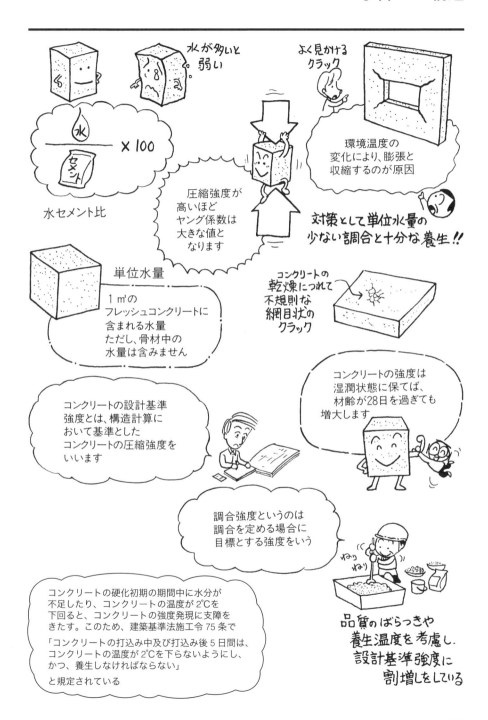

水が多いと弱い。

よく見かけるクラック

$$\frac{水}{セメント} \times 100$$

水セメント比

圧縮強度が高いほどヤング係数は大きな値となります

環境温度の変化により、膨張と収縮するのが原因

対策として単位水量の少ない調合と十分な養生!!

単位水量

1 ㎥のフレッシュコンクリートに含まれる水量ただし、骨材中の水量は含みません

コンクリートの乾燥につれて不規則な網目状のクラック

コンクリートの設計基準強度とは、構造計算において基準としたコンクリートの圧縮強度をいいます

コンクリートの強度は湿潤状態に保てば、材齢が28日を過ぎても増大します

調合強度というのは調合を定める場合に目標とする強度をいう

コンクリートの硬化初期の期間中に水分が不足したり、コンクリートの温度が2℃を下回ると、コンクリートの強度発現に支障をきたす。このため、建築基準法施工令75条で

「コンクリートの打込み中及び打込み後5日間は、コンクリートの温度が2℃を下らないようにし、かつ、養生しなければならない」

と規定されている

ねりねり

品質のばらつきや養生温度を考慮し、設計基準強度に割増しをしている

鋼材

132 鋼材に関する用語Ⅰ

鋼材の引張強さに関しては、次の点をよく理解しておきましょう。

JISにおける溶接構造用鋼材SM490Aの引張強さの下限値は490 N/mm² で、一般構造用圧延鋼材SS400の引張強さの下限値は400 N/mm² です。SN材で厚さが12 mm以上のSN490B材については、降伏点の下限値だけでなく上限値も規定されています。また、SS400の降伏比 $\left(\dfrac{降伏応力度}{引張強度}\right)$ は、0.6〜0.7程度です。同じ鋼塊から圧延された鋼材の降伏点は、一般に、板厚の薄いもののほうが板厚の厚いものに比べて高くなる傾向にあります。

鋼材の引張強さと温度との関係は、次のようになります。鋼材の引張強さは、一般に、250〜300℃付近で最大となり、これを超えると温度の上昇とともに、500℃では $\dfrac{1}{2}$、900℃では $\dfrac{1}{10}$ まで低下します。また、降伏点は一般鋼で350℃、耐火鋼（FR鋼）では600℃以上で、常温時の $\dfrac{2}{3}$ 程度まで低下します。

鋼材の炭素量の増減による影響に関しては、次の点を理解してくださ

い。鋼材は、炭素含有量が0.8％程度までは、炭素含有量が増すとともに、引張強さ、降伏点、硬さが増大し、伸びが減少し、粘り強さが低下します。なお、圧縮強度は、炭素含有量が0.85％以上になっても低下しません。シャルピー衝撃値が小さく、ビッカース硬さが大きいほど、もろくて硬い性質を示し、脆性破壊を起こしやすくなります。

鉄筋の降伏点の下限値を示すと、次のとおりです。JISにおける鉄筋コンクリート用異形棒鋼SD345の降伏点の下限値は345 N/mm² です。なお、SDR295のRの記号は、この棒鋼が再生棒鋼であることを示しています。

靭性とは、材料等のいわゆる粘り強さのことをいい、靭性に富む材料は弾性限度を超えても、破壊されるまでに十分な変形能力のあることをいい、軟鋼はこの代表的なものです。材料の弾性限変位で実際生じている変位を割った値を靭性率といいます。

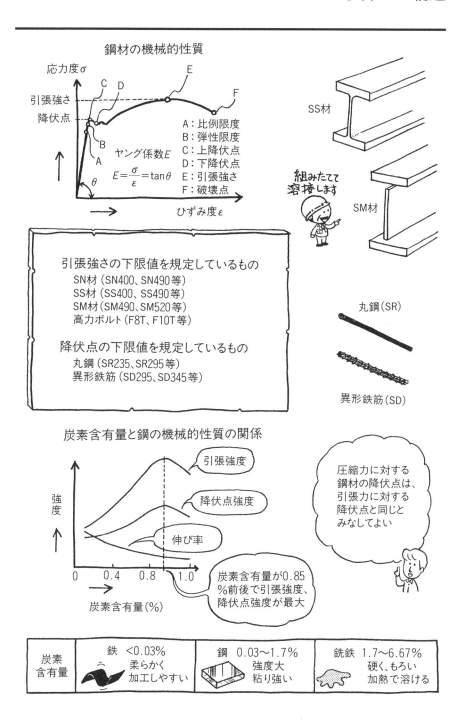

鋼材の機械的性質

応力度σ

引張強さ
降伏点

ヤング係数 E

$$E = \frac{\sigma}{\varepsilon} = \tan\theta$$

A：比例限度
B：弾性限度
C：上降伏点
D：下降伏点
E：引張強さ
F：破壊点

ひずみ度ε

SS材

組みたてて溶接します

SM材

引張強さの下限値を規定しているもの
　SN材（SN400、SN490等）
　SS材（SS400、SS490等）
　SM材（SM490、SM520等）
　高力ボルト（F8T、F10T等）

降伏点の下限値を規定しているもの
　丸鋼（SR235、SR295等）
　異形鉄筋（SD295、SD345等）

丸鋼（SR）

異形鉄筋（SD）

炭素含有量と鋼の機械的性質の関係

強度

引張強度
降伏点強度
伸び率

0　　0.4　　0.8　　1.0
炭素含有量（％）

炭素含有量が0.85％前後で引張強度、降伏点強度が最大

圧縮力に対する鋼材の降伏点は、引張力に対する降伏点と同じとみなしてよい

炭素含有量	鉄　<0.03%　柔らかく　加工しやすい	鋼　0.03〜1.7%　強度大　粘り強い	銑鉄　1.7〜6.67%　硬く、もろい　加熱で溶ける

鋼材

133 鋼材に関する用語 II

鋼材に関しては、復習の意味も込めて次の点を理解しておきましょう。

なお、鋼材とは、圧延、鍛造、引抜きまたは鋳造等の各種の方法で所要の形状に加工された鋼の総称で、鋼塊は含みません（JIS G 0203）。

①鋼材は、炭素含有量が 0.8％程度までは、炭素含有量を増すとともに、引張強さ、降伏点は大きくなり、伸びは小さくなる。また、もろくなる。

②鋼材の引張強さは、一般に、250 ～ 300℃ 付近で最大値をとり、これより高温になると急速に低下する。降伏点強度は温度上昇とともに徐々に低下する。伸びは、200 ～ 250℃ 付近で最小となり、以後上昇する。

③ヤング係数は、高温時には値は小さくなり、線膨張係数は大きくなる。

④鋼材の応力度とひずみ度の関係は、132 項右頁の鋼材の機械的性質の図を参照。

⑤鋼材は、シャルピー衝撃値が小さく、ビッカース硬さが大きいほど、もろくて硬い性質を示す。なお、シャルピー衝撃値とは、角柱状の試験片に衝撃を与えて破壊するのに要するエネルギー量をいい、ビッカース硬さとは、ダイヤモンド圧子に荷重をかけてできたくぼみの面積を荷重で除した値をいう。

⑥同じ鋼塊から圧延された鋼材でも、板厚の薄いもののほうが、厚いものに比べて降伏点は高くなる。

⑦ SM 材は、マンガン、ケイ素などを添加し、炭素量を減らすことによって、溶接性の向上を図った鋼材である。

⑧耐候性鋼は、リン、銅、ニッケル、クロムなどを添加することによって、大気中での腐食に耐える性質を高めた鋼材である。

⑨高力ボルト F10T の性質は、引張強さが $1,000 \, N/mm^2$ 以上、耐力 $900 \, N/mm^2$ 以上の高強度の鋼材である。

⑩ PC 鋼棒 SBPR930／1080 の数値 930 は、耐力の下限が $930 \, N/mm^2$ であることを示し、数値 1080 は、引張強さの下限が $1,080 \, kg/mm^2$ であることを示している。

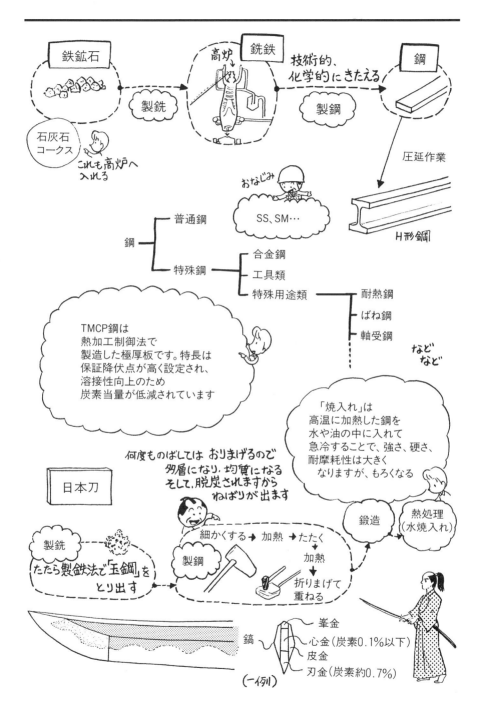

鉄鉱石 → 製銑 → 高炉 銑鉄 → 技術的、化学的にきたえる → 製鋼 → 鋼

石灰石コークス これも高炉へ入れる

圧延作業

おなじみ SS、SM…

H形鋼

鋼
- 普通鋼
- 特殊鋼
  - 合金鋼
  - 工具類
  - 特殊用途類
    - 耐熱鋼
    - ばね鋼
    - 軸受鋼
    - ……

など など

TMCP鋼は
熱加工制御法で
製造した極厚板です。特長は
保証降伏点が高く設定され、
溶接性向上のため
炭素当量が低減されています

「焼入れ」は
高温に加熱した鋼を
水や油の中に入れて
急冷することで、強さ、硬さ、
耐摩耗性は大きく
なりますが、もろくなる

日本刀

何度ものばしては おりまげるので
夗層になり、均質になる
そして、脱炭されますから
ねばりが出ます

製銑
たたら製鉄法で「玉鋼」をとり出す

製鋼
細かくする → 加熱 → たたく → 加熱 → 折りまげて重ねる

鍛造

熱処理（水焼入れ）

鎬

峯金
心金（炭素0.1%以下）
皮金
刃金（炭素約0.7%）

（一例）

273

非鉄金属その他

| **134** | 非鉄金属その他に関する用語 |

非鉄金属（アルミニウム・その他の金属）に関しては、次の点をよく理解しておきましょう。

①アルミニウムの比重及びヤング係数は鋼材の約 $\frac{1}{3}$ であり、熱伝導率は鋼材に比べて大きく、線膨張係数は鋼材の約2倍である。

②アルミニウムは、アルカリに弱く、したがって、コンクリート、モルタルに直接接触させてはならない。

③アルミニウム合金は、軽量で一般に耐食性に優れているが、鋼に比べて硬度・弾性係数が小さいので、傷つきやすく、変形しやすい。

④鉛は、アルカリに弱いのでコンクリートに直接接触させてはならない。また、毒性があるので建材、配管、塗料として用いられなくなっている。

⑤銅は、大気中の耐久性が大きいが、アンモニアなどには侵される。

⑥異種金属が接触すると、イオン化傾向の大きいほうが侵される。これがいわゆる異種金属接触腐食である。

その他の建築材料に関しては、次の点を理解しておきましょう。

①GRCパネルは、ガラス繊維によって補強されたセメント製品であり、耐衝撃性に優れている。

②石こうボードは、石こうのもろさを紙によって補っているので、石こうと紙の品質及びそれらの接着性が強度を左右する。

③ジンククロメートは、金属面に安定した酸化皮膜をつくるので、防錆塗料に用いられている。

④油性塗料は、アルカリに弱い。したがって、モルタル、コンクリート、しっくい、ドロマイトプラスターなどの面に塗るのは不適当である。

⑤ドロマイトプラスターは、乾燥収縮のきわめて大きい材料であるが、砂、すさの混入が適当であると、地図状亀裂は防止され、網状亀裂もほとんど目立たなくなる。

⑥タイルの吸水率は、磁器質・せっ器質・陶器質の順に大きくなる。

非鉄金属材料

主な金属名	特　　　　　性
銅	耐食性大、色調優美、熱伝導率最大、湿気により変色する
アルミニウム	軽量、展延性・加工性容易、耐久性に富む 酸・アルカリに弱い
しんちゅう （黄銅）	高強度、耐食性大、展延性容易、光沢の保持ができない 銅と亜鉛の合金
鉛	比重大、耐食性・耐酸性大、展延性容易、柔軟 アルカリに浸される
亜　　鉛	耐食性大、展延性容易、酸に弱い 異種金属と接すると腐食しやすい
ニッケル合金	耐食性・耐変色性大
青　　銅	銅とすずの合金、ブロンズと呼ばれている

古くからある
銅屋根

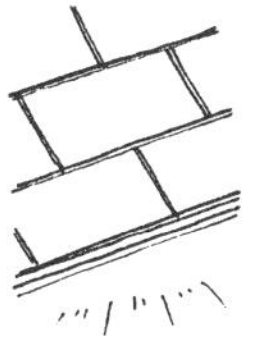

銅
雨とい

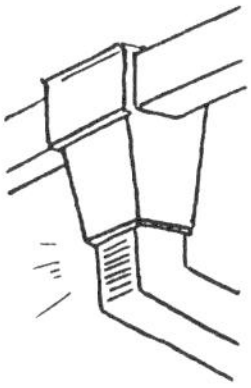

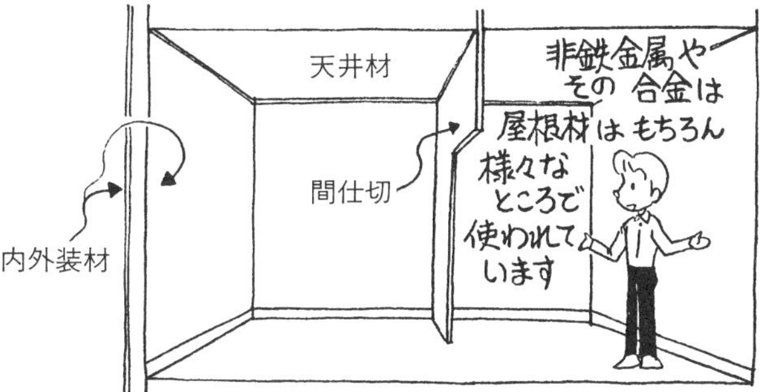

天井材

間仕切

内外装材

非鉄金属や
その 合金は
屋根材は もちろん
様々な
ところで
使われて
います

設備

アルミサッシ

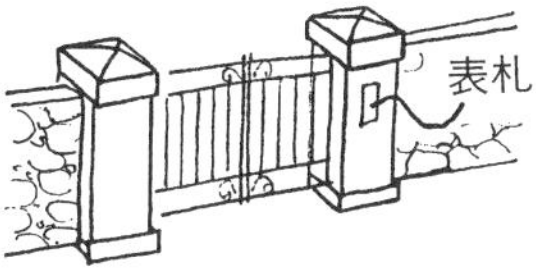

表札

石こうボード

高い防火性
良好な遮音性
施工性良い
経済的

磁器質
タイル

お湯はぬるめ、
深さは心臓より
下ぐらい
長めの時間で
リラックス

化粧瓶、ビール瓶などの
着色廃ガラスを
焼却灰などとまぜて
つくる再生タイルは
地球にやさしいね

床材、外装材など

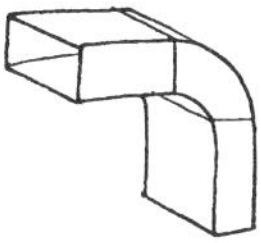

施工計画・工程計画

135 施工計画書および工程表に関する用語

施工計画書とは、受注者が工事着工に先立ち表1のような内容を具体的に示したもので、**総合仮設計画書**と**工種別施工計画書**があります。

工程表の種類は表2に示すようなものがあり、目的に応じて併用されます。

工程表作成上の注意点に関しては、次の点を理解しておきましょう。

①地業・基礎・躯体・仕上工事の大筋を決め、細部を検討する。

②各工事は、無理なく平均して作業が進行するように計画する。

③**主要材料**の数量・発注時期・養生期間・輸送状況などを考慮する。

④**作業の難易度**や労務者・建設機械の適正な投入量などを考慮して、適切な工期を割り出す。

⑤**工事の所要日数**を割り出すときには気象条件を考慮する。

⑥**土工事**は、天候の影響や不測の問題が発生する可能性があるので、余裕のある工程とする。

⑦**躯体工事**は、他の工事に比べ、著しい工程の遅延は少ない。

⑧**仕上工事**は、躯体工事の完了した部分から随時着工し、支障のない範囲で他の工事と重複させる。

⑨一般的な RC 造の**基礎・躯体・仕上工事の期間**は、それぞれ $\frac{1}{3}$ 程度の工程となる。

⑩一般的な RC 造では、地上階の躯体工事の組み上がりは1フロア当たり15〜20日程度である。

⑪**実施工程表**は、建築工事の工程表であっても、最終的には設備工事などとの工程調整を必要とする。

⑫**外注品の発注時期**は、現場での必要時期や資材入手の難易などを勘案して調整する。

⑬特定建設業者が作成した**施工体制台帳**は、建設工事の目的物を発注者に引き渡すまで工事現場に備え置く。

⑭工程計画の中では ALC パネルのような工程計画の場合、鉄骨図の承認時期に合わせて完了していなければならないものもあります。

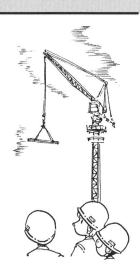

表1 施工計画書の記載事項

①一般事項（工事の概要）
　（工事名称、担当者、主要数量など）
②使用材料と数量、受入れ検査の方法
③使用機械とその性能
④施工方法、施工手順
⑤仕上り精度や検査・試験の方法
⑥養生方法
⑦安全対策
⑧特別な注意事項
⑨添付資料（工程表・施工計画図など）

表2 工程表の種類

表示内容	総合工程表	工事全体について着工から完成まで、主要工事を主体に表示
	部分工程表	対象をある種の部分工事に限定したもので、週間工程表、年間工程表、部位別工程表、工事別工程表などがある
表示方法	棒工程表	バーチャートともいわれる。簡単でわかりやすいが、経験を積んでいないと作成しにくい
	ネットワーク工程表	アロー形とサークル形とがあり、作業経過を単位作業に分解してネットワークの図を構成し、作業の能率化と経済性を追求しつつ工程を管理するもの
	グラフ式工程表	工事の出来高と工期の関係をグラフで表すもので、工事の進捗状況がよくわかる。各種工事の詳細工程表として用いることが多い
	列記式工程表	各工事の着手と完了の期日や材料の搬入・労力・作業図の準備の期日などを文字で列記したもの
	その他	動力・資材・労務・工事機械などの使用予定表・手配予定表

工事用電力の
受電容量の算定に
あたっては、一般に
溶接機の同時使用
係数は、工事用照明の
同時使用係数より
小さく見込みます

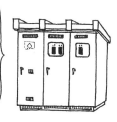

施工計画・工程計画

136 工程表に関する用語

バーチャート工程表（こうていひょう）は、工事別に棒線の長さで工期を表すもので、修正が容易で各工程が把握しやすいですが、作業と日程の内容が明確でない、作業間の関連が示されておらず、クリティカルパスがわからない、という欠点があります。

ガントチャート工程表（こうていひょう）は、右頁の表のように、進捗状況がわかりやすい工程表です。

ネットワーク工程表（こうていひょう）とは、矢線と丸印で組み立てられた網線状の工程表で、作業の順序関係を正確に、かつ、完全に表現するものです。作成には熟練を要しますが、作業相互の関連を明確にできる（計画時の理論性と各工事の工程調整に便利な）大きな長所があります。作業を矢線で示し、作業の相互関係が把握できやすくて多用されるアロー型ネットワーク工程表（こうていひょう）と、丸印で作業と日数を示し、開始・完了時点のチェックに有効なサークル型ネットワーク工程表（がた・こう）（イベント型ネットワーク工程表（がた・こうてい・ひょう））に分けられます。

次に示すネットワーク用語（ようご）・記号（きごう）は、完全におぼえてください。

①プロジェクト：ネットワークで表現しようとする対象工事。

②ダミー（記号 -->）：正しく表現できない作業の相互関係を図示するために用いる破線の矢線。

③最早開始時間（さいそうかいしじかん）（E. S. T）：作業を始める最も早い時刻。

④最早終了時刻（さいそうしゅうりょうじこく）（E. F. T）：作業を終了しうる最も早い時間。

⑤最遅開始時刻（さいちかいしじこく）（L. S. T）：プロジェクトの工期に影響のない範囲で作業を最も遅く開始してもよい時刻。

⑥最遅終了時刻（さいちしゅうりょうじこく）（L. F. T）：プロジェクトの工期に影響のない範囲で作業を最も遅く終了してもよい時刻。

⑦クリティカルパス（C. P）：開始結合点から終了結合点に至る最長パス。

⑧トータルフロート（T. F）：作業を最早開始時間で始め、最遅終了時刻で完了する場合に生じる余裕時間。

⑨フリーフロート（F. F）：作業を最早開始時間で始め、後続する作業も最早開始時間で始めて、なお存在する余裕時間。

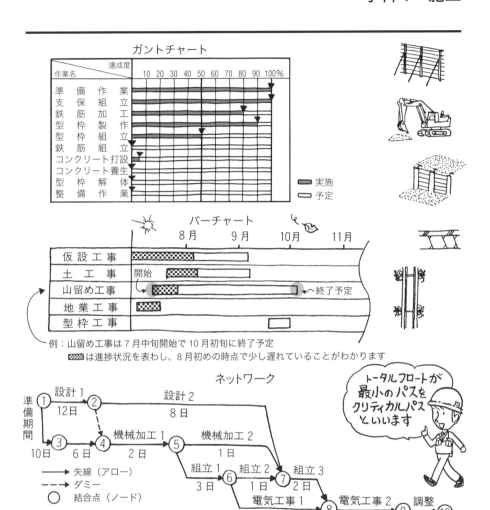

ガントチャート

バーチャート

ネットワーク

トータルフロートが
最小のパスを
クリティカルパス
といいます

A：①→③→④→⑤→⑥→⑦→⑧→⑨→⑩
10＋6＋2＋3＋1＋2＋2＋2＝ 28日 ← これがクリティカルパス

①から⑦まで22日かかる。
設計1＋設計2で20日でできるので、2日間の余裕がある。機械加工1＋2で計3日でできるが、
加工1が3日となると、
16＋3＋3＋1＋2＋2＋2＝29日。
加工2で3日なら、
16＋2＋3＋1＋2＋2＋2＝28日で
影響を与えない。
つまり加工2で2日延びても
工期は変わらないが、
加工1で1日延びると
工期も1日延びてしまうことになる。

工程表の比較

工程表	バーチャート	ガントチャート	ネットワーク
作成の難易	やや複雑	容易	複雑熟練要す
作業の手順	漠然	不明	判明
作業の日程・日数	判明	不明	判明
各作業の進行度合	漠然	判明	漠然
全体進行度	判明	不明	判明
工程上の問題点	漠然	不明	判明

279

工事監理・現場管理

137 工事監理および現場管理に関する用語

工事監理に関しては、次の点を理解しておきましょう。

①工事監理とは、その者の責任において、工事を設計図書と照合し、それが設計図書のとおりに実施されているか否かを確認する業務である。

②監理技師は、民間連合協定規約約款に規定されている範囲における施工についての発注者の代理人である。

③監理技師は、建築工事と別途発注された他の工事との総合調整を行う。

④監理技師は、請負者の提出する部分払請求書を工事の現状に照らして技術的に調査する。

⑤監理技師は、工事の完成検査を行い、引渡しに立ち会う。

現場管理の主な機能としては、①品質管理、②工程管理、③労務管理、④安全管理、⑤原価管理などが挙げられます。

現場管理において、受注者は、現場代理人、主任技術者（または監理技術者）及び専門技術者を定め、発注者に通知します(兼任可)。特定建設工事共同企業体の工事では、構成員の代表者から監理技術者を1名、その他の構成員から主任技術者を1名ずつ、専任で配置します。また、自家用電気工作物の保安確保のため、電気主任技術者を選任します。

安全衛生管理体制は、現場管理における最重要事項の1つで、労働安全衛生法に基づいて安全管理体制を整え、常に災害の防止に努めなければなりません。

作業主任者を選任すべき作業に関しては、次の点をよく理解してください。すなわち、危険をともなう作業（労働安全衛生法で規制されている）では、作業主任者を選任し、作業の指揮・指導にあたらせる必要があります。特に建設業に関連のある主な作業を右の表に示します。主任者は建設工事を施工するときに必要で、3,500万円以上（建築一式工事で7,000万円以上）では専任とします。元請け、下請けに関係なく必要となります。

就業制限については、年少者（満18才未満の者）の就業制限の業務の範囲は、労働基準法により46業務が示されています。

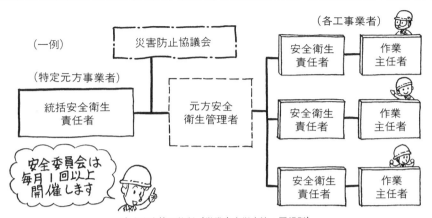

安全衛生管理体制（労働安全衛生法・同規則）

名　　称	規模・内容	関係法規
総括安全衛生管理者	常時100人以上使用	労安法10条、労安令2条、労安則2条
安　全　管　理　者	常時50人以上（200人以上の場合は専任者1名を要す）	労安法11条、労安令3条、労安則4条
衛　生　管　理　者	常時50人以上使用する場合で、50～200人の規模で1人ごと選任。常時1,000人を超える場合は、最低1人の専任をおく	労安法12条、労安令4条、労安則4条
産　　業　　医	常時50人以上使用（1,000人以上の場合は専属医をおく）	労安法13条、労安令5条
特定元方事業者統括安全衛生責任者	下請・直営すべての労働者の数の合計が常時50人以上である場合は、特定元方事業者が選任し総括管理する	労安法15条、労安令7条
安 全 衛 生 責 任 者	自ら仕事をする関係全下請・直営業者が選任。総括安全衛生責任者と連絡し、その事項の自己事業主・配下作業者へ連絡	労安法19条、労安則19条
安　全　委　員　会	常時50人以上。労働者の危険防止に関する調査審議	労安法17条、労安令8条
衛　生　委　員　会	常時50人以上。労働者の健康障害に関する調査審議	労安法18条、労安令9条
安 全 衛 生 委 員 会	安全委員会・衛生委員会の設置に代わるもの	労安法19条

作業主任者を選任すべき作業の例

名　　称	選任すべき作業
高圧室内作業主任者（免）	高圧室内作業（大気圧を超える気圧下の作業室またはシャフト内）
ガス溶接作業主任者（免）	アセチレン溶接装置等を用いて行う金属の溶接・溶断・加熱の作業
コンクリート破砕器作業主任者（技）	クロム酸鉛器を主成分とする火薬を用いるコンクリート破砕器による作業
地山の掘削作業主任者（技）	掘削面の高さが2m以上となる地山の掘削作業
土止め支保工作業主任者（技）	土止め支保工を切りばり、腹おこしの取り付け、取りはずしの作業
型枠支保工の組立て等作業主任者	型枠支保工の組立て、解体の作業
足場の組立てなど作業主任者（技）	つり足場、張出し足場または高さが5mの構造の足場を組立て、解体または変更の作業
鉄骨の組立てなど作業主任者（技）	金属製の部材で構成される高さが5m以上の建築物の骨組み、橋梁の上部構造、塔の組立て、解体変更の作業
コンクリート造の工作物の解体など作業主任者（技）	5m以上のコンクリート造の建築物などの破壊または解体の作業
酸素欠乏危険作業主任者（技）（第1種）	酸素欠乏危険場所における作業

材料管理・品質管理

138　材料管理に関する用語

各種材料の保管（材料管理）については、次の点をよく理解しておきましょう。

①**セメント**：格納小屋の床は GL より 30cm 以上高くし、袋入りセメントの積重ねは 10 袋以下とする。湿気を避けるため通風は不要である。

②**骨材**：敷板の上に種類別に区分して保管する。軽量骨材は乾燥させないようにする。

③**鉄筋**：種類や径別に整理し、錆や泥を付着させない。

④**鉄骨資材**：イ．溶接棒は常に乾燥させておく。ロ．高力ボルトは錆や油など有害な付着物がつかないようにする。ハ．アセチレンボンベ等は、直射日光を避け、通気性のよい所に充空を区別して立て、転倒しないように保管する。

⑤**木材**：乾燥させるようにし、野積みは避ける。

⑥**型枠用合板**：直射日光に曝さないように保管する。

⑦**遠心力コンクリート杭**：段積みの場合は 2 段以下とし、まくら材が同一鉛直線上に配置されるように注意する。

⑧**アスファルト・ルーフィング**：種類別にたて掛けて保管する。

⑨**塗料**：置場は独立した平家建とし、周囲の建物から 1.5m 以上離す。引火性の強い塗料などは通気のよい冷暗所に確保する。

⑩**耐火れんが・コンクリートブロック**：雨がかりを避ける。

⑪**ガラス**：箱詰めのまま、たて置きに保管する。

⑫**建具**：枕木を置き、たて置きに保管する。

⑬**石材**：枕木を置き、直接野積みとするのは避け、土・泥・鉄線・わら等に接しないように注意する。張り石はあて木をして、たて掛けて保管する。

⑭**石こうプラスター**：湿気を避けて保管し、製造後 6 ケ月以上のものは使用しない。

⑮**押出成形セメント板**の保管は、平坦で乾燥した場所で高さ 1m 以下とする。

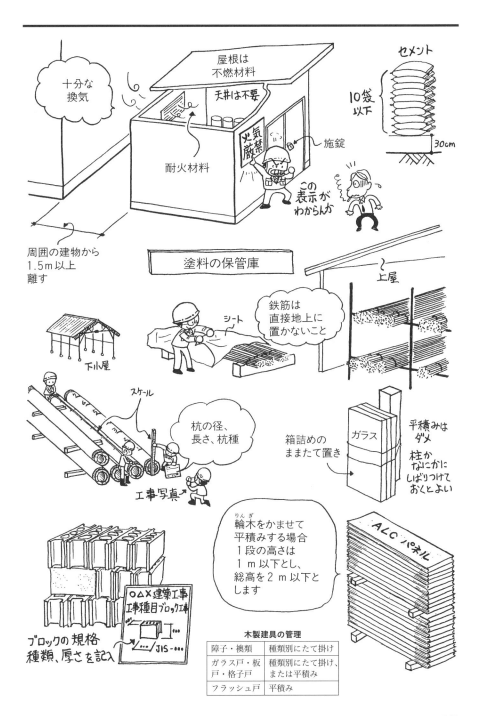

十分な換気

屋根は不燃材料

天井は不要

セメント

10袋以下

30cm

火気厳禁

施錠

耐火材料

この表示がわからんか

周囲の建物から1.5m以上離す

塗料の保管庫

上屋

鉄筋は直接地上に置かないこと

シート

下小屋

スケール

杭の径、長さ、杭種

工事写真

箱詰めのままたて置き

ガラス

平積みはダメ

柱かなにかにしばりつけておくとよい

ALCパネル

輪木をかませて平積みする場合1段の高さは1m以下とし、総高を2m以下とします

ブロックの規格種類、厚さを記入

〇△×建築工事工事種目ブロック工事

JIS‐‐‐

木製建具の管理

障子・襖類	種類別にたて掛け
ガラス戸・板戸・格子戸	種類別にたて掛け、または平積み
フラッシュ戸	平積み

材料管理・品質管理

139 材料管理および品質管理に関する用語

材料管理の法的制限に関しては、次の点を理解してください（令136条の7、136条の8参照）。

①建築工事における工事用材料の集積は、その倒壊や崩落などによる危害の少ない場所に保管しなければならない。

②建築工事等について、山留め周辺または架構の上に、工事用材料を集積する場合は、当該山留めまたは架構に予定した以上の荷重を与えないようにしなければならない。

③建築工事等において、火気を使用する場合は、その場所に不燃材料の囲いを設けるなど、防火に必要な措置を講じなければならない。

品質管理（QC）には、計画→実行→検討→修正の4つの工程があります。

品質管理における試験・検査法に関しては、次の点を理解しておいてください。

セメント：①粉末度試験（ブレーンテスト）。②凝結試験(ビカー針装置)。③安定性試験。④強さ試験(圧縮試験)。⑤フロー試験。

骨材：①ふるい分け試験。②単位容積重量試験。③砂の有機不純物試験。

コンクリート：①スランプ試験。②圧縮試験。③塩化物量（吸光光度法・硝酸銀滴定法・イオン電極法）。④中性化の進行度（フェノールフタレイン溶液吹付等）。⑤硬化後の圧縮強度（シュミットハンマー法）。

鋼材：①強度試験（引張・衝撃・曲げ等）。②硬さ試験(ビッカーズ硬さ試験)。③磁粉探傷試験（割れ）。

溶接：①マクロ試験。②超音波探傷試験（内部)・浸透探傷試験（外部)。

その他：①アスファルトの性状＝針入度試験。②木材の含水率＝電気抵抗式含水率計。

木材の工事現場搬入時の含水率は、構造材20%以下、造作材15%以下、広葉樹13%以下とします。

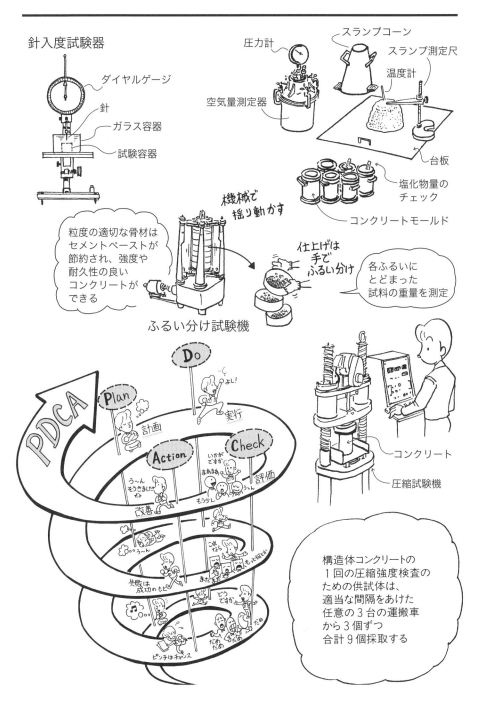

針入度試験器

ダイヤルゲージ

針

ガラス容器

試験容器

圧力計

空気量測定器

スランプコーン

スランプ測定尺

温度計

台板

塩化物量のチェック

コンクリートモールド

粒度の適切な骨材はセメントペーストが節約され、強度や耐久性の良いコンクリートができる

機械で揺り動かす

仕上げは手でふるい分け

各ふるいにとどまった試料の重量を測定

ふるい分け試験機

Do

実行

Plan

計画

Action

改善

Check

評価

いかがですか

まあまあ

もう少し

うーん

そうきましたね

うーん

PDCA

よし！

これだ

じゃ、もっと何とか

まだまだ

どうですか

失敗は成功のもと

ピンチはチャンス

だめ

だめだめ

コンクリート

圧縮試験機

構造体コンクリートの1回の圧縮強度検査のための供試体は、適当な間隔をあけた任意の3台の運搬車から3個ずつ合計9個採取する

各種届出

140　建築施工に必要な各種届出に関する用語

建築施工に必要な届出・手続き、つまり官公庁へ提出する諸手続きは多種あり、提出者・提出先・提出時期はセットで暗記することが必要です（表1を参照）。

建築基準法関係の届出・手続き書類としては、確認申請書、建築工事届、建築物除却届、建築確認済の表示、工事完了検査申請書などがあります。

労働基準法関係の届出・報告としては、安全・衛生管理者選任報告、特定元方事業者の統括安全衛生責任者選任報告、クレーン等設置届、作業主任者選任報告などがあります。

道路・仮設物関係の申請・届出としては、道路占用許可申請、空中占用許可申請、道路使用許可申請、電灯・電力使用申込み、自家用電気工作物使用開始届出、給水装置使用開始届、下水道使用届などがあります。

その他の申請・届出としては、特定建設作業実施届出、危険物貯蔵取扱許可申請、航空障害標識の設置についての届出などがあります。

特定建設作業とは、著しい騒音・振動を発生する建設作業をいい、騒音規制法及び振動規制法により、届出が必要な特定建設作業については、表2に示しています。

他にも、**工事監理報告書**は建築主に、**特定粉じん排出等作業実施届出書**は都道府県知事へ届けます。

また、**中間検査申請書**は、建築主事へ、**建築物のエネルギー消費性能の向上に関する法律（建築物省エネ法）**における**特定建築物の届出書**は所管行政庁に届け出ます（建築主事を置かない市町村は知事）。

表1　官公庁へ提出する諸手続き

	書類の名称	提出先	時　期	備　　　考
建築基準法関係	確認申請書	建築主事等	着工前	建築主が届出
	建築工事届、建築物除却届	知　　事	〃	建築工事届は建築主が、建築物除却届は施工者が届出
	建築確認済の表示	〃	〃	現場の見えやすい場所
	工事完了申請	建築主事等	竣工後	建築主が届出
労働基準法関係	安全・衛生管理者選任報告	労働基準監督署長	事由発生時から14日以内	常時50人以上の労働者が使用する場合
	特定元方事業者の統括安全衛生責任者選任報告	〃	遅滞なく	下請、直営すべての労働者の合計が常時50人以上の場合、特定元方事業者が選任
	クレーン等設置届	〃	工事中随時	クレーン、デリック、建設用リフト、エレベーター
道路・仮設物関係	道路占用許可申請書、空中占用許可申請書	道路管理者	その都度	仮囲い、足場、構台仮設、道路掘削など
	道路使用許可申請書	警察署長	〃	
	自家用電気工作物使用開始届出書	通商産業局長	〃	最大電力300kW未満
その他	特定建設作業実施届出書	市町村長	開始7日前まで	杭打ち、コンクリートプラントなど（騒音・振動規制法）
	危険物貯蔵取扱許可申請書	消防署長	工事中随時	消防法
	航空障害標識の設置について（届出）	航空保安事務所	〃	地表または水面から60m以上の高さの物件（航空法）

表2　届出が必要な特定建設作業

	騒音規制法	振動規制法
特定建設作業の種類	①杭打ち機を使用する作業（アースオーガー併用を除く） ②びょう打ち機を使用する作業 ③さく岩機を使用する作業 ④空気圧縮機を使用する作業 ⑤コンクリートプラント、アスファルトプラントを設けて行う作業	①杭打ち機を使用する作業（アースオーガー併用を含む） ②鋼球を使用する作業 ③舗装版破砕機を使用する作業 ④ブレーカ（手持式を除く）を使用する作業
規制に関する騒音または振動の大きさの基準	85dB	75dB
測定場所	敷地の境界線	敷地の境界線

敷地・地盤調査

141　地盤調査に関する用語 I

　地盤調査の種類には、右表に示すようなものがあり、必要に応じて併用します。なお、地盤調査の深さは、支持杭では杭先端下部 5 〜 10 m、直接基礎では基礎底面から建物の幅の 1.5 〜 2 倍程度を標準とします。

　標準貫入試験とは、地盤の力学的性状、いわば土の締まり具合を知るための試験方法で、63.5 kg のおもりを 76 cm の高さから自由落下させ、試験用サンプラ(規定の鋼管)を 30 cm 打ち込むのに要する打撃回数である N 値を測定し、土層の硬軟を調べる試験をいいます。粘土層では、N 値10 以上あれば硬く、5 程度で中位、2 以下で軟らかいと判定されます。砂層では N 値 30 以上あれば密実、20 程度で中位、10 以下ではゆるいと判定される他、内部摩擦角や相対密度を推定することができます。

　平板載荷試験（載荷板試験）とは、支持力を測定する地盤まで掘削し、直接調査するものです。すなわち、載荷板（建築で用いる場合は 30 cm の正方形の鋼板）を地盤に設置し、毎回 10 kN 以下または予想破壊荷重の $\frac{1}{5}$ 以下の載荷を行い、沈下が止まるまで沈下量を測定します。平板載荷試験は、根切り工事後に実施します。

　杭載荷試験とは、試験杭に、予想破壊荷重の $\frac{1}{5}$ 以下の荷重を段階的に載荷し、各載荷ごとに沈下量を測定します。

　許容地耐力度の推定は、総沈下が 20 mm に相当するときの全荷重から求めた応力度を短期とし、降伏点荷重の $\frac{1}{2}$ または極限支持力度の $\frac{1}{3}$ のうちの最小値を長期とします。

　例えば、平板載荷試験を実施し、右図のような結果を得たとします。この地盤の長期許容耐力度の推定値を求めてみましょう。ただし、土質試験の結果、この地盤の極限支持力度は 450 kN/m² である、とします。

極限地盤力＝ 450 kN/m²

$$450 \times \frac{1}{3} = 150$$

沈下盤 20 mm のときの

荷重度＝ 260 kN/m²　$260 \times \frac{1}{2} = 130$

降伏荷重度＝ 240 kN/m²　$240 \times \frac{1}{2} = 120$

上記の最小値 120 kN/m² が最も近い値です。

地盤調査の種類

調　査　法	機器または調査法の種類		調　査　事　項　ま　た　は　用　途
ボ ー リ ン グ	ロータリーボーリング		地盤構成、サンプリング、標準貫入試験などに用いる
	オーガーボーリング		浅い深さの地盤構成
	試　掘		原位置での土の採取、原位置試験に用いる
	コアボーリング		岩盤コアの連続サンプリング
サ ン プ リ ン グ	オープンドライブサンプラー		含水比、粒度組成（湿潤密度）調査用試料採取
	シンウォールサンプラー		軟弱な粘性土の乱さない試料採取
	二重管式サンプラー	コンポジットサンプラー	乱さない試料採取
		デニソン型サンプラー	乱さない試料採取
	ブロックサンプリング		土塊としての乱さない試料採取
サ ウ ン デ ィ ン グ	標準貫入試験		N 値、土の状態（内部摩擦角、粘着力、相対密度など）
	ダッチコーン貫入試験		粘性土のせん断強度の測定・砂礫層の支持能力の判定
	スウェーデン式サウンディング		標準貫入試験の補助法
	ポータブルコーン		軟弱な粘性土のせん断強度の測定
	ベーン試験		軟弱な粘性土のせん断強度の測定
載　荷　試　験	平板載荷試験		地盤耐力、地盤係数
	孔内横方向載荷試験		地盤耐力、地盤係数
	杭鉛直載荷試験		支持力の確認（信頼性が高い）
	杭水平載荷試験		杭の水平耐力
物　理　探　査	地表探査法	電気探査	地下水の帯水層、基盤の深さ・風化状況の推定
		常時微動測定	地盤の卓越周期
	孔内探査法	ＰＳ検層	地盤のＰ波及びＳ波の速度分布
		電気検層	地盤の比抵抗分布
		地下水検層	地下水の流動速度、帯水層の位置
地下水位測定	地下水位観察		地下水位
間げき水圧測定	間げき水圧計		間げき水圧
透　水　試　験	室内透水試験		透水係数
	現場透水試験		透水係数

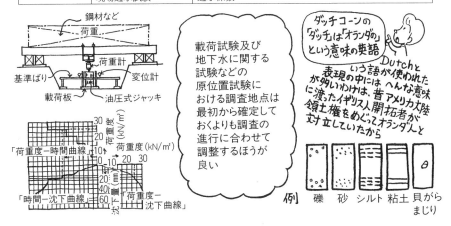

載荷試験及び地下水に関する試験などの原位置試験における調査地点は最初から確定しておくよりも調査の進行に合わせて調整するほうが良い

ダッチコーンの「ダッチ」は「オランダの」という意味の英語　Dutchという語が使われた表現の中には、へんな意味が多いわけは、昔アメリカ大陸に渡ったイギリス人開拓者が、領土権をめぐってオランダ人と対立していたから

例　礫　砂　シルト　粘土　貝がらまじり

敷地・地盤調査

142 地盤調査に関する用語Ⅱ

　サウンディングとは、ロットに付いた抵抗体を地盤中に挿入し、貫入、回転、引抜きなどに対する抵抗から地盤の相対密度やコンシステンシーなどを推定する調査の方法で、その代表的なものが**標準貫入試験**です。

　砂質土の性質については、次の点を理解しておきましょう。

　①透水性が良く、圧密度が少ない。

　②鋭敏比は小さい。

$$鋭敏比＝\frac{自然試料の強さ}{練り返した試料の強さ}$$

　③ゆるい砂層は、水締めや、振動で固められる。

　④粘着力がほとんどなく、せん断抵抗は、内部摩擦力による。内部摩擦角は、ゆるい砂で $22 \sim 30°$、締った砂で $40 \sim 45°$ 程度である。

　粘性土の性質に関しては、次の点をよく理解してください。

　①乾燥すると収縮硬化する。

　②適量の水で粘着力が大となる。

　③**圧密性**（荷重をかけると徐々に沈下する）がある。

　④内部摩擦力はほとんどなく、せん断抵抗は、粘着力による。

　⑤砂質土と同じ N 値でも砂質土より地耐力がある。

　透水係数とは、標準温度（20℃）における多孔質の材料の単位断面積を通る層流状態の水の平均流速を単位動水傾度で割った値をいい、**土の水理定数**の1つです。

　ダルシーの法則により浸透流量（Q）は、

$$Q = k \cdot i \cdot A$$

　k：透水係数

　i：動水勾配

　A：断面積

　透水係数 k は、動水勾配 $i = 1$ のときの浸透速度を表している。

　砂れき：$k = 1 \sim 10$

　　砂：$k = 10^{-1} \sim 10^{-3}$

　シルト・粘土：$k = 1.0^{-4} \sim 10^{-7}$ cm/s 程度で、排水工法の選定や、根切り時の湧水量の推定に必要な数値です。揚水井と観測井を使用した揚水試験、1本の井戸だけを使用する現場透水試験、土の粒度分析から推定する方法などにより求めます。

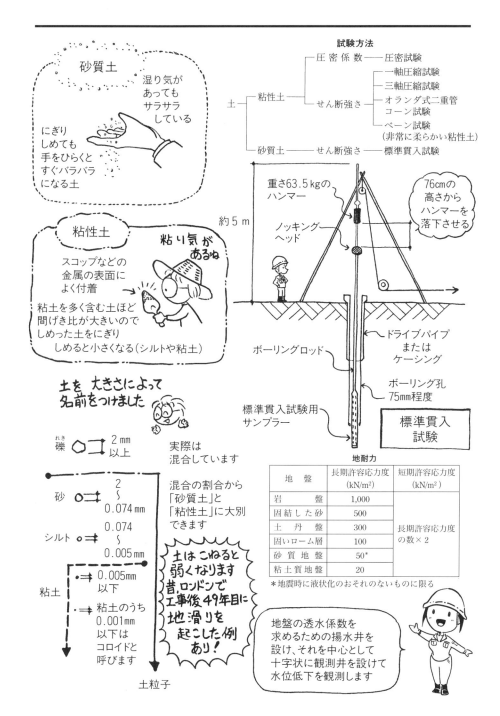

砂質土

湿り気が
あっても
サラサラ
している

にぎり
しめても
手をひらくと
すぐバラバラ
になる土

試験方法

土 ┬ 粘性土 ┬ 圧密係数 ── 圧密試験
   │   └ せん断強さ ┬ 一軸圧縮試験
   │   ├ 三軸圧縮試験
   │   ├ オランダ式二重管
   │   │ コーン試験
   │   └ ベーン試験
   │   （非常に柔らかい粘性土）
   └ 砂質土 ── せん断強さ ── 標準貫入試験

粘性土

粘り気が
あるね

スコップなどの
金属の表面に
よく付着

粘土を多く含む土ほど
間げき比が大きいので
しめった土をにぎり
しめると小さくなる（シルトや粘土）

重さ63.5kgの
ハンマー

約5m

ノッキング
ヘッド

76cmの
高さから
ハンマーを
落下させる

ドライブパイプ
または
ケーシング

ボーリングロッド

ボーリング孔
75mm程度

標準貫入試験用
サンプラー

**標準貫入
試験**

**土を 大きさによって
名前をつけました**

礫（れき） ◯⊃ 2mm
以上

実際は
混合しています

砂 ◯⊃ 2
〜
0.074mm

混合の割合から
「砂質土」と
「粘性土」に大別
できます

シルト ◦⇒ 0.074
〜
0.005mm

粘土 •⇒ 0.005mm
以下

•⇒ 粘土のうち
0.001mm
以下は
コロイドと
呼びます

土粒子

土はこねると
弱くなります
昔、ロンドンで
工事後49年目に
地滑りを
起こした例
あり！

地耐力

地盤	長期許容応力度 (kN/m²)	短期許容応力度 (kN/m²)
岩盤	1,000	長期許容応力度 の数×2
固結した砂	500	
土丹盤	300	
固いローム層	100	
砂質地盤	50*	
粘土質地盤	20	

＊地震時に液状化のおそれのないものに限る

地盤の透水係数を
求めるための揚水井を
設け、それを中心として
十字状に観測井を設けて
水位低下を観測します

仮設工事

143 足場に関する用語

大規模工事の足場としては、鋼管足場が採用され、足場の安全基準の概略を示すと、右表のようになりますが、特に次の点はよく理解しておきましょう。

①鋼管枠組足場：筋違は建地1本ずつに交差させる。壁つなぎは縦9m、横8m以内。高さは原則45m以下。20mを超える場合及び重作業を行う場合は、建地枠の高さを2m以下、かつその間隔を1.85m以内とする。建地間の積載荷重の限度は400kg又は500kg。

②吊足場：ワイヤーロープの安全率は10倍以上。吊足場上での脚立・梯子などの使用は禁止。作業床は幅40cm以上のものをすき間なく敷く。

③作業床：高さ2m以上で墜落の危険がある場合は設置する。吊足場を除き、幅は40cm以上、床材間のすき間は3cm以下、建地とのすき間は12cm以下とする。手すりは高さ85cm以上とし、臨時に取り外す場合は防網・命綱などを使用。地下躯体の切梁上部に設けた作業用通路については、手すり高さ95cm以上

とし、中桟を設ける。

④登り桟橋：幅は90cm以上。勾配は30°以下。標準で約22°（$\frac{4}{10}$勾配）。15°を超える場合は、歩み板にすべり止めを要する。手すりは高さ85cm以上。高さが8mを超えるときは7m以下ごとに踊場を設置する。

災害防止については、次の点をよく理解しておきましょう。

①落下物による危害の防止：工事部からの俯角が75°を超える範囲や水平距離5m以内に隣地境界線・道路がある場合、地盤面から高さ7m以上の場所は防護鉄網・防護シートまたは防護棚などを設置する。

②防護棚の設置：一般には朝顔と俗称され、工事部分が高さ20m以内の場合は1段以上、20m以上では2段以上、足場外部から水平距離2m以上、かつ水平面との角度20〜30°とする。

③ダストシュート（投下設備）の設置：境界線から5m以内で地盤面から高さ3m以上の場合。

足場の安全基準 （JASS 5 より）

事　項	鋼 管 足 場			吊足場
	単管足場	枠組足場	ブラケット 一側足場	
建地の間隔	桁行方向：1.85m 以下 張間方向：1.5m 以下 （建地の最高部から31m より下の部分を原則として 2 本組）	高さ 20m を超える場合及び 重量物の積載をともなう作業 主枠の高さ：2m 以下 主枠の間隔：1.85m 以下	1.8m 以下	足場床： 幅を 40cm 以上とし、床 幅全体に隙間なく並べる。床の外側には幅 150mm のつま先板を設け、床上 850mm 以上の 高さに手すりを設ける
壁のつなぎ	垂直方向：5m 以下 水平方向：5.5m 以下	（高さ 5m 未満は除く） 垂直方向：9m 以下 水平方向：8m 以下	垂直方向：3.6m 以下 水平方向：3.6m 以下	
荷重の限度	建物の間隔（1 スパン 1 層）に 400kg 作業床の階数が3 層以上 の場合、建地 1 本当たり 700kg（解釈例規）	枠幅1.2m：500kg 枠幅0.9m：400kg 建枠の脚管 1 本当たり、基 礎が堅固な場合2,500kg（解 釈例規）	建地の間隔（1 スパ ン 1 層）に 150kg	吊りチェーン： 引張荷重の 5 倍 吊りワイヤーロープ： 引張荷重の 10 倍の強さ

注）筋違は、水平距離14m内外、角度45°にかけ渡し、建地・布に緊結する。また、すべての建地と交差するように配置する

外周作業に対する措置

投下物に対する措置

脚立足場

メッシュシートを取り付ける場合、
・鋼管足場の場合 ：水平支持材を5.5m以内
・鉄骨外周部の場合：垂直支持材を4m以下

土工事・山留め工事

144　土工事および山留め工事に関する用語

土工事に関しては次の点を理解しておきましょう。

①土質、隣地建築物、近隣工事の内容、敷地周辺地下埋設物などの事前調査を十分に行い、適切な工法を採用する。

②工事計画では、根切りの周囲、一工程の根切りの深さ、工法、掘削土の搬出方法などを明確にする。

③深さが1.5 m以上の根切りには、原則として山留めを設置する。

ヒービングとは、軟弱粘性土地盤を掘削するとき、矢板背面の土の重量によって、掘削底面内部に滑り破裂が生じ、底面が押し上げられてふくれ上がる現象をいいます。

ボイリングとは、砂中を上向きに流れる水圧のために、砂粒子がかき回され、わき上がる現象で、このような砂の状態をクイックサンド（液状化）といいます。また、水位差のある砂地盤中にパイプ状の水みちができて、砂混じりの水が噴出する現象をパイピングといいます。

山留め工事に関しては、次の点を理解しておきましょう。

①山留め工事の種類には、**法付けオープンカット工法**、**アースアンカー工法**、**逆打ち工法**などがある（右頁の表参照）。

②山留め支保工は、7日以内ごと、また中震以上の地震、大雨ごとに各部を点検し、異常を認めたときは、直ちに補強または補修する。

③山留め壁の背面に作用する側圧は、一般に根切りの進行にともない、静止土圧から主働土圧となり徐々に減少する。

側圧とは、根切りによって掘削側面に働く土圧、水圧などの圧力のことをいいます。また根切り底面には下部、周囲から水が回り込もうとします。一般に、根切り工事の進行にともない、静止土圧から主働土圧となり徐々に減少します。また、根切り底面下には受働土圧が生じます。

床付け面を乱した場合の対策としては、粘性土地盤の場合は、礫、砂質に置換して締め固め、砂質地盤の場合は、転圧によって締固めます。

主な山留め工法

法付け オープンカット工法	周囲に敷地の余裕があり、かつ、法面が湧水などで崩れるおそれのない場合に用いる。支保工などの障害がないので作業能率は良いが、掘削・埋め戻しの土量が多くなる
水平切梁工法	山留め壁を打込み・根切りをしながら、腹起し、切梁をかけ、これに土圧を支持させながら掘削する工法
アースアンカー工法	切梁の代わりにタイロッドで後方に引張る工法
場所打ち鉄筋コンクリート山留め工法	地下に一定の長さの剛性・止水性ともに良い鉄筋コンクリート壁に構築する。騒音、振動が少なく、周辺への影響が少ない。湧水の多い地盤に適する
ソイルセメント柱列山留め工法	オーガーでオーバーラップさせて掘削した孔にセメントミルクを注入しつつ、その位置の土をかくはんしてソイルセメント壁を造成し、骨組にH形鋼などを建て込んで自立型の連続山留め壁を構築する工法。振動、騒音が少ない
逆打ち工法	基礎及び柱を地上よりつくっておき、1階床から地下階の掘削をし、下に向かって施工していく工法

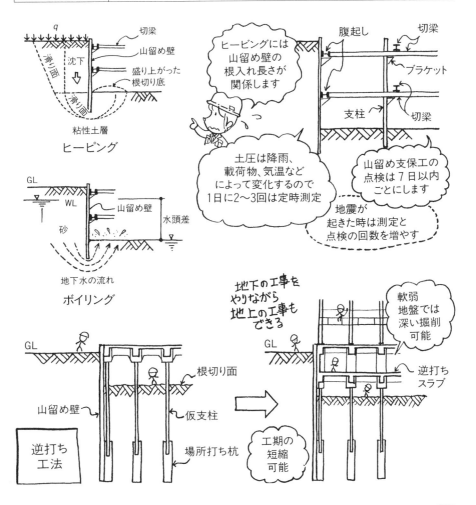

ヒービング

ボイリング

逆打ち工法

地業・基礎工事

145 杭地業および地盤改良に関する用語

排水工法とは、地下水面下の掘削にあたって、排水によって地下水位を掘削底面以下に低下させて施工する方式をいいます。

地業としては、杭地業が広く用いられます。**杭地業の工法の種類**を示すと、右表2のとおりです。

杭地業の施工のポイントに関しては、次の点をよく理解してください。

①**既製コンクリート杭**：主筋は6本以上で、断面の和は杭実断面の0.8%以上。かぶり厚さは3cm以上。打設完了時における杭頭の設計位置からの水平方向の芯ずれは10cm以下とする。

②**鋼杭**：打ち止め時の杭頭の傾斜は$\frac{1}{100}$以下。現場継手の溶接は原則としてアーク溶接とし、余盛は3mm以下とする。

③**場所打ちコンクリート杭**：間隔は$2D$以上かつ$D+1$m以上。杭底部は支持層に到達させ、通常1m以上貫入させる。底部を拡大させる場合、角度は30°以下とする。トレミー管の先端は常に打設しているコンクリートより深さ2m以上を保持する。

ピア地業とは、特殊な工事用井枠を使用して、深所の支持地盤まで縦孔を掘削し、コンクリートを充填して大口径の**ピア**（コンクリート基礎）を築造するものです。人力により掘削する場合、湧水があると排水ポンプを使用しますが、多量の場合は無理であり、また、孔内のガスの発生や、酸素欠乏に注意を要します。

地盤改良とは、地盤支持力の強化、根切り工事の安全性確保、既設構造物への影響防止などのため、地盤のもつ工学的性質を改良することをいいます。

地盤改良工法の主なものを示すと、右図のとおりですが、**軟弱な砂質地盤の改良**には締固め工法、排水工法が、**軟弱な粘土層の改良**には強制圧密工法、置換工法が、**粘土層や砂質土の改良**には凍結工法が用いられます。

杭工事で発生した**建設汚泥**の処理は、建設汚泥の性状、発生量等を考慮し、発注者、自治体等と調整して改良土として再利用するなどの方法があります。

表1　排水工法

釜　場　工　法	根切り床面に集水場所（釜場）を掘り、ポンプで排水する
ディープウェル工法	径30cm程度のケーシングを根切り底以下に下げ、周囲にフィルター層を設け、ポンプで排水して周辺の水位を下げる
ウェルポイント工法	ライザーパイプを1～2m間隔で打込み、集水管に真空を作用させ、下端のウェルポイントから吸水してヘッダーパイプで排水する

表2　杭地業の工法

種　類		概　　　　要
既製コンクリート		径25cm以上、間隔2.5Dかつ75cm以上、1本の長さは15m以下、ジェット工法、プレボーリング工法、中掘工法などがある。打設時の騒音、振動に注意
鋼　　　　杭		鋼管杭とH鋼杭がある。間隔2Dかつ75cm以上、腐食対策を考慮する
場所打ちコンクリート杭	オールケーシング工　法	ケーシングを揺動圧入し、ハンマーグラブで掘削排土し、コンクリートを打設しながらケーシングを引き抜いて杭をつくる。掘削孔径2m以下、掘削深さ50m程度である
	アースドリル工法	回転バケットで掘削・排土後、鉄筋かごを挿入。トレミー管を用いてコンクリートを打設。掘削の際、孔壁の崩壊防止のため安定液（ベントナイト溶液）を使用。掘削孔径1.2～1.3m、掘削深さ27m以下
	リバースサーキュレーション工法	回転ビットで掘削。孔壁保護に水を用い、排土は水と一緒に逆循環方式で行う。掘削孔径3.0～6.0m、掘削深さ60mまで
	深　礎　工　法	鋼製リング及び波形鋼板で山留めを設け、人力で掘削。酸欠、有害ガス等の事故に注意。掘削孔径1.5～5m、掘削深さ10～20mである

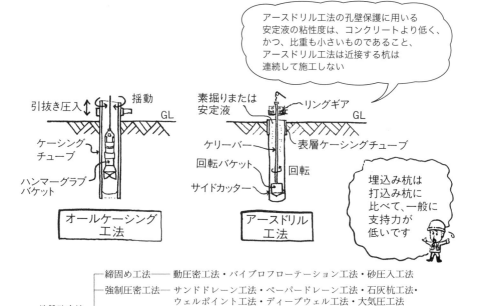

アースドリル工法の孔壁保護に用いる安定液の粘性度は、コンクリートより低く、かつ、比重も小さいものであること、アースドリル工法は近接する杭は連続して施工しない

埋込み杭は打込み杭に比べて、一般に支持力が低いです

地盤改良法
- 締固め工法── 動圧密工法・バイブロフローテーション工法・砂圧入工法
- 強制圧密工法── サンドドレーン工法・ペーパードレーン工法・石灰杭工法・ウェルポイント工法・ディープウェル工法・大気圧工法
- 置換工法
- その他の工法── グラウト工法・凍結工法＊・電気衝撃工法・電気浸透脱水工法・爆破工法・焼結工法

＊凍結工法は、工事完了後は融解して元の地盤に戻る

地業・基礎工事

146 地盤改良法に関する用語

バイブロフローテーション工法（こうほう）とは、締固め工法の１つで砂地盤の締固めに利用されるものです。すなわち、**バイブロフロット**と呼ばれる棒状のロットを振動機によってもみすり、回転、あるいは縦振動させながら先端の孔から水を噴射して地盤中に貫入させ、ゆるい地盤を締め固め、また、残った間隙に粗骨材を投入して振動させ、地盤を固める方法です。

サンドドレーン工法（こうほう）とは、強制圧密工法の１つで、軟弱粘性土地盤中に人工的に透水性の良い砂柱を施工し、粘性土中の水分を急速に脱水するための水みち（**ドレーン**）を構築するものです。

捨てコンクリート地業（じぎょう）とは、基礎コンクリートや土間コンクリートの下に前処理として打設する厚さ５〜15 cm の敷均しコンクリートをいいます。構造上の意味はなく、この上に墨出し（すみだし）を行い、型枠や鉄筋の組立を正確に行うためのものです。

置換工法（ちかんこうほう）とは、軟弱層を排除して砂などの良い土で置き換える地盤改良法をいいます。

強制圧密工法（きょうせいあつみつこうほう）とは、完成後、圧密が進行することが予想される地盤に対して行う地盤改良法の１つで、加圧、ドレーン、揚水などの方法で、土の間げき水をあらかじめ減少させ、圧密を促進する工法の総称です。

ウェルポイント工法（こうほう）は、掘削しやすくするために、地下水を低下させる強制圧密工法の１つで、多数の集水パイプ（**ウェルポイント**）をウォータージェットで地中に打ち込んで、地盤内の地下水を集水し、強制排水する方法です。

ディープウェル工法（こうほう）は、深井戸用の水中ポンプを設置して行う排水工法で、強制圧密工法の１つです。

ベントナイトとは、水を吸収して著しく膨潤する微細な粘土を溶液状にしたもので、掘削孔の崩壊を防止する目的で、場所打ち杭や地中連続壁の掘削時に用いられます。

セメント系固化材で地盤改良を行う場合は、施工する前に現場の土壌と使用予定のセメント系固化材による**六価クロム溶出試験**（ろっか・ようしゅつしけん）を行います。

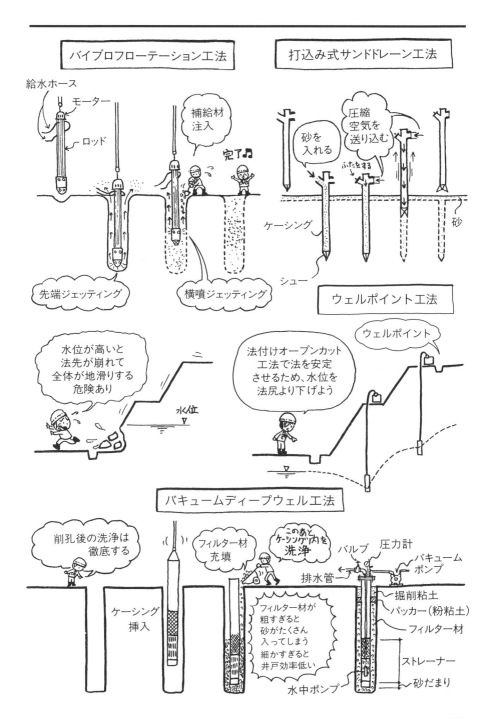

組立・加工

147　フック、あき、かぶり厚さに関する用語

　鉄筋加工の原則は、鉄筋は熱処理（加熱）すると鋼材としての性能が変わるので、常温で加工（**冷間加工**）を原則とします。

　鉄筋の切断には、一般にシャーカッターまたは電動のこを用い、ガス溶断は行ってはなりません。

　鉄筋の曲げ加工には、手動又は電動のバーベンダー（鉄筋曲げ機）を用い、常温で加工します。鉄筋の加工寸法の許容差の基準を表1に示します。

　末端部にフックを必要とする鉄筋は次のとおりです。①丸鋼。②あばら筋・帯筋。③柱・梁の出隅の主筋（基礎梁を除く）。④単純梁・片持スラブ等の上端筋の先端。

　フックの形状や鉄筋の折曲げ形状・寸法は表2のとおりです。フックには、折曲げ角度に応じた余長が必要です。また、フックや鉄筋の折曲げ加工をする場合、鉄筋が損傷することがないように、所定の折曲げ内法直径以上となるようにします。

　鉄筋のあきは、鉄筋径の1.5倍、粗骨材の最大粒径の1.25倍、2.5cm

のうち最大の数値以上とします。

　かぶり厚さに関しては、**最小かぶり厚さ**を表3に示しますが、**設計かぶり厚さ**は10mm加算します。

　計画供用期間が長期の場合の最外側鉄筋と型枠のせき板に対するあきの許容差は、＋15mm、－10mmです。

表1　加工寸法*の許容差

項　　　　目		符号	許容差 (mm)
各加工寸法*	あばら筋・帯筋・スパイラル筋	a、b	±5
	主筋　1)D 25 以下	a、b	±15
	2)D 29 以上 D 41 以下	a、b	±20
加 工 後 の 全 長		l	±20

(JASS 5 より)

＊各加工寸法及び加工後の全長の測り方の例を下図に示す

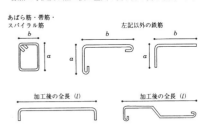

表2 鉄筋の折曲げ形状・寸法 （JASS 5 による）

図	折曲げ角度	鉄筋の種類	鉄筋の径に よる区分	鉄筋の折曲げ 内法直径 （D）
180° 余長4d 以上 / 135° 余長6d 以上 / 90° 余長8d 以上	180° 135° 90°	SR235 SR295 SD295A SD295B SD345	16 φ 以下 D16 以下	3d 以上
			19 φ D19～D41	4d 以上
		SD390	D41 以下	5d 以上
	90°	SD490	D25 以下	
			D29～D41	6d 以上

注 1) d は、丸鋼では径、異形鉄筋では呼び名に用いた数値とする。
2) スパイラル筋の重ね継手部に 90° フックを用いる場合は、余長は 12d 以上とする。
3) 片持ちスラブ先端、壁筋の自由端側の先端に 90° フックまたは 135° フックを用いる場合は、余長は 4d 以上とする。
4) スラブ筋、壁筋には、溶接金網を除いて丸鋼を使用しない。
5) 折曲げ内法直径を上表の数値よりも小さくする場合は、事前に鉄筋の曲げ試験を行い支障ないことを確認した上で、工事監理者の承認を得ること。
6) SD490 の鉄筋を 90° を超える曲げ角度で折曲げ加工する場合は、事前に鉄筋の曲げ試験を行い支障ないことを確認した上で、工事監理者の承認を得ること。

かぶり厚さ

表3 最小かぶり厚さ （mm）

部材の種類	一般劣化環境 （非腐食環境）	一般劣化環境 （腐食環境）		
		短期	標準・ 長期	超長期
構造部材　柱・梁・耐力壁	30	30	40	40
床スラブ・屋根スラブ	20	20	30	40
非構造部材　構造部材と同等の耐久性を要求する部材	20	20	30	40
計画供用期間中に維持保全を行う部材	20	20	30	30
直接土に接する柱・梁・壁・床及び布基礎の立ち上がり部	40			
基礎	60			

注 1) 耐久性上有効な仕上げを施す場合は、屋外側では、最小かぶり厚さを 10mm 減じることができる。
注 2) 一般に非腐食環境は屋内、腐食環境は屋外であるが、屋上スラブ・外壁の室内側や風呂・台所などの室内側は腐食環境とする。

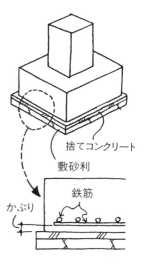

捨てコンクリート

敷砂利

鉄筋

かぶり

当然のことながら、基礎などの直接土に接する部分の かぶり厚さには捨てコンクリートの厚さを含みません

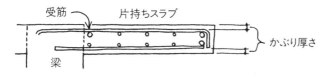

受筋　片持ちスラブ

梁

かぶり厚さ

鉄筋

かぶり

配筋・継手

148 鉄筋の継手・定着およびガス圧接に関する用語

鉄筋の継手・定着の留意点です。

① D35以上の異形鉄筋には、原則として重ね継手は用いてはならない。

②定着の長さは、右表のとおり。

③継手の位置については、鉄筋の継手は、原則として、応力の小さいところで、かつ、常時はコンクリートに圧縮応力が生じている部分に設ける。

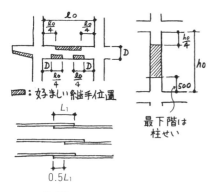

ガス圧接は、以下の点に注意します。

①ガス圧接作業は、工事に相応した所定クラスの圧接技量資格者しか行えない。

②鉄筋径には19、22、25、29のような規定寸法があるが、径の差が7mmを超える場合は原則として圧接してはならないので、3サイズ違いは圧接できない。

③強風時または降雨時には、原則として作業は行わない。

④鉄筋の圧接面の処理は、圧接作業の当日、できれば直前に有害な付着物を完全に研削除去し、圧接面はできるだけ平らに仕上げる。

圧接部の形状にも規定があります。

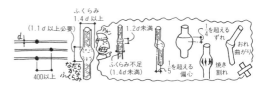

①ふくらみの直径は、原則として鉄筋径の1.4倍以上とする。

②ふくらみの長さは、鉄筋径の1.1倍以上とし、なだらかで、垂れ下がりのないこと。

③鉄筋中心軸の偏心量は、鉄筋径の$\frac{1}{5}$以下とする。

④ふくらみの頂部からの圧接面のずれは、鉄筋径の$\frac{1}{4}$以下とする。

圧接部の検査の留意点です。

①外観検査は、すべての圧接部について実施する。

②抜取り検査は、超音波探傷法または引張試験を行う。

③不合格片は、再度、圧接しなければならない。

鉄筋の定着の長さ（JASS 5）

コンクリートの設計基準強度 F_c (N/mm²)	一般 L_2				下端筋 L_3	
					小 梁	スラブ
	SD295A SD295B	SD345	SD390	SD490	SD295A SD295B SD345 SD390	
18	40d 直線または 30d フック付き	40d 直線または 30d フック付き	—	—	20d 直線または 10d フック付き	10d 直線 かつ 150mm 以上
21	35d 直線または 25d フック付き	35d 直線または 25d フック付き	40d 直線または 30d フック付き	—		
24 ～ 27	30d 直線または 20d フック付き	35d 直線または 25d フック付き	40d 直線または 30d フック付き	45d 直線または 35d フック付き		
30 ～ 36	30d 直線または 20d フック付き	30d 直線または 20d フック付き	35d 直線または 25d フック付き	40d 直線または 30d フック付き		
39 ～ 45	25d 直線または 15d フック付き	30d 直線または 20d フック付き	35d 直線または 25d フック付き	40d 直線または 30d フック付き		
48 ～ 60	25d 直線または 15d フック付き	25d 直線または 15d フック付き	30d 直線または 20d フック付き	35d 直線または 25d フック付き		

注 1) d は、異形鉄筋の呼び名の数値を表し、丸鋼には適用しない
2) フック付き重ね継手の長さは、鉄筋の曲げ開始点間の距離とし、フック部は継手の長さを含まない（以下、注様）

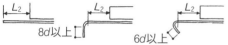

直線定着　　　90°フック付定着　　135°フック付定着　　180°フック付定着

重ね継手の長さ L_1（JASS 5）

コンクリートの設計基準強度 F_c (N/mm²)	SD295A SD295B	SD345	SD390	SD490
18	45d 直線または 35d フック付き	50d 直線または 35d フック付き	—	—
21	40d 直線または 30d フック付き	45d 直線または 30d フック付き	50d 直線または 35d フック付き	—
24 ～ 27	35d 直線または 25d フック付き	40d 直線または 30d フック付き	45d 直線または 35d フック付き	55d 直線または 40d フック付き
30 ～ 36	35d 直線または 25d フック付き	35d 直線または 25d フック付き	40d 直線または 30d フック付き	50d 直線または 35d フック付き
39 ～ 45	30d 直線または 20d フック付き	35d 直線または 25d フック付き	40d 直線または 30d フック付き	45d 直線または 30d フック付き
48 ～ 60	30d 直線または 20d フック付き	30d 直線または 20d フック付き	35d 直線または 25d フック付き	40d 直線または 30d フック付き

注 1) d は、異形鉄筋の呼び名の数値を表し、丸鋼には適用しない
2) 直径の異なる鉄筋相互の重ね継手の長さは、細い方の d による
3) フック付き重ね継手の長さは、鉄筋の曲げ開始点間の距離とし、フック部は継手の長さを含まない（以下、注様）

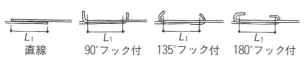

直線　　　90°フック付　　135°フック付　　180°フック付

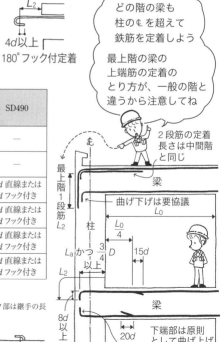

型枠工事

149 型枠の設計に関する用語

型枠の設計は次の点が重要です。

①**型枠強度及び剛性の計算**は、コンクリート施工時の鉛直荷重・水平荷重・コンクリートの側圧について行う。

②**型枠設計用のコンクリートの側圧**は、打ち込み速さや柱か壁かにかかわらず、側圧を求める位置から打ち込みヘッドまでの高さとフレッシュコンクリートの単位容積重量との積で求める。

③**側圧が増大する要素**：a. 打込み速度が速い。b. 部材の水平断面が大きい。c. コンクリートの比重が大きい。d. スランプが大きい。e. コンクリートの流動性が大きい。f. コンクリート温度・気温が低い。g. せき板表面が平滑。h. 鉄筋・鉄骨量が少ない。i. バイブレーターの使用。

④**型枠支保工の設計荷重**：コンクリート・鉄筋・型枠などの重量に作業荷重・衝撃荷重として 1.5 kN/m² 以上を加えたものとする。

⑤**支保工の許容応力度**：鋼材の許容曲げ応力度及び許容圧縮応力度の値は当該鋼材の降伏強さの値の $\frac{2}{3}$ 以下（降伏強さ不明の場合は、引張強さの値の $\frac{1}{2}$ 以下）とする。

⑥**支保工以外の許容応力度**：建築基準法施行令及び日本建築学会の各種構造設計基準に定められた長期及び短期許容圧縮応力度の平均値とする。

型枠材料の要点は次のとおりです。

①**せき板**：**合板せき板**は、日本農林規格に定めるものを使用。**打放しコンクリート用せき板**は、直射日光にさらさないようにする。

②**支保工**：せき板を支持し、所定の位置に固定するための支柱・バタ材など。鋼製仮設梁を用いると支柱の数が減少できる。

③**緊結材**：**締付材**（なまし鉄線・コラムクランプなど）、セパレーター、フォームタイなど。

セパレーターには、コンクリート打放しの場合に用いる**丸セパB型**（金属端が見えない。プラスチックコーン除去後モルタル塗り）、モルタル仕上げなど打放し以外の場合に用いる**丸セパC型**（座金が残るので錆止め塗料を塗り付ける）、外壁打放し、内壁モルタル仕上げの場合に用いる**丸セパBC型**があります。

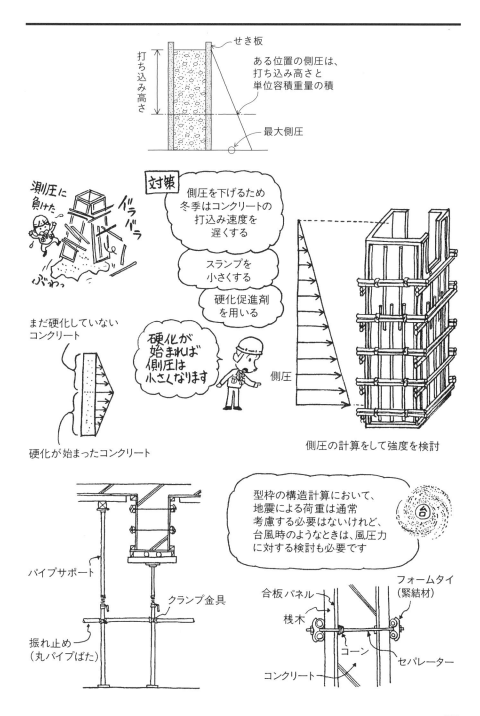

せき板

打ち込み高さ

ある位置の側圧は、
打ち込み高さと
単位容積重量の積

最大側圧

測圧に負けた〜

バラバラ

ぶわっ

対策

側圧を下げるため
冬季はコンクリートの
打込み速度を
遅くする

スランプを
小さくする

硬化促進剤
を用いる

まだ硬化していない
コンクリート

硬化が
始まれば
側圧は
小さくなります

側圧

硬化が始まったコンクリート

側圧の計算をして強度を検討

型枠の構造計算において、
地震による荷重は通常
考慮する必要はないけれど、
台風時のようなときは、風圧力
に対する検討も必要です

パイプサポート

クランプ金具

振れ止め
（丸パイプばた）

合板パネル

桟木

コーン

コンクリート

フォームタイ
（緊結材）

セパレーター

305

150 型枠の組立てに関する用語

　型枠の組立てに関しては、次の点をよく理解しておきましょう。

　①組立て順序：外壁・外柱の内側のせき板→内部柱・間仕切壁のせき板→梁の型枠を柱の型枠に乗せる。

　②柱の型枠は鉄筋組立て後に組み、梁、床スラブは型枠組立て後に鉄筋を組む。

　③配筋、型枠の組立て、あるいはこれらにともなう資材の運搬・集積などは、作業にともなう荷重を推定し、十分に安全性を考えて計算により確認しなければならず、コンクリートが有害な影響を受けない材齢に達してから開始する。

　④長大スパンの梁または床の型枠は、打設後・支柱の取り外し後の変形を考慮して、スパンの $\frac{1}{300}$ 程度のむくりをつける。

　⑤型枠は、足場・やり方など他の仮設物には連結しない。

　⑥支保工の組立てまたは解体の作業については、「型枠支保工の組立て等作業主任者」を選任し、作業を直接指揮させなければならない（労安則246、247条）。

　⑦支柱は、垂直に立て、上下階は平面上同一位置に設置する。

　⑧大梁の支柱の盛替えは行わない。他の部材も原則として行わないが、盛替えを行う場合は p.309 の表 1 による。

　⑨パイプサポートは、3 本以上継いで用いてはならない。また、高さが3.5 mを超える場合は、高さ2 m以内ごとに水平つなぎを 2 方向に設ける。

　⑩当該作業区域は関係労働者以外の立ち入りを禁止する。

　⑪強風など悪天候のため、作業の危険が予想されるときは、作業をしてはならない。

　⑫材料、器具、工具を上げおろしするときには、吊り綱、吊り袋を使用する。

　型枠の組立てに先立ち、工事施工者がコンクリート躯体図に基づき型枠計画図及び型枠工作図の双方を作成し、工事監理者に提出します。

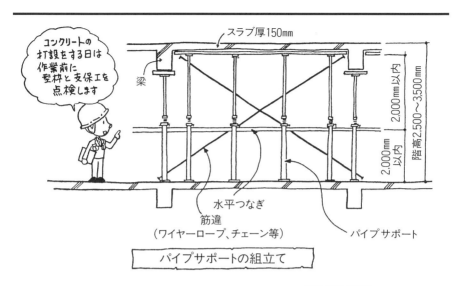

コンクリートの打設をする日は作業前に型枠と支保工を点検します

スラブ厚150mm

梁

2,000mm以内

2,000mm以内

階高2,500〜3,500mm

水平つなぎ

筋違
（ワイヤーロープ、チェーン等）

パイプサポート

パイプサポートの組立て

型枠の組立て順序

- 柱・壁の墨出し
- 根巻き → 柱の配筋
- 柱の型枠
- 大梁の型枠
- 小梁の型枠
- 外壁の内側の型枠 → 外壁配筋
- 外壁の外側の型枠
- 階段・床の型枠
- 型枠検査

型枠工事の種類

ラス型枠工法	合板のかわりに特殊リブラスをせき板として使用
デッキプレート型枠工法（フラットデッキ工法）	支柱不要、解体作業不要、衝撃に弱く変形しやすい
壁体における薄板打込み工法	仕上げ材を施したパネルをせき板とするもので、仕上げ工程の短縮が可能
梁におけるプレキャストコンクリート型枠工法	最大荷重に対し、ひび割れしないようにサポートを配置
スライディングフォーム工法	打設したコンクリートが自立できる強度に達してから型枠を上昇させるので連続的に構築

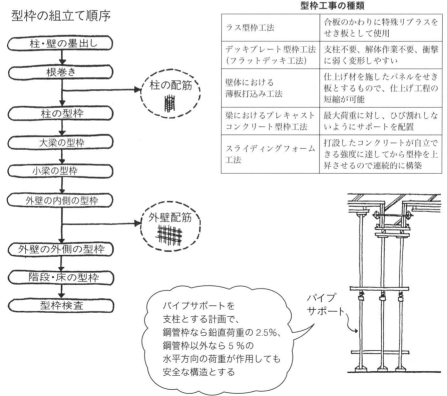

パイプサポートを支柱とする計画で、鋼管枠なら鉛直荷重の2.5%、鋼管枠以外なら5%の水平方向の荷重が作用しても安全な構造とする

パイプサポート

型枠工事

151 | 型枠の存置期間に関する用語

せき板（幕板）とは、型枠の一部分で直接、コンクリートに接する板材をいい、**鋼製せき板**と**木製せき板**に分けられます。

支保工とは、型枠の一部分で、せき板を所定の位置に固定するために用いる桟木、支柱、筋違材、仮設梁等の仮設構造物をいいます。支保工の存置期間をコンクリートの圧縮強度により決定するための供試体の養生方法は、現場水中養生とします。

支柱の盛替えとは、コンクリート打設後、サポート（**支柱**）を取り除き、他の支柱に荷重を掛け替えることで、若年齢コンクリートに荷重が作用することになり、好ましくないので原則として行いません。

支柱の盛替えは原則として行ってはなりませんが、必要上、やむなく行う場合は、次の点に注意します。

①大梁の支柱の盛替えは行わない。

②支柱の盛替えは逐次行い、同時に多数の支柱について行わない。

③盛替え後の支柱の頂部には、充分な厚さ及び大きさの受板、角材などを配置する。

型枠の存置期間（支柱の存置期間、せき板存置期間）とは、コンクリート打設から型枠を取り外すまでの必要期間をいい、その最小期間は**コンクリートの材齢又は強度**によって決まり、壁・スラブ・梁下などで期間は異なります。

普通ポルトランドセメントを用いた場合の現場打ちコンクリートのせき板・支柱の存置期間を示すと表1のとおりです。すなわち、**基礎・梁側・柱・壁のせき板の存置期間**は、コンクリートの圧縮強度が$5\,\mathrm{N/mm^2}$以上に達したことが確認されるまでとします。ただし、JASS5では、期間中の平均気温が10℃以上の場合は表3に示す期間としています。**スラブ下、梁下のせき板**は、支保工の取り外し後でなければなりません。

支柱は原則として、表1の圧縮強度が得られたことが確認されるまでですが、圧縮強度が$12\,\mathrm{N/mm^2}$（軽量骨材の場合は$9\,\mathrm{N/mm^2}$）以上で、かつ計算により安全性が確認されれば、取り外すことができます。

表1　コンクリートのせき板・支柱の存置期間

せき板または支柱の区分	建築物の部分	存置日数			コンクリートの圧縮強度
		存置期間中の平均気温			
		15℃以上	15℃未満5℃以上	5℃未満	
せき板	基礎、梁側、柱及び壁	3以上	5以上	8以上	5N/mm²以上
	スラブ下及び梁下	6以上	10以上	16以上	コンクリートの設計基準強度の50%以上
支柱	スラブ下	17以上	25以上	28以上	コンクリートの設計基準強度の85%以上
	梁下	28以上			コンクリートの設計基準強度の100%以上

昭和46年建告110号（平成28年国交告503号）による

表2　基礎・梁・柱・壁のせき板の存置期間（告示）

平均温度（℃）	存置期間（日）			
	H	N、BA、SA、FA	BB、SB、FB	M、L
15 ≦ t	2	3	5	6
5 ≦ t < 15	3	5	7	8
t < 5	5	8	10	12

H　：早強ポルトランドセメント
N　：普通
BA：高炉セメントA種
BB：高炉セメントB種
FA：フライアッシュセメントA種
FB：フライアッシュセメントB種
SA：シリカセメントA種
SB：シリカセメントB種
M　：中庸熱ポルトランドセメント
L　：低熱ポルトランドセメント

表3　基礎・梁・柱・壁のせき板の存置期間（JASS5）

平均温度（℃）	存置期間（日）			
	H	N、BA、SA、FA	BB、SB、FB	M、L
20 ≦ t	2	4	5	7
10 ≦ t < 20	3	6	8	9

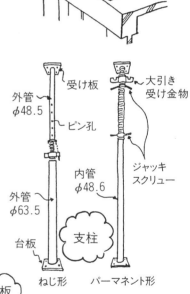

梁
スラブ
梁
梁下は一番長く置いておくこと
4週間かかって強度が出るよ

受け板
外管 φ48.5
ピン孔
外管 φ63.5
台板
ねじ形

大引き受け金物
内管 φ48.6
ジャッキスクリュー
支柱
パーマネント形

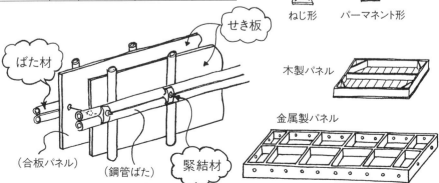

せき板
ばた材
木製パネル
金属製パネル
（合板パネル）
（鋼管ばた）
緊結材

152　コンクリートに関する用語

コンクリートの種類は、次のように大別されます。

①使用骨材による分類については、表1のとおりとなる。

②使用材料・施工条件・要求性能などによる分類は、寒中・暑中・流動化・高耐久性・高強度などの各種コンクリートに分けられる。

コンクリートの材料は、セメント、骨材、水（練り混ぜ水）に大別されます。

セメントは、①JIS に適合するものであること。②主としてポルトランドセメントが用いられる（表2参照）。③比重は3.15、見掛け比重1.5、塩化物イオン0.035％以下、一袋25 kg。

骨材については、有害量のごみ、土、有機不純物、塩化物などを含まず、所要の耐火・耐久性を有することが基本ですが、次に示す点も理解しておいてください。

①細骨材は、5 mm ふるいを重量で85％以上通る骨材。

②粗骨材は、5 mm ふるいに重量で85％以上留まる骨材。

③骨材の強さは、セメントペース

トより強くなくてはならない。強さは、比重と吸水率でほぼ判断でき、表3のとおりとする。ただし、地域によっては、絶乾比重2.4以上、吸水率4％以下の砂利、砂、及び塩化物が0.04％を超え0.1％以下の砂を用いることもできる。

塩化物の総量規制に関しては、次の事項をよく理解してください。コンクリート中に一定量以上の塩分があると、塩素イオンの作用で不働態皮膜が破壊され、腐食しやすくなります。コンクリートに含まれる塩化物量は、$0.30 kg/m^3$（Cl 重量）以下とし、やむを得ずそれを超え、$0.6 kg/m^3$ 以下となる場合は次の措置を行います。①水セメント比を55％以下とする。②AE 減水材を使用し、スランプ18 cm 以下とする。③適切な防錆材を使用する。④床下端の鉄筋のかぶり厚を3 cm 以上とする。⑤離島等で塩化物量が $0.6 kg/m^3$ を超える場合は、防錆処理した鉄筋の使用など特殊な措置を行う。

練り混ぜ水（混練水）については、表4に適合する必要があります。

表1 使用骨材による分類

使用骨材によるコンクリートの種類		使　用　骨　材		設計基準強度 (N/mm²)	気乾単位容積質量 (t/m³)	打込前の検査項目
		粗　骨　材[1]	細　骨　材[2]			
普通コンクリート		砂利・砕石・高炉スラグ砕石	砂・砕砂・スラグ砂	18・21・24・27・30・33・36	標準として 2.2～2.4	・強度 ・スランプ ・空気量 ・温度
軽量コンクリート	1種	人工軽量骨材	砂・砕砂・スラグ砂	≦36	1.7～2.1	・強度 ・スランプ ・空気量 ・温度 ・単位容積質量
	2種	人工軽量骨材	人工軽量骨材またはこの一部を砂・砕砂・スラグ砂で置き換えたもの	≦27	1.4～1.7	

注 1) 砂利、砕石、高炉スラグ砕石はこれらを混合して用いる場合を含む
　 2) 砂、砕砂、スラグ砂は、これらを混合して用いる場合を含む

表2 セメントの種類

種　類		特　徴	用　途
ポルトランドセメント	普通ポルトランドセメント	一般的なセメント	一般のコンクリート工事
	早強ポルトランドセメント	a. 普通セメントの7日強度を3日で発揮する b. 低温でも強度を発揮する	緊急工事・冬期工事・コンクリート2次製品
	超早強ポルトランドセメント	a. 早強セメントの3日強度を1日で発揮する b. 低温でも強度を発揮する	緊急工事・冬期工事・コンクリート2次製品・グラウト
	中庸熱ポルトランドセメント	a. 水和熱が低い b. 乾燥収縮が少ない	マスコンクリート・水密コンクリート・遮へい用コンクリート
	低熱ポルトランドセメント	長期強度発現性・耐久性が大きい	大型構造物
	耐硫酸塩ポルトランドセメント	硫酸塩を含む海水・土壌・地下水・下水などに対する抵抗性が大きい	硫酸塩の侵食作用を受けるコンクリート
高炉セメント	A種	普通セメント同様の性質	普通セメント同様に用いられる
	B種	a. 初期強度はやや小さいが長期材齢強度は大きい b. 水和熱が低い c. 化学抵抗性が大きい	普通セメントとほぼ同様に用いられる。マスコンクリート、海水・硫酸塩・熱の作用を受けるコンクリート
フライアッシュセメント	A種 B種	a. ワーカビリティが極めて良好 b. 長期強度が大きい c. 乾燥収縮量が小さい d. 水和熱が低い	普通セメントとほぼ同様に用いられる。コンクリート2次製品

表3 骨材の品質

試験項目 骨材の種類	絶乾比重	吸水率 (%)	塩分量 NaCl (%)
細　骨　材	2.5以上	3.5以下	0.04以下
粗　骨　材	2.5以上	3.0以下	——

表4 練り混ぜ水　　　　　(JIS A 5308)

項　　目	品　　質
懸 濁 物 質 の 量	2 g／L以下
溶 解 性 蒸 発 残 留 物 の 量	1 g／L以下
塩 素 イ オ ン	200 mg／L以下
セメントの凝結時間の差	始発は30分以内、終結は60分以内
モルタルの圧縮強度の比率	材齢7日及び材齢28日で90％以上

調合

153 調合計画の手順および要点に関する用語

コンクリートの調合強度 F は、次のようにして決めます。

調合強度 (F) とは、コンクリートの調合を定める際に目標とする強度で、設計基準強度に対して、品質のばらつきや気温補正などを行って割り増した強度をいいます。

設計基準強度 (F_c) とは、構造計算上で基準として用いた**コンクリート4週圧縮強度**をいい、18、21、24、27、30、33、36、48、60 N/mm^2 とし、設計者が定めます。

耐久設計基準強度 (F_d) は、表のとおりとします。

品質基準強度 (F_q) とは、設計基準強度 (F_c) と耐久設計基準強度 (F_d) のいずれか大きい方の値とします。

調合管理強度 (F_m) は、一般に、品質基準強度に構造体コンクリート（材齢91日）と供試体（材齢28日）の強度の差として**構造体強度補正値**を割増した値です。この値は、セメントの種類と打込みから28日までの平均気温により＋3N/mm^2（低温の場合＋6N/mm^2）とします。

調合強度 F は、調合管理強度 F_m に強度のばらつきを考慮して割増した値とし、次式を満足するように決定します。

$$F \geqq F_m + 1.73\,\sigma \quad (\text{N/mm}^2)$$

$$F \geqq 0.85\,F_m + 3\,\sigma \quad (\text{N/mm}^2)$$

σ はコンクリート強度の標準偏差で、コンクリート製造工場の実績等によって決まります。

コンクリートの調合計画の手順（**調合計画の手順**）を示すと右図のようになります。

調合の要点は、次のとおりです。

①**水セメント比** $\left(\dfrac{w}{c}\right)$：普通ポルトランドセメントを用いた普通コンクリートの最大値は 65%。

②**所要スランプ**：品質基準強度が 33 N/mm^2 以上の場合は 21 cm 以下、33 N/mm^2 未満の場合は 18 cm 以下とする。

③**単位水量**：水セメント比、スランプ、使用骨材などから決定する。ただし、原則として 185 kg/m^3 以下。

（154 に続きます。）

調合計画の手順

調合強度の決定

$F \geqq F_m + 1.73\sigma$
$F \geqq 0.85 F_m + 3\sigma$
F_m：調合管理強度
σ：標準偏差

水セメント比の決定

$$\chi = \frac{51}{F/K + 0.31} (\%)$$

F：調合強度（N/㎟）
K：セメント強さ（N/㎟）
最大65%（普通ポルトランドセメント）

凍害を受ける
おそれのある
コンクリートは
AEコンクリートとし、
その空気量は、
4%以上
6%以下の範囲で
特記により定めます

骨材の粒度

粗骨材　25mm以下
細骨材　5mm以下
塩分含有率　0.04%以下

耐久性を確保するための
コンクリートの
調合における
水セメント比の最大値は、
高炉セメントB種を
用いた場合は60%

スランプの決定

スランプ試験による
$F_q \geqq 33$N/㎟ → 21cm以下
$F_q < 33$N/㎟ → 18cm以下
打込み場所により
・基礎・梁・床　　15～18cm
・柱・壁　　　　　18～21cm

構造体コンクリートの
強度管理の材齢が
28日を超える場合の
供試体の養生方法は、
現場封かん養生とします

混和材料の使用量

スランプの調整
・AE剤　空気量4～5%
・表面活性剤　6%以下
・その他の活性剤

耐久設計基準強度 F_d

計画供用 期間の級	計画供用期間	耐久設計基準強度 （N/mm²）
短期	≒30年	18
標準	≒65年	24
長期	≒100年	30
超長期	100年超	36 *

＊かぶり厚さを＋10mmとしたものは30N/mm²と
することができる

調合

154 コンクリート強度およびアルカリ骨材反応に関する用語

④単位セメント量：単位水量／水セメント比×100。ポルトランドセメントを用いた普通コンクリートの最小値は270 kg/m³。

⑤所要空気量：AE剤、AE減水剤または高性能減水剤を用いるコンクリートは4～5%、軽量コンクリートは5%を標準とする。

⑥コンクリートに含まれる塩化物量：塩素イオン量として0.30 kg/m³以下。

⑦圧縮強度試験用供試体：キャッピング用セメントペーストの水セメント比は27～30%で標準養生とし、型枠の取り外しは2日目に行う。

中性化対策としては、水セメント比が大きいほど、中性化の進行速度が速いので、塩害防止のため、コンクリート中に含まれる塩化物量は、原則として、塩素イオン量で0.30 kg/m³以下とします。

アルカリ骨材反応とは、ポルトランドセメント中のアルカリ分が骨材中のシリカ質鉱物と反応して、過度に体積膨張を示して、コンクリートの表面にひび割れが入ったり、骨材

が膨張してはじけ出たりする現象をいいます。

アルカリ骨材反応抑制策としては、次の3点が重要です。

①反応性骨材（ケイ酸マグネシウム系の石灰岩、微晶質の流紋岩、凝灰岩、輝石安山岩など）を使用しない。②コンクリート中のアルカリ量の低減（通常のポルトランドセメントを用いる場合は、コンクリート1m³中に含まれるアルカリの総量を3.0 kg以下）。③抑制効果のあるセメントの使用。

コンクリートのひび割れ対策は、次のとおりです。

①単位水量を少なくし、スランプを小さくする。②セメント量を少なくする。③単位骨材量を多くする。④粗骨材の最大寸法を可能な限り大きくする。⑤細骨材の粒径を所要の施工軟度（ワーカビリティ）が得られる可能な範囲で粗にする。⑥細骨材率を小さくする。⑦適切な化学混和剤（界面活性剤）を使用する。

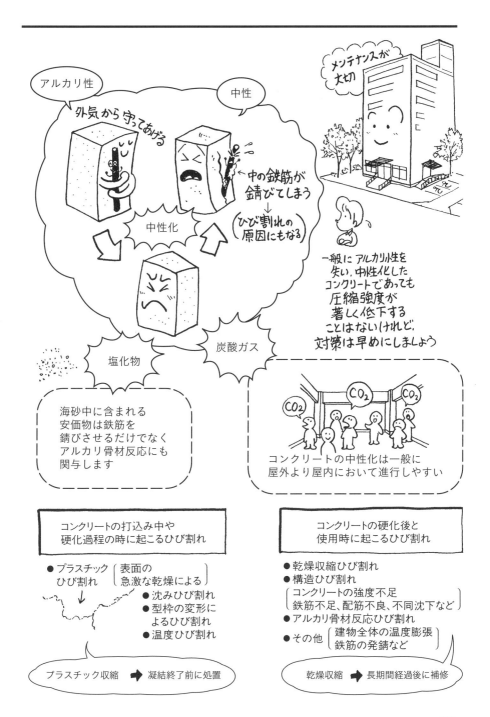

アルカリ性

中性

外気から守ってあげる

メンテナンスが大切

中の鉄筋が錆びてしまう
↓
（ひび割れの原因にもなる）

中性化

一般にアルカリ性を失い、中性化したコンクリートであっても圧縮強度が著しく低下することはないけれど、対策は早めにしましょう

塩化物

炭酸ガス

海砂中に含まれる安価物は鉄筋を錆びさせるだけでなくアルカリ骨材反応にも関与します

CO_2 CO_2 CO_2

コンクリートの中性化は一般に屋外より屋内において進行しやすい

コンクリートの打込み中や硬化過程の時に起こるひび割れ

● プラスチックひび割れ ［表面の急激な乾燥による］
↓
● 沈みひび割れ
● 型枠の変形によるひび割れ
● 温度ひび割れ

プラスチック収縮 ➡ 凝結終了前に処置

コンクリートの硬化後と使用時に起こるひび割れ

● 乾燥収縮ひび割れ
● 構造ひび割れ
［コンクリートの強度不足鉄筋不足、配筋不良、不同沈下など］
● アルカリ骨材反応ひび割れ
● その他 ［建物全体の温度膨張鉄筋の発錆など］

乾燥収縮 ➡ 長期間経過後に補修

運搬・打設

155　コンクリートの運搬に関する用語

荷卸し地点の検査は、コンクリートの運搬上きわめて重要な事項で、コンクリート製造工場からミキサー車などで運ばれたコンクリート（レディーミクストコンクリート）の荷卸し地点での品質を管理するための検査をいいます。

次の3項目の検査を行います。なお、練混ぜから荷卸しまで90分以内とします。

①強度：一般に150m³ごとに1台の運搬車から供試体を3本とり、標準養生（20±3℃の水中）で28日後に圧縮試験を行う。

②スランプ：スランプ試験を行う。同時にフロー試験、コンクリート温度測定も行う。

③空気量：円筒形の空気量測定器を用いて測定する。

レディーミクストコンクリートに関しては、次の点を理解してください。

①大量打設する場合は、品質責任の所在を明確化するため、同一打込み工区に2つ以上の工場のコンクリートが打込まれないように考慮する。

②品質は、荷卸し地点または製造工場において強度・スランプ・空気量・塩化物量などについて、JISに定められた試験により検査する。

③JIS表示許可を受けている工場から購入する場合、コンクリートの強度の試験回数は原則として、150m³について1回とし、1回の試験結果は、任意の1運搬車から採取した3個の供試体の試験値の平均値で表す。

④指定スランプと指定空気量の許容差は表1、表2のとおり。

寒中コンクリートとは、コンクリートが養生期間中に凍結するおそれがある季節に用いるもので、水セメント比60%とし、AE剤やAE減水剤などを使用したものをいいます。

暑中コンクリートは、夏季、スランプ低下や水分の急激な蒸発のおそれがある場合に用いる、所要のスランプ18cm以下のもので、平均気温が25℃を超える期間に用いるのがよいのです。

表1　スランプ許容度（cm）

スランプ（cm）	スランプの許容差
2.5	± 1.0
5 及び 6.5	± 1.5
8 以上 18 以下	± 2.5
21	± 1.5 *

＊呼び強度 27 以上で高性能 AE 減水
　剤を使用する場合は± 2.0

2 〜 3 秒の
感じで静かに
真上に
引き上げる

所要空気量については、
AE剤、AE減水剤または
高性能減水剤を用いる
コンクリートは 4 〜 5 ％を
標準とする
軽量コンクリートは
5 ％を標準とする

テストによく
出ているよ

表2　空気量の許容差　（%）

コンクリートの種類	空気量	空気量の許容差
普通コンクリート	4.5	±1.0
軽量コンクリート	5.0	±1.5

1％の空気量の
増加は、
4〜6％の
強度低下を
もたらすと
されている

寒中コンクリートの
初期養生では
打ち込んだコンクリートの
温度がどの部分でも
0 ℃以下に
ならないようにする

暑中コンクリートにおいて
ひび割れの発生を
防止するため
荷卸し時の
コンクリートの温度は
35℃以下とする

運搬・打設

156 コンクリートの運搬および打設に関する用語

コンクリート運搬の要点を示すと次のとおりです。

①コンクリートは、その種類・品質及び施工条件に適した方法により、分離・漏れ及び品質の変化ができるだけ少ないように運搬する。

②**コンクリートの練り混ぜから打込み終了までの時間の限度**：外気温が25℃未満の場合は120分、25℃以上の場合は90分。

コンクリートの打設（打込み）の基本を示すと次のとおりです。

①**コンクリートポンプ**は、ピストン式またはスクィーズ式を用いる。

②**輸送管の径**は大きいものがよく、粗骨材の最大寸法の4倍以上がよく、表1の呼び寸法とする。

③圧送に先立ち、水を圧送し、次いで打ち込まれるコンクリート強度以上の富調合モルタルを圧送する。

④圧送中は輸送管の動きや振動があるので、型枠・配筋などに有害な影響がないように配管経路や固定方法に注意する。

⑤**打込み**は、コンクリートの分離を防止するため、落下高さを低くし、横流しを避け、コンクリート上面の高さが常に水平になるように打設する。

⑥1層の打込み高さは60〜80cm以下とし、**振動機による締固めの間隔**は60cm以下で、1箇所当たり5〜15秒間加振する。

⑦**柱・壁の打込み**は、梁下で一たん止めて、コンクリートが落ち着いてから梁・スラブのコンクリートを打込む。

⑧**梁の打込み**は、その下端からスラブ上端までの全高を同時に打込む。

⑨**打継ぎ位置**は、梁・スラブではスパンの中央または端から$\frac{1}{4}$付近で垂直打継ぎ、柱・壁ではスラブまたは基礎の上端で水平打継ぎとする。

⑩打設して硬化途中のコンクリートに新たにコンクリートを打設することを**打重ね**という。打重ねの間隔は、外気温が25℃未満で150分、25℃以上で120分以内とする。

⑪計画供用期間の級が一般・標準で普通ポルトランドセメントを使用したコンクリートは、打込み後5日間は散水その他で**養生**する。

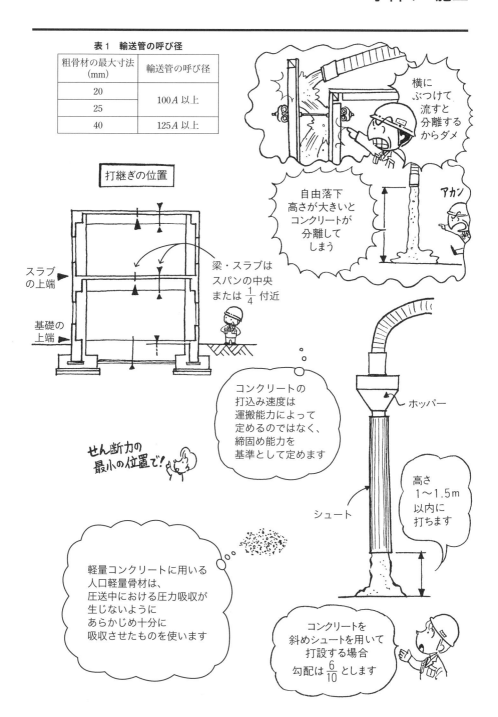

表1　輸送管の呼び径

粗骨材の最大寸法 （mm）	輸送管の呼び径
20	100A 以上
25	
40	125A 以上

打継ぎの位置

横に
ぶつけて
流すと
分離する
からダメ

自由落下
高さが大きいと
コンクリートが
分離して
しまう

アカン

スラブ
の上端

基礎の
上端

梁・スラブは
スパンの中央
または $\frac{1}{4}$ 付近

コンクリートの
打込み速度は
運搬能力によって
定めるのではなく、
締固め能力を
基準として定めます

ホッパー

せん断力の
最小の位置で！

シュート

高さ
1〜1.5m
以内に
打ちます

軽量コンクリートに用いる
人口軽量骨材は、
圧送中における圧力吸収が
生じないように
あらかじめ十分に
吸収させたものを使います

コンクリートを
斜めシュートを用いて
打設する場合
勾配は $\frac{6}{10}$ とします

319

運搬・打設 / 試験・精度

157 養生および試験などに関する用語

コンクリート打設後の養生（養生）に関しては、次の点をよく理解しましょう。

①打込み後、水和及び硬化が十分進行するまでシートなどで覆い、また散水して湿潤状態を保つなど、十分養生する必要がある。また、打込み後5日間以上はコンクリートの温度を2℃以上に保つ。ただし、早強コンクリートの場合は、3日間以上とする。

②打込み後は、供用期間の級に応じて表1に示す期間、湿潤養生を行う。

コンクリートの品質管理精度は、位置・断面寸法・平たんさによります。コンクリート部材の位置及び断面寸法の許容差の標準値、並びに仕上がりの平たんさの標準値は、表2と表3のとおりです。

コンクリートの品質検査については、3個の供試体の平均値とします。強度試験の方法を表4に示します。

コンクリートの乾燥収縮の防止対策は、次のとおりです。

①単位水量をできるだけ減らすこ

と。そのために粗骨材の最大寸法を大きくする。また、実績率の大きな骨材を使用し、細骨材率を小さくする。減水材を使用する。

②スランプは小さくする。

③単位セメント量を少なくする。

④水セメント比を小さくする。

⑤コンクリートの打設、締固め、養生をしっかり行う。

コールドジョイントとは、前に打込んだ層のコンクリートが硬化後（硬化し始めて後も含む）、次の層が打継ぎされることにより生じる不連続的な接合面で、強度が著しく低下するなどのトラブルを生じます。

ジャンカ（豆板、あばた）とは、コンクリート打設時の型枠よりのモルタルの漏れや、打設中の締固め不足により生じ、コンクリート表面において粗骨材のみ集まってあばた状となった部分をいいます。

表1　湿潤養生の期間

セメントの種類 ＼ 計画供用期間の級	短 期 標 準	長 期 超長期
早強ポルトランドセメント	3 日以上	5 日以上
普通ポルトランドセメント	5 日 〃	7 日 〃
その他	7 日 〃	10 日 〃

表2　コンクリート部材の位置及び断面寸法の許容差の標準値

項　目		許容差（mm）
位置	設計図に示された位置に対する各部材の位置	±20
断面寸法	柱・梁・壁の断面寸法及び床スラブ・屋根スラブの厚さ	－ 5 ＋20
	基礎の断面寸法	－10 ＋（規定せず）

（JASS 5 より）

表3　コンクリートの仕上がりの平たんさの標準

コンクリートの内外装仕上げ	平たんさ（凹凸の差）（mm）	参　考	
		柱・壁の場合	床の場合
仕上げ厚さが 7 mm 以上の場合、または下地の影響をあまり受けない場合	1 m につき 10 以下	塗 壁 胴縁下地	塗 床 二重床
仕上げ厚さが 7 mm 未満の場合、その他かなり良好な平たんさが必要な場合	3 m につき 10 以下	直吹付けタイル圧着	タイル直張り じゅうたん張り 直防水
コクリートが見えがかりとなる場合、または仕上げ厚さが極めて薄い場合、その他良好な表面状態が必要な場合	3 m につき 7 以下	打放しコンクリート直塗装布直張り	樹脂塗床 耐摩耗床 金ごて仕上げ床

（JASS 5 より）

表4　使用するコンクリートの検査と構造体コンクリートの検査の比較

試験項目	生コンの受入れ検査	構造体コンクリートの検査
検査の目的	生コンの呼び強度の確認	1. 構造体コンクリートの 28 ～ 91 日強度の推定 2. 脱型時期の決定 3. 養生打切り時期の決定
供試体採取場所	生コンの荷卸し地点	コンクリートの打込み場所（特に支障のない限り荷卸し地点でもよい）
試験の回数 検査ロットの大きさ	打込み工区ごと、打込み日ごと、150 m³ またはその端数ごとに 1 回の割で行い、3 回を 1 検査ロットとして合否を判定する。450 m³ を 1 検査ロットとする	打込み工区ごと、打込み日ごと、かつ 150 m³ またはその端数ごとに 1 回とし、1 回ごとに合否の判定を行う。150 m³ 以下を 1 検査ロットとする（高強度コンクリートは 100 m³ 以下）
供試体採取方法	任意の 1 運搬車から 3 本	適当な間隔をあけた任意の 3 台の運搬車から 1 本ずつ 3 本（高強度コンクリートの場合は 3 台から 3 個 / 台の計 9 個）
養生方法	標準養生（20 ± 3℃）	現場水中養生、現場封かん養生
判定基準	1. 1 回の試験値 　指定した呼び強度の 85% 以上 2. 3 回の試験の平均値 　指定した呼び強度以上	強度管理の材齢が 28 日の場合 イ　1 回の試験（3 回の供試体）の平均値が設計基準強度以上 ロ　材齢 28 日における試験結果が設計基準強度の 0.85 倍以上、かつ、材齢 91 日以前において、コア供試体、または封かん養生供試体の試験結果が設計基準強度以上（係員の承認が必要）

（JASS 5 より）

加工・高力ボルト接合

158 鉄骨の加工および建て方に関する用語

鉄骨の加工に関する要点です。

①鉄骨製作用基準巻尺と工事用基準巻尺を事前に照合し、誤差を確認する。照合時のテープ張力は50 N とする。

②高張力鋼または曲げ加工される軟鋼の外面には、たがねなどによる打こんを残してはならない。

③ガス切断は、原則として自動ガス切断機を用いる。また、せん断切断の場合は、鋼材の厚さは原則として 13 mm 以下とする。

④孔あけ加工：高力ボルト用の孔あけは、ドリルあけを原則とし、ボルトの孔径は表に示す近似値とする。鉄筋の貫通孔は、鉄筋外径に 5 mm加えた大きさとする。

⑤曲げ加工：常温加工での内側曲げ半径は、柱や梁材・ブレース等の塑性変形能力を要求される部材の場合は、板厚の 4 倍以上、その他で 2倍以上とする。加熱加工は、材料を赤熱状態に加熱（800 ～ 900℃）して行う。

⑥コンクリートに埋め込む部分や接合部などは塗装しない。

現場組立て（鉄骨の現場組立て）は、次の点をよく理解してください。

①アンカーボルトには二重ナット及び座金を用い、ボルトの先端はネジかナットの外に 3 山以上出るようにする（コンクリート埋込み部は除く）。

②ベースプレート下面のモルタルの強度は、材齢 3 日で 25N/mm² 以上、材齢 28 日で 45N/mm² 以上の無収縮モルタルとし、中心部分は、200 mm角または直径 200 mm 以上として、厚さは 30 ～ 50 mm とする。

③ターンバックル付き筋違を有する構造物においては、その筋違を用いて建入れ直しをしてはいけない。

④建入れ直し前の部材相互の接合は、高力ボルト接合の場合、ボルト 1 群に対して $\frac{1}{3}$ 程度、かつ、2 本以上の中ボルトを仮ボルトとして締付ける。溶接継手におけるエレクションピース等に使用する仮ボルトは全数締め付ける。

⑤強風時・地震時に対しては、倒壊防止上有効な措置をほどこす。

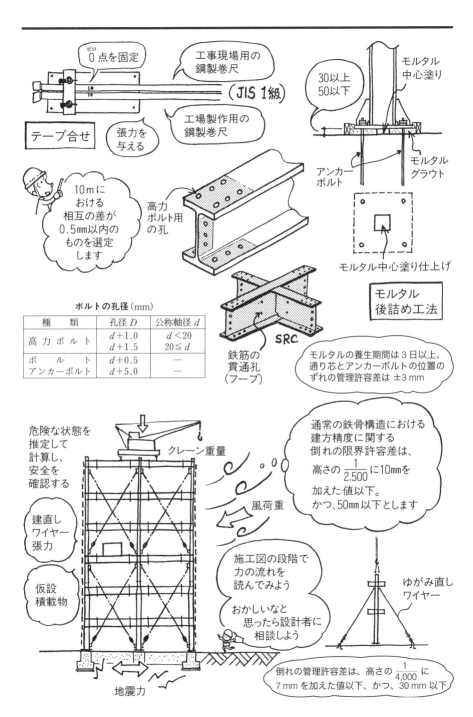

加工・高力ボルト接合

159 高力ボルト接合に関する用語

高力ボルト接合に関しては、次の点をよく理解してください。

①高力ボルト接合は、ボルトの引張力による材間摩擦抵抗で、接合部に生じるせん断力に抵抗する接合法である。

②摩擦抵抗が生じる接触面は、ミルスケール、浮き錆、じんあい、油、塗料、その他をあらかじめ取り除く。

③接合部の摩擦面は、すべり係数が0.45以上確保できるものを標準とする。

④接合部材間のすき間が1.0mmを超えるはだすきには、フィラーを入れる。

⑤ボルトの長さは、締付け長さに右表の長さを加えたものを標準とする。

⑥ボルト孔の食違いは、リーマ掛けして修正することができる。ただし、食違いが2mmを超える場合は、工事監理者と協議して定める。

⑦高力ボルトの締付けは、右表の標準ボルト張力が得られるようトルクコントロール法、ナット回転法そ

の他の適切な締付け法で行う。

⑧高力ボルトの締付けは1次締めと本締めに分けて行う。1次締めトルク値は本締めトルク値の20〜30%とする。

⑨締付け後の検査：トルクコントロール法では、締付けトルク値が所要トルク値の±10%以内は合格。ナット回転法では、1次締付け後のナット回転量が120°±30°以内は合格とする。

⑩トルシア型高力ボルトは、ピンテールの破断トルクが締付けトルクとなるため、精度はよい。ただし、搬入時に導入軸力の確認検査を行い、締付け後は各接合部のボルトについてピンテールの破断を確認する。

⑪ナットとボルト・座金が共回りを生じている場合は、新しいセットと取り替えなければならない。

締付け長さに加える長さ

ボルトの呼び径	締付け長さに加える長さ（mm）
M 16	30
M 20	35
M 22	40
M 24	45

1次締めトルク

ボルトの等級	ボルトの呼び径	標準ボルト張力（kN）	1次締めトルク（N・m）
F10T	M16	117	100
	M20	182	150
	M22	226	150
	M24	262	200

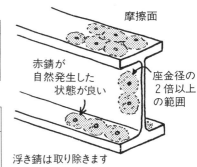

摩擦面

赤錆が
自然発生した
状態が良い

座金径の
2倍以上
の範囲

浮き錆は取り除きます

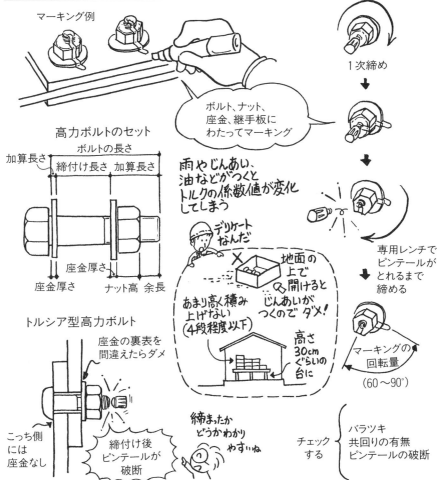

マーキング例

ボルト、ナット、
座金、継手板に
わたってマーキング

1次締め

高力ボルトのセット

ボルトの長さ

加算長さ　締付け長さ　加算長さ

座金厚さ

座金厚さ　　ナット高　余長

雨やじんあい、
油などがつくと
トルクの係数値が変化
してしまう

デリケート
なんだ

あまり高く積み
上げない
(4段程度以下)

地面の
上で
開けると
じんあいが
つくので ダメ!

高さ
30cm
ぐらいの
台に

専用レンチで
ピンテールが
とれるまで
締める

トルシア型高力ボルト

座金の裏表を
間違えたらダメ

マーキングの
回転量

(60〜90°)

こっち側
には
座金なし

締付け後
ピンテールが
破断

締まったか
どうかわかり
やすいね

チェック
する

バラツキ
共回りの有無
ピンテールの破断

溶接・耐火被覆

160 溶接に関する用語

鉄骨の溶接（溶接）に関しては、次の点を理解しておきましょう。

①建築工事では、アーク手溶接（被覆アーク溶接）、ガスシールドアーク半自動溶接、セルフシールドアーク半自動溶接、サブマージアーク自動溶接などが一般に用いられる。

②溶接材料は入念に取り扱い、被覆材のはく脱・汚損・変質・吸湿、はなはだしい錆の発生したものは使用してはならない。

③工場溶接では、適切なジグを使用し、できるだけ下向きで行う。

④気温が0℃以下の場合は、溶接を行ってはならない。ただし、溶接部より100mmの範囲の母材部分を36℃以上に加熱して溶接する場合は可能。

突合せ溶接については、以下の点に注意します。

①両面より溶接する場合は、裏側の初層溶接をする前に裏はつりを行う。

②片面より溶接する場合は、健全なルート部の溶込みが得られるように、充分なルート間隔をとり、裏あて金を密着させる。

③突合せ溶接及び部分溶込み溶接の両端には、健全な溶接ができるように、適切な形状のエンドタブを取り付けることを原則とする。

隅肉溶接の留意点です。

①隅肉溶接の両脚長は、等脚にするのが普通であるが、サイズ（S）が6mm以上の場合は、脚長の差が3mm以下程度はさしつかえない。

②設計図書に示す溶接長さは、有効長さである。

③有効長さは、隅肉サイズの10倍以上、かつ40mm以上を原則とする。

④溶接長さは、有効長さに隅肉サイズの2倍以上を加えたものとする。

⑤強度は、のど厚と溶接長さで決まる。

⑥余盛の高さは、0以上0.6S以下、かつ6mm以下とする。

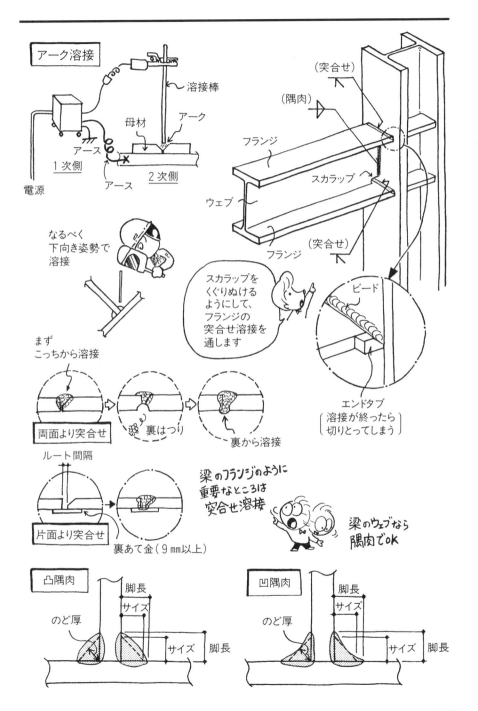

アーク溶接

溶接棒

アーク

母材

アース

1次側

2次側

電源

アース

（突合せ）

（隅肉）

フランジ

スカラップ

ウェブ

（突合せ）

フランジ

なるべく
下向き姿勢で
溶接

スカラップを
くぐりぬける
ようにして、
フランジの
突合せ溶接を
通します

ビード

エンドタブ
（溶接が終ったら
切りとってしまう）

まず
こっちから溶接

両面より突合せ

裏はつり

裏から溶接

ルート間隔

片面より突合せ

裏あて金（9mm以上）

梁のフランジのように
重要なところは
突合せ溶接

梁のウェブなら
隅肉でOK

凸隅肉

のど厚

脚長

サイズ

サイズ

脚長

凹隅肉

のど厚

脚長

サイズ

サイズ

脚長

溶接・耐火被覆

161 溶接欠陥および耐火被覆に関する用語

溶接部の検査は外観検査のほか、次の2つの**非破壊検査**で行われます。

①**超音波探傷試験**は、超音波を利用して溶接部内部などの欠陥の存在を調べる試験である。割れなどの面状欠陥は検出しやすく、一般にブローホールのような微小球形欠陥は検出しにくい。なお、放射線透過試験は、ブローホールを検出する。

②**浸透探傷試験**は、浸透液や現像液を塗布し、ビード表面の微細な亀裂などの欠陥を検出する試験で、欠陥部の両端から50mm以上削り取って行う。非磁性材料にも適用できる。

溶接の欠陥と主な原因は、

①**ブローホール**：溶接棒の乾燥不良、溶接面の清掃不良など。

②**オーバーラップ**：溶接速度が遅すぎる。

③**アンダーカット**：溶接電流の過大。低水素系溶接棒に出やすい。

④**溶込み不良**：開先角度が狭い。オーバーラップによる影響など。

⑤**ビード外観の不良**：技量の未熟による溶接部の過熱など。

⑥**ピット**：溶接金属中の気泡によ

る表面のくぼみ穴。ちりの付着、溶接棒の乾燥不良、溶着金属の急冷などによる。

⑦**クレーター**：アークの切り方の不良。エンドタブを取り付けていない。

鉄骨の耐火被覆については、次の点を理解してください。

①**耐火被覆の種類**：a. けい酸カルシウム板（成形板）、b. ロックウールなどの吹付け（湿式工法・乾式工法）。c. 耐火塗料（火熱により膨張して断熱）

②**成形板を張る工法**は、柱や梁の被覆に適する。

③**ロックウールの吹付け厚さ**は、湿式工法のほうが乾式工法に比べて薄くできる。

④**湿式吹付け工法**の1回の吹付け厚さは約20mmで、厚さによっては2度以上に分けて吹き付ける。

⑤**中高層建築物の柱・梁の耐火被覆**は、建築基準法施行令により、下層階のほうを厚くする。

⑥鉄筋コンクリート床版の型枠材として用いられる**デッキプレート**には耐火被覆を施す必要はない。

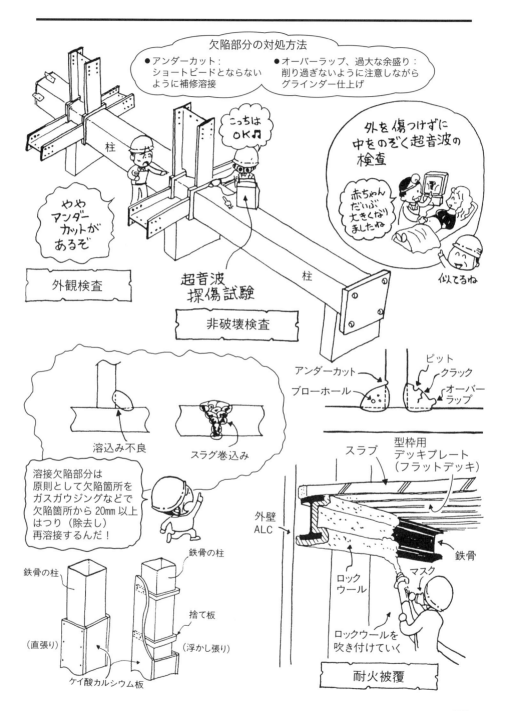

欠陥部分の対処方法
● アンダーカット：ショートビードとならないように補修溶接
● オーバーラップ、過大な余盛り：削り過ぎないように注意しながらグラインダー仕上げ

こっちはOK♪

外を傷つけずに中をのぞく超音波の検査

赤ちゃんだいぶ大きくなりましたね

似てるね

やや アンダーカットがあるぞ

柱

外観検査

超音波探傷試験

柱

非破壊検査

溶込み不良

スラグ巻込み

アンダーカット
ブローホール
ピット
クラック
オーバーラップ

溶接欠陥部分は原則として欠陥箇所をガスガウジングなどで欠陥箇所から20mm以上はつり（除去し）再溶接するんだ！

スラブ
型枠用デッキプレート（フラットデッキ）
外壁ALC
鉄骨
ロックウール
マスク
ロックウールを吹き付けていく

耐火被覆

鉄骨の柱
鉄骨の柱
捨て板
（直張り）
（浮かし張り）
ケイ酸カルシウム板

329

PC コンクリート工事・コンクリートブロック工事

162 PC コンクリート工事に関する用語

PC コンクリート工事に関しては、次の点を理解してください。

①部材の製作は、鋼製ベッドによる単層平打ち式が一般的である。

②脱型時に必要なコンクリートの圧縮強度は、水平時は $12\,N/mm^2$ 以上、ベッドを $70 \sim 80°$ まで立て起こしてから脱型する場合は $8 \sim 10$ N/mm^2 以上が必要。

③耐力壁として用いる PC 板は、幅 $0.3\,mm$ を超え、かつ長さが $30\,cm$ を超えるひび割れが生じた場合は廃板とする。

④パネルを平置きする場合は、最下部及び中間にばた角などを配し、積重ね枚数は 6 枚以下とする。

⑤組立ては、その直下階の耐力壁で囲まれた 1 区画分以上の部材の接合が終了してから行う。

⑥部材の接合方法：a. 部材コンクリート中にアンカーされた鉄筋または鋼板を互いに溶接する。b. 材端の接合部にコンクリートを充填して接合する。c. 部材コンクリート中にアンカーされた鋼板を高力ボルトで接合する。d. PC 鋼棒による締付けに

より接合する。

⑦溶接は、部材組立て後、速やかに行い、溶接箇所は、溶接前・溶接中・溶接後に検査する。溶接は、資格を有するものでなければならない。

⑧充填用モルタルの調合は、セメント：砂＝ $1:2.5 \sim 3.0$ （容積比）、水セメント比 65% 以下とする。

コンクリートブロック工事については、次の点を理解してください。

①鉄筋の納まりを図に示す。縦筋は、ブロックの空洞部内で継ぐことはできない（溶接は可）。

②1 日の積み上げ高さは $1.6\,m$ （8 段）以下とし、鉄筋を挿入した空洞部及び縦目地に接する空洞部には、モルタルまたはコンクリートを充填する。充填は $2 \sim 3$ 段以下ごとに行い、打継ぎはブロック上端から約 5 cm 下がりの高さで行う。

③耐震壁の鉄筋に対するコンクリートのかぶり厚さは 2 cm 以上とし、粗骨材の最大寸法は、空洞部最小幅の $\frac{1}{4}$ 以下、かつ、2 cm 以下とする。

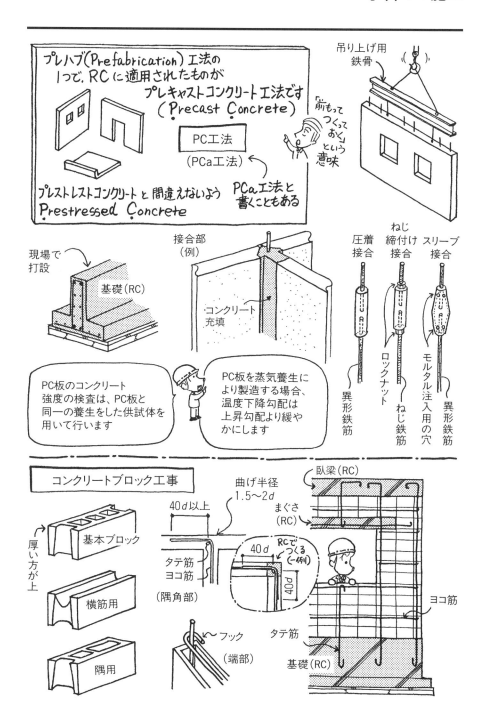

プレハブ（Prefabrication）工法の
1つで、RCに適用されたものが
　　　　プレキャストコンクリート工法です
　　　　　（Precast Concrete）

「前もって
つくって
おく」
という
意味

PC工法
（PCa工法）

PCa工法と
書くこともある

プレストレストコンクリートと間違えないよう
Prestressed Concrete

吊り上げ用
鉄骨

現場で
打設

基礎（RC）

接合部
（例）

コンクリート
充填

圧着
接合

ねじ
締付け
接合

スリーブ
接合

ロックナット

モルタル注入用の穴

異形鉄筋

ねじ鉄筋

異形鉄筋

PC板のコンクリート
強度の検査は、PC板と
同一の養生をした供試体を
用いて行います

PC板を蒸気養生に
より製造する場合、
温度下降勾配は
上昇勾配より緩や
かにします

コンクリートブロック工事

臥梁（RC）

曲げ半径
1.5〜2d

まぐさ
（RC）

40d以上

基本ブロック

40d

RCで
つくる
（一例）

厚い方が上

横筋用

タテ筋
ヨコ筋
（隅角部）

40d

ヨコ筋

隅用

フック
（端部）

タテ筋

基礎（RC）

163 メンブレン防水工事に関する用語

メンブレン防水工事に関しては、次の点をよく理解しましょう。

①メンブレン防水工事は、不透水性皮膜を形成した防水層（アスファルト防水層、シート防水層、塗膜防水層）で被覆する工事をいう。

②下地：a. 充分乾燥させる。b. 水勾配は $\frac{1}{100}$ 以上とし、下地自体でとる。c. 平たんで、反り・目違い・浮き及び突起物などの欠陥がないこと。

アスファルト防水の施工の留意点です。

①下地の入隅部は通りよく三角形または丸形の隅切りとし、出隅は通りよい面取りとする。②ルーフィング類は水下より水上へ順次張上げ、かつ、各層のラップ部が同一箇所とならないように施工する。③ルーフィング類のラップの幅は、縦横とも 10 cm 程度とする。④立上り・立下り部は、下地処理後、一般部分に先立ちルーフィング類の増張りを行う。⑤アスファルトの溶融温度は、防水材製造業者が指定する温度を上限とする。⑥防水押え層には、3 m

以内ごとに伸縮目地を設ける。目地幅は 20 mm 以上、深さは押え層の下面に達するようにする。

シート防水の留意点です。

①下地の入隅部は通りよく直角とし、出隅は通りよく面取りとする。②シート防水材料には、加硫ゴムルーフィング、非加硫ゴムルーフィング、塩化ビニル樹脂ルーフィングなどが用いられる。③下地の動きに対し、追従性がある。④脱気装置は30〜100 m² に 1 箇所程度設ける。

塗膜防水の留意点です。

①入隅・出隅の処理はシート防水層に同じ。②塗膜防水材料には、ウレタン防水材・アクリルゴム防水材・ゴムアスファルト防水材が用いられる。③ALCパネル下地の場合は、多孔質でピンホールが生じやすいため、アクリル樹脂などのポリマーセメントで目止め処理を行う。

アスファルト防水（保護仕上げあり）

工程	使用材料
8層	アスファルト（1.0 kg/m²×2回）
7層	ストレッチルーフィング1000
6層	アスファルト（1.0 kg/m²）
5層	ストレッチルーフィング1000
4層	アスファルト（1.0 kg/m²）
3層	アスファルトルーフィング1500
2層	アスファルト（1.0 kg/m²）
1層	アスファルトプライマー（0.3 kg/m²）

ゴムアスファルト系シール
または
シーリング材

現場打ち
コンクリート

発砲ポリエチレン

絶縁材用シート

アスファルト
防水層押え工法例

伸縮目地施工の一例

シート防水層

均しモルタル

絶縁体
アスファルト塗（2回）
ストレッチルーフィング
ストレッチルーフィング
アスファルトルーフィング
ストレッチルーフィング
アスファルトプライマー

非歩行用屋根

ペントハウス

入隅の
形が
違うね

パラペット

コーキング

出入隅部の成形役物
（L形の形状）は、
塩化ビニルなど
合成樹脂系シートの
場合には平場の
シート張りの「後」、
加硫ゴム系エチレン
酢酸ビニル樹脂の場合
には平場シート張りの
「前」に張り付け

歩行用屋根

アスファルト
防水

押えれんが

均しモルタル

アスファルト防水には、
密着工法と絶縁工法があり、
防水層を下地面に接着させない
絶縁工法では、下地の湿気の
気化膨張による防水層の
膨れを防止するために
脱気装置を設けます

張付け用
アスファルト

ストレッチルーフィング
（アスファルトルーフィング）

穴あきアスファルト
ルーフィング

屋根面

穴から出たアスファルト

絶縁工法

シーリング工事

164 シーリング工事に関する用語

シーリング工事は、動きのともなう部材間の目地にシーリング材を充填し、気密・水密・防じん性など、種々の性能を確保するためのものです。

建築用シーリング材は、不定形の材料で非弾性型（ガラスパテ、油性コーキング、アスファルト系）と、弾性型（ポリサルファイド系、シリコーン系、ポリウレタン系、アクリル系など）があり、弾性型は1成分型と2成分型があり、PC板などは主として2成分型が使用されます。

シーリング工事の基本的な施工手順は次のとおりです。①下地面の清掃。②バックアップ材（合成樹脂の独立気泡体）またはボンドブレーカー（シーリングが接着しないビニルテープなど）の装填。③マスキングテープ（周辺の汚れ防止用紙またはビニル粘着テープ）を張る。④プライマー塗布。⑤シーリングの充填。⑥ヘラ仕上げ。⑦マスキングテープはがし。⑧清掃。

シーリング工事に関しては、次の点をよく理解してください。

①目地が深い場合や貫通している場合は、バックアップ材を装填し、目地が浅い場合は、ボンドブレーカーを張り付ける。

②シーリング断面は、3面接着を避け、2面接着とする。

③ノンサグタイプは、垂直面の継目に充填した場合の垂れ下がりを防いだもので、セルフレベリングタイプは、水平面の上向きの継目に充填した場合に、表面が自然に水平になるシーリング材である。

3面接着とは、ジョイント目地に充填された弾性シーリング材が、コの字形に3面に接着することをいい、3面接着は破断しやすいので避けねばなりません。

2面接着は、コの字形における対面（2面に）接着することで、3面接着を避け、2面接着とするために用いるのがボンドブレーカーというわけです。

コンクリートと金属部分から構成される窓回りの目地には、2成分型の変成シリコーン系やポリサルファイド系のシーリング材が適します。

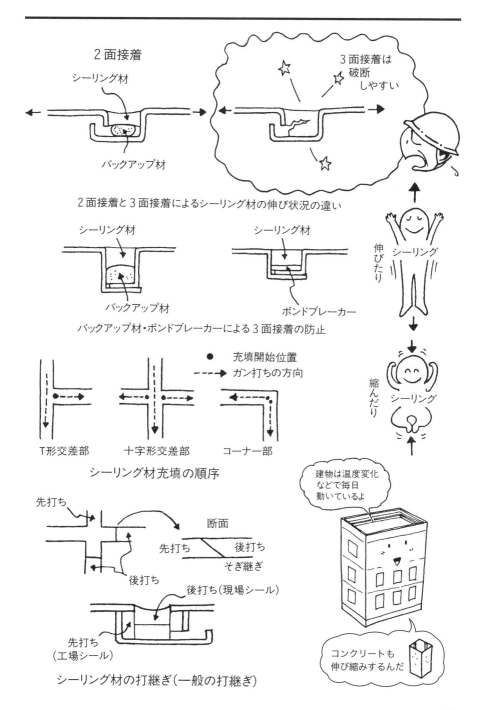

2面接着

シーリング材

バックアップ材

3面接着は
破断
しやすい

2面接着と3面接着によるシーリング材の伸び状況の違い

シーリング材

シーリング材

バックアップ材

ボンドブレーカー

バックアップ材・ボンドブレーカーによる3面接着の防止

伸びたり　シーリング

縮んだり　シーリング

● 充填開始位置
- - → ガン打ちの方向

T形交差部　十字形交差部　コーナー部

シーリング材充填の順序

建物は温度変化
などで毎日
動いているよ

先打ち

断面

先打ち　後打ち

そぎ継ぎ

後打ち

後打ち(現場シール)

先打ち
(工場シール)

シーリング材の打継ぎ(一般の打継ぎ)

コンクリートも
伸び縮みするんだ

左官工事

165　左官工事に関する用語

　セメントモルタル塗りの施工法に
関しては、次の点をよく理解してお
きましょう。

　①壁や天井は、下塗り・中塗り・
上塗りの3層に分けて仕上げる。

　②調合は、セメント：砂が1：2.5
〜3.5（容積比）。

　③下塗りを富調合にし、上塗りを
貧調合にする。

　④コンクリート下地は、あらかじ
め水で湿し、水の吸収を調整する。

　⑤下塗り・ラスこすりは、2週間以
上放置し、亀裂を十分に発生させる。

　⑥上塗りには、木ごて・金ごて・
はけ引き・かき落し粗面仕上げなど
がある。

　⑦各層とも急激な乾燥を避ける。

　石こうプラスター塗りの施工法に
関しては、次の点に留意します。

　①乾燥が速く、短期間に強度が発
現する。

　②練合わせ後の材料は、2時間以
上経過したものを用いない。

　③容積変化が少なく、亀裂を生じ
ない。

　④作業中は、できるだけ通風をな

くし、塗付け後は、徐々に適度な通
風を与えて乾燥させる。

　ひび割れ防止対策のポイントを示
すと次のとおりです。

　①施工：a. 下地の水分を適当・均
一にする。b. 1回の塗厚を薄くし、
均一にする。c. 下塗りはできるだけ
長期間放置する。

　②材料・調合：a. セメント・砂と
も粗粒なものがよい。b. 製造後6ケ
月以上経過したり、吸水した固結材
は使用しない。

　③養生：a. 急激な乾燥を避ける。
b. 気温が5℃以下のときは、作業を
中止するか、適当な保温・採暖の措
置をとる。

　コンクリート打放し仕上げの外壁
改修については、程度によって以下
の工法で行います。

　①比較的浅い欠損部、はく落の補
修：ポリマーセメントモルタル充填
工法

　②幅1.0 mm超、かつ、挙動するひ
び割れなど大きな欠損部：エポキシ
樹脂モルタル充填工法

**コンクリート下地の場合の
モルタル調合（容積比）**

施工箇所	下塗り セメント：砂	むら直し・中塗り セメント：砂	上塗り セメント：砂
内 壁	1：2.5	1：3	1：3
外 壁	1：2.5	1：3	1：3.5

コンクリート下地の場合の塗厚さ（mm）

施工箇所	下塗り	むら直し	中塗り	上塗り
内 壁	6	0〜6	6	3
外 壁	6	0〜9	6	6

石こうプラスターの使用可能時間

	下塗り	上塗り
混合石こうプラスター	3時間	2時間
ボード用石こうプラスター	3時間	―

①脆弱層除去
②水湿し
③ポリマーディスパージョン混入
　セメントペースト塗り
　（厚さ0.5〜1.0mm程度）
④追いかけて、下塗り
⑤中塗り
⑥上塗り

コンクリート

むら直しをする場合は
この間で行う

モルタル塗り工程

野丁場の
左官屋

町屋の
左官屋

ヘルメット

安全帯

安全ぐつ

逆打ち工法だと
打継ぎにどうしても
すき間ができます
左官工事は
熟練を
要します

コンクリートの強度を
十分にするため
特殊な材料を注入する

こて板
の裏

モルタル塗りに使用する骨材で、
砂の最大寸法は塗り厚の半分以下で、
塗り仕上げに支障のない限り粒径の
大きいものとします

モルタル仕上げ
において
つけ送りが
25mmより
大きい場合は
溶接金網など
で補強し
つけ送りを
行います

コンクリートの壁
には「樹脂モル」と
呼ばれる材料がよく
使用されている

接着剤と
セメントペーストを
混ぜたもので
砂は使わないため
薄くできる

塗厚が
薄くて
OK

つけ送りは、塗り厚さの限度を9mmとし、それ以上あるときは、下付けが十分乾燥してから次のつけ送りを施して2回塗り以上とする

1回の塗厚は10mm以下

上塗り
モルタル用
中塗り
下塗り

年々、多種多様の
新しい材料や
軽くて、塗厚の
薄い工法が
登場しています

接着剤
（樹脂性）

うす塗り用

厚塗り用

セメント

混和材

のり

保水のため

こういう
昔のタイプは
少なくなって
きました

セルフレベリング材塗り後の養生は、
硬化するまでは通風不可

ラスシートを
鉄骨下地に取り
付ける場合は
ビス締めを原則
とします

タイル工事・ガラス工事

166 タイル工事およびガラス工事に関する用語

タイル工事（壁タイル張り工法）の種類としては、右表に示すようなものがあります。

タイル工事の施工上の注意点を示すと次のとおりです。

①タイルは、張付け前に吸水させる。

②セメントまたは空練りのモルタルのふり粉は、**白華**の原因となるために使用しない。

③**壁タイルの１日の張付け高さ**は1.2 m を限度とする。

④**外壁タイル張り**の面積が大きい場合は、構造体に達する伸縮目地を設ける。

⑤張付け面の裏に空隙ができると、雨水などの浸水による**白華現象（エフロレッセンス）**の原因となる。

⑥気温が 2℃ 以下の場合は、作業を中止する。

⑦**目地モルタル塗り後**は、急激な乾燥や衝撃を避ける。

⑧**タイル洗い**は、目地施工後少なくとも 10 日以上経過してから行う。

⑨**タイル洗い**は、水または中性洗剤で行う。

ガラスの支持固定方法には、**弾性シーリング工法・グレイジングガスケット工法・構造ガスケット工法**があります。

ガラス工事に関しては、次の点をよく理解しておいてください。

①**熱線吸収板ガラス**は、透明板ガラスに比べて、熱応力による割れが生じやすい。

②**網入板ガラス**は、その切断面にワイヤーの防錆処理を施し、下部ガラス溝に水抜き穴を設置する。

③**強化ガラス**は、普通板ガラスをさらに熱処理したもので、衝撃や曲げには強いが、現場での切断・加工はできない。破損したとき、小さな粒状の破片になる。

④**ガラスブロック**が、コンクリートや鉄等の構造体及び枠に接する部分には、内外とも変成シリコン材を充填する。

⑤**倍強度ガラス**は強化ガラスと同じ製法であるが、破損したときは粒状にならない。

壁タイル張り工法

種　類	工　　　法
圧　着　張　り	平たんに均した下地モルタル面に張付けモルタルを塗り、その上にタイルを1枚ずつ中の空気を押し出すようにして上部から張る
改良圧着張り	平たんに均した下地モルタル面に張付けモルタルを塗り、さらに、1枚ずつタイルの裏面にも同じ張付けモルタルを付け、モルタルを押込むようにして上部から張る
積上げ張り（だんご張り）	タイル裏面の張付けモルタルをだんご状にのせ、それを下地の所定の位置に押しつけて張る。下部から上部に向かって1段ごとに張り上げる
ユニット張り	平たんに均した下地モルタル面に張付けモルタルまたはセメントペーストを塗り、その上に表紙張りしたタイルユニットを叩いて張ってゆく。張付けは塗の上部から下部に向かって張る
接着剤張り	平たんに均した下地モルタル面またはボード面に接着剤を塗り付け、くし目引きとし、タイルを1枚ずつ張る
型枠先付工法	あらかじめタイルを外型枠の内側に配置固定しておき、コンクリート打設によって、躯体と一体化させる工法。付着強度が高く、はく離防止上有効である

注）タイル後張り工法による外壁のタイル張りの接着力試験においては、引張接着強度は、0.4 N/㎟以上とする

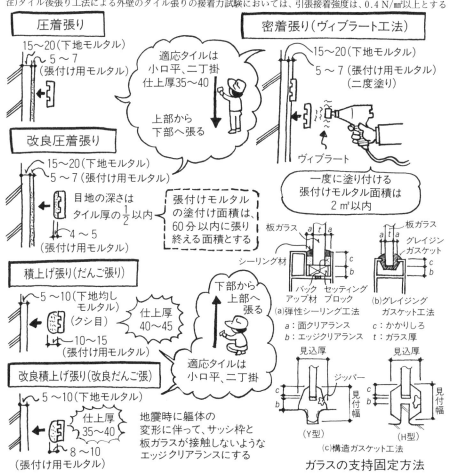

ガラスの支持固定方法

内装工事

167　床工事に関する用語

内装工事（ないそうこうじ）については、床工事と壁工事及び天井工事に大別されます。

床工事（ゆかこうじ）に関しては、次の点をよく理解しておきましょう。

①**畳の大きさ**は、一般に京間 191 × 95.5 cm、いなか間約 176 × 88 cm（柱の心々で寸法を押さえるので畳の寸法は一定値とならない）で、単位面積当たりの重量が大きいほど上級品である（1 級 26 kg、2 級 24 kg）。

②**ビニル床シート、リノリウム**は、長めに切断して仮敷きし、7 ～ 10 日放置する。

③**ビニル床シートの継ぎ目を熱溶接による工法**とする場合は、張付け後、接着剤が完全に硬化してから継ぎ目部分に溝を切り、熱溶接機を用いて、加圧しながら溶接する。溶接終了後、溶接部分が完全に冷却してから、ビードの余盛り部分を平滑に削りとる。

④**湿気の多い床**にビニルシートを張る場合は、エポキシ系接着剤を使用する。

⑤**フローリングボードの針留め工法**において、温度変化によるボードの伸縮に考慮して、幅木及び敷居との取合い部分にすき間を設ける。

⑥**ゴム系床タイル**は油を避ける。つや出しにワックスを用いない。

⑦**フローリングブロック**の張付けは、調合比（容積比）1：3 のモルタルを用いる。張付け後は、冬季で 1 週間以上、その他の時期でも 4 日以上、歩行は避ける。

⑧**じゅうたん敷込み工法**には、グリッパー法・釘止め法・接着法などがある。また、はぎ合わせには、つづれ縫い・ヒートボンド工法がある。

⑨**全面接着工法**によるタイルカーペット張りの目地は、下地の床パネルの目地と重なり合わないように、5 cm 以上ずらして割り付ける。

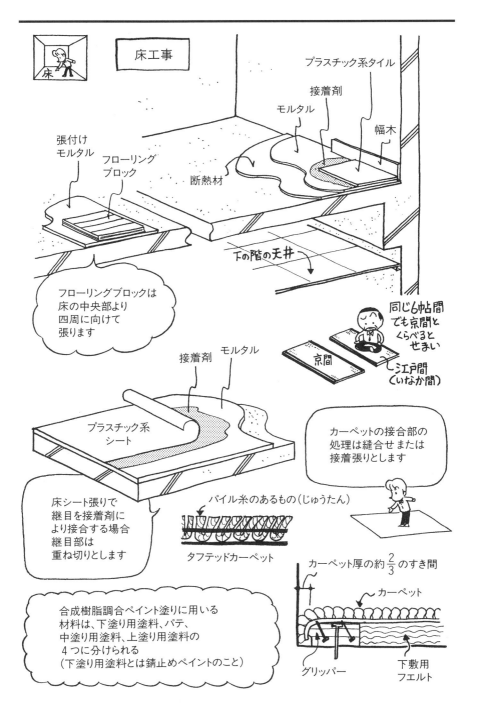

床工事

プラスチック系タイル

接着剤

モルタル

幅木

張付け
モルタル

フローリング
ブロック

断熱材

下の階の天井

フローリングブロックは
床の中央部より
四周に向けて
張ります

同じ6帖間
でも京間と
くらべると
せまい

京間

江戸間
（いなか間）

接着剤

モルタル

プラスチック系
シート

カーペットの接合部の
処理は縫合せ または
接着張りとします

床シート張りで
継目を接着剤に
より接合する場合
継目部は
重ね切りとします

パイル糸のあるもの（じゅうたん）

タフテッドカーペット

カーペット厚の約 $\frac{2}{3}$ のすき間

カーペット

合成樹脂調合ペイント塗りに用いる
材料は、下塗り用塗料、パテ、
中塗り用塗料、上塗り用塗料の
4つに分けられる
（下塗り用塗料とは錆止めペイントのこと）

グリッパー

下敷用
フェルト

内装工事

168　壁工事および天井工事に関する用語

壁工事については、次の点をよく理解しておきましょう。

①石こうボードは、吸水率が大きく、吸水すると強度が低下する。

② GL工法の張付け用接着剤は、乾燥が遅いため、十分な養生期間をとって仕上を行う。

③モルタル下地に布張りを行う場合は、はく離防止とアルカリ止めとしてシーラーを塗布する。

④ビニル壁紙張り用接着剤には、でん粉系と合成樹脂エマルジョン系の接着剤を混合したものを使用する。

なお、GL工法（直張り工法）とは、石こうボードを接着剤で張る工法をいい、コンクリート面に接着剤をだんご状に塗り、ボードを押し付けて張ります。下地骨組みを必要としないので施工が簡単です。

天井工事に関しては、次の点を理解してください。

①軽量鉄骨天井下地に、塗装下地として石こうボードを張る場合は、野縁間隔を300～450mm程度とする。

②天井にボード類を張る方法として、突付け・目透し・面取り突付け・ジョイナー付けなどがある。

軽量鉄骨天井下地とは、軽量鉄骨による天井を構成する骨組をいいます（右図を参照）。天井に段違いがある箇所の振止め補強の場合、野縁受けと同じ部材を用いて、段違い部分の野縁受けまたはスタッドに溶接で固定します。軽量鉄骨天井下地に直接張り付ける石こうボード張りの場合、留付け用小ねじの間隔は壁の中間部で300mm程度とします。

天井ふところ（ふところ）とは、天井と上階との間にできる空間をいいます。

野縁とは、天井材を取り付けるための下地として、300～450mm程度の間隔で配置される細長い材（軽量形鋼）をいいます。クリップは物をはさむための金物です。

外壁乾式工法による張り石工事において、石材の裏面と躯体コンクリート面との間隔は、2次ファスナー方式の場合70mm以上とします。石材の最大寸法は幅・高さとも1,200mmとし、面積は0.8m²以下とします。また石材の厚さは30mm以上とします。

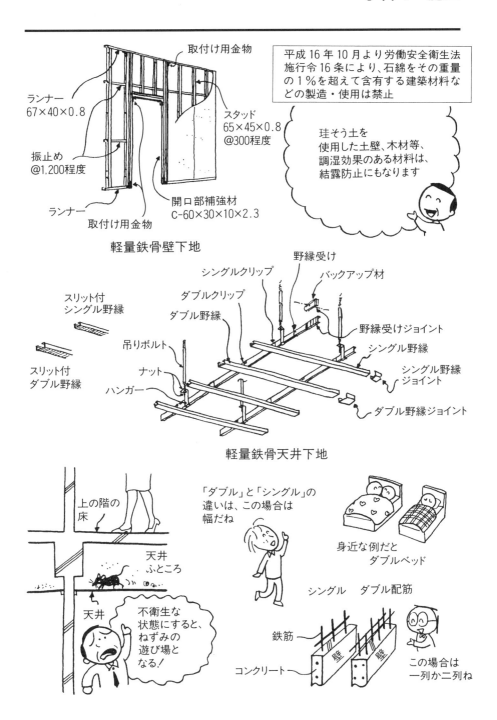

取付け用金物

ランナー
67×40×0.8

スタッド
65×45×0.8
@300程度

振止め
@1,200程度

ランナー

開口部補強材
C-60×30×10×2.3

取付け用金物

平成16年10月より労働安全衛生法
施行令16条により、石綿をその重量
の1％を超えて含有する建築材料な
どの製造・使用は禁止

珪そう土を
使用した土壁、木材等、
調湿効果のある材料は、
結露防止にもなります

軽量鉄骨壁下地

野縁受け

シングルクリップ

バックアップ材

ダブルクリップ

スリット付
シングル野縁

ダブル野縁

野縁受けジョイント

シングル野縁

吊りボルト

シングル野縁
ジョイント

スリット付
ダブル野縁

ナット

ハンガー

ダブル野縁ジョイント

軽量鉄骨天井下地

上の階の
床

天井
ふところ

天井

不衛生な
状態にすると、
ねずみの
遊び場と
なる！

「ダブル」と「シングル」の
違いは、この場合は
幅だね

身近な例だと
ダブルベッド

シングル　ダブル配筋

鉄筋

コンクリート

壁

壁

この場合は
一列か二列ね

343

外装工事

169　カーテンウォール工事に関する用語

カーテンウォールとは、工場で生産した部材で構成された**非耐力外壁**のことをいいます。

カーテンウォールの種類は、次の3つに大別されます。

①**メタルカーテンウォール**は、主要構成材がアルミ、ステンレス、スチールなどで構成されたもの。

②**プレキャストコンクリート**は、一般に PC板と呼ばれ、主要構成材を鉄筋コンクリートとする。

③**複合カーテンウォール**は、①及び②の両者を組み合わせた方式。

カーテンウォールの取付けに関しては、次の点を理解してください。

①**取付け用金具（ファスナー）**：取付け用金物の種類には、躯体取付け金物、部材取付け金物、連結用金物がある。

②**取付け方式**：プレキャストコンクリートや、アルミ合金鋳物のような、剛性の高いパネルを取り付ける場合は、**層間変位追従性能**（地震時や強風を受けたときに、上下2層の間の相対変位に耐えるようにしたもの）が得られる取付け方式とする。

③**接触腐食の防止**：2種の異なる金属が部分的に接触すると、電位の低いものが腐食し、金属に穴があいたり、板厚を薄くしたりする**接触腐食**が発生するので、異種金属間を合成ゴム、ポリエチレン、ナイロンなどで絶縁するか、防錆塗装などにより、回路抵抗を増加させる必要がある。

④**シール**：目地部においては、気密性・水密性・耐震性・耐火性などの性能と、製作・施工上の寸法誤差を吸収する目的がある。これらを満足させ、確実なものとするため、最小寸法（縦・横ともに20mm）とし、1次シール材は耐火目地材として、減圧空間を設けてから、2次シールを設ける。

カーテンウォール工事における躯体取付け金物の取付け位置の寸法許容差は、鉛直方向±10mm

水平方向±25mm

とします。

目地幅の場合は、

メタルカーテンウォール　±3mm
プレキャストコンクリート±5mm

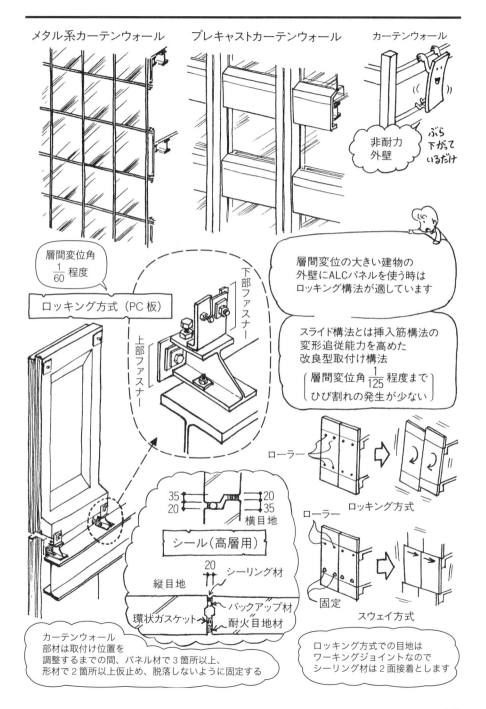

メタル系カーテンウォール

プレキャストカーテンウォール

カーテンウォール

非耐力外壁

ぶら下がっているだけ

層間変位角 $\frac{1}{60}$ 程度

ロッキング方式（PC板）

下部ファスナー

上部ファスナー

層間変位の大きい建物の外壁にALCパネルを使う時はロッキング構法が適しています

スライド構法とは挿入筋構法の変形追従能力を高めた改良型取付け構法

層間変位角 $\frac{1}{125}$ 程度までひび割れの発生が少ない

ローラー

ロッキング方式

ローラー

固定

スウェイ方式

35
20
20
35
横目地

シール（高層用）

縦目地

20 シーリング材

環状ガスケット

バックアップ材

耐火目地材

カーテンウォール部材は取付け位置を調整するまでの間、パネル材で3箇所以上、形材で2箇所以上仮止め、脱落しないように固定する

ロッキング方式での目地はワーキングジョイントなのでシーリング材は2面接着とします

345

外装工事

170	ALC パネル工事に関する用語

　ALC パネルは、防錆処理をほどこした鉄筋で補強し、温度 180℃、圧力約 10 気圧の条件下で高温高圧蒸気養生された軽量気泡コンクリート製品です。軽量で加工性・断熱性に優れ、普通コンクリートに近い比強度 $\left(\dfrac{強度}{密度}\right)$ を有します。

　ALC パネルの取付け方法は右頁の表のように大別されます。施工は乾式で行われ、湿式工法はわずかです。

　外壁の**縦壁ロッキング構法**は、鉄骨造、RC 造、SRC 造などの帳壁に用いられ、パネルの上下の 2 点支持となるので、水平荷重による層間変形に追従します。ALC パネルは、上下の短辺中央のアンカー位置で、平プレート、イナズマプレート W、ボルトで定規アングルに取付け、自重は受けプレートで支えます。

　施工の手順は、①パネル上部中央に平プレートをボルトで止める。②平プレートを受けプレートにはさみ込み、受けプレートを定規アングルに溶接する。③イナズマプレート W をパネル下部中央にボルトで止める。④イナズマプレート W を定規アングルに溶接する。⑤パネルとパネルの接合部はバックアップ材又はボンドブレーカーの上にシーリングを入れる 2 面接着とする。

　横壁アンカー構法は、ALC パネルを横使いとするもので、水平荷重による層間変形に対して、パネルが水平方向にずれて追従します。

　ALC パネル工事に関しては、次の点は理解しておきましょう。

　①縦壁ロッキング構法では、ALC パネルと梁とのあきを 30 mm 以上とする。

　②横壁アンカー構法では、ALC パネルと柱とのあきは 70 mm 以上、間柱とのあきは 25 mm 以上とする。

　③**補修用モルタルの調合**は、セメント：補修粉＝ 1：3（容積比）を標準とし、補修粉は ALC パネル製造業者の製品を使用する。

　④**シーリング材**は、耐候性のあるアクリル系・ポリウレタン系・ポリサルファイド系などを用いる。ただし、変形が大きい場合は、低モデュラスタイプを使用する。

ALC パネル取付け構法

部位	種類
外壁	縦壁ロッキング構法 横壁アンカー構法
間仕切壁	間仕切壁ロッキング構法 縦壁フットプレート構法 （外壁と同様の構法）
床版 屋根版	敷設筋構法 木造用敷設筋構法 木造用ねじ止め構法

コンクリートとは
異質です
珪石、セメント、
生石灰、アルミ粉末、
安定剤、水

中性に
近いんです

強い
アルカリ性

コンク
リート

ALC

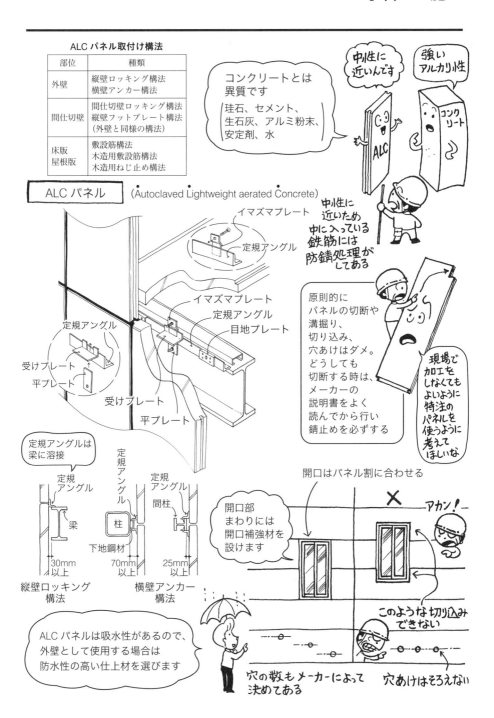

ALC パネル (Autoclaved Lightweight aerated Concrete)

中性に
近いため
中に入っている
鉄筋には
防錆処理が
してある

イマズマプレート

定規アングル

イマズマプレート
定規アングル
目地プレート

定規アングル

受けプレート
平プレート

受けプレート

平プレート

原則的に
パネルの切断や
溝掘り、
切り込み、
穴あけはダメ。
どうしても
切断する時は、
メーカーの
説明書をよく
読んでから行い
錆止めを必ずする

現場で
加工を
しなくても
よいように
特注の
パネルを
使うように
考えて
ほしいな

定規アングルは
梁に溶接

定規
アングル

梁

30mm
以上

縦壁ロッキング
構法

定規
アングル

柱

下地鋼材

70mm
以上

横壁アンカー
構法

定規
アングル

間柱

25mm
以上

開口はパネル割に合わせる

開口部
まわりには
開口補強材を
設けます

×

アカン！

このような切り込み
できない

ALC パネルは吸水性があるので、
外壁として使用する場合は
防水性の高い仕上材を選びます

穴の数もメーカーによって
決めてある

穴あけはそろえない

給排水設備・ガス設備工事

171　給排水設備およびガス設備工事に関する用語

給排水設備工事に関しては、次の点をよく理解してください。

①屋外の給水管の埋設深さは、一般に敷地内では30cm以上、車両道路では原則1.2m（状況により0.6m）以下とせず、寒冷地では凍結深度以上とする。

②給水配管の水圧試験は、配管途中若しくは隠ぺい、埋め戻し前、又は配管完了後の被膜施工前に、一区画ごとに行う。

③ウォーターハンマーを防止するため、給水配管にエアチャンバーを設ける。

④屋内に飲料水用給水タンクを設ける場合は、タンク全面が保守点検できるように、周囲に必要なスペースを確保する。

⑤屋内の横走排水管の最小勾配について、管径65mm以下は$\frac{1}{50}$、75・100mmは$\frac{1}{100}$、125mmは$\frac{1}{150}$、200mmは$\frac{1}{200}$とし、流速が0.6m/sを下回らないようにする。

⑥給水管・排水管はエレベーターシャフト内に配管してはならない。

⑦汚水ます又は雑排水ますには、インバートますを用いる。

⑧トラップますのトラップの封水深は、5cm以上10cm以下とする。

⑨屎尿浄化槽の漏水検査は、満水にして24時間以上確かめる。

ガス設備工事の要点は、次のとおりです。

①屋内配管は、原則として電灯・電話線などの電線から、10cm以上離す。

②都市ガス用のガス配管工事終了後には、最高使用圧の1.2倍の気圧をかけて気密試験を行う。

③都市ガス・液化石油ガス（プロパンガス）のいずれの場合でも、そのガス配管工事などは、所定の有資格者しか行ってはならない。

配管工事における基本的留意点は、次のとおりです。

①防火区画を貫通する配管類と周囲のすき間は、モルタルで埋める。

②エレベーターシャフト内には、エレベーターに必要な配管設備以外のものを設置できない。

③鉄筋コンクリート造の梁を貫通する配管設備では、貫通部分に配管スリーブを設けるなどして管の損傷防止の措置を講じる。

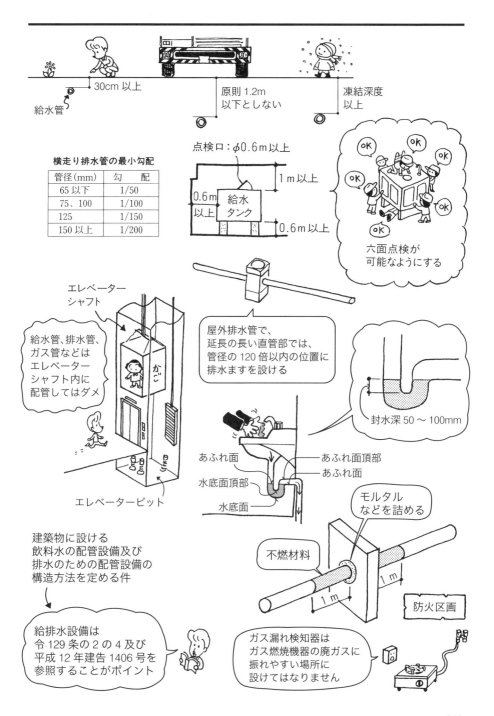

30cm 以上

給水管

原則 1.2m
以下としない

凍結深度
以上

横走り排水管の最小勾配

管径（mm）	勾　配
65 以下	1/50
75、100	1/100
125	1/150
150 以上	1/200

点検口：φ0.6m以上

1m以上

0.6m
以上

給水
タンク

0.6m以上

六面点検が
可能なようにする

エレベーター
シャフト

給水管、排水管、
ガス管などは
エレベーター
シャフト内に
配管してはダメ

かご

エレベーターピット

屋外排水管で、
延長の長い直管部では、
管径の 120 倍以内の位置に
排水ますを設ける

封水深 50 〜 100mm

あふれ面

あふれ面頂部
あふれ面

水底面頂部

水底面

モルタル
などを詰める

不燃材料

1m

1m

防火区画

建築物に設ける
飲料水の配管設備及び
排水のための配管設備の
構造方法を定める件

給排水設備は
令 129 条の 2 の 4 及び
平成 12 年建告 1406 号を
参照することがポイント

ガス漏れ検知器は
ガス燃焼機器の廃ガスに
振れやすい場所に
設けてはなりません

349

防火・防災設備工事その他

172　防火設備および防災設備工事などに関する用語

防火・防災設備工事に関しては、次の点によく留意してください。

①給水管、配電管などが**防火区画を貫通する**場合は、配管と防火区画とのすき間をモルタルなどの不燃材で埋める。

②**ダクト**が防火区画を貫通する場合は、貫通する部分又は近接してダンパーを設ける。また、ダンパーに近接して点検口を設置する。

③**排煙設備**の排煙口、ダクト、その他煙に接する部分は、不燃材料でつくる。

④**通路誘導灯**はその下端が床面から 2.5 m 以下、**避難口誘導灯**は原則として下端が床面から 1.5 m 以上 2.5 m 以下の高さに設置する。

⑤**誘導灯**は分電盤からの専用回路で常用電源から配線する。

⑥**非常用エレベーターの乗降口ロビー**には、予備電源を有する照明設備や連結送水管の放水口、非常コンセント設備などを設ける。

⑦**消防用水**は、消防ポンプ車が 2 m 以内に近接できるように設ける。

⑧**避雷針の突針**は、一般の建築物では、保護角法による場合、保護角が 60°となる位置に取り付ける。

⑨防災設備工事で**耐火配線**を行うには、保護用の金属管をコンクリートなどに 10 mm 以上（合成樹脂管は 20 mm 以上）埋設する。

エレベーター工事に関しては、次の点を理解しておきましょう。

①**エレベーター機械室の大きさ**は、昇降路の水平投影面積の 2 倍以上とする。

②**エレベーター機械室の構造**については、換気上有効な開口部又は換気設備が必要であり、出入口は施錠付きの鋼製建具を設ける。

電気設備工事については、次の基本的事項は理解しておきましょう。

①**低圧**は、交流：600 V 以下、直流：750 V 以下。

②**高圧**は、交流：600 ～ 7,000 V、直流：750 ～ 7,000 V。

③**特別高圧**は、交流・直流とも 7,000 V を超えるもの。

④**電線管の曲げ加工**は、曲げ半径を管径の 6 倍以上とする。

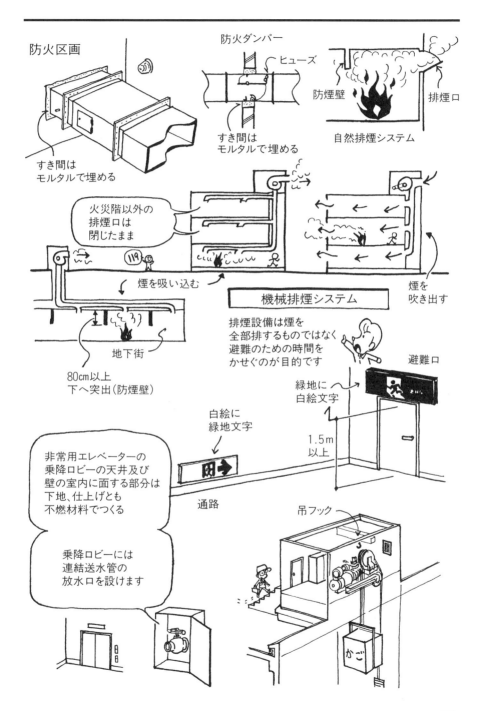

防火区画

防火ダンパー

ヒューズ

すき間は
モルタルで埋める

防煙壁

排煙口

自然排煙システム

すき間は
モルタルで埋める

火災階以外の
排煙口は
閉じたまま

119

煙を吸い込む

機械排煙システム

煙を
吹き出す

排煙設備は煙を
全部排するものではなく
避難のための時間を
かせぐのが目的です

地下街

80cm以上
下へ突出（防煙壁）

避難口

緑地に
白絵文字

白絵に
緑地文字

1.5m
以上

非常用エレベーターの
乗降ロビーの天井及び
壁の室内に面する部分は
下地、仕上げとも
不燃材料でつくる

通路

吊フック

乗降ロビーには
連結送水管の
放水口を設けます

かご

工事契約

173　工事契約書類に関する用語

　工事請負契約約款とは、建築の**発注者（施主）**と施工者との間に交される建築工事の請負に関する契約内容を、書面で明らかにしたものです。

　施工方式は次のようなものがあります。①直営方式、②委任方式、③請負方式。なお、請負方式の場合、**1社請負方式**と、2社以上による**共同請負（ジョイントベンチャー）**とがあります。

　契約書類は次のようなものです。

　①工事請負契約書。

　②工事請負契約約款。

　③**設計図書**（現場説明書及び質問回答書を含む）。

　④**施工計画書**（工程表などの参考書類）など。

　設計図書とは、次のものをいいます。

　①**設計図**：図面

　②**特記仕様書**：図面で示す以外の内容（材料・メーカー・程度・管理など）を示す。

　③**標準仕様書**：建築の工事全般に及ぶ標準的な仕様を示す。

　④**現場説明書**：主として建設場所に関したもの。仕様書に説明されな

いもの。

　⑤**質問回答書**：契約前に、図面、仕様、請負条件などについての、受注者の質疑と発注者の回答事項。

　設計図書間に相違がある場合の優先順序は、次のとおりです。①質問回答書、②現場説明書、③特記仕様書、④図面、⑤標準仕様書。

　工事契約書の内容は、次のとおりです。

　①工事内容（工事名・工事場所）。

　②請負代金の額及び支払方法。

　③工事着手の時期及び完成の時期。

　④工事・工期の変更にともなう工期・損害負担に関する取決め。

　⑤天災その他の不可抗力による損害負担に関する取決め。

　⑥価格変動にともなう請負代金・工事内容の変更に関する取決め。

　⑦第三者損害の賠償金負担に関する取決め。

　⑧支給資材・貸与機器に関する取決め。

　⑨双方の履行遅滞・債務不履行の場合の遅延利息・違約金。

　⑩契約に関する紛争の解決方法等。

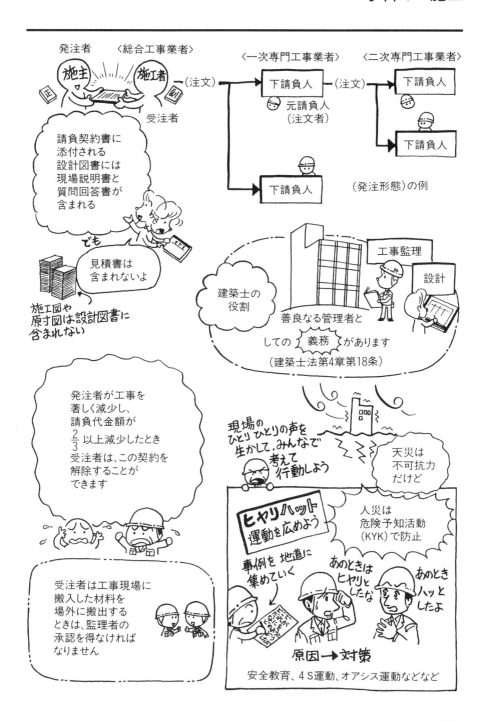

発注者　〈総合工事業者〉　　　〈一次専門工事業者〉　　〈二次専門工事業者〉

施主　　施工者　　（注文）　　下請負人　　（注文）　　下請負人

受注者　　　　　　　　　元請負人
　　　　　　　　　　　　（注文者）　　　　　　　　　下請負人

請負契約書に
添付される
設計図書には
現場説明書と
質問回答書が
含まれる

下請負人　　（発注形態）の例

でも

見積書は
含まれないよ

施工図や
原寸図は設計図書に
含まれない

建築士の
役割

工事監理

設計

善良なる管理者と

しての　義務　があります

（建築士法第4章第18条）

発注者が工事を
著しく減少し、
請負代金額が
$\frac{2}{3}$ 以上減少したとき
受注者は、この契約を
解除することが
できます

現場の
ひとり ひとりの声を
生かして、みんなで
考えて
行動しよう

天災は
不可抗力
だけど

ヒヤリハット
運動を広めよう

人災は
危険予知活動
（KYK）で防止

事例を 地道に
集めていく

あのときは
ヒヤリと
したな

あのとき
ハッと
したよ

受注者は工事現場に
搬入した材料を
場外に搬出する
ときは、監理者の
承認を得なければ
なりません

原因 → 対策

安全教育、4 S運動、オアシス運動などなど

工事契約

174 工事請負契約約款に関する用語

工事請負契約約款（民間連合 協 定契約約款）の主な内容は、次のような点です。

①発 注 者と受 注 者は、対等な立場でお互いに協力し、信義を守り誠実に契約を履行する。

②受 注 者は、工事の全部または一部を一括して第三者に委任・請負わせることはできない。ただし、公共工事及び共同住宅の新築工事以外の工事で、かつ発注者の書面による事前の承諾を得た場合はこの限りではない。

③保 証 人は、当事者に債務不履行があったときは、この契約から生ずる金銭債務について、当事者と連帯して保証の責任を負う。

④監理者は、工事の内容が設計書などの契約に合致していることを確認する。また、請負者の提出する部分払または完成払の請求書を技術的に審査し、承認する。

⑤監理者は、図面どおりに実施されていない疑いのある施工について、発注者の書面による同意を得て、必要な範囲で破壊して検査を行うことができる。

⑥受注者は、現場代理人・監理技術 者又は主任技 術 者等を定め、発注者に書面で通知する。現場代理人は、工事現場いっさいの事項を処理し、その責を負う。

⑦発 注 者は、監理者の意見を聞き、現場代理人・主任技術者他が著しく適当でないと認めたときは、請負者に対し、その理由を明示し、交代を求めることができる。請負者は、監理者の処置が著しく適当でないと認められるときは、発注者に対し異議を申し立てることができる。

⑧瑕疵担保期間は、木造で1年間、RC造等で2年間とする。ただし、請負者の故意または重大な過失による場合は5年及び10年とする。（なお、民法は木造5年、RC造等は10年としている。）また、住宅の品質確保の促進等に関する法律では、構造耐力上主要な部分等の瑕疵については10年間とし、特例で20年間とすることができる。

⑨紛争が生じた場合は、第三者を選ぶか、建設業法による建築工事紛争審査会の斡旋または調停に付する。

参考・引用文献 (順不同)

① 建設省住宅局建築指導課監修　基本建築関係法令集　平成 26 年版（霞ケ関出版社）
② 日本規格協会編　JIS 工業用語大辞典　第 4 版（日本規格協会）
③ 建築用語辞典編集委員会編　建築用語辞典（技報堂出版）
④ 石福　昭・中井多喜雄　建築設備用語辞典（技報堂出版）
⑤ 荒木兵一郎・中井多喜雄　福祉・住環境用語集（学芸出版社）
⑥ 中井多喜雄　図説・溶接技術用語集（日刊工業新聞社）
⑦ 中井多喜雄　よくわかる 2 級建築士試験（弘文社）
⑧ 中井多喜雄　よくわかる 2 級建築施工管理技士試験（弘文社）
⑨ 中井多喜雄・石田芳子　イラストでわかる二級建築士用語集（学芸出版社）
⑩ 中井多喜雄・石田芳子　イラストでわかる建築施工管理用語集（学芸出版社）
⑪ 中井多喜雄・石田芳子　イラストでわかる管工事用語集（学芸出版社）
⑫ 福田　剛・植村典人・前田幸夫・植松清志　一級建築士 120 講（学芸出版社）
⑬ 建築資格試験研究会　スタンダード一級建築士（学芸出版社）
⑭ 高木任之　改正建築基準法・テーマ別総合解説（学芸出版社）
⑮ 建築資格試験研究会　一級建築士試験・出題キーワード別問題集（学芸出版社）
⑯ 国土交通省住宅局建築指導課監修　基本建築関係法令集　上巻〔法令編〕（霞ヶ関出版社）
⑰ 国土交通省住宅局建築指導課監修　基本建築関係法令集　下巻〔告示編〕（霞ヶ関出版社）
⑱ 建築用語辞典編集委員会編集　図解　建築用語辞典（理工学社）
⑲ 橋場信雄　建築用語図解辞典（理工学社）
⑳ 労働基準調査会編　建設業の安全作業標準集（労働基準調査会）
㉑ 大規模建設工事労働災害防止協議会編　建設現場における　工事別ヒヤリハット 286 例（労働調査会）
㉒ 日本建築家協会監修　建築工事共通仕様書（大阪府建築家協同組合）
㉓ 日本建築学会　ちからとかたち（丸善）
㉔ 日本建築学会　構造用教材（丸善）
㉕ 日本建築学会　建築材料用教材（丸善）
㉖ 日本建築学会　建築環境工学用教材　設備編（丸善）
㉗ 日本建築学会　建築法規用教材（丸善）
㉘ 日本建築学会　建築環境工学用教材　環境編（丸善）
㉙ 建設大臣官房官庁営繕部監修　工事写真の撮り方（改定第 2 版）建築設備編（地域開発研究所）

㉚ 建設大臣官房官庁営繕部監修　工事写真の撮り方（改定第2版）建築編（地域開発研究所）
㉛ 建築申請実務研究会編　建築申請 memo 2015（新日本法規出版）
㉜ 国土交通省住宅局建築指導課編　図解建築法規（新日本法規出版）
㉝ 〈建築のテキスト〉編集委員会　初めての建築構造力学（学芸出版社）
㉞ 土質工学会　土のはなしⅠ（技報堂出版）
㉟ 木村利雄　エレベータ（学芸出版社）
㊱ 彰国社編　建築施工計画図の描きかた　新訂版（彰国社）
㊲ 岸田林太郎監修　《鉄筋コンクリート造》図解　建築工事の進め方（市ヶ谷出版社）
㊳ 藤本盛久・大野隆司監修　《鉄骨造》図解　建築工事の進め方（市ヶ谷出版社）
㊴ 篠崎守　実務に即した図解・建築測量（彰国社）
㊵ 畑中和穂　図説建築の型わく工事（理工学社）
㊶ 建築用語編集委員会編　建築現場用語おもしろ事典（山海堂）
㊷ 稲垣秀雄　絵で見る建築工事管理のポイント（彰国社）
㊸ 西島一夫・蔦谷博　図解・建築施工（学芸出版社）
㊹ 宍道恒信・宇野英隆・加藤裕久・直井英雄　構法計画（朝倉書店）
㊺ 建築施工実務研究会　イラストによる建築施工実務入門（彰国社）
㊻ 内藤龍夫　わかりやすい建築技術　仮設工事の計画（鹿島出版会）
㊼ 〈建築のテキスト〉編集委員会 初めての建築構造設計（学芸出版社）
㊽ 永井勲・原田和子　手術室看護の知識と実際（メディカ出版）
㊾ 技能士の友編集部　金属材料のマニュアル（大河出版）
㊿ 戸田敬里・春原匡利・鈴木菜穂美　早わかり新建築基準法（彰国社）
(51) 山田修　わかる構造設計（学芸出版社）
(52) 国土交通省住宅局建築指導課監修　一級建築士試験問題と解説（霞ヶ関出版社）
(53) 中野元　これだけ !! 宅建・基本書（ナカノ総合出版）
(54) 高木任之　図解でわかる　建築法規（日本実業出版社）
(55) 日経アーキテクチュア編　地震に強い建築（日経 BP 社）
(56) 日経アーキテクチュア編　阪神大震災の教訓（日経 BP 社）
(57) 照林社編　月刊エキスパートナース（小学館）
(58) デザイナーのための内外装材チェックリスト（彰国社）
(59) 日本建築学会編著　建築工事標準仕様書･同解説 JASS 5　鉄筋コンクリート工事 2015（丸善）
(60) 建築性能基準推進協会編　国土交通省住宅局監修　平成25年改正　建築物の耐震改修の促進に関する法律について耐震診断・耐震改修のススメ

索引

■さ

● 改訂監修者

大西　正宜（おおにし　まさのり）

1981 年　大阪大学工学部建築工学科卒業

現　在　大阪府立西野田工科高等学校建築都市工学系建築システム専科教諭／一級建築士

〈おもな著書〉　一級建築士試験　環境工学のツボ／学芸出版社

スタンダード　一級建築士／学芸出版社

建築設備　基本を学ぶ／学芸出版社

新しい建築の製図／学芸出版社

改訂版　初めての建築環境／学芸出版社

改訂版　初めての建築法規／学芸出版社

〈建築学テキスト〉建築製図／学芸出版社

〈建築学テキスト〉建築行政／学芸出版社

第二版　環境と共生する建築　25 のキーワード／学芸出版社

住みよい家　快適・環境・健康／学芸出版社

建築法規用教材／日本建築学会

建築計画／実教出版

環境工学基礎／実教出版

図解　建築小事典／オーム社

● 著者

中井　多喜雄（なかい　たきお）

1950 年　京都市立四条商業学校卒業

垂井化学工業株式会社入社

1960 年　株式会社三菱銀行入社

技術評論家（建築物環境衛生管理技術者・建築設備検査資格者・特級ボイラー技士・
第 1 種冷凍機械保安責任者・甲種危険物取扱者・特殊無線技士）

〈おもな著書〉　改訂版　イラストでわかる二級建築士用語集／学芸出版社

改訂版　イラストでわかる給排水・衛生設備の技術／学芸出版社

改訂版　イラストでわかる空調の技術／学芸出版社

改訂版　イラストでわかる消防設備の技術／学芸出版社

改訂版　イラストでわかる給排水・衛生設備のメンテナンス／学芸出版社

新版　イラストでわかるビル管理用語集／学芸出版社

イラストでわかる建築施工管理用語集／学芸出版社

イラストでわかる管工事用語集／学芸出版社

イラストでわかる空調設備のメンテナンス／学芸出版社

イラストでわかる建築電気設備のメンテナンス／学芸出版社

イラストでわかる建築電気・エレベータの技術／学芸出版社

図解配管用語事典／日刊工業新聞社

ボイラの燃料燃焼工学入門／燃焼社

ボイラーの運転実務読本／オーム社

新エネルギーの基礎知識／産業図書

SI 単位早わかり事典／明現社

最新エネルギー用語辞典／朝倉書店

建築設備用語辞典／技報堂出版

よくわかる！　2 級建築士試験／弘文社

図説燃料・燃焼技術用語辞典／学献社

石田　芳子（いしだ　よしこ）
1981 年　大阪市立工芸高校建築科卒業
現　在　石田（旧木村）アートオフィス主宰／二級建築士
〈おもな著書〉　改訂版　イラストでわかる二級建築士用語集／学芸出版社
　　　　　　　改訂版　イラストでわかる給排水・衛生設備の技術／学芸出版社
　　　　　　　改訂版　イラストでわかる空調の技術／学芸出版社
　　　　　　　改訂版　イラストでわかる給排水・衛生設備のメンテナンス／学芸出版社
　　　　　　　新版　イラストでわかるビル管理用語集／学芸出版社
　　　　　　　イラストでわかる管工事用語集／学芸出版社
　　　　　　　イラストでわかる建築施工管理用語集／学芸出版社
　　　　　　　イラストでわかる消防設備士用語集／学芸出版社
　　　　　　　イラストでわかる建築電気設備のメンテナンス／学芸出版社
　　　　　　　イラストでわかるビル清掃・防鼠防虫の技術／学芸出版社
　　　　　　　イラストでわかる建築電気・エレベータの技術／学芸出版社
　　　　　　　イラストでわかる防災・消防設備の技術／学芸出版社
　　　　　　　イラストでわかる空調設備のメンテナンス／学芸出版社
　　　　　　　マンガ建築構造力学入門Ⅰ、Ⅱ／集文社
　　　　　　　春乃すずなブログ小説『陽気な日曜日』のイラストと漫画『ガスコーニュのつわものたち』
　　　　　　　（ペンネーム：きむらのほうし）

イラスト案協力：石田拓司

第三版　イラストでわかる一級建築士用語集

2020 年 5 月 20 日　第 1 版第 1 刷発行
2024 年 7 月 10 日　第 2 版第 1 刷発行

改訂監修者　　大西正宜
著　　　者　　中井多喜雄・石田芳子

発　行　者　　井口夏実
発　行　所　　株式会社 学芸出版社
　　　　　　　京都市下京区木津屋橋通西洞院東入
　　　　　　　〒600-8216　　TEL 075-343-0811
　　　　　　　http://www.gakugei-pub.jp/
　　　　　　　E-mail info@gakugei-pub.jp
編 集 担 当　　越智和子・真下享子

装　　　丁　　KOTO DESIGN Inc.　山本剛史
印　　　刷　　イチダ写真製版
製　　　本　　新生製本

本書は『イラストでわかる一級建築士用語
集』(2002 年 3 月 30 日　第 1 版第 1 刷発行)、
『改訂版　イラストでわかる一級建築士用
語集』(2016 年 1 月 1 日　第 1 版第 1 刷発
行) の改訂版です。

©大西正宜・中井多喜雄・石田芳子　2020
ISBN978-4-7615-3258-1　　　　　　Printed in Japan

一級建築士受験　合格者たちの勉強法

教育的ウラ指導 著

四六判・192 頁・本体 1800 円＋税

一級建築士試験に効率的に合格できる人、猛勉強しても不合格を繰り返す人。その違いは勉強法にある。本書は、1000 人を超す合格者へのヒアリング、500 点を超す合格図面をもとに、具体例を示しながら、上手な勉強法とは何かを明らかにする。全ての受験生が勉強を本格的に始める前に知っておくべき合格・不合格の実態。

3分で解く！一級建築士試験　構造力学

山浦晋弘 著

A5 判・184 頁・本体 2300 円＋税

過去問の出題パターン分析に基づき、問題を解くために求められるポイントだけを効率的に学べる一級力学受験書。この本を読めば、「1 問 3 分しかない」から「3 分で解ける問題しか出ない」に意識が変わること間違いなし。点数を稼げる力学計算問題（例年 6 ～ 7 問）で全問正解し、学科Ⅳ（構造）の合格基準点を突破しよう！

一級建築士試験出題キーワード別問題集

全日本建築士会 監修　建築資格試験研究会 編

A5 判・672 頁・本体 3000 円＋税

一級建築士試験「学科試験」の出題傾向を徹底分析し、過去 7 年分の問題を出題キーワード別に収録した。出題頻度と問題の傾向が一目でわかり、受験対策が効率よく進められる画期的な問題集。類似問題の集中学習で確実な実力アップができるとともに、試験直前の問題研究にも役立つ。すべての問題に解法のポイントを的確に解説。

一級建築士合格戦略　法規のウラ指導

教育的ウラ指導 編著

A5 判・544 頁・本体 3200 円＋税

建築法規の大人気受験書、年度版！学習効率を高める 1 問 1 答形式と図解による計算問題のほか、条文解説もさらに充実。項目別に原文を示しながら約 500 問を徹底解説。独学合格者たちのノウハウで「体系的な理解」をサポートする。出題者の意図を読み取って法規を完全攻略。本番で点数を稼ごう！

一級建築士合格戦略　製図試験のウラ指導

教育的ウラ指導 編著

A4 変判・208 頁(折図 3 枚)・本体 3600 円＋税

合格者図面の検証でわかった実践的な製図試験対策を徹底解説。受験生から評価が高い「フリープランニング練習」で効率的に能力を高めよう。試験傾向を踏まえ、採点ポイントをおさえ時短できるエスキスのノウハウを伝授。最新 15 年分の問題と標準解答例、著者の書き込み解説付きオリジナル課題も掲載した受験生必修テキスト。

一級建築士受験　マンガでわかる製図試験

ヒヅメ・山口達也 著

A5 判・160 頁・本体 1800 円＋税

設計実務に長年携わっていれば「楽勝」かと思いきや、なかなか合格できない一級建築士の製図試験。いわゆる「角番」と呼ばれる製図試験 3 度目のチャンスにかける主人公が、努力だけでは勝てないなかで、まわりの人たちから得ていく「気づき」や「ノウハウ」を糧に突き進む物語である。マンガで読む、エンタメ受験参考書。